U0557912

李顿调查团档案文献集

主编 张 生

日本外务省藏档（二）

编者 陈海懿 万秋阳

南京大学出版社

本书由

国家社会科学基金"抗日战争研究"专项工程
"国外有关中国抗日战争史料整理与研究之一：李顿调查团档案翻译与研究"（16KZD017）

教育部人文社会科学重点研究基地"南京大学中华民国史研究中心"
重大项目"战时中国社会"（19JJD770006）

南京大学人文基金

江苏省优势学科基金第三期

资助

编译委员会

主　编　张　生
副主编　郭昭昭　陈海懿　宋书强　屈胜飞　陈志刚

编译者　张　生　南京大学中华民国史研究中心教授
　　　　　王希亮　黑龙江省社会科学院历史研究所研究员
　　　　　郭昭昭　江苏科技大学马克思主义学院副教授
　　　　　陈志刚　西南大学历史文化学院副教授
　　　　　宋书强　中国药科大学马克思主义学院讲师
　　　　　屈胜飞　浙江工业大学马克思主义学院讲师
　　　　　陈海懿　南京大学历史学院助理研究员
　　　　　万秋阳　南京晓庄学院外国语学院日语系讲师
　　　　　殷昭鲁　鲁东大学马克思主义学院副教授
　　　　　孙洪军　江苏科技大学马克思主义学院副教授
　　　　　李英姿　江苏科技大学马克思主义学院副教授
　　　　　颜桂珍　浙江工业大学马克思主义学院副教授
　　　　　黄文凯　广西大学文学院副教授
　　　　　翟意安　南京大学历史学院讲师
　　　　　杨　骏　南京大学历史学院讲师
　　　　　向　明　江苏科技大学马克思主义学院讲师
　　　　　王小强　江苏科技大学马克思主义学院讲师
　　　　　郭　欣　中国药科大学马克思主义学院讲师
　　　　　赵飞飞　鲁东大学马克思主义学院讲师
　　　　　孙绪芹　南京体育学院休闲体育系讲师
　　　　　刘　齐　南京大学历史学院博士后
　　　　　徐一鸣　南京大学历史学院博士研究生

常国栋　南京大学历史学院博士研究生
苏　凯　南京大学历史学院博士研究生
马　瑞　南京大学历史学院博士研究生
菅先锋　南京大学历史学院博士研究生
吴佳佳　南京大学历史学院博士研究生
张圣东　日本明治大学文学研究科博士研究生
张一闻　日本明治大学文学研究科博士研究生
叶　磊　中山大学历史学系博士研究生
史鑫鑫　南京大学历史学院硕士研究生
李剑星　南京大学历史学院硕士研究生
马海天　南京大学历史学院硕士研究生
张雅婷　南京大学历史学院硕士研究生
杨师琪　南京大学历史学院硕士研究生
潘　健　南京大学历史学院硕士研究生
唐　杨　南京师范大学马克思主义学院硕士研究生
郝宝平　江苏科技大学马克思主义学院硕士研究生
陈梦玲　江苏科技大学马克思主义学院硕士研究生
张　任　江南大学马克思主义学院硕士研究生
黎纹丹　西南大学外国语学院硕士研究生
朱心怡　西南大学外国语学院硕士研究生
杨　溢　西南大学外国语学院硕士研究生
孙学良　西南大学外国语学院硕士研究生
孙　莹　西南大学外国语学院硕士研究生
费　凡　浙江师范大学人文学院硕士研究生
竺丽妮　浙江师范大学外国语学院硕士研究生
戴瑶瑶　浙江师范大学外国语学院硕士研究生
杨　越　西安电子科技大学
曹文博　浙江工业大学外国语学院
余松琦　西南大学含宏学院

序　言

中国历史的奥秘，深藏于大兴安岭两侧的广袤原野。

明治维新以来，日本企图步老牌帝国主义后尘，争夺所谓"生存空间"；俄国自彼得大帝新政，不断东进，寻找阳光地带和不冻港。日俄竞争于中国东北，流血漂杵；日本逐步占得上风，九一八事变发生，中国面临亡国灭种的新危机。

日本侵华之际，世界已进入全球化的新时代，民族国家成为国际社会的主体，以国际条约体系规范各国的行为，以政治和外交手段解决彼此的分歧，是国际社会付出重大代价以后得出的共识。而法西斯、军国主义国家如德、意、日，昧于世界大势，穷兵黩武，以求一逞。以故意制造的借口，发动侵华战争，霸占中国东北百余万平方公里土地、数千万人民，是日本昭显于世的侵略事实。

国际联盟（League of Nations）应中国方面之吁请，派出国联调查团处理此事。1932年1月21日，国联调查团正式成立。调查团团长由英国人李顿爵士（The Rt. Hon. The Earl of Lytton）担任，故亦称李顿调查团（Lytton Commission）。除李顿外，美国代表为麦考益将军（Gen. McCoy），法国代表为亨利·克劳德将军（Gen. Claudel），德国代表为希尼博士（Dr. Schnee），意大利代表为马柯迪伯爵（H. E. Count Aldrovandi）。为显示在中日间不做左右袒，国联理事会还决定顾维钧作为顾问代表中国参加工作，吉田伊三郎代表日方。代表团秘书长为国联秘书处哈斯（Mr. Robert Haas）。代表团另有翻译、辅助人员。1932年9月4日，代表团完成报告书，签署于中国北平。报告书确认：第一，九一八事变之责任，完全在于日本，而不在中国；第二，伪满洲国政权非由真正及自然之独立运动所产生；第三，申明东三省为中国领土。日本为此恼羞成怒，退出国联，自绝于国际社会。

《李顿调查团档案文献集》就是反映李顿调查团组建、调查过程、调查结论、各方反应和影响的中、日等国相关资料的汇编,对于研究九一八事变和李顿调查团,具有重要的参考价值。

如何看待李顿调查团来东亚调查的来龙去脉?笔者认为应有三个维度的观照:

其一,在中国发现历史。

美国历史学家柯文提出的这一范式,相比"冲击—反应"模式,即从外部冲击观察中国历史的旧范式,自有其意义。近代以来,由条约体系加持的列强,对中国社会产生了巨大的影响。中国沿海通商口岸是中国最早接触西方世界的部分,在资本主义全球化的过程中得风气之先,所谓"西风东渐",对中国旧有典章制度的影响无远弗届。近代中国在西方裹挟下步履踉跄,蹒跚竭蹶,自为事实。但如果把中国近代历史仅仅看成西方列强冲击之结果,在理论、方法和事实上,均为重大缺陷。

主要从中国内部,探寻历史演进的机制和规律,是柯文提出的范式的意义所在。

事实上,九一八事变发生、国联调查团来华前后,中国社会内部对此作出了剧烈的反应。在瑞士日内瓦所藏国联巨量档案文献中,中国各界通过电报、快邮代电、信函等形式具名或匿名送达代表团的呈文引人注目,集中表达了国难当头之时中华民族谴责日本侵略、要求国际社会主持公道、收回东北主权、确保永久和平的诉求,对代表团、国联和整个国际社会形成了巨大影响,显示了近代中国社会演进的内在动力。

东北各界身受亡国之痛,电函尤多。基层民众虽文化程度不高,所怀民族国家大义却毫不含糊。东北某兵工厂机器匠张光明致信代表团称:"我是中华民国的公民,我不是'满洲国'人,我不拥护这国的伪组织。"高超尘说:"不少日子以前,'满洲国家'即已成立了,但那完全是日本人的主使,强迫我辽地居民承认。街上的行人,日人随便问'您是哪国人',你如说是'满洲人'便罢,如说是中国人,便行暴打以至死。"辽宁城西北大橡村国民小学校致函称:"逐出日本军,打到[倒]'满洲国',宁做战死鬼,不做亡国民。"陈子耕揭露说:"自事变以后,日本恶势力已伸张入全东北,如每县的政事皆由日人权势下所掌握,复又收买警察、军人、政客等,以假托民意来欺骗世界人的耳目,硬说建设'满洲国'是中华人民的意思,强迫人民全出去游行,打着欢迎建设'新国家'的旗号……我誓死不忘我的中华祖国,敢说华人莫非至心不跳时、血停时,不然一定于[与]他们周旋。"小学生何子明来信说:"我小学生告诉您们'满洲国'成立我不赞成……有一天我在学校,日本人去了,教我们大家一齐说'大日本万岁',我们要不说他就杀我们,把我迫不得已的就说了。其中有一位七岁的小孩,他说'大中华万岁!打倒小日本!'日本人听了就立刻把那个小同学杀了,真叫我想起来就愁啊。"

经济地位和文化水平较高者,则向代表团分析日本侵占中国东北的深远危害。哈尔滨商民代表函称:"虽然,满洲吞并,恐不惟中国之不利。即各国之经济,亦将受其影响。世界二次大战,迫于眉睫矣。"中国国民党青年团哈尔滨市支部分析说:"查日本军阀向有一贯之对外积极侵略政策,吾人细玩以前田中义一之满蒙大陆政策,及最近本庄繁等上日本天皇之奏折,可以看出其对外一贯之积极侵略政策,即第一步占领满蒙,第二步并吞中国,第三步征服世界是也。……以今日之日本蕞尔岛国,世界各国尚且畏之如虎,而况并有三省之后版图增大数倍,恐不数年后,即将向世界各国进攻,有孰敢撄其锋镝乎?……勿徒视为亚洲人之事,无关痛痒,失国联之威信,而贻噬脐之后悔也。"

不惟东北民众,民族危亡激起了全中国人的爱国心。清华大学自治会1932年4月12日用英文致函代表团指出:中国面临巨大的困难,好似1806年的德国和1871年的法国,但就像"青年意大利"党人一样,青年人对国家的重建充满信心。日本的侵略,不仅危害了中国,也对世界和平形成严重威胁,青年人愿意为国家流尽"最后一滴血"。而国联也面临着建立以来最大的危机,对九一八事变的处理,将考验它处理全球问题的能力。公平和正义能否实现,将影响到人类的命运。他们向代表团严正提出"五点要求":1. 日本从中国撤军;2. 上海问题与东北问题一起解决;3. 不承认日本侵略和用武力改变的现状;4. 任何解决不得损害中国的领土和主权完整;5. 日本必须对此事件的后果负责。南京海外华侨协会1932年3月16日致电代表团:日本进兵东三省和淞沪地区,"违反了国联盟约和《凯洛格—白里安公约》,扰乱了远东地区和世界的和平。

同时,日本一直在做虚假的宣传,竭力蒙蔽整个世界。我们诚挚地请求你们到现场来,亲眼看看日军对中国人民的生命财产进行怎样的恣意破坏。希望你们按照国际法及司法原则,对其进行制裁。如果你们不能完成这一使命,那么世界上将无任何公平正义可言。在这种情况下,为了民族的生存,我们将采取一切手段自卫,决不会向武力屈服。"

除了档案,中国当时的杂志、报纸,大量地报道了九一八事变和国联调查团相关情况,其关切的细致程度,说明了各界的高度投入。那些浸透着时人忧虑、带着鲜明时代特色的文字表明:九一八事变的发生,对当时的中国社会是一场精神洗礼,每个人都从东北沦陷中感受到切肤之痛。这种舆论和思想的汇合,极大地改变了此后中国社会各界的主要诉求,抗日图存成为压倒性的任务,每一种政治力量都必须对此作出回应。

其二,在世界发现中国历史。

以中国为本位,探讨中国历史的内生力量,是题中应有之义。但全球化以来,中国历史已经成为世界历史的一部分。仅仅依靠中国方面的资料,不利于我们以更加广阔的视野看待中国历史和"九一八"的历史。

事实上,奔赴世界各地"动手动脚找东西",已经成为中国学者深化中国近现代史,特别是抗战史研究的不二法门。比如,在中日历史问题中占据核心地位的南京大屠杀问题。除中国各地档案馆、图书馆外,中国学者深入美、德、英、日、俄、法、西、意、丹等国相关机构,系统全面地整理了加害者日方、受害者中方和第三方档案文献,发现了大量珍贵文献、图像资料,出版《南京大屠杀史料集》72卷。不仅证明了日军进行大屠杀的残酷性、蓄意性和计划性,也证明南京大屠杀早在发生之时,就引起了各国政府和社会舆论的关注;南京和东京两场审判,进行了繁复的质证,确保了程序和判决的正义;日方细致的粉饰,在中国人民和全世界正义人士的揭露下真相毕露。全球性的资料,不仅深化了历史研究,也为文学、社会学、心理学、新闻传播学、艺术学等跨学科方法进入相关研究提供基础;不仅摧毁了右翼的各种谬论,也迫使日本政府不敢公然否认南京大屠杀的发生和战争犯罪性质。

国际抗战资料,展现了中国抗战史的丰富侧面。如美国驻中国各地使领馆的报告,具体生动地记录了战时中国各区域的社会、政治、军事等各方面情形,对战时国共关系亦有颇有见地的分析;俄、美、日等国档案馆的细菌战资料,揭示了战时日本违反国际法研制细菌武器的规模和使用情况,记录了中国各地民众遭遇的重大伤亡和中国军民在当时条件下的应对,以及暗示了战后美国掩饰"死亡工厂"实情的目的;英美等国档案所反映的重庆大轰炸和日军对中国大中小城市的普遍的无差别轰炸,不仅记录了日本战争犯罪的普遍性,也彰显了战时中国全国军民同仇敌忾、不畏强暴的英勇气概。哈佛大学所藏费吴生档案、得克萨斯州州立大学奥斯汀分校所藏辛德贝格档案、曼彻斯特档案馆所藏田伯烈档案等则从个人角度凸显了中国抗战在"第三方"眼中的图景。

对于李顿调查团的研究,自莫能外。比如,除了前述中国各界给国联的呈文,最近在日内瓦"国联和联合国档案馆"中发现:调查团在日本与日本政要的谈话记录,在中国各地特别是在北平和九一八事变直接相关人士如张学良、王以哲、荣臻等人的谈话记录,调查团在东北实地调查、询问日军高层的记录,中共在"九一八"前后的活动,中国各界的陈情书,日本官方和东北伪组织人员、汉奸的表态,世界各国、各界的反应等。特别是张学良等人反复向代表团说明的九一八事变前夕东北军高层力避冲突的态度,王以哲、荣臻在"九一八"当晚与张学良的联系,北大营遭受日军进攻以后东北军的反应等情况,对于厘清九一八事变真相,有着不可取代的意义。

我们通过初步努力发现,李顿调查团成立前后,中方向国联提交了论证东北主权属于中国的篇幅巨大的系统性说帖,顾维钧、孟治、徐道邻等还用英文、德文进行著述。日方相应地提交了由日本旅美"学者"起草的说帖,其主攻点是中国的抗日运动、东北在张氏父子治下的惨淡、东北的"匪患",避而不谈柳条沟事件的蓄意性。日方资料表明,即使在九一八事变发生数月后,其关于"九一八"当晚情形的说辞仍然漏洞百出、逻辑混乱,在李顿询问时不能自圆其说。而欧美学者则向国联提供了第三方意见,如 *The Verdict of the League: China and Japan in Manchuria*(《国联的裁决:中日在满洲》),哈佛大学法学院教授曼利·哈德森(Manley O. Hudson)著;*Manchuria: Cradle of Conflict*(《满洲:冲突的策源地》),欧文·拉铁摩尔(Owen Lattimore)著;*The Manchuria Arena: An Australian View of the Far Eastern Conflict*(《满洲竞技场:远东冲突的澳洲视角》),卡特拉克(F.M. Cutlack)著;*The Tinder Box of Asia*(《亚洲的火药桶》),乔治·索科尔斯基(George E. Sokolsky,中文名索克斯)著;*The World's Danger Zone*(《世界的危险地带》),舍伍德·艾迪(Sherwood Eddy)著;等等,为国联理解中国东北问题提供了有益的视角。另外,收藏在美国斯坦福大学胡佛研究所的蒋介石日记等也反映了当时国民政府高层的态度和举措。

这次出版的资料中,收集了中国台湾地区的"国史馆"藏档,日本外务省藏档,国联和联合国档案馆 S 系列藏档等多卷档案。丰沛的资料说明,即使是李顿调查团这样过去在大学教材中只是以一两段话提出的问题,其实仍有海量的各种海外文献可资研究。

可以说,世界各地抗日档案和各种资料,不仅补充了中国方面的抗日资料,也弥补了"在中国发现历史"范式的不足,体现了历史唯物主义对历史研究全面性、客观性的要求,自然地延伸推导出"在世界发现中国历史"的新命题。把"中国的"和"世界的"结合起来,才能更深广、入微地揭示抗日战争史的内涵。

其三,在中国发现世界历史。

中国历史,是世界历史的重要组成部分;中国抗战,构成了第二次世界大战的东亚主战场。离开中国历史谈世界历史注定是不周全的。只有充分发掘中国历史的世界意义,世界史才能获得真正的全球史意义。

过往的抗战史国际化,说明了中国抗战的世界意义。研究发现,东北抗联资料不仅呈现了十四年抗战的艰苦过程,也说明了战时东北亚复杂的国际关系。日方资料中的"华北治安战""清乡作战"资料,从反面反映了八路军、新四军的顽强,其牵制大量日军的事实,从另一面说明中共敌后游击战所发挥的中流砥柱作用。1937 年 12 月 12 日在南京江面制造"巴纳号事件"的日军航空兵官兵,后来是制造"珍珠港事件"的主力之一,说明了中国抗战与太平洋战争的联系。参与制造九一八事变、华北事变和南京大屠杀的许多日军部队,后来在太平洋战场上被美澳等盟国军队消灭,说明了太平洋战场和中国战场的相互支持。中国军队在滇缅战场的作战和在越南等地的受降,中国对朝鲜、马来亚、越南等地游击战和抗日斗争的介入和帮助,说明了中国抗战对东亚、东南亚解放的意义和价值。对大后方英美军人、"工合"人士、新闻界和其他各界人士的研究,彰显了抗日统一战线的多重维度,等等。这对我们的研究富有启发性意义。

李顿调查团的相关资料表明,九一八事变及其后续发展,具有深刻的世界史含义。

麦金德1902年在英国皇家地理学会发表文章,提出"世界岛"的概念。麦金德认为,地球由两部分构成:由欧洲、亚洲、非洲组成的世界岛,是世界上面积最大、人口最多、最富饶的陆地组合。在"世界岛"的中央,是自伏尔加河到长江,自喜马拉雅山脉到北极的心脏地带,在世界史的发展中具有重要意义。其实,就世界近现代史而言,中国东北具有极其重要的地缘战略意义,堪称"世界之砧"——美国、俄罗斯、日本等这些当今世界的顶级力量,无不在中国东北及其周边地区倾注心力,影响世界大局。

今天看来,李顿调查团的组建,是国际社会运用国际规约积极调解大国冲突、维护当时既存的凡尔赛—华盛顿体系的一次尝试。参与各国均为当时世界强国,即为明证。

英国作为列强中在华条约利益最丰的国家,积极投入国联调查团的建立。张伯伦、麦克米伦等知名政治家均极愿加入代表团,甚至跟外交部官员暗通款曲,询问排名情况。李顿在中日间多地奔波,主导调查和报告书的起草,正是这一背景的反映。

美国作为国联非成员国,积极介入调查团,说明了美国对远东局势的关切,其态度和不承认日本用武力改变当时中国领土主权现状的"史汀生主义"是一致的。日美之间的紧张关系,一直延续到珍珠港事变发生。在日美最终谈判中,中国的领土和主权,仍然是美方的先决条件。可以说,九一八事变,从大历史的角度看,是改变日本和美国国运的大事。

苏联在国联未能采取强力措施制止日本侵略后,默认了伪满洲国的存在,后甚至通过对日条约加以承认,其对日本的忍让和妥协,延续到它对日宣战。但日本关东军主力在苏联牵制下不敢贸然南下,影响了中国抗日战争的形态。

日本侵占中国东北,却始终得不到中国和国际主流社会的承认,乃不断扩大侵略,不仅影响了对苏备战,也使得其在"重庆政权之所以不投降,是因为有英美支持"的判断下,不断南进,最终自取灭亡。2015年8月14日,日本首相安倍晋三在战后70年讲话中承认:"日本迷失了世界大局。满洲事变以及退出国际联盟——日本逐渐变成国际社会经过巨大灾难而建立起来的新的国际秩序的挑战者,前进的方向有错误,而走上了战争的道路。其结果,70年前,日本战败了。"从这个意义上说,九一八事变—李顿调查—退出国联,成为日本近代史的转折点。

亚马孙雨林的蝴蝶振动翅膀,可能在西太平洋引发一场风暴。发生在沈阳一个小地方的九一八事变,成为今天国际秩序的肇因。其故焉在?马克思和恩格斯在《德意志意识形态》中指出:在历史演进的过程中,人的"普遍交往"逐步发展起来,"狭隘地域性的个人为世界历史性的、真正普遍的个人所代替"。近代以来中国人民的历史,与世界历史共构而存续。

回望李顿调查团的历史,我仿佛感受到了太平洋洋底的咆哮呼啸前来,如同雷鸣。

是为序。

张　生

2019年10月

出版凡例

一、本文献集所选资料，原文中的人名、地名、别字、错字及不规范用字等，为尊重历史和文献原貌，均原文照录。因此而影响读者判断、引用之处，除个别需说明情况以脚注"译者按"或"编者按"形式标出外，别字、错字在其后以"[ ]"注明正字；增补的字，以"【 】"标明之；因原文献漫漶不清而缺字处，用"□"标识。

二、凡采用民国纪年或日本天皇年号纪年者等，为尊重历史和文献原貌，均原文照录。台湾地区的文献中涉及政治人物头衔和机构名称者，按有关规定处理，在页下一并说明。

三、所选资料均在起始处说明来源，或在文后标注其详细来源信息。

四、外文文献译文中，日本人名从西文文献译出者，保留其西文拼法，以便核对；其余外国人名，均在某专题或文件中第一次出现时标其西文拼法。不同时期形成的中文文献中涉及的外国人名、地名翻译差异较大，为尊重历史和文献原貌，一般不作改动。

五、所选文献经过前人编辑而加脚注注释者，以"原编辑者注"保留在页下。

六、所选资料中原有污蔑中国人民、美化日本侵略之词，或基于立场表达其看法之处，为尊重历史和文献原貌，不改动原文，或在页下特别说明，请读者加以鉴别。

本册说明

本册文件集编纂收录的资料来自日本亚洲历史资料中心所藏日本外务省档案，主要包括国际联盟中国调查团关系档案（国際連盟支那調查員関係）第三卷和第四卷，主要记录了日本外务省与驻外各领事馆之间的来往函电，时间段是从1932年4月20日到1932年6月22日。

国际联盟中国调查团关系档案第三卷和第四卷是日本外务省以国联调查团为中心，将外务省与驻外使领馆之间的函电来往进行汇总整编的产物。这些驻外使领馆主要包括：驻日内瓦代表处、驻华公使馆、驻美大使馆、驻苏大使馆、驻南京总领事馆、驻沈阳总领事馆、驻天津总领事馆、驻济南总领事馆、驻长春领事馆、驻哈尔滨总领事馆、驻大连总领事馆、驻青岛总领事馆、驻芝罘领事馆、驻安东领事馆等处。除了外务省与驻外使领馆之间的函电来往之外，还涉及外务省、中国驻屯军参谋长、参谋次长、陆军次官、关东厅、警视厅、满铁和与各厅、府、县长官等之间的电文通信记录。

综述国际联盟中国调查团关系档案第三卷和第四卷的内容，主要包含以下五方面。

第一，有关国联调查团进入中国东北的过程、遇到的问题及其处理。

中国东北是国联调查团的最终和最重要的目的地，但迟至1932年4月中旬，调查团仍未进入中国东北。根据日文档案的记载，在关于调查团进入中国东北的交涉上，调查团如何进入东北、中国随员可以去多少人、顾维钧是否可以进入东北、调查团进入东北后的调查范围及其警卫工作、调查团与伪满洲国的沟通等，都是造成调查团不断延迟进入东北的原因，而日本在这个过程提出了各种意见和要求。

第二，国联调查团在中国东北各地的调查情况。

早在调查团停留北平之际，东北地区的义勇军就积极向调查团报告实际情况，例如丁超与李杜就向国际联盟调查团发送了关于日本在东北暴行的长电,共六项:(1)吉林自卫军的组织;(2)日军破坏中东铁路与中国防卫的状况;(3)义勇军涌现与自卫军的合作抗日;(4)暴力分子的伪组织与日军的蛮横活动;(5)东北民众的痛苦;(6)自卫军的决心。

1932年4月21日,李顿和顾维钧等人从大连进入中国东北,其他调查团代表亦分组经由陆地或海运进入东北,国联调查团终于开启了东北调查之行。在国联调查团身处东北之际,日本、伪满洲国、马占山等义勇军、白俄势力、苏俄、普通民众都跟调查团有所接触,比如:日本特意组织朝鲜人代表向调查团陈情;关东军本庄繁司令官与李顿会谈;谢介石与李顿会面;调查团与溥仪会面。国联调查团在东北的踪迹遍布沈阳、长春、吉林、哈尔滨、齐齐哈尔等地。日文档案中还记录了国联调查团希望会面马占山,而遭到伪满洲国与日本的阻止,调查团遂谋求派遣代表绕道苏联与马占山会面等内容,并由此发生了"林德、斯奇尔"被捕事件,引发中国、日本、法国、美国等相关国家的长时期关注与外交交涉。

第三,国联调查团撰写的预备报告书。

1932年4月26日,国联调查团秘书处完成了调查团的第一回报告书,也被称为预备报告书。经过调查团内部讨论和征求中日双方的意见,5月4日,调查团在长春和日内瓦发表了预备报告书。该报告书主要叙述了满洲现状,尤其是军事情况,内容包括日军、伪满洲国军、地方警察部队、对抗日本军队及"满洲国"军之部队、"土匪"等。围绕预备报告书的内容和出台过程,中国、日本、伪满洲国都对此有诸多议论,且采取了相应的影响举措。

第四,国联调查团准备撰写最终报告书和中日两国的材料准备情况。

1932年6月初,国联调查团内部开始讨论最终报告书的起草地,地点的选择引发了中日两国的关心。大连、青岛和北戴河成为调查团预定的三处候选之地。在日本方面看来,由于大连是日本势力范围,北戴河属于中国的完全领土,因此报告书在这些地方制作完成的话,被任何势力牵扯到都是不妥当的。鉴于青岛虽属于中国领土,但又与日本有特殊关系,所以让青岛成为该调查团报告起草地是极为妥当的。在准备起草报告书的同时,中日两国都在积极准备各种材料,仅外务省就向杨格准备了一系列调查书,比如《日本与满蒙》及其附件《满蒙日本权益相关条约协定等规定集》等一系列有利于日本的资料。

第五,国联调查团回到北平和计划再去日本等情况。

1932年6月下旬,结束东北调查任务的国联调查团回到北平,中国和日本继续向调查团提交材料,并通过新闻媒体制造有利于自己的舆论氛围,汪精卫、宋子文等人亦赴北平,与调查团多次会谈,讨论的问题包括在满洲实行行政管理,在满洲签订停战协定,顾维钧赴日问题等。同时,为进一步获取日本方面的态度和资料,调查团决定再次前往日本。日本外务省在得知此消息后,为了更好地迎接国联调查团的再次赴日,成立了国际联盟中国调查团外务省接待委员会。

目 录

序　言 ……………………………………………………………… 1
出版凡例 …………………………………………………………… 1
本册说明 …………………………………………………………… 1

一、国际联盟中国调查团关系档案　第三卷 ………………… 1

1. 驻上海重光公使致芳泽外务大臣的函电(1932年4月20日) … 1
2. 驻北平矢野参事致芳泽外务大臣的函电(1932年4月20日) … 1
3. 驻北平矢野参事致芳泽外务大臣的函电(1932年4月20日) … 2
4. 驻天津桑岛总领事致芳泽外务大臣的函电(1932年4月20日) … 2
5. 驻天津桑岛总领事致芳泽外务大臣的函电(1932年4月20日) … 3
6. 驻天津桑岛总领事致芳泽外务大臣的函电(1932年4月20日) … 4
7. 驻关东州久保田武官致次官、次长的函电(1932年4月20日) … 4
8. 北平辅佐官致陆军次官的函电(1932年4月20日) …………… 5
9. 芳泽外务大臣致驻长春田代领事的函电(1932年4月20日) … 6
10. 芳泽外务大臣致驻长春田代领事的别电(1932年4月20日) … 7
11. 吉田参与委员致芳泽外务大臣的函电(1932年4月21日) …… 8
12. 驻沈阳森岛代理总领事致芳泽外务大臣的函电(1932年4月21日)
 ………………………………………………………………… 8
13. 驻哈尔滨长冈代理总领事致芳泽外务大臣的函电(一)(1932年4月
 21日) ………………………………………………………… 9
14. 驻哈尔滨长冈代理总领事致芳泽外务大臣的函电(二)(1932年4月
 21日) ………………………………………………………… 9
15. 芳泽外务大臣致驻英泽田代理大使的函电(1932年4月21日)
 ………………………………………………………………… 10

1

16. 天津驻屯军参谋长致参谋次长的函电(1932年4月21日) …… 11
17. 天津驻屯军参谋长致参谋次长的函电(1932年4月21日) …… 12
18. 驻关东州久保田武官致次官、次长的函电(1932年4月21日)
　　………………………………………………………………… 12
19. 驻关东州久保田武官致次官、次长的函电(1932年4月21日)
　　………………………………………………………………… 13
20. 天津驻屯军参谋长致参谋次长的函电(1932年4月21日) …… 13
21. 满洲特设机关首席职员致次官、次长的函电(1932年4月21日)
　　………………………………………………………………… 14
22. 驻北平矢野参事致芳泽外务大臣的函电(1932年4月22日) … 14
23. 驻沈阳森岛代理总领事致芳泽外务大臣的函电(1932年4月22日)
　　………………………………………………………………… 15
24. 驻沈阳森岛代理总领事致芳泽外务大臣的函电(1932年4月22日)
　　………………………………………………………………… 15
25. 驻沈阳森岛代理总领事致芳泽外务大臣的函电(1932年4月22日)
　　………………………………………………………………… 16
26. 驻沈阳森岛代理总领事致芳泽外务大臣的函电(1932年4月22日)
　　………………………………………………………………… 17
27. 驻哈尔滨长冈代理总领事致芳泽外务大臣的函电(1932年2月24日)
　　………………………………………………………………… 18
28. 关东军参谋长致陆军次官的函电(1932年4月22日) ………… 19
29. 北平辅佐官致参谋次长的函电(1932年4月22日) …………… 19
30. 芳泽外务大臣致驻国际联盟泽田局长的函电(1932年4月22日)
　　………………………………………………………………… 20
31. 驻沈阳森岛代理总领事致芳泽外务大臣的函电(1932年4月23日)
　　………………………………………………………………… 20
32. 驻沈阳森岛代理总领事致芳泽外务大臣的函电(1932年4月23日)
　　………………………………………………………………… 21
33. 驻长春田代领事致芳泽外务大臣的函电(1932年4月23日) … 22
34. 驻沈阳森岛代理总领事致芳泽外务大臣的函电(1932年4月24日)
　　………………………………………………………………… 22

35. 驻沈阳森岛代理总领事致芳泽外务大臣的函电(1932年4月24日) ………………………………………………………………… 23
36. 驻沈阳森岛代理总领事致芳泽外务大臣的函电(1932年4月24日) ………………………………………………………………… 24
37. 驻哈尔滨长冈代理总领事致芳泽外务大臣的函电(一)(1932年4月24日) ………………………………………………………… 25
38. 驻哈尔滨长冈代理总领事致芳泽外务大臣的函电(二)(1932年4月24日) ………………………………………………………… 26
39. 驻哈尔滨长冈代理总领事致芳泽外务大臣的函电(1932年4月24日) ………………………………………………………………… 27
40. 关东军参谋长致参谋次长的函电(1932年4月24日) ………… 27
41. 天津军参谋长致参谋次长的函电(1932年4月24日) ………… 28
42. 关东军参谋长致参谋次长的函电(1932年4月24日) ………… 29
43. 驻莫斯科广田大使致芳泽外务大臣的函电(1932年4月25日) ………………………………………………………………… 29
44. 驻沈阳森岛代理总领事致芳泽外务大臣的函电(1932年4月25日) ………………………………………………………………… 30
45. 驻沈阳森岛代理总领事致芳泽外务大臣的函电(1932年4月25日) ………………………………………………………………… 30
46. 驻沈阳森岛代理总领事致芳泽外务大臣的函电(1932年4月25日) ………………………………………………………………… 31
47. 驻沈阳森岛代理总领事致芳泽外务大臣的函电(1932年4月25日) ………………………………………………………………… 32
48. 驻沈阳森岛代理总领事致芳泽外务大臣的函电(1932年4月25日) ………………………………………………………………… 32
49. 驻沈阳森岛代理总领事致芳泽外务大臣的函电(1932年4月25日) ………………………………………………………………… 33
50. 驻北平矢野参事致芳泽外务大臣的函电(一)(1932年4月25日) ………………………………………………………………… 33
51. 驻北平矢野参事致芳泽外务大臣的函电(二)(1932年4月25日) ………………………………………………………………… 34

3

52. 关东军参谋长致参谋次长的函电(1932年4月25日) ………… 35
53. 驻沈阳森岛代理总领事致芳泽外务大臣的函电(1932年4月26日) ……………………………………………………………………… 35
54. 驻沈阳森岛代理总领事致芳泽外务大臣的函电(1932年4月26日) ……………………………………………………………………… 36
55. 驻沈阳森岛代理总领事致芳泽外务大臣的函电(1932年4月26日) ……………………………………………………………………… 37
56. 驻沈阳森岛代理总领事致芳泽外务大臣的函电(1932年4月26日) ……………………………………………………………………… 37
57. 驻沈阳森岛代理总领事致芳泽外务大臣的函电(1932年4月26日) ……………………………………………………………………… 38
58. 驻哈尔滨长冈代理总领事致芳泽外务大臣的函电(1932年4月26日) …………………………………………………………………… 39
59. 驻芝罘内田领事致芳泽外务大臣的函电(1932年4月26日) … 40
60. 驻沈阳森岛代理总领事致芳泽外务大臣的函电(一)(1932年4月27日) …………………………………………………………………… 40
61. 驻沈阳森岛代理总领事致芳泽外务大臣的函电(二)(1932年4月27日) …………………………………………………………………… 41
62. 驻沈阳森岛代理总领事致芳泽外务大臣的函电(三)(1932年4月27日) …………………………………………………………………… 41
63. 驻沈阳森岛代理总领事致芳泽外务大臣的函电(1932年4月27日) ……………………………………………………………………… 42
64. 驻沈阳森岛代理总领事致芳泽外务大臣的函电(1932年4月27日) ……………………………………………………………………… 43
65. 驻长春田代领事致芳泽外务大臣的函电(1932年4月27日) … 44
66. 驻沈阳森岛代理总领事致芳泽外务大臣的函电(1932年4月26日) ……………………………………………………………………… 44
67. 驻沈阳森岛代理总领事致芳泽外务大臣的函电(1932年4月28日) ……………………………………………………………………… 45
68. 驻沈阳森岛代理总领事致芳泽外务大臣的函电(1932年4月28日) ……………………………………………………………………… 46

69. 驻沈阳森岛代理总领事致芳泽外务大臣的函电(一)(1932年4月28日)……………………………………………………………… 46
70. 驻沈阳森岛代理总领事致芳泽外务大臣的函电(二)(1932年4月28日)……………………………………………………………… 47
71. 驻长春田代领事致芳泽外务大臣的函电(1932年4月28日)… 48
72. 驻长春田代领事致芳泽外务大臣的函电(1932年4月28日)… 48
73. 驻长春田代领事致芳泽外务大臣的函电(1932年4月28日)… 49
74. 关东军参谋长致陆军次官的函电(1932年4月28日) ………… 49
75. 关东军参谋长致陆军次官的函电(1932年4月28日) ………… 50
76. 关东军参谋长致陆军次官的函电(1932年4月28日) ………… 51
77. 芳泽外务大臣致驻哈尔滨长冈代理总领事的函电(1932年4月28日)……………………………………………………………… 51
78. 芳泽外务大臣致驻上海重光公使的函电(1932年4月28日) … 52
79. 驻沈阳森岛代理总领事致芳泽外务大臣的函电(1932年4月29日)……………………………………………………………… 52
80. 驻沈阳森岛代理总领事致芳泽外务大臣的函电(1932年4月29日)……………………………………………………………… 53
81. 驻哈尔滨长冈代理总领事致芳泽外务大臣的函电(1932年4月29日)……………………………………………………………… 53
82. 驻沈阳森岛代理总领事致芳泽外务大臣的函电(1932年4月30日)……………………………………………………………… 54
83. 驻沈阳森岛代理总领事致芳泽外务大臣的函电(1932年4月30日)……………………………………………………………… 55
84. 驻沈阳森岛代理总领事致芳泽外务大臣的函电(1932年4月30日)……………………………………………………………… 55
85. 驻沈阳森岛代理总领事致芳泽外务大臣的函电(1932年4月30日)……………………………………………………………… 56
86. 驻沈阳森岛代理总领事致芳泽外务大臣的函电(1932年4月30日)……………………………………………………………… 56
87. 驻长春田代领事致芳泽外务大臣的函电(1932年4月30日) … 57
88. 国际联盟调查团向国联提交之预备报告书(1932年4月30日)

.... 58

89. 驻沈阳森岛代理总领事致芳泽外务大臣的函电(1932年5月2日)
.... 61

90. 驻沈阳森岛代理总领事致芳泽外务大臣的函电(1932年5月2日)
.... 62

91. 驻沈阳森岛代理总领事致芳泽外务大臣的函电(一)(1932年5月2日) 62

92. 驻沈阳森岛代理总领事致芳泽外务大臣的函电(二)(1932年5月2日) 63

93. 驻青岛川越总领事致芳泽外务大臣的函电(1932年5月2日)
.... 64

94. 驻长春田代领事致芳泽外务大臣的函电(1932年5月2日) …… 65

95. 驻长春田代领事致芳泽外务大臣的函电(1932年5月2日) …… 65

96. 驻天津桑岛总领事致芳泽外务大臣的函电(1932年5月2日)
.... 66

97. 关东军参谋长致参谋次长的函电(1932年5月2日) ………… 66

98. 关东军参谋长致陆军次官的函电(1932年5月2日) ………… 67

99. 驻长春田代领事致芳泽外务大臣的函电(1932年5月3日) …… 68

100. 驻长春田代领事致芳泽外务大臣的函电(1932年5月3日) … 68

101. 驻长春田代领事致外务大臣的函电(1932年5月3日) ……… 69

102. 驻国际联盟泽田局长致芳泽外务大臣的函电(1932年5月4日)
.... 69

103. 驻长春田代领事致芳泽外务大臣的函电(1932年5月4日) … 70

104. 驻长春田代领事致芳泽外务大臣的函电(1932年5月4日) … 71

105. 驻长春田代领事致芳泽外务大臣的函电(1932年5月4日) … 72

106. 驻长春田代领事致芳泽外务大臣的函电(1932年5月4日) … 72

107. 驻长春田代领事致芳泽外务大臣的函电(1932年5月4日) … 73

108. 驻长春田代领事致芳泽外务大臣的函电(1932年5月4日) … 75

109. 驻莫斯科广田大使致芳泽外务大臣的函电(1932年5月5日)
.... 75

110. 驻长春田代领事致芳泽外务大臣的函电(1932年5月5日) … 76

111. 驻长春田代领事致芳泽外务大臣的函电(1932年5月5日) … 77
112. 驻长春田代领事致芳泽外务大臣的函电(1932年5月5日) … 77
113. 驻长春田代领事致芳泽外务大臣的函电(1932年5月5日) … 78
114. 驻长春田代领事致芳泽外务大臣的函电(1932年5月5日) … 79
115. 驻长春田代领事致芳泽外务大臣的函电(1932年5月5日) … 79
116. 关东军参谋长致陆军次官的函电(1932年5月4日) ………… 80
117. 驻国际联盟泽田局长致芳泽外务大臣的函电(1932年5月6日)
…………………………………………………………………… 81
118. 驻沈阳森岛代理总领事致芳泽外务大臣的函电(1932年5月6日)
…………………………………………………………………… 81
119. 驻沈阳森岛代理总领事致芳泽外务大臣的函电(1932年5月6日)
…………………………………………………………………… 82
120. 驻长春田代领事致芳泽外务大臣的函电(1932年5月6日) … 82
121. 国联调查团之调查与苏方态度(日期不详) …………………… 83
122. 国联调查团参与委员、特命全权大使吉田伊三郎致芳泽外务大臣的函电(1932年5月6日) ……………………………………… 83
123. 关东军参谋长致陆军次官的函电(1932年5月6日) ………… 87
124. 驻长春田代领事致芳泽外务大臣的函电(1932年5月7日) … 87
125. 驻长春田代领事致芳泽外务大臣的函电(1932年5月7日) … 89
126. 驻长春田代领事致芳泽外务大臣的函电(1932年5月7日) … 89
127. 驻长春田代领事致芳泽外务大臣的函电(1932年5月7日) … 90
128. 驻长春田代领事致芳泽外务大臣的函电(1932年5月7日) … 91
129. 驻长春田代领事致芳泽外务大臣的函电(1932年5月7日) … 91
130. 驻吉林石射总领事致芳泽外务大臣的函电(1932年5月7日)
…………………………………………………………………… 92
131. 驻吉林石射总领事致芳泽外务大臣的函电(1932年5月7日)
…………………………………………………………………… 93
132. 芳泽外务大臣致驻长春田代领事的函电(1932年5月7日) … 93
133. 驻长春田代领事致芳泽外务大臣的函电(一)(1932年5月8日)
…………………………………………………………………… 94
134. 驻长春田代领事致芳泽外务大臣的函电(二)(1932年5月8日)

135. 驻长春田代领事致芳泽外务大臣的函电(1932年5月8日) … 96
136. 驻长春田代领事致芳泽外务大臣的函电(1932年5月8日) … 96
137. 盐崎书记官致大鹰书记官信函(1932年5月8日) ………… 98
138. 驻哈尔滨长冈代理总领事致芳泽外务大臣的函电(1932年5月9日) ……………………………………………………………… 98
139. 驻北平中山书记官致芳泽外务大臣的函电(1932年5月9日) ……………………………………………………………… 99
140. 驻长春田代领事致芳泽外务大臣的函电(1932年5月9日) ……………………………………………………………… 100
141. 关东军参谋长致陆军次官的函电(1932年5月9日) ………… 100
142. 关东军参谋长致陆军次官的函电(1932年5月9日) ………… 101
143. 芳泽外务大臣致驻沈阳森岛代理总领事的函电(1932年5月9日) ……………………………………………………………… 101
144. 芳泽外务大臣致驻沈阳森岛代理总领事的函电(别电)(1932年5月9日) ………………………………………………………… 102
145. 芳泽外务大臣致驻沈阳森岛代理总领事的函电(1932年5月9日) ……………………………………………………………… 103
146. 芳泽外务大臣致驻上海重光公使、驻北平中山书记官、驻沈阳森岛代理总领事的函电(1932年5月7日) ……………… 105
147. 驻长春田代领事致芳泽外务大臣的函电(1932年5月10日) ……………………………………………………………… 105
148. 驻吉林总领事石射猪太郎致芳泽外务大臣的函电(1932年5月10日) ……………………………………………………… 106
149. 关东军参谋长致陆军次官的函电(1932年5月10日) ……… 111
150. 驻沈阳森岛代理总领事致芳泽外务大臣的函电(1932年5月11日) ……………………………………………………… 111
151. 驻沈阳森岛代理总领事致芳泽外务大臣的函电(1932年5月11日) ……………………………………………………… 112
152. 驻哈尔滨长冈代理总领事致芳泽外务大臣的函电(1932年5月11日) ……………………………………………………… 113

153. 驻哈尔滨长冈代理总领事致芳泽外务大臣的函电(1932 年 5 月 11 日) ……………………………………………………………… 113
154. 驻哈尔滨长冈代理总领事致芳泽外务大臣的函电(1932 年 5 月 11 日) ……………………………………………………………… 114
155. 芳泽外务大臣致驻沈阳森岛代理总领事的函电(1932 年 5 月 11 日) ………………………………………………………………………… 115
156. 福冈县知事中山佐之助致外务大臣、内务大臣的函电(1932 年 5 月 11 日) ……………………………………………………………… 115
157. 关东军参谋长致陆军次官的函电(1932 年 5 月 11 日) ……… 116
158. 上海武官致陆军次官的函电(1932 年 5 月 11 日) …………… 117
159. 驻哈尔滨长冈代理总领事致芳泽外务大臣的函电(1932 年 5 月 12 日) ……………………………………………………………… 117
160. 驻哈尔滨长冈代理总领事致芳泽外务大臣的函电(1932 年 5 月 12 日) ……………………………………………………………… 118
161. 驻哈尔滨长冈代理总领事致芳泽外务大臣的函电(1932 年 5 月 12 日) ……………………………………………………………… 119
162. 驻哈尔滨长冈代理总领事致芳泽外务大臣的函电(1932 年 5 月 12 日) ……………………………………………………………… 120
163. 驻哈尔滨长冈代理总领事致芳泽外务大臣的函电(1932 年 5 月 12 日) ……………………………………………………………… 120
164. 驻哈尔滨长冈代理总领事致芳泽外务大臣的函电(1932 年 5 月 12 日) ……………………………………………………………… 121
165. 芳泽外务大臣致驻国际联盟泽田局长、驻美出渊大使的函电(1932 年 5 月 12 日) ………………………………………………… 122
166. 驻沈阳森岛代理总领事致芳泽外务大臣的函电(1932 年 5 月 12 日) ……………………………………………………………………… 122
167. 驻沈阳森岛代理总领事致芳泽外务大臣的函电(1932 年 5 月 13 日) ……………………………………………………………………… 123
168. 驻沈阳森岛代理总领事致芳泽外务大臣的函电(1932 年 5 月 13 日) ……………………………………………………………………… 123
169. 驻沈阳森岛代理总领事致芳泽外务大臣的函电(1932 年 5 月 13 日)

9

.... 124

170. 驻哈尔滨长冈代理总领事致芳泽外务大臣的函电(1932 年 5 月 13 日) 125

171. 驻哈尔滨长冈代理总领事致芳泽外务大臣的函电(1932 年 5 月 13 日) 125

172. 驻哈尔滨长冈代理总领事致芳泽外务大臣的函电(1932 年 5 月 13 日) 126

173. 驻长春田代领事致芳泽外务大臣的函电(1932 年 5 月 13 日) 126

174. 驻哈尔滨长冈代理总领事致芳泽外务大臣的函电(1932 年 5 月 14 日) 127

175. 驻哈尔滨长冈代理总领事致芳泽外务大臣的函电(1932 年 5 月 14 日) 128

176. 驻哈尔滨长冈代理总领事致芳泽外务大臣的函电(1932 年 5 月 14 日) 129

177. 驻哈尔滨长冈代理总领事致芳泽外务大臣的函电(1932 年 5 月 15 日) 130

178. 驻哈尔滨长冈代理总领事致芳泽外务大臣的函电(1932 年 5 月 15 日) 131

179. 驻哈尔滨长冈代理总领事致芳泽外务大臣的函电(1932 年 5 月 15 日) 131

180. 驻哈尔滨长冈代理总领事致芳泽外务大臣的函电(1932 年 5 月 16 日) 132

181. 驻沈阳森岛代理总领事致芳泽外务大臣的函电(1932 年 5 月 16 日) 133

182. 驻沈阳森岛代理总领事致芳泽外务大臣的函电(1932 年 5 月 16 日) 133

183. 驻哈尔滨长冈代理总领事致芳泽外务大臣的函电(1932 年 5 月 16 日) 134

184. 驻哈尔滨长冈代理总领事致芳泽外务大臣的函电(1932 年 5 月 16 日) 135

185. 驻哈尔滨长冈代理总领事致芳泽外务大臣的函电(1932 年 5 月 16 日) ………………………………………………………………… 136
186. 驻哈尔滨长冈代理总领事致芳泽外务大臣的函电(1932 年 5 月 16 日) ………………………………………………………………… 137
187. 驻哈尔滨长冈代理总领事致芳泽外务大臣的函电(1932 年 5 月 16 日) ………………………………………………………………… 137
188. 驻吉林石射总领事致芳泽外务大臣的函电(1932 年 5 月 16 日) ………………………………………………………………… 138
189. 驻齐齐哈尔清水领事致芳泽外务大臣的函电(1932 年 5 月 16 日) ………………………………………………………………… 139
190. 驻齐齐哈尔清水领事致芳泽外务大臣的函电(1932 年 5 月 16 日) ………………………………………………………………… 139
191. 芳泽大使致驻美出渊大使、驻国际联盟泽田局长的函电(1932 年 5 月 16 日) ………………………………………………………………… 140
192. 驻哈尔滨长冈代理总领事致芳泽外务大臣的函电(1932 年 5 月 17 日) ………………………………………………………………… 141
193. 驻哈尔滨长冈代理总领事致芳泽外务大臣的函电(1932 年 5 月 17 日) ………………………………………………………………… 141
194. 驻哈尔滨长冈代理总领事致芳泽外务大臣的函电(1932 年 5 月 17 日) ………………………………………………………………… 142
195. 驻哈尔滨长冈代理总领事致芳泽外务大臣的函电(1932 年 5 月 17 日) ………………………………………………………………… 142
196. 驻哈尔滨长冈代理总领事致芳泽外务大臣的函电(1932 年 5 月 17 日) ………………………………………………………………… 144
197. 驻哈尔滨长冈代理总领事致芳泽外务大臣的函电(1932 年 5 月 17 日) ………………………………………………………………… 145
198. 驻哈尔滨长冈代理总领事致芳泽外务大臣的函电(1932 年 5 月 17 日) ………………………………………………………………… 145
199. 驻哈尔滨长冈代理总领事致芳泽外务大臣的函电(1932 年 5 月 17 日) ………………………………………………………………… 146
200. 驻哈尔滨长冈代理总领事致芳泽外务大臣的函电(1932 年 5 月 17

11

日) 147

201. 驻哈尔滨长冈代理总领事致芳泽外务大臣的函电(1932年5月17日) 148

202. 驻哈尔滨长冈代理总领事致芳泽外务大臣的函电(1932年5月17日) 149

203. 驻哈尔滨长冈代理总领事致芳泽外务大臣的函电(1932年5月17日) 149

204. 驻沈阳森岛代理总领事致芳泽外务大臣的函电(1932年5月17日) 150

205. 驻北平中山书记官致芳泽外务大臣的函电(1932年5月17日) 151

206. 驻长春田代领事致芳泽外务大臣的函电(1932年5月17日) 151

207. 驻哈尔滨长冈代理总领事致芳泽外务大臣的函电(1932年5月18日) 152

208. 朝鲜总督府政务总监致有田外务次官的函电(1932年5月18日) 152

209. 驻长春田代领事致芳泽外务大臣的函电(1932年5月18日) 153

210. 芳泽外务大臣致驻沈阳森岛代理总领事的函电(1932年5月19日) 153

211. 芳泽外务大臣致驻沈阳森岛代理总领事的函电(1932年5月18日) 154

212. 芳泽外务大臣致驻外人员的函电(1932年5月18日) 155

213. 芳泽外务大臣致驻外人员的函电(1932年5月18日) 155

214. 芳泽外务大臣致驻哈尔滨长冈代理总领事的函电(1932年5月18日) 156

215. 芳泽外务大臣致驻外人员的函电(1932年5月18日) 157

216. 芳泽外务大臣致驻外人员的函电(1932年5月18日) 157

217. 驻国际联盟泽田局长致犬养外务大臣的函电(1932年1月6日) 158

218. 北平辅佐官致陆军次官的函电(1932年5月18日) ············ 158
219. 驻沈阳森岛代理总领事致芳泽外务大臣的函电(1932年5月19日)
   ·· 159
220. 驻哈尔滨长冈代理总领事致芳泽外务大臣的函电(1932年5月19日) ··· 159
221. 驻哈尔滨长冈代理总领事致芳泽外务大臣的函电(1932年5月19日) ··· 160
222. 驻哈尔滨长冈代理总领事致芳泽外务大臣的函电(1932年5月19日) ··· 161
223. 驻哈尔滨长冈代理总领事致芳泽外务大臣的函电(1932年5月19日) ··· 161
224. 芳泽外务大臣致驻沈阳森岛代理总领事的函电(1932年5月19日)
   ·· 162
225. 驻沈阳森岛代理总领事致芳泽外务大臣的函电(1932年5月13日)
   ·· 163
226. 芳泽外务大臣致驻沈阳森岛代理总领事的函电(1932年5月19日)
   ·· 163
227. 芳泽外务大臣致驻沈阳森岛代理总领事的函电(1932年5月19日)
   ·· 164
228. 芳泽外务大臣致驻沈阳森岛代理总领事的函电(1932年5月19日)
   ·· 165
229. 驻哈尔滨长冈代理总领事致芳泽外务大臣的函电(1932年5月20日) ··· 166
230. 驻哈尔滨长冈代理总领事致芳泽外务大臣的函电(1932年5月20日) ··· 167
231. 驻哈尔滨长冈代理总领事致芳泽外务大臣的函电(1932年5月20日) ··· 167
232. 驻哈尔滨长冈代理总领事致芳泽外务大臣的函电(1932年5月20日) ··· 168
233. 驻哈尔滨长冈代理总领事致芳泽外务大臣的函电(1932年5月20日) ··· 169

13

234. 驻哈尔滨长冈代理总领事致芳泽外务大臣的函电(1932年5月20日)……………………………………………………… 169

235. 芳泽外务大臣致驻哈尔滨长冈代理总领事的函电(1932年5月20日)……………………………………………………… 170

236. 关于南满及东部内蒙古范围的参考资料(草案)(1932年5月20日)……………………………………………………… 171

237. 驻莫斯科广田大使致芳泽外务大臣的函电(1932年5月21日)……………………………………………………… 174

238. 驻哈尔滨长冈代理总领事致芳泽外务大臣的函电(1932年5月21日)……………………………………………………… 174

239. 驻哈尔滨长冈代理总领事致芳泽外务大臣的函电(1932年5月21日)……………………………………………………… 175

240. 驻哈尔滨长冈代理总领事致芳泽外务大臣的函电(1932年5月21日)……………………………………………………… 176

241. 驻长春田代领事致芳泽外务大臣的函电(1932年5月21日)……………………………………………………… 176

242. 关东军参谋长致陆军次官的函电(1932年5月21日) ……… 177

243. 芳泽外务大臣致驻沈阳森岛代理总领事的函电(1932年5月21日)……………………………………………………… 177

244. 驻沈阳森岛代理总领事致芳泽外务大臣的函电(1932年5月22日)……………………………………………………… 178

245. 驻沈阳森岛代理总领事致芳泽外务大臣的函电(1932年5月22日)……………………………………………………… 178

246. 驻沈阳森岛代理总领事致芳泽外务大臣的函电(1932年5月22日)……………………………………………………… 179

247. 驻沈阳森岛代理总领事致芳泽外务大臣的函电(1932年5月22日)……………………………………………………… 179

248. 驻哈尔滨长冈代理总领事致芳泽外务大臣的函电(1932年5月22日)……………………………………………………… 180

249. 驻沈阳森岛代理总领事致芳泽外务大臣的函电(1932年5月23日)……………………………………………………… 181

250. 驻长春田代领事致芳泽外务大臣的函电(1932年5月23日)
　　…………………………………………………………………… 181
251. 驻齐齐哈尔清水领事致芳泽外务大臣的函电(1932年5月23日)
　　…………………………………………………………………… 182
252. 芳泽外务大臣致驻沈阳森岛代理总领事的函电(1932年5月23日)
　　…………………………………………………………………… 182
253. 关东军参谋长致陆军次官的函电(1932年5月23日) ……… 191
254. 芳泽外务大臣致驻沈阳森岛代理总领事的函电(1932年5月23日)
　　…………………………………………………………………… 192
255. 驻沈阳森岛代理总领事致芳泽外务大臣的函电(1932年5月24日)
　　…………………………………………………………………… 193
256. 驻沈阳森岛代理总领事致芳泽外务大臣的函电(1932年5月24日)
　　…………………………………………………………………… 193
257. 驻沈阳森岛代理总领事致芳泽外务大臣的函电(1932年5月24日)
　　…………………………………………………………………… 194
258. 驻沈阳森岛代理总领事致芳泽外务大臣的函电(1932年5月24日)
　　…………………………………………………………………… 195
259. 驻沈阳森岛代理总领事致芳泽外务大臣的函电(1932年5月24日)
　　…………………………………………………………………… 195
260. 驻沈阳森岛代理总领事致芳泽外务大臣的函电(1932年5月24日)
　　…………………………………………………………………… 196
261. 驻沈阳森岛代理总领事致芳泽外务大臣的函电(1932年5月24日)
　　…………………………………………………………………… 197
262. 驻长春田代领事致芳泽外务大臣的函电(1932年5月24日)
　　…………………………………………………………………… 198
263. 驻沈阳森岛代理总领事致芳泽外务大臣的函电(1932年5月25日)
　　…………………………………………………………………… 199
264. 驻沈阳森岛代理总领事致芳泽外务大臣的函电(1932年5月25日)
　　…………………………………………………………………… 199
265. 驻沈阳森岛代理总领事致芳泽外务大臣的函电(1932年5月25日)
　　…………………………………………………………………… 200

266. 驻哈尔滨长冈代理总领事致芳泽外务大臣的函电(1932年5月25日) ……………………………………………………………… 201
267. 芳泽外务大臣致驻北平中山书记官的函电(1932年5月25日) ……………………………………………………………… 202
268. 芳泽外务大臣致驻沈阳森岛代理总领事的函电(1932年5月25日) ……………………………………………………………… 203
269. 芳泽外务大臣致驻沈阳森岛代理总领事的函电(1932年5月25日) ……………………………………………………………… 203
270. 吉田大使致斋藤外务大臣的函电(1932年5月26日) ……… 204
271. 驻北平中山书记官致斋藤外务大臣的函电(1932年5月29日) ……………………………………………………………… 204
272. 驻沈阳森岛代理总领事致斋藤外务大臣的函电(1932年5月26日) ……………………………………………………………… 205
273. 驻沈阳森岛代理总领事致斋藤外务大臣的函电(1932年5月26日) ……………………………………………………………… 205
274. 驻广东须磨代理总领事致斋藤外务大臣的函电(1932年5月26日) ……………………………………………………………… 206
275. 吉田大使致斋藤外务大臣的函电(1932年5月27日) ……… 206
276. 吉田大使致斋藤外务大臣的函电(1932年5月27日) ……… 207
277. 北平补佐官致陆军次官的函电(1932年5月27日) ………… 207
278. 吉田大臣致斋藤外务大臣的函电(1932年5月28日) ……… 208
279. 关东厅长官致斋藤外务大臣的函电(1932年5月28日) …… 208
280. 关东厅长官致斋藤外务大臣的函电(1932年5月28日) …… 209
281. 驻长春田代领事致斋藤外务大臣的函电(1932年5月28日) ……………………………………………………………… 209
282. 斋藤外务大臣致大连吉田大使的函电(1932年5月28日) … 210
283. 吉田大使致斋藤外务大臣的函电(一)(1932年5月29日) … 210
284. 吉田大使致斋藤外务大臣的函电(二)(1932年5月29日) … 211
285. 吉田大使致斋藤外务大臣的函电(三)(1932年5月29日) … 212
286. 吉田大使致斋藤外务大臣的函电(1932年5月29日) ……… 213
287. 关东厅长官致斋藤外务大臣的函电(1932年5月30日) …… 214

288. 支那驻屯军参谋长致陆军次官的函电(1932年5月30日) … 214
289. 驻北平中山书记官致斋藤外务大臣的函电(1932年5月31日) …………………………………………………………………… 215
290. 福冈县知事中山佐之助致内务大臣山本达雄等处的函电(1932年5月30日) …………………………………………………………………… 215
291. 驻国际联盟泽田局长致斋藤外务大臣的函电(1932年5月31日) …………………………………………………………………… 216
292. 驻国际联盟泽田局长致斋藤外务大臣的函电(1932年5月31日) …………………………………………………………………… 217
293. 驻沈阳森岛代理总领事致斋藤外务大臣的函电(1932年5月31日) …………………………………………………………………… 218
294. 驻沈阳森岛代理总领事致斋藤外务大臣的函电(1932年5月31日) …………………………………………………………………… 218
295. 驻沈阳森岛代理总领事致斋藤外务大臣的函电(1932年5月31日) …………………………………………………………………… 219
296. 驻沈阳森岛代理总领事致斋藤外务大臣的函电(1932年5月31日) …………………………………………………………………… 219
297. 驻沈阳森岛代理总领事致斋藤外务大臣的函电(1932年5月31日) …………………………………………………………………… 220
298. 驻沈阳森岛代理总领事致斋藤外务大臣的函电(1932年5月31日) …………………………………………………………………… 221
299. 关东厅警务局长致拓务次官等处的函电(1933年5月31日) …………………………………………………………………… 221
300. 驻北平矢野参事致芳泽外务大臣的函电(1932年4月12日) …………………………………………………………………… 223
301. 驻上海重光公使致芳泽外务大臣的函电(1932年4月12日) …………………………………………………………………… 224
302. 驻北平矢野参事致芳泽外务大臣的函电(1932年4月15日) …………………………………………………………………… 224
303. 驻北平矢野参事致芳泽外务大臣的函电(1932年4月15日) …………………………………………………………………… 225

17

304. 驻北平矢野参事致芳泽外务大臣的函电(1932年4月16日) ……………………………………………………… 225
305. 驻沈阳森岛代理总领事致芳泽外务大臣的函电(1932年4月16日) ……………………………………………………… 226
306. 驻沈阳森岛代理总领事致芳泽外务大臣的函电(1932年4月16日) ……………………………………………………… 226
307. 驻沈阳森岛代理总领事致芳泽外务大臣的函电(1932年4月23日) ……………………………………………………… 227
308. 芳泽外务大臣致上海重光公使的函电(1932年4月21日) … 227
309. 驻沈阳森岛代理总领事致芳泽外务大臣的函电(1932年4月26日) ……………………………………………………… 229
310. 驻沈阳森岛代理总领事致芳泽外务大臣的函电(1932年4月28日) ……………………………………………………… 230
311. 驻沈阳森岛代理总领事致芳泽外务大臣的函电(一)(1932年4月29日) ……………………………………………………… 231
312. 驻沈阳森岛代理总领事致芳泽外务大臣的函电(二)(1932年4月29日) ……………………………………………………… 232
313. 驻沈阳森岛代理总领事致芳泽外务大臣的函电(三)(1932年4月29日) ……………………………………………………… 232
314. 驻沈阳森岛代理总领事致芳泽外务大臣的函电(四)(1932年4月29日) ……………………………………………………… 233
315. 驻沈阳森岛代理总领事致芳泽外务大臣的函电(1932年4月29日) ……………………………………………………… 234
316. 驻国际联盟泽田局长致芳泽外务大臣的函电(1932年5月3日) ……………………………………………………… 234
317. 驻南京上村代理总领事致芳泽外务大臣的函电(1932年5月5日) ……………………………………………………… 235
318. 驻长春田代领事致芳泽外务大臣的函电(1932年5月2日) ……………………………………………………… 235
319. 驻南京上村代理总领事致芳泽外务大臣的函电(1932年5月7日) ……………………………………………………… 236

320. 驻长春田代领事致芳泽外务大臣的函电(1932年5月10日)
  ………………………………………………………………… 237
321. 驻哈尔滨长冈代理总领事致芳泽外务大臣的函电(1932年5月14日) ……………………………………………………………… 238
322. 驻北平矢野参事致斋藤外务大臣的函电(1932年6月11日)
  ………………………………………………………………… 238
323. 驻北平矢野参事致斋藤外务大臣的函电(1932年6月11日)
  ………………………………………………………………… 239
324. 驻北平矢野参事致斋藤外务大臣的函电(1932年6月11日)
  ………………………………………………………………… 240
325. 满洲与支那的历史关系之件(日期不详) …………… 241

二、国际联盟中国调查团关系档案　第四卷 …………… 247
  1. 驻沈阳森岛代理总领事致斋藤外务大臣的函电(1932年6月1日)
    ……………………………………………………………… 247
  2. 关东厅警务局长致斋藤外务大臣的函电(1932年6月1日) …… 247
  3. 驻芝罘内田领事致斋藤外务大臣的函电(1932年6月1日) …… 248
  4. 北平辅佐官致陆军次官的函电(1932年5月31日) ………… 248
  5. 斋藤外务大臣致驻沈阳森岛代理总领事的函电(1932年6月1日)
    ……………………………………………………………… 249
  6. 驻沈阳森岛代理总领事致斋藤外务大臣的函电(1932年6月2日)
    ……………………………………………………………… 250
  7. 驻沈阳森岛代理总领事致斋藤外务大臣的函电(1932年6月2日)
    ……………………………………………………………… 250
  8. 驻沈阳森冈代理总领事致斋藤外务大臣的函电(1932年6月2日)
    ……………………………………………………………… 251
  9. 斋藤外务大臣致驻沈阳森岛代理总领事的函电(1932年6月2日)
    ……………………………………………………………… 252
  10. 斋藤外务大臣致驻沈阳森岛代理总领事的函电(1932年6月1日)
    ……………………………………………………………… 252
  11. 斋藤外务大臣致驻芝罘内田领事的函电(1932年6月2日) … 253

19

12. 斋藤外务大臣致驻上海重光公使等处的函电(1932年6月2日) ………………………………………………………………… 253
13. 驻沈阳森岛代理总领事致斋藤外务大臣的函电(1932年6月3日) ………………………………………………………………… 256
14. 驻沈阳森岛代理总领事致斋藤外务大臣的函电(1932年6月3日) ………………………………………………………………… 256
15. 驻沈阳森岛代理总领事致斋藤外务大臣的函电(1932年6月3日) ………………………………………………………………… 257
16. 驻沈阳森岛代理总领事致斋藤外务大臣的函电(1932年6月3日) ………………………………………………………………… 257
17. 驻沈阳森岛代理总领事致斋藤外务大臣的函电(1932年6月3日) ………………………………………………………………… 258
18. 驻沈阳森岛代理总领事致斋藤外务大臣的函电(一)(1932年6月3日) …………………………………………………………… 259
19. 驻沈阳森岛代理总领事致斋藤外务大臣的函电(二)(1932年6月3日) …………………………………………………………… 260
20. 驻沈阳森岛代理总领事致斋藤外务大臣的函电(三)(1932年6月3日) …………………………………………………………… 261
21. 驻哈尔滨长冈代理总领事致斋藤外务大臣的函电(1932年6月3日) ………………………………………………………………… 261
22. 驻长春田中领事代理致斋藤外务大臣的函电(1932年6月3日) ………………………………………………………………… 262
23. 高裁案(1932年6月1日) ………………………… 263
24. 关东军参谋长致陆军次官的函电(1932年6月2日) ………… 264
25. 斋藤外务大臣致驻沈阳森岛代理总领事的函电(1932年6月3日) ………………………………………………………………… 265
26. 斋藤外务大臣致驻沈阳森岛代理总领事的函电(1932年6月3日) ………………………………………………………………… 265
27. 驻沈阳森岛代理总领事致斋藤外务大臣的函电(1932年6月4日) ………………………………………………………………… 266
28. 驻沈阳森岛代理总领事致斋藤外务大臣的函电(1932年6月4日)

29. 驻沈阳森岛代理总领事致斋藤外务大臣的函电(1932年6月4日) ……………………………………………………………… 267

30. 驻沈阳森岛代理总领事致斋藤外务大臣的函电(1932年6月4日) ……………………………………………………………… 268

31. 驻沈阳森岛代理总领事致斋藤外务大臣的函电(1932年6月4日) ……………………………………………………………… 268

32. 驻沈阳森岛代理总领事致斋藤外务大臣的函电(1932年6月4日) ……………………………………………………………… 269

33. 驻沈阳森岛代理总领事致斋藤外务大臣的函电(1932年6月4日) ……………………………………………………………… 270

34. 驻南京上村代理总领事致斋藤外务大臣的函电(1932年6月4日) ……………………………………………………………… 270

35. 驻芝罘内田领事致斋藤外务大臣的函电(一)(1932年6月4日) ……………………………………………………………… 271

36. 驻芝罘内田领事致斋藤外务大臣的函电(二)(1932年6月4日) ……………………………………………………………… 272

37. 驻新民府土屋主任致斋藤外务大臣的函电(1932年6月4日) ……………………………………………………………… 273

38. 驻长春田中领事代理致斋藤外务大臣的函电(1932年6月4日) ……………………………………………………………… 273

39. 驻长春田中领事代理致斋藤外务大臣的函电(1932年6月4日) ……………………………………………………………… 274

40. 斋藤外务大臣致驻北平中山书记官的函电(1932年6月4日) ……………………………………………………………… 275

41. 关东军参谋长致参谋次长的函电(1932年6月4日) ………… 275

42. 驻北平中山书记官致斋藤外务大臣的函电(1932年6月6日) ……………………………………………………………… 276

43. 驻北平中山书记官致斋藤外务大臣的函电(1932年6月6日) ……………………………………………………………… 276

44. 驻北平中山书记官致斋藤外务大臣的函电(一)(1932年6月6日)

21

45. 驻北平中山书记官致斋藤外务大臣的函电(二)(1932年6月6日) 278
46. 驻北平中山书记官致斋藤外务大臣的函电(1932年6月6日) 278
47. 驻沈阳森岛代理总领事致斋藤外务大臣的函电(一)(1932年6月6日) 279
48. 驻沈阳森岛代理总领事致斋藤外务大臣的函电(二)(1932年6月6日) 280
49. 驻沈阳森岛代理总领事致斋藤外务大臣的函电(三)(1932年6月6日) 280
50. 驻沈阳森岛代理总领事致斋藤外务大臣的函电(四)(1932年6月6日) 281
51. 驻天津桑岛总领事致斋藤外务大臣的函电(1932年6月6日) 282
52. 支那驻屯军参谋长致陆军次官的函电(1932年6月6日) 282
53. 支那驻屯军参谋长致陆军次官的函电(1932年6月6日) 283
54. 驻天津桑岛总领事致斋藤外务大臣的函电(1932年6月7日) 284
55. 驻国际联盟泽田局长致斋藤外务大臣的函电(1932年6月7日) 284
56. 驻北平中山书记官致斋藤外务大臣的函电(1932年6月7日) 285
57. 驻北平中山书记官致斋藤外务大臣的函电(1932年6月7日) 286
58. 驻北平中山书记官致斋藤外务大臣的函电(1932年6月7日) 287
59. 驻北平中山书记官致斋藤外务大臣的函电(1932年6月7日) 287
60. 驻北平中山书记官致斋藤外务大臣的函电(1932年6月7日) 288

61. 驻间岛冈田总领事致斋藤外务大臣的函电(1932年6月7日) ……………………………………………………………… 289
62. 驻青岛川越总领事致斋藤外务大臣的函电(1932年6月8日) ……………………………………………………………… 289
63. 驻长春田中领事代理致斋藤外务大臣的函电(1932年6月7日) ……………………………………………………………… 290
64. 斋藤外务大臣致驻北平中山书记官的函电(1932年6月7日) ……………………………………………………………… 291
65. 条约第三课长佐藤致岸秘书官等处的函电(1932年6月7日) ……………………………………………………………… 291
66. 接待国际联盟调查团一行的计划(草案)(1932年6月7日) ……………………………………………………………… 292
67. 驻北平酒井辅佐官致次官、次长的函电(1932年6月7日) … 297
68. 驻济南西田总领事致斋藤外务大臣的函电(1932年6月8日) ……………………………………………………………… 297
69. 斋藤外务大臣致驻北平中山书记官的函电(1932年6月8日) ……………………………………………………………… 298
70. 斋藤外务大臣致驻北平中山书记官的函电(1932年6月8日) ……………………………………………………………… 298
71. 驻北平中山书记官致斋藤外务大臣的函电(1932年6月9日) ……………………………………………………………… 299
72. 驻北平中山书记官致斋藤外务大臣的函电(1932年6月9日) ……………………………………………………………… 300
73. 驻济南西田总领事致斋藤外务大臣的函电(1932年6月9日) ……………………………………………………………… 300
74. 驻坊子栗野主任致斋藤外务大臣的函电(1932年6月9日) … 301
75. 有田外务次官致永井松三的函电(1932年6月9日) ………… 301
76. 关东厅警务局长致拓务次官、内阁书记官、外务次官的函电(1932年6月9日) ……………………………………………… 305
77. 驻北平中山书记官致斋藤外务大臣的函电(1932年6月10日) ……………………………………………………………… 305

78. 驻天津桑岛总领事致斋藤外务大臣的函电(1932年6月10日)
 ………………………………………………………………… 306
79. 驻青岛川越总领事致斋藤外务大臣的函电(1932年6月10日)
 ………………………………………………………………… 307
80. 驻青岛川越总领事致斋藤外务大臣的函电(1932年6月10日)
 ………………………………………………………………… 307
81. 驻青岛川越总领事致斋藤外务大臣的函电(1932年6月10日)
 ………………………………………………………………… 308
82. 驻长春田中领事代理致斋藤外务大臣的函电(1932年6月10日)
 ………………………………………………………………… 309
83. 有田次官致驻朝鲜今井田政务总监的函电(1932年6月10日)
 ………………………………………………………………… 309
84. 斋藤外务大臣致驻间岛冈田总领事的函电(1932年6月10日)
 ………………………………………………………………… 310
85. 驻哈尔滨长冈代理总领事致斋藤外务大臣的函电(1932年6月11日) ………………………………………………………… 312
86. 驻青岛川越总领事致斋藤外务大臣的函电(1932年6月11日)
 ………………………………………………………………… 313
87. 驻济南西田总领事致斋藤外务大臣的函电(1932年6月11日)
 ………………………………………………………………… 314
88. 驻济南西田总领事致斋藤外务大臣的函电(1932年6月11日)
 ………………………………………………………………… 314
89. 驻济南西田总领事致斋藤外务大臣的函电(1932年6月11日)
 ………………………………………………………………… 315
90. 驻长春田中领事代理致斋藤外务大臣的函电(1932年6月11日)
 ………………………………………………………………… 315
91. 驻济南西田总领事致斋藤外务大臣的函电(1932年6月11日)
 ………………………………………………………………… 316
92. 国际联盟调查团一行的接待计划(1932年6月11日) ……… 316
93. 青岛藤原武官致次官、次长的函电(1932年6月11日) ……… 321
94. 北平辅佐官致陆军次官的函电(1932年6月6日) ………… 322

95. 斋藤外务大臣致驻北平中山书记官的函电(1932年6月11日)
………………………………………………………………………… 323
96. 斋藤外务大臣致中山书记官的函电(1932年6月11日)……… 323
97. 驻哈尔滨长冈代理总领事致斋藤外务大臣的函电(1932年6月12日)………………………………………………………………… 324
98. 驻北平矢野参事致斋藤外务大臣的函电(1932年6月12日)
………………………………………………………………………… 324
99. 驻北平矢野参事致斋藤外务大臣的函电(1932年6月12日)
………………………………………………………………………… 325
100. 驻哈尔滨长冈代理总领事致斋藤外务大臣的函电(1932年6月13日)……………………………………………………………… 325
101. 驻天津桑岛总领事致斋藤外务大臣的函电(1932年6月13日)
………………………………………………………………………… 326
102. 驻天津桑岛总领事致斋藤外务大臣的函电(1932年6月13日)
………………………………………………………………………… 327
103. 驻济南西田总领事致斋藤外务大臣的函电(1932年6月13日)
………………………………………………………………………… 327
104. 驻北平矢野参事致斋藤外务大臣的函电(1932年6月13日)
………………………………………………………………………… 328
105. 驻天津桑岛总领事致斋藤外务大臣的函电(1932年6月13日)
………………………………………………………………………… 329
106. 驻南京上村代理总领事致斋藤外务大臣的函电(1932年6月13日)
………………………………………………………………………… 329
107. 驻南京上村代理总领事致斋藤外务大臣的函电(1932年6月13日)
………………………………………………………………………… 330
108. 北平吉田大使致斋藤外务大臣的函电报抄录(1932年6月14日)
………………………………………………………………………… 331
109. 上海时报馆鲍振青致日本外务省文化事业部岩村成允的信函(1932年6月13日)……………………………………………… 331
110. 斋藤外务大臣致驻北平矢野参事官的函电(日期不详)……… 332
111. 驻北平矢野参事致斋藤外务大臣的函电(1932年6月11日)

112. 驻南京上村代理总领事致斋藤外务大臣的函电(1932年6月14日) ……334
113. 驻南京上村代理总领事致斋藤外务大臣的函电(1932年6月14日) ……334
114. 驻北平矢野参事致斋藤外务大臣的函电(1932年6月14日) ……335
115. 驻北平矢野参事致斋藤外务大臣的函电(1932年6月14日) ……335
116. 驻北平矢野参事致斋藤外务大臣的函电(1932年6月14日) ……336
117. 驻九江西田代理事务致斋藤外务大臣的函电(1932年6月14日) ……337
118. 驻北平矢野参事致斋藤外务大臣的函电(1932年6月14日) ……337
119. 驻北平矢野参事致斋藤外务大臣的函电(1932年6月14日) ……338
120. 驻长春田中领事代理致斋藤外务大臣的函电(1932年6月14日) ……339
121. 驻北平矢野参事致斋藤外务大臣的函电(1932年6月14日) ……339
122. 驻北平矢野参事致斋藤外务大臣的函电(1932年6月15日) ……340
123. 驻北平矢野参事致斋藤外务大臣的函电(1932年6月15日) ……341
124. 驻哈尔滨长冈代理总领事致斋藤外务大臣的函电(1932年6月15日) ……341
125. 驻南京上村代理总领事致斋藤外务大臣的函电(1932年6月15日) ……342
126. 驻南京上村代理总领事致斋藤外务大臣的函电(1932年6月15日) ……343

127. 驻长春田中领事代理致斋藤外务大臣的函电(1932年6月15日)
　　…………………………………………………………… 343
128. 驻北平矢野参事致斋藤外务大臣的函电(1932年6月15日)
　　…………………………………………………………… 344
129. 斋藤外务大臣致驻北平矢野参事官的函电(1932年6月15日)
　　…………………………………………………………… 345
130. 斋藤外务大臣致驻北平矢野参事官的函电(1932年6月15日)
　　…………………………………………………………… 345
131. 驻哈尔滨长冈代理总领事致斋藤外务大臣的函电(1932年6月16日) …………………………………………………………… 346
132. 驻间岛冈田总领事致斋藤外务大臣的函电(1932年6月16日)
　　…………………………………………………………… 347
133. 驻新加坡伊藤代理总领事致斋藤外务大臣的函电(1932年6月16日) …………………………………………………………… 347
134. 驻北平矢野参事致斋藤外务大臣的函电(1932年6月16日)
　　…………………………………………………………… 348
135. 驻北平矢野参事致斋藤外务大臣的函电(1932年6月16日)
　　…………………………………………………………… 349
136. 驻北平矢野参事致斋藤外务大臣的函电(1932年6月16日)
　　…………………………………………………………… 349
137. 驻北平矢野参事致斋藤外务大臣的函电(1932年6月16日)
　　…………………………………………………………… 350
138. 驻北平矢野参事致斋藤外务大臣的函电(1932年6月16日)
　　…………………………………………………………… 350
139. 驻北平矢野参事致斋藤外务大臣的函电(1932年6月16日)
　　…………………………………………………………… 351
140. 驻上海村井总领事致斋藤外务大臣的函电(1932年6月16日)
　　…………………………………………………………… 352
141. 国际联盟调查团一行来日本之件(1932年6月16日) ……… 352
142. 斋藤外务大臣致驻北平矢野参事官的函电(1932年6月16日)
　　…………………………………………………………… 353

143. 驻北平矢野参事致斋藤外务大臣的函电（一）（1932年6月17日）
　　 ·· 354
144. 驻北平矢野参事致斋藤外务大臣的函电（二）（1932年6月17日）
　　 ·· 355
145. 驻北平矢野参事致斋藤外务大臣的函电（1932年6月16日）
　　 ·· 356
146. 驻北平矢野参事致斋藤外务大臣的函电（1932年6月16日）
　　 ·· 356
147. 驻北平矢野参事致斋藤外务大臣的函电（1932年6月17日）
　　 ·· 357
148. 驻北平矢野参事致斋藤外务大臣的函电（1932年6月17日）
　　 ·· 357
149. 驻长春田中领事代理致斋藤外务大臣的函电（1932年6月17日）
　　 ·· 358
150. 召开接待国际联盟调查团外务省委员会干事会议之件（日期不详）
　　 ·· 358
151. 支那驻屯军参谋长致陆军次官的函电（1932年6月17日） ··· 359
152. 驻北平矢野参事致斋藤外务大臣的函电（一）（1932年6月18日）
　　 ·· 360
153. 驻北平矢野参事致斋藤外务大臣的函电（二）（1932年6月18日）
　　 ·· 360
154. 驻北平矢野参事致斋藤外务大臣的函电（1932年6月18日）
　　 ·· 361
155. 驻南京上村代理总领事致斋藤外务大臣的函电（1932年6月18日）
　　 ·· 362
156. 驻哈尔滨长冈代理总领事致斋藤外务大臣的函电（1932年6月18日）
　　 ·· 362
157. 驻上海守屋书记官致斋藤外务大臣的函电（1932年6月18日）
　　 ·· 363
158. 驻上海守屋书记官致斋藤外务大臣的函电（1932年6月18日）
　　 ·· 364

159. 驻上海村井总领事致斋藤外务大臣的函电(1932 年 6 月 18 日) ………………………………………………………………… 364
160. 驻长春田中领事代理致斋藤外务大臣的函电(1932 年 6 月 18 日) ………………………………………………………………… 365
161. 驻国际联盟泽田局长致斋藤外务大臣的函电(1932 年 6 月 18 日) ………………………………………………………………… 365
162. 军缩会议全权代表致斋藤外务大臣的函电(1932 年 6 月 18 日) ………………………………………………………………… 366
163. 斋藤外务大臣致驻北平矢野参事官的函电(1932 年 6 月 18 日) ………………………………………………………………… 366
164. 斋藤外务大臣致驻北平矢野参事官的函电(1932 年 6 月 18 日) ………………………………………………………………… 367
165. 支那驻屯军参谋长致陆军次官的函电(1932 年 6 月 17 日) … 367
166. 外事课长致政务总监的函电(1932 年 6 月 18 日) ………… 368
167. 驻北平矢野参事致斋藤外务大臣的函电(1932 年 6 月 18 日) ………………………………………………………………… 368
168. 斋藤外务大臣致驻间岛冈田总领事的函电(1932 年 6 月 20 日) ………………………………………………………………… 369
169. 驻北平矢野参事致斋藤外务大臣的函电(1932 年 6 月 19 日) ………………………………………………………………… 369
170. 驻北平矢野参事致斋藤外务大臣的函电(1932 年 6 月 19 日) ………………………………………………………………… 370
171. 驻北平矢野参事致斋藤外务大臣的函电(1932 年 6 月 19 日) ………………………………………………………………… 370
172. 驻北平矢野参事致斋藤外务大臣的函电(1932 年 6 月 20 日) ………………………………………………………………… 371
173. 驻北平矢野参事致斋藤外务大臣的函电(1932 年 6 月 20 日) ………………………………………………………………… 372
174. 驻北平矢野参事致斋藤外务大臣的函电(1932 年 6 月 20 日) ………………………………………………………………… 372
175. 驻北平矢野参事致斋藤外务大臣的函电(1932 年 6 月 20 日)

176. 驻北平矢野参事致斋藤外务大臣的函电(1932年6月20日)
 ·· 374

177. 驻北平矢野参事致斋藤外务大臣的函电(1932年6月20日)
 ·· 374

178. 驻哈尔滨长冈代理总领事致斋藤外务大臣的函电(1932年6月20日) ·· 375

179. 驻哈尔滨长冈代理总领事致斋藤外务大臣的函电(1932年6月20日) ·· 376

180. 驻上海守屋书记官致斋藤外务大臣的函电(1932年6月20日)
 ·· 376

181. 驻上海守屋书记官致斋藤外务大臣的函电(1932年6月20日)
 ·· 377

182. 福冈县知事中山佐之助致内务大臣山本达雄等处的函电(1932年6月20日) ·· 378

183. 驻哈尔滨长冈代理总领事致斋藤外务大臣的函电(1932年6月21日) ·· 379

184. 驻上海守屋书记官致斋藤外务大臣的函电(1932年6月20日)
 ·· 380

185. 驻上海守屋书记官致斋藤外务大臣的函电(1932年6月20日)
 ·· 381

186. 驻上海守屋书记官致斋藤外务大臣的函电(1932年6月20日)
 ·· 382

187. 驻北平矢野参事致斋藤外务大臣的函电(一)(1932年6月21日)
 ·· 382

188. 驻北平矢野参事致斋藤外务大臣的函电(二)(1932年6月21日)
 ·· 383

189. 驻北平矢野参事致斋藤外务大臣的函电(1932年6月21日)
 ·· 384

190. 驻国际联盟泽田局长致斋藤外务大臣的函电(1932年6月21日)
 ·· 385

191. 驻北平矢野参事致斋藤外务大臣的函电(1932年6月21日)
　　　　　　　　　　　　　　　　　　　　　　　　　　　 385
192. 驻长春田中领事代理致斋藤外务大臣的函电(1932年6月21日)
　　　　　　　　　　　　　　　　　　　　　　　　　　　 386
193. 驻哈尔滨长冈代理总领事致斋藤外务大臣的函电(1932年6月21日) ………………………………………………………… 386
194. 驻长春田中领事代理致斋藤外务大臣的函电(1932年6月22日)
　　　　　　　　　　　　　　　　　　　　　　　　　　　 387
195. 驻哈尔滨长冈代理总领事致斋藤外务大臣的函电(1932年6月21日) ………………………………………………………… 387
196. 驻哈尔滨长冈代理总领事致斋藤外务大臣的函电(1932年6月21日) ………………………………………………………… 388
197. 驻哈尔滨长冈代理总领事致斋藤外务大臣的函电(1932年6月21日) ………………………………………………………… 389
198. 驻美出渊大使致斋藤外务大臣的函电(1932年6月21日) … 390
199. 大阪工商总会会长稻畑胜太郎致若松商务书记官的函电(1932年6月21日) ……………………………………………………… 391
200. 日程案(日期不详) ……………………………………………… 391
201. 驻上海守屋书记官致斋藤外务大臣的函电(1932年6月22日)
　　　　　　　　　　　　　　　　　　　　　　　　　　　 392
202. 驻北平矢野参事致斋藤外务大臣的函电(一)(1932年6月22日)
　　　　　　　　　　　　　　　　　　　　　　　　　　　 392
203. 驻北平矢野参事致斋藤外务大臣的函电(二)(1932年6月22日)
　　　　　　　　　　　　　　　　　　　　　　　　　　　 393
204. 驻汉口坂根总领事致斋藤外务大臣的函电(1932年6月22日)
　　　　　　　　　　　　　　　　　　　　　　　　　　　 394
205. 斋藤外务大臣致驻北平矢野参事官的函电(1932年6月) …… 395
206. 斋藤外务大臣致驻北平矢野参事官的函电(1932年6月22日)
　　　　　　　　　　　　　　　　　　　　　　　　　　　 395
207. 驻国际联盟松平大使致斋藤外务大臣的函电(1932年6月23日)
　　　　　　　　　　　　　　　　　　　　　　　　　　　 396

31

208. 驻上海守屋书记官致斋藤外务大臣的函电(1932年6月23日)
　　………………………………………………………………… 397
209. 驻南京上村代理总领事致斋藤外务大臣的函电(1932年6月23日)
　　………………………………………………………………… 397
210. 驻北平矢野参事官斋藤外务大臣的函电(1932年6月23日)
　　………………………………………………………………… 398
211. 驻北平矢野参事致斋藤外务大臣的函电(1932年6月23日)
　　………………………………………………………………… 399
212. 驻北平矢野参事致斋藤外务大臣的函电(1932年6月23日)
　　………………………………………………………………… 399
213. 驻北平矢野参事致斋藤外务大臣的函电(1932年6月23日)
　　………………………………………………………………… 400
214. 驻哈尔滨长冈代理总领事致斋藤外务大臣的函电(1932年6月23日) ……………………………………………………………… 401
215. 大阪市知事斋藤宗宜致内务大臣男爵山本达雄等处的函电(1932年6月23日) ……………………………………………… 402
216. 驻北平矢野参事致斋藤外务大臣的函电(1932年6月24日)
　　………………………………………………………………… 405
217. 驻北平矢野参事致斋藤外务大臣的函电(1932年6月24日)
　　………………………………………………………………… 405
218. 驻北平矢野参事致斋藤外务大臣的函电(1932年6月24日)
　　………………………………………………………………… 406
219. 驻北平矢野参事致斋藤外务大臣的函电(1932年6月24日)
　　………………………………………………………………… 407
220. 驻南京上村代理总领事致斋藤外务大臣的函电(1932年6月24日)
　　………………………………………………………………… 408
221. 驻芝罘内田领事致斋藤外务大臣的函电(1932年6月24日)
　　………………………………………………………………… 408
222. 德国大使馆武官致参谋次长的函电(1932年6月23日) …… 409
223. 有田次官的官邸午餐(1932年6月24日) ……………………… 409
224. 驻上海守屋书记官致斋藤外务大臣的函电(1932年6月25日)

225. 驻北平矢野参事致斋藤外务大臣的函电(1932年6月25日)
  ……………………………………………………………………… 411
226. 驻北平矢野参事致斋藤外务大臣的函电(1932年6月25日)
  ……………………………………………………………………… 412
227. 驻北平矢野参事致斋藤外务大臣的函电(1932年6月25日)
  ……………………………………………………………………… 412
228. 驻广东须磨代理总领事致斋藤外务大臣的函电(1932年6月25日)
  ……………………………………………………………………… 413
229. 有田次官官邸午餐(1932年6月25日) ………………… 414
230. 关于召开国际联盟调查团外务省内接待委员会干事会会议之件
  (1932年6月25日) ……………………………………………… 416
231. 驻北平矢野参事致斋藤外务大臣的函电(一)(1932年6月27日)
  ……………………………………………………………………… 416
232. 驻北平矢野参事致斋藤外务大臣的函电(二)(1932年6月27日)
  ……………………………………………………………………… 418
233. 高裁案(1932年6月27日) ……………………… 419
234. 高裁案(1932年6月27日) ……………………… 420
235. 驻国际联盟泽田局长致斋藤外务大臣的函电(1932年6月28日)
  ……………………………………………………………………… 421
236. 驻北平矢野参事致斋藤外务大臣的函电(1932年6月28日)
  ……………………………………………………………………… 421
237. 驻北平矢野参事致斋藤外务大臣的函电(1932年6月28日)
  ……………………………………………………………………… 422
238. 驻北平矢野参事致斋藤外务大臣的函电(1932年6月28日)
  ……………………………………………………………………… 422
239. 驻北平矢野参事致斋藤外务大臣的函电(1932年6月28日)
  ……………………………………………………………………… 423
240. 驻北平矢野参事致斋藤外务大臣的函电(1932年6月28日)
  ……………………………………………………………………… 423
241. 驻沈阳森岛代理总领事致斋藤外务大臣的函电(1932年6月29日)

33

242. 驻天津桑岛总领事致斋藤外务大臣的函电(1932年6月29日) ………………………………………………………………… 425

243. 式部长官男爵林权助致外务大臣子爵斋藤实的函电(1932年6月29日) ……………………………………………………… 425

244. 斋藤外务大臣致驻沈阳森岛代理总领事的函电(1932年6月29日) ………………………………………………………………… 426

245. 铁道次官久保田敬致外务次官有田八郎的函电(1932年6月29日) ………………………………………………………………… 426

246. 有田外务次官致久保田铁道次官的函电(1932年6月29日) ……………………………………………………………………… 427

247. 有田外务次官致久保田铁道次官的函电(1932年6月29日) ……………………………………………………………………… 427

248. 斋藤外务大臣致驻沈阳森岛代理总领事的函电(1932年6月30日) ………………………………………………………………… 428

249. 外务大臣致朝鲜京城朝鲜宾馆的吉田大使的函电(1932年6月30日) ………………………………………………………… 428

250. 有田外务次官致久保田铁道次官的函电(1932年6月30日) ……………………………………………………………………… 429

251. 铁道次官久保田敬致有田八郎外务次官的函电(1932年6月30日) ………………………………………………………………… 429

252. 驻沈阳森岛代理总领事致斋藤外务大臣的函电(1932年6月30日) ………………………………………………………………… 430

253. 关东厅长官山冈致斋藤外务大臣的函电(1932年6月30日) ……………………………………………………………………… 430

254. 关东厅警务局长致斋藤外务大臣的函电(1932年6月30日) ……………………………………………………………………… 431

255. 驻安东米泽领事致斋藤外务大臣的函电(1932年6月30日) ……………………………………………………………………… 431

256. 驻安东米泽领事致斋藤外务大臣的函电(1932年6月30日) ……………………………………………………………………… 432

257. 驻安东米泽领事致斋藤外务大臣的函电(1932年6月3日)
  432
258. 驻长春田中领事代理致斋藤外务大臣的函电(1932年6月30日)
  433
259. 日本对顾维钧所提调查书的见解(日期不详) 433
260. 丕平撰写应对调查团质疑时的回答方案(日期不详) 438

索 引 440

一、国际联盟中国调查团关系档案　第三卷

1. 驻上海重光公使致芳泽外务大臣的函电
（1932年4月20日）

昭和七年　九七三六　暗①　上海　　　　　　　　　廿日下午发
　　　　　　　　　　　外务省　　　　　　　　　　四月廿日下午收

第七〇七号
本使致奉天电
第二十九号
现在转送福州致本使电报，即另电第三十号，希望您转达吉田大使。本电报转送外务大臣、国际联盟、福州、北平。

资料来源：JACAR（アジア歴史資料センター）Ref. B02030445500（第8画像目から）、満洲事変（支那兵ノ満鉄柳条溝爆破ニ因ル日、支軍衝突関係）/善後措置関係/国際連盟支那調査員関係　第三巻（外務省外交史料館）

2. 驻北平矢野参事致芳泽外务大臣的函电
（1932年4月20日）

昭和七年　九六六〇　平　北平　　　　　　　　　　廿日上午发
　　　　　　　　　　　外务省　　　　　　　　　　四月廿日上午收

---

① 编者按："暗"是原电报文字，指完全加密的电报。本册所搜集的日文档案资料，日本外务省电报密级计有"暗""略""平"三种。经查，"暗"表示完全加密的意思，"略"表示简单加密的意思，如果未加密，则写作"平"。下同。

第二一二号

国际联盟调查团一行已经于十九日下午十点半出发。

转电公使、奉天①、天津、长春、国际联盟、关东厅长官。

资料来源：JACAR（アジア歴史資料センター）Ref. B02030445500（第 8 画像目から）、満洲事変（支那兵ノ満鉄柳条溝爆破ニ因ル日、支軍衝突関係）/善後措置関係/国際連盟支那調査員関係　第三巻（外務省外交史料館）

3. 驻北平矢野参事致芳泽外务大臣的函电
（1932 年 4 月 20 日）

| 昭和七年　九七〇四　暗　　北平　　　　　　　　　廿日下午发 |
| 　　　　　　　　　　　　　　　　外务省　　　　　　四月廿日下午收 |

第二一三号

本官致奉天电报

第四十三号

伊藤参事官出发之际并未接到外务大臣致本官第七十七号电报，还望您采取适当措施。

本电转送外务大臣。

资料来源：JACAR（アジア歴史資料センター）Ref. B02030445500（第 9 画像目から）、満洲事変（支那兵ノ満鉄柳条溝爆破ニ因ル日、支軍衝突関係）/善後措置関係/国際連盟支那調査員関係　第三巻（外務省外交史料館）

4. 驻天津桑岛总领事致芳泽外务大臣的函电
（1932 年 4 月 20 日）

昭和七年　九六八六　暗　　天津　　　　　　　　　廿日上午发
　　　　　　　　　　　　　　　　外务省　　　　　　四月廿日下午收

第一七一号

本官致奉天的电报

---

①　编者按：即指今沈阳。日军侵占沈阳市后将其名改为"奉天市"，为呈现历史原貌，正文中予以保留。下同。

第八号
自吉田发

关于调查团的行程，以满洲方面制成之方案（好富所携之件）为基础，并参照调查团方面之方案，其主要内容以另一函电第九号进行报告。调查团方面为了促进调查，打算拒绝在奉天等处的公开正式招待。

与另一函电一同转送外务大臣。

希望将本电报与另电一同转送长春、哈尔滨、吉林、齐齐哈尔、关东厅、满铁。

资料来源：JACAR(アジア歴史資料センター)Ref. B02030445500(第9画像目から)、満洲事変(支那兵ノ満鉄柳条溝爆破ニ因ル日、支軍衝突関係)/善後措置関係/国際連盟支那調査員関係　第三卷(外務省外交史料館)

5. 驻天津桑岛总领事致芳泽外务大臣的函电
（1932年4月20日）

昭和七年　九六八五　暗　　天津　　　　　　　　廿日上午发
　　　　　　　　　　　　外务省　　　　　　　四月廿日下午收

第一七二号
本官致奉天的电报
第九号
（另电）

调查团在奉天停留四天后经由长春前往吉林，当天返回长春，在该处停留约两天后前往哈尔滨，停留五天后前往齐齐哈尔，停留一天后经由四平街返回奉天，并在该处停留数天后（这段时间内视察抚顺、鞍山等处）前往大连，大约停留四天。

资料来源：JACAR(アジア歴史資料センター)Ref. B02030445500(第10画像目から)、満洲事変(支那兵ノ満鉄柳条溝爆破ニ因ル日、支軍衝突関係)/善後措置関係/国際連盟支那調査員関係　第三卷(外務省外交史料館)

6. 驻天津桑岛总领事致芳泽外务大臣的函电
（1932年4月20日）

昭和七年　九六九五　暗　　天津　　　　　　　廿日上午发
　　　　　　　　　　　　　　　外务省　　　　　四月廿日下午收

第一七三号

本官致奉天的电报

第一〇号

自吉田发

关于致北平电报第九十五号

支那①方面原先提出进入东北随员人数为三十六名，我方认为宿舍不足，且出于安保上的考量，希望对方减员。李顿（Lytton）爵士亦竭力劝说支那方面减员。十九日临近出发之际，支那方面通过国际联盟提出二十八人（包括顾维钧）前往东北的最终通告。本使对李顿提出希望继续减员。李顿回答，出发时间紧迫，已无能为力。本使表示，由于宿舍不足，届时难免遇到不便与困难，希望提前做好心理准备。李顿表示谅解。

电报转送外务大臣、支那。

希望将电报转送长春、关东厅、满铁。

资料来源：JACAR（アジア歴史資料センター）Ref. B02030445500（第11画像目から）、満洲事変（支那兵ノ満鉄柳条溝爆破ニ因ル日、支軍衝突関係）/善後措置関係/国際連盟支那調査員関係　第三卷（外務省外交史料館）

7. 驻关东州久保田武官致次官、次长的函电
（1932年4月20日）

昭和七年四月二十日

发送方：驻关东州久保田武官

---

①　编者按："支那"为日文原文，是当时日本对中国的蔑称，包括"日支""支"等词汇。本文献集为存真而保留原文，请读者加以鉴别。下同。

接收方：次官①、次长②

（第三舰队参谋长北冈，第二遣外舰队司令官藤原小林）

第三十五号

致次官、次长

关于国际联盟调查团的行动，据佐藤大佐电报及满铁来电：

第一，国际联盟方面四人，日本方面十五人，合计十九人预计今日下午六时搭乘"芙蓉"号、"朝颜"号军舰抵达大连。

第二，国际联盟方面六人，支那方面二十八人，预计今日下午十时搭乘支那军舰"海圻"号抵达大连，李顿先生亦在其中。

第三，国际联盟方面余下之十二人，今日于山海关停留一宿，准备明早搭乘特别列车前往奉天。

第四，前述第一、第二成员抵达大连后将合并为一团共同行动，若火车准备妥当，希望今夜直接前往奉天。

满铁方面，今夜十时以后可以发出特别列车，为了确保万无一失，已经着手准备酒店。

资料来源：JACAR（アジア歴史資料センター）Ref. B02030445500（第12画像目から）、満洲事変（支那兵ノ満鉄柳条溝爆破ニ因ル日、支軍衝突関係）/善後措置関係/国際連盟支那調査員関係　第三巻（外務省外交史料館）

8. 北平辅佐官致陆军次官的函电（1932年4月20日）

北电第六三三号

昭和七年四月二十日

来自澄田中佐

国际联盟调查团决定了前往东北的行程，意大利代表、美国代表与秘书处成员等外国人合计十二名，于十九日下午十时搭乘特别列车从北平出发，抵达山海关后，如果奉山线特别列车准备妥当，则搭乘之，否则将搭乘山海关发出之普通列车（大概二十一日上午四时后发车）前往奉天。希望提前做好预留席

---

① 编者按：指代陆军次官。下同。
② 编者按：指代参谋次长。下同。

位等准备工作，并提供沿线保护。

上述人员之姓名查明后将追加电报报告。另外，法国委员及相关外国人四名，日本方面参加人员及日本新闻记者四人，总计十九人同一时间从北平出发，从秦皇岛搭乘日本驱逐舰。李顿团长及以下国际联盟方面剩余人员，顾维钧及以下支那方面人员，一同搭乘支那巡洋舰，于二十日出发前往大连。海路进入东北人员之姓名请参照外务省电报。

资料来源：JACAR(アジア歴史資料センター)Ref. B02030445500(第13画像目から)、満洲事変(支那兵ノ満鉄柳条溝爆破ニ因ル日、支軍衝突関係)/善後措置関係/国際連盟支那調査員関係 第三巻(外務省外交史料館)

9. 芳泽外务大臣致驻长春田代领事的函电
（1932年4月20日）

第五十四号

昭和七年四月二十日

调查团入满之件

关于往电①第五十一号

日本政府出于对事态重要性之考量，协议结果为另电第五十五号之决定，同时参谋本部亦参照此决定向关东军发出训令。调查团（包括支那参与人员一行）前往满铁附属地界外之际，万一遭遇来自"满洲国"方面之侵害，关东军将理所当然以其实力予以排除。唯如此不免使日"满"两国关系有不愉快之处。届时"满洲国"方面将采取往电第五十一号电报第二段所述之态度，即"'满洲国'充分了解其立场，不仅调查团方面大部分人员经大连入满，而且日本方面亦热心周旋其中，'满洲国'将采取严密之监视，以防止顾维钧等人入满后采取超出其本来使命之行动，以静观调查团一行在满洲各地之巡查"，以保持事态之良好，尊重我方之立场，对调查团方面采取使人愉快之姿态，以协助其完成预定之任务。希望贵领事与"满洲国"政府进行充分之恳谈，努力促成本事件之解决。

---

① 编者按："往电"指代先前的来往函电，发送方和接收方需要通过查看"往电"的具体内容才能确定。下同。

电报与另电转送支那、南京、奉天、北平及国际联盟。
并转送国际联盟、英国、法国、德国、意大利。

附

昭和七年四月二十日

内阁总理大臣、海军大臣、外务大臣及陆军次官署名

关于国际联盟调查团对支那东北之调查，帝国政府将提供充分之便利与保护。此便利与保护亦有必要提供给与调查团一行具有密不可分关系之参加成员。届时调查团一行巡视满铁附属地界外之锦州、吉林、哈尔滨、齐齐哈尔等处之事宜，调查团预定抵达东北与关东军商议后采取行动，希望关东军在其布防及行动之区域范围内提供充分之便利与保护。

资料来源：JACAR（アジア歴史資料センター）Ref. B02030445500（第14画像目から）、満洲事変（支那兵ノ満鉄柳条溝爆破ニ因ル日、支軍衝突関係）/善後措置関係/国際連盟支那調査員関係　第三卷（外務省外交史料館）

10. 芳泽外务大臣致驻长春田代领事的别电
（1932年4月20日）

第五十五号

调查团入满之件（另电）

关于国际联盟调查团对支那东北之调查，帝国政府将提供充分之便利与保护。此便利与保护亦有必要提供给与调查团一行具有密不可分关系之参加成员。届时调查团一行巡视满铁附属地界外之锦州、吉林、哈尔滨、齐齐哈尔等处之事宜，调查团预定抵达东北与关东军商议后采取行动，希望关东军在其布防及行动之区域范围内提供充分之便利与保护。

资料来源：JACAR（アジア歴史資料センター）Ref. B02030445500（第16画像目から）、満洲事変（支那兵ノ満鉄柳条溝爆破ニ因ル日、支軍衝突関係）/善後措置関係/国際連盟支那調査員関係　第三卷（外務省外交史料館）

11. 吉田参与委员致芳泽外务大臣的函电
(1932年4月21日)

昭和七年　九八一五　平　　海城　　　　　　　　　廿一日下午发
　　　　　　　　　　　　　　外务省　　　　　　　四月廿一日下午收
号外(火速)

国际联盟方面通知了支那方面参与人员的名字,见另电。请将此消息通知"满洲国"方面。此外,支那方面人名还未有决定版,此等情况业已报告,支那本应在十九日晚向我方通报,但现今已从北平出发,看来通报将要延迟,需要立刻与对方进行协商。

资料来源:JACAR(アジア歴史資料センター)Ref. B02030445500(第19画像目から)、満洲事変(支那兵ノ満鉄柳条溝爆破ニ因ル日、支軍衝突関係)/善後措置関係/国際連盟支那調査員関係　第三卷(外務省外交史料館)

12. 驻沈阳森岛代理总领事致芳泽外务大臣的函电
(1932年4月21日)

昭和七年　九八三五　平　　奉天　　　　　　　　　廿一日下午发
　　　　　　　　　　　　　　外务省　　　　　　　四月廿二日上午收
第六一五号

国际联盟调查团一行中的麦考益(McCoy,マッコイ)、马柯迪(Aldrovandi,アルドロブアンデイ)等十一人经陆路从山海关来,晚上八点抵达。李顿爵士等其他委员、随员全体及日支全体参与人员,经转大连,晚上八点二十分到达。

转电支那、北平、长春、哈尔滨、吉林。

资料来源:JACAR(アジア歴史資料センター)Ref. B02030445500(第21画像目から)、満洲事変(支那兵ノ満鉄柳条溝爆破ニ因ル日、支軍衝突関係)/善後措置関係/国際連盟支那調査員関係　第三卷(外務省外交史料館)

13. 驻哈尔滨长冈代理总领事致芳泽外务大臣的函电（一）
（1932年4月21日）

昭和七年　九七九二　暗　哈尔滨　　　　　　　　廿一日下午发
　　　　　　　　　　　　外务省　　　　　　　　四月廿一日下午收

第四三六号之一

关于致奉天的第一九七号电报

一、关于国际联盟调查团一行的保护问题，将体会来电的精神，在本地与军队方面进行协作，以期万无一失。

二、关于国际联盟调查团一行在长春以北至本地中东铁路南部线行程之保护措施，与本地驻军确认后，一切按照侍从武官出行的标准安排。也就是，配备一个分队的警卫兵，每人配一挺机关枪。已经充分保障车内的安全，但沿途如何防止危险却未考虑到。全线布置，我方士兵是无法做到的。（正如您所知道的那样，现在南部线上没有我方守备队。）

三、所以难保不会有一些不法之徒对国际联盟调查团一行做出轨的事情。数日以来收到的谍报表明，预计这种危险可能来自日支、朝鲜以及赤白系的俄罗斯人，所以必须采取措施以确保沿途的安全无虞。如果将其委托于"新国家"方面的护路军路警处或是其他支那军队之手的话，不难想象将会陷入类似最近东部线的不安状态中。

资料来源：JACAR（アジア歴史資料センター）Ref. B02030445500（第22画像目から）、満洲事変（支那兵ノ満鉄柳条溝爆破ニ因ル日、支軍衝突関係）/善後措置関係/国際連盟支那調査員関係　第三巻（外務省外交史料館）

14. 驻哈尔滨长冈代理总领事致芳泽外务大臣的函电（二）
（1932年4月21日）

昭和七年　九七九三　暗　哈尔滨　　　　　　　　廿一日下午发
　　　　　　　　　　　　外务省　　　　　　　　四月廿一日下午收

第四三六号之二

一、除了对上述铁路与列车直接加害的危险之外，铁路工人罢工导致国际联盟调查团一行乘坐的火车无法行驶的情况也并非是不可能的。（往电第四三〇的总罢工幸亏最终并未发生，但从之后掌握的情报来看，形势决不容乐观。）若非满铁社员，行程将会非常混乱与不齐整。

二、前面提到的这些困难情形，在中东路西部线更为严重。而且，南部线、西部线万一发生事故，无论表面上的责任归谁，最终日本方面还是会受到非难。所以我方必须肩负其责任，穷尽一切可能甚至不可能的手段。

三、换个角度考虑的话，调查团一行是否真的了解满洲的事态呢？长春以南的行程已经确定了，以北的旅行不过是调查团一行的兴趣而已，让他们暴露在如此危险的地方，会将我方摆在一个很尴尬的位置。从任何角度来说，将调查团的行程延长到哈尔滨、齐齐哈尔都是不合理的。

四、如果在铁路沿线的安全确保方面可以采取容易且适当的方法，以及乘坐的火车方面，可以排除中东线的罢工等障碍，就不存在问题了。特报告以上看法。

转电公使、北平、奉天、长春、吉林、关东厅，密码电报送齐齐哈尔。

资料来源：JACAR（アジア歴史資料センター）Ref. B02030445500（第23画像目から）、満洲事変（支那兵ノ満鉄柳条溝爆破ニ因ル日、支軍衝突関係）/善後措置関係/国際連盟支那調査員関係　第三巻（外務省外交史料館）

15. 芳泽外务大臣致驻英泽田代理大使的函电
（1932年4月21日）

昭和七年四月二十一日
暗第四九号
关于发往长春的往电第五四号
二十一日英国大使来访，传达了西蒙（John Allsebrook Simon）外交大臣的意见，希望日本给来访的调查团提供充分的便利。本大臣回应道：正如您上次访问时说到的那样，我方与在满洲的官员、调查团一行保持着持续的联络，为了提供便利而努力。日本方面，无论军部还是领事，都领会了中央政府的宗旨，但"满洲国"的态度却有令人遗憾之处。尤其是十八日"满洲国"外交总长谢介石给本大臣的电报，有非常不合理的内容。这使日本政府非常担心。我方在二十日进行政府各部门间的充分讨论，其结果是决定由关东军与调查团充分磋商调查团在满洲的相关安排，关东军尽力提供保护与便利。参谋本部向关东军发布了这个命令,同时本大臣也向在满各领事发送了这个命令。

该大使回答,对此感到愉快之至,想来西蒙也会感到满足的。

本大臣表示会将此情报密发至西蒙。

该大使对此表示同意。

电报转送支那的南京、北平、奉天、长春、美国,希望你转电欧洲的法国、德国、意大利。

资料来源:JACAR(アジア歴史資料センター)Ref. B02030445500(第27画像目から)、満洲事変(支那兵ノ満鉄柳条溝爆破ニ因ル日、支軍衝突関係)/善後措置関係/国際連盟支那調査員関係 第三卷(外務省外交史料館)

16. 天津驻屯军[①]参谋长致参谋次长的函电
(1932年4月21日)

陆同文[②] 昭和七年四月二十一日

四月二十日下午二时〇〇分发

四月二十日下午五时三五分收

天第八四三号

美国、意大利代表经锦州,走陆路进入满洲。与此相对,李顿爵士从秦皇岛搭乘支那军舰,与被"满洲国"拒绝入境的顾维钧一起乘舰通过海路前往大连。该报道符合事实。据天津的一些欧美要人观察,满洲乃此次调查最终且最重要的目的地,而李顿爵士进入满洲的方式及所采取的行动,对于其本来应该保持最公平、最慎重态度的调查团身份来说是一个大失败。

资料来源:JACAR(アジア歴史資料センター)Ref. B02030445500(第30画像目から)、満洲事変(支那兵ノ満鉄柳条溝爆破ニ因ル日、支軍衝突関係)/善後措置関係/国際連盟支那調査員関係 第三卷(外務省外交史料館)

---

① 原日本"清国驻屯军"于1913年改称"支那驻屯军",通称"中国驻屯军"。因长期驻扎华北地区,也称"华北驻屯军"。还因其司令部设于天津,亦被称为"天津驻屯军"。本册文献集遵照日文原文进行翻译,天津驻屯军、华北驻屯军、支那驻屯军皆有出现。下同。

② 编者按:"陆同文"为日文原文,应该是天津驻屯军参谋长致电参谋次长的同时,也给陆军省发报。日本陆军省掌管军政,参谋本部负责军令,此电文在呈报参谋本部同时,也呈报给陆军省,"陆同文"应为略语。下同。

17. 天津驻屯军参谋长致参谋次长的函电
（1932 年 4 月 21 日）

陆同文　昭和七年四月二十一日

　　　　　　　　　　　　　　四月二十日下午三时二五分发
　　　　　　　　　　　　　　四月二十日下午七时三八分收

天第八四四号

本地中文报纸《大公报》及另外的两三种汉字报纸发表社论，批评调查团的行动，国际联盟调查团从北京前往满洲的入境旅程变化了十几次，出发前夕还未能决定，这说明调查团毫无诚意与信念，而且调查团成员相互间缺乏一致的观念。

资料来源：JACAR（アジア歴史資料センター）Ref. B02030445500（第 30 画像目から）、満洲事変（支那兵ノ満鉄柳条溝爆破ニ因ル日、支軍衝突関係）/善後措置関係/国際連盟支那調査員関係　第三巻（外務省外交史料館）

18. 驻关东州久保田武官致次官、次长的函电
（1932 年 4 月 21 日）

第三七号

昭和七年四月二十一日

发送方：驻关东州久保田武官

接收方：次官、次长（第三舰队参谋长北冈、上海武官；第二派遣军司令官酒井、小林、藤原、淀舰舰长）

昨日抵达大连的国际联盟调查团一行，决定乘坐今天晚上零点三十分发车的特别列车北上。

资料来源：JACAR（アジア歴史資料センター）Ref. B02030445500（第 31 画像目から）、満洲事変（支那兵ノ満鉄柳条溝爆破ニ因ル日、支軍衝突関係）/善後措置関係/国際連盟支那調査員関係　第三巻（外務省外交史料館）

19. 驻关东州久保田武官致次官、次长的函电
（1932年4月21日）

第三八号

昭和七年四月二十一日

发送方：驻关东州久保田武官

接收方：次官、次长（第三舰队参谋长，第二派遣军司令官，上海武官、北冈武官、驻青岛藤原武官、酒井补佐官、小林少将、淀舰舰长）

国联调查团一行按照计划已经从大连出发北上。

资料来源：JACAR（アジア歴史資料センター）Ref. B02030445500（第31画像目から）、満洲事変（支那兵ノ満鉄柳条溝爆破ニ因ル日、支軍衝突関係）/善後措置関係/国際連盟支那調査員関係　第三巻（外務省外交史料館）

20. 天津驻屯军参谋长致参谋次长的函电
（1932年4月21日）

陆同文　昭和七年四月二十一日

四月二十一日上午九时五〇分发

四月二十一日下午〇时三〇分收

天第八四九号

国际联盟调查团的日本、德国、法国、英国、支那代表按照原定计划，于二十日上午从秦皇岛出发，走海路前往大连。美国、意大利的代表今天上午六点从山海关出发，乘奉山特别列车前往奉天，奉山线的警卫由关东军派出装甲列车负责。

资料来源：JACAR（アジア歴史資料センター）Ref. B02030445500（第32画像目から）、満洲事変（支那兵ノ満鉄柳条溝爆破ニ因ル日、支軍衝突関係）/善後措置関係/国際連盟支那調査員関係　第三巻（外務省外交史料館）

21. 满洲特设机关首席职员致次官、次长的函电
（1932 年 4 月 21 日）

昭和七年四月二十一日下午二十一时五十七分发

昭和七年四月二十二日上午〇〇时〇三分收

国际联盟调查团一行于二十一日下午八点抵达奉天（顾维钧亦同行）。

资料来源：JACAR(アジア歴史資料センター)Ref. B02030445500（第 33 画像目から）、満洲事変（支那兵ノ満鉄柳条溝爆破ニ因ル日、支軍衝突関係）/善後措置関係/国際連盟支那調査員関係　第三巻（外務省外交史料館）

22. 驻北平矢野参事致芳泽外务大臣的函电
（1932 年 4 月 22 日）

昭和七年　　九八八八　　略　　　北平　　　　　　　廿二日下午发

外务省　　　　　　　四月廿二日下午收

第二一四号本官往奉天的第四四号函电

致吉田大使

据二十二日华文报纸的报道，丁超与李杜经过张学良，向国际联盟调查团发送了关于日本在东北暴行的长电，共六项：(1) 吉林自卫军的组织，(2) 日军破坏东铁与支那防卫的状况，(3) 义勇军涌现与自卫军的合作抗日，(4) 暴力分子的伪组织与日军蛮横的活动，(5) 东北民众的痛苦，(6) 自卫军的决心。（详细内容邮寄）

电报转电外务大臣、公使、天津、哈尔滨、吉林、长春、齐齐哈尔。

资料来源：JACAR(アジア歴史資料センター)Ref. B02030445500（第 35 画像目から）、満洲事変（支那兵ノ満鉄柳条溝爆破ニ因ル日、支軍衝突関係）/善後措置関係/国際連盟支那調査員関係　第三巻（外務省外交史料館）

23. 驻沈阳森岛代理总领事致芳泽外务大臣的函电
（1932年4月22日）

昭和七年　九八山七　略　　奉天　　　　　二十二日上午发
　　　　　　　　　　　　　外务省　　　　四月二十二日上午收

第六一七号（火速）

关于致长春贵电第五四号

中央给关东军的电报与致长春贵电第五五号内容一致，即期望保护调查团一行不出意外。就军方的想法而言，虽然在南满沿线或其他军队驻扎地点可以实施充分保护，但鉴于中东沿线目前的状况，军方是不可能肩负起确保绝对安全的责任的。而附属地以外的地区，不必说商埠点，即便是长春以北一带，他们也无意阻止"满洲国"方面行使权力。对这个事情，"满洲国"方面已经多次召开阁议。并且据大桥所言，外交总长的意思是，如果支那方面的随行人员踏出附属地外，将决心采取强硬措施加以阻止，这样一来可能会发生不测之事。希望田中大使与吉田大使可以仔细讨论此事。

希望通过国际联盟转电英、法、德、意。

已转电驻华公使、南京、北平、美、国际联盟。

资料来源：JACAR（アジア歴史資料センター）Ref. B02030445500（第35画像目から）、満洲事変（支那兵ノ満鉄柳条溝爆破ニ因ル日、支軍衝突関係）/善後措置関係/国際連盟支那調査員関係　第三巻（外務省外交史料館）

24. 驻沈阳森岛代理总领事致芳泽外务大臣的函电
（1932年4月22日）

昭和七年　九八七七　暗　　奉天　　　　　二十二日下午发
　　　　　　　　　　　　　外务省　　　　四月二十二日下午收

第六一七号（超火速、极密）

关于往电第六一六号

二十二日在本领事馆，关东军参谋长和幕僚，田中、吉田两位大使，大桥司长以及本领事集合，并开会商讨，军方表明的意见大体以下两点：

（一）虽然可以尽力对调查团一行（除顾维钧一行外）提供充分的保护，但鉴于中东线当地的状况，难以承担绝对安全的责任。而且，虽然可以保护吉长、洮昂、奉山等满铁以外的铁路，不过难保万全。

（二）顾维钧一行如果因为踏出满铁附属地而遭遇危险，军部将采取旁观的态度，不会采取任何措施。但是，如果是出于奉诏命令的话，则另当别论。

"满洲国"的态度如往电第六一六号所言，毫无改变。因此，窃以为，为了防止意外的发生，顾维钧一行必不能走出满铁附属地，需要放弃前往长春以北的行程。恐怕难以认同发往长春的贵电第五四号之意。

请国际联盟转电英国、法国、德国、意大利，以及转电支那、北平、南京、长春、美国、国际联盟。

资料来源：JACAR（アジア歴史資料センター）Ref. B02030445500（第36画像目から）、満洲事変（支那兵ノ満鉄柳条溝爆破ニ因ル日、支軍衝突関係）/善後措置関係/国際連盟支那調査員関係　第三巻（外務省外交史料館）

25. 驻沈阳森岛代理总领事致芳泽外务大臣的函电
（1932年4月22日）

昭和七年　九九〇六　暗　　奉天　　　　　　　　廿二日下午发
　　　　　　　　　　　　　外务省　　　　　　　四月廿二日下午收

第六一八号

自吉田

第五五号

国际联盟调查团在北京停留期间，前后四次会见张学良。根据会见现场秘书处成员的密报，李顿团长向张学良询问了其对解决满洲问题的意向。张学良表示，对这个问题，他自己不能回答，只是服从中央政府的命令。接下来张学良对李顿团长表示，希望调查团事先充分考虑日本一直以来对满洲的侵略政策（拿出了所谓的田中男爵的计划书）[1]，以及日本在占领满洲后着手实行的庞大侵略计划，然后再展开调查。李顿团长回答，国际联盟将在调查完满洲现状以后，寻求解决方法，在调查之前不能预先把争端国的一方视为侵略

---

[1]　编者按：即通常所说的《田中奏折》。

国,当然国际联盟对双方都抱有善意,这是出发点。然后与张学良继续讨论,张学良提到,关于修建吉敦铁路延长线的契约问题,张作霖是拒绝签订的,是其下属进行了签约,所以主张该契约是无效的;又说明了张作霖被炸身亡事件、中村大尉事件、九月十八日事件、日本军队在满洲的分布状况等,但并无特别的新意。

请转电支那、北平、长春。

资料来源:JACAR(アジア歴史資料センター)Ref. B02030445500(第37画像目から)、満洲事変(支那兵ノ満鉄柳条溝爆破ニ因ル日、支軍衝突関係)/善後措置関係/国際連盟支那調査員関係 第三巻(外務省外交史料館)

26. 驻沈阳森岛代理总领事致芳泽外务大臣的函电(1932年4月22日)

昭和七年　九九〇七　暗　　奉天　　　　　　　　廿二日下午发
　　　　　　　　　　　　外务省　　　　　　　四月廿三日下午收

第六一九号

来自田中大使

关于国际联盟调查团的情况,通过奉天领事所发送的电报等,您已知晓。关于这个问题,本使的考察注意到以下情况:

一、在与"满洲国"要人的接触中,本使越来越感觉到,顾维钧是治安上的最大隐患。基于支持"满洲国"发展的立场,日本不得不在原则上予以同情。不止大桥,"满洲国"的主张普遍都是强硬的。如果屈从了日本的逼压,改变一开始的态度而允许顾维钧参与调查团的自由行动的话,不只证明了"满洲国"是日本的傀儡,"满洲国"的要人也会失去在一般民众中的威信,对日本的态度会产生不利的影响。考虑到后果如此重大,即使多少会伤害调查团的感情,本案也没有调停的余地。

二、本使接触到的外国人认为,拒绝顾维钧是理所当然的。窃以为,调查团方面也已逐渐了解到事态的发展是不得已的。由于可能造成恶劣的影响,允许顾维钧同行是完全不可行的。不得已的情况下,除了拒绝日支两国委员同行外,别无他法。关于这一点,关东军、"满洲国"与本使的看法完全一致。所以,请劝告吉田大使让调查团了解上述的情况。

三、正如之前报告的那样，让国际联盟承认"满洲国"的权力存在，对调查使命的完成是理所当然而且必要的。一直以来，我方的调查团参与人员并未重视此点，阐发不充分。而且调查团拘泥于"满洲国"的承认问题，表现出拒绝"满洲国"方面热情的接待，让日本单独承担责任，无视"满洲国"存在的态度。"满洲国"政府方面感到极为不快。调查团就这样前往长春，而要人则一概不予会见，所带来的感情伤害毫无疑问将会波及日本。"满洲国"方面在警卫与接待问题上进行了部署与准备，表现出了诚意。本使曾力劝吉田大使促使调查团给以适当的理解和承认"满洲国"的权力存在，对"满洲国"表示相当的礼让，这对调查团和日本都是很有必要的。调查团最终做出怎样的报告书，难以预测。本使的坚定信念是，承认满洲存在着一个与支那本部毫无关系的政权的事实，此乃该报告公正的基础条件。希望调查团可以研究出某种办法。

已转电长春、哈尔滨、齐齐哈尔、吉林。

资料来源：JACAR(アジア歴史資料センター)Ref. B02030445500(第39画像目から)、満洲事変(支那兵ノ満鉄柳条溝爆破ニ因ル日、支軍衝突関係)/善後措置関係/国際連盟支那調査員関係　第三巻(外務省外交史料館)

27. 驻哈尔滨长冈代理总领事致芳泽外务大臣的函电
（1932年2月24日）

昭和七年　九八九七　暗　　哈尔滨　　　　　　二十二日下午发
　　　　　　　　　　　　　　外务省　　　　　　四月二十二日下午收

第四四四号

关于发往奉天的贵电第一九七号

本地宪兵队长表示，按照国际联盟调查团警卫的有关规定，关东州与满铁附属地以外的土地的警卫由"满洲国军"负责，我军对长春以北铁路的行程并未采取任何措施，队长本人留在哈尔滨的任务仅仅是保持观察。因而本官认为，本馆警察、"新国家"警察以及宪兵队间保持密切联络即可，除了警戒日本人、朝鲜人外没有其他任务。窃以为，将一般的警卫责任交给"满洲国"方面是非常不安心的。正如往电第四三六号报告的那样，从大局着眼，国际联盟调查团一行应该取消长春以北的行程。

关于上述情况，本官应该采取何种措施，请尽快来电指示。

已转电支那、奉天、长春、吉林、齐齐哈尔、关东州长官。

资料来源:JACAR(アジア歴史資料センター)Ref. B02030445500(第41画像目から)、満洲事変(支那兵ノ満鉄柳条溝爆破ニ因ル日、支軍衝突関係)/善後措置関係/国際連盟支那調査員関係 第三巻(外務省外交史料館)

28. 关东军参谋长致陆军次官的函电(1932年4月22日)

昭和七年　　　　　　　　　　　四月二十一日下午一〇时〇〇分发
　　　　　　　　　　　　　　　四月二十二日上午三时一〇分收

第六三二号

国联调查团中的美国、意大利代表经由奉山线路,于二十一日晚上七点四十五分抵达奉天,其他人于晚上八点二十分平安抵达奉天。

电报已发往北平、天津、朝鲜、济南、上海。

资料来源:JACAR(アジア歴史資料センター)Ref. B02030445500(第43画像目から)、満洲事変(支那兵ノ満鉄柳条溝爆破ニ因ル日、支軍衝突関係)/善後措置関係/国際連盟支那調査員関係 第三巻(外務省外交史料館)

29. 北平辅佐官致参谋次长的函电(1932年4月22日)

昭和七年　　　　　　　　　　　四月二十一日下午七时〇〇分发
　　　　　　　　　　　　　　　四月二十一日下午九时五五分收

北平第六四七号

北平绥靖公署宣传以下内容:

美国、意大利调查团代表在秦皇岛至山海关的行程中被日本宪兵及密探尾随,引起了他们的强烈反感。吉田大使在乘坐军舰之际反复提出拒绝顾维钧同行,遭到李顿反对。即便顾维钧在满洲感到危险,各国领事基于其母国政府的训令,到时也会加以关心,因此大概不会发生意外。

电报已发往关东州、天津、济南、上海和奉天。

资料来源:JACAR(アジア歴史資料センター)Ref. B02030445500(第44画像目から)、満洲事変(支那兵ノ満鉄柳条溝爆破ニ因ル日、支軍衝突関係)/善後措置関係/国際連盟支那調査員関係 第三巻(外務省外交史料館)

30. 芳泽外务大臣致驻国际联盟泽田局长的函电
（1932 年 4 月 22 日）

第一七六号

调查团申请保护之件

关于本大臣发往英国电报第四九号

二十二日法国大使来访，提出了和前述英国大使一样的请求，本官应酬之际，该大使提到一个内幕，英法两国政府之所以提出这个要求，是史汀生、西蒙、"塔鲁鸠"（タルジュ，译音）的怂恿。

作为参考，已转电美国、支那、奉天、长春，请转电英国、法国、德国、意大利。

资料来源：JACAR(アジア歴史資料センター)Ref. B02030445500(第 44 画像目から)、満洲事変(支那兵ノ満鉄柳条溝爆破ニ因ル日、支軍衝突関係)/善後措置関係/国際連盟支那調査員関係　第三巻(外務省外交史料館)

31. 驻沈阳森岛代理总领事致芳泽外务大臣的函电
（1932 年 4 月 23 日）

昭和七年　九九六八　暗　　奉天　　　　　　　廿三日下午发
　　　　　　　　　　　　外务省　　　　　　　四月廿三日下午收

第六二〇号（火速）

来自伊藤

关于二十三日收到的致奉天第一〇二七号贵电：

一、1931 年十二月在理事会讨论环节提出我方派出一名代表的意向之际，大多数意见认为这与调查团的性质不符，结果是由日支两国派出参与员。

这次满洲调查过程中，有些地区的调查将日支参与员排除在外。考虑到调查团在撰写报告书的时候会征求参与员的意见，不难想象有人会由于这个原因非议此次调查不完整。

将日支参与员排除在外的方案是在之前电报中与哈斯(Haas，ハース)会谈时协商的方案。当时哈斯表示，如果穷尽一切手段而不成功，也只能是舍此而别无他法了,只是由日本提出来是不合时宜的。吉田参与员也请求给予指示,在提议的时候该作何态度。

二、正如您指示的那样,在满洲新形势下,关于服从理事会指令的问题将可能出现很大的不便。本官并非刻意提出,哈斯以十二月理事会决议为挡箭牌,全然无视事态的变化。本官提出,如果对理事会决议存在抗议的话,服从理事会的决定是不合适的。哈斯对此表示反对。电报无法详细说明,谅解为盼。

资料来源:JACAR(アジア歴史資料センター)Ref. B02030445500(第45画像目から)、満洲事変(支那兵ノ満鉄柳条溝爆破ニ因ル日、支軍衝突関係)/善後措置関係/国際連盟支那調査員関係　第三卷(外務省外交史料館)

32. 驻沈阳森岛代理总领事致芳泽外务大臣的函电（1932年4月23日）

昭和七年　九九八五　暗　奉天　　　　　　　廿三日下午发
　　　　　　　　　　　　外务省　　　　　　　四月廿三日下午收

第六二三号(火速)

在本庄繁与调查团的正式会见前,李顿于二十二日向日本参与员提出,希望可以提前安排与关东军司令官本庄繁的非正式会谈。经过本领事馆与军方斡旋,结果是二十三日上午十时,李顿前往关东军司令官官邸与本庄繁进行了一个小时的会谈。据翻译员川崎顾问所言,会谈中,李顿对司令官表示,自己与"新政权"间没有任何联络,国际联盟调查团在满洲停留的三周至一个月间,希望关东军提供各个方面的善意与协力,以帮助其完成使命,如果阁下可以协助调查团与"新政权"间的联络则幸甚。李顿补充道,调查团在法理上无权承认"新政权",希望不要将此行为误解为是对"新政权"的承认问题。司令官回答,将在与有关各方协商的基础上尽力协助。

司令官提到顾维钧的问题,说明了"满洲国"政府的意向与顾维钧的危险性。李顿表示理解并指出,顾维钧作为调查团的顾问而同行,无法保障其在业务之外的言论与行动,但其他事情则希望在与有关当局联络协商后进行处置。

已转电公使、北平、长春、吉林、哈尔滨、齐齐哈尔。

资料来源:JACAR(アジア歴史資料センター)Ref. B02030445500(第47画像目から)、満洲事変(支那兵ノ満鉄柳条溝爆破ニ因ル日、支軍衝突関係)/

善後措置関係/国際連盟支那調査員関係　第三巻(外務省外交史料館)

(以上内容，叶磊　译；万秋阳　校)

33. 驻长春田代领事致芳泽外务大臣的函电
（1932年4月23日）

昭和七年　九九九〇　暗　　长春　　　　　　　　廿三日下午发
　　　　　　　　　　　　　外务省　　　　　四月廿三日下午收

第一六九号

本官发往奉天电报

第十五号（火速）

致吉田

虽然"满洲国"对调查团一行向其表示任何形式的问候表示期待，但调查团进入满洲之后，直到今日，其事①并未发生，"满洲国"对此非常不满。于是对调查团一行，不仅不再履行在满铁附属地以外的警戒职责，"新政府"要人也不会以官方身份与调查团进行任何会面。需要谨防情况恶化。

转电外务大臣。

资料来源：JACAR(アジア歴史資料センター)Ref. B02030445600(第48画像目から)満洲事変(支那兵ノ満鉄柳条溝爆破ニ因ル日、支軍衝突関係)/善後措置関係/国際連盟支那調査員関係　第三巻(外務省外交史料館)

34. 驻沈阳森岛代理总领事致芳泽外务大臣的函电
（1932年4月24日）

昭和七年　一〇〇三九　密　奉天　　　　　　　二十四日下午发
　　　　　　　　　　　　　外务省　　　　　四月二十四日下午收

第六二五号

本官发往哈尔滨、吉林、齐齐哈尔、长春电报

第三二五号

---

①　编者按：指调查团问候伪满政府。

二十三日下午二时半左右,本馆人员会见国联调查团一行,对方之质询涉及诸多方面,大体上未涉及政策上的重大问题,主要集中于中村事件和东北四省的赤化问题,特别是关于中村事件,举凡获得情报的途径,交涉的详细经过,甚至相关日期等细节问题亦加以问询。根据对方说话的口气,本官列举各种事例,对以下三点问题进行了详细说明:(一)调查团一行质问,为什么要以支那缺乏相关知识为由拒绝承认其领事裁判权;另,中俄之间虽然没有外交关系,但为何两国之间除中俄协定外,又有奉俄协定,并且俄国在东北四省又设立了工农领事,由此看来,俄国是将支那视为普通文明国家的;(二)满洲的陆军、满铁、领事馆三者对立,陆军无所不能成为一种先入为主的观点;(三)东北政权独立性观念淡薄,东北四省交涉事件的处理仅限于地方层面而不移交中央,因而(调查团)对此无法理解。一两天内再次会面的话,本官将进一步说明东北政权的独立,以及赤化对我国生存造成的危险等。

转电外务大臣、支那、北平。

资料来源:JACAR(アジア歴史資料センター)Ref. B02030445600(第48画像目から)満洲事変(支那兵ノ満鉄柳条溝爆破ニ因ル日、支軍衝突関係)/善後措置関係/国際連盟支那調査員関係　第三巻(外務省外交史料館)

35. 驻沈阳森岛代理总领事致芳泽外务大臣的函电
（1932年4月24日）

昭和七年　一〇〇四一　暗　　长春　　　　　　　　廿四日下午发
　　　　　　　　　　　　　　　外务省　　　　　　四月廿四日下午收

第六二六号

本官发往长春电报

第四五号

关于往电第三九八号

在和调查团的会谈中,李顿似乎将其调查重点放在文书或口头资料上,幸运的是,中村事件的调查总体而言是根据口头资料进行的。而说到万宝山事件,实际上彼我①之间有过数次公文往复。在提出我方的公文之际,自然也要

---

① 编者按:即中国和日本。

展示支那方面的公文。关于同一事件,支那方面的公文往往罗列各种道理,向身为法学家的李顿提交这些公文,实非得策。一般而言,本官在使用公文的时候,考虑到支那方面好面子的问题,如果予以拒绝,往往效果不彰,因而大体上以口头资料为主,形成惯例,并好言相答。就万宝山事件相关公文而言,实有必要让日支双方都预先选择于我方有利者。另外,下次会面提出同一问题时,本官将力陈《稻田水利章程》乃是与1915年支那践踏条约一事相比肩的恶例,万宝山事件是对驱逐朝鲜人的根本方针的贯彻。

转电外务大臣、支那、哈尔滨、吉林、北平、齐齐哈尔。

资料来源:JACAR(アジア歴史資料センター)Ref. B02030445600(第49画像目から)満洲事変(支那兵ノ満鉄柳条溝爆破ニ因ル日、支軍衝突関係)/善後措置関係/国際連盟支那調査員関係 第三巻(外務省外交史料館)

36. 驻沈阳森岛代理总领事致芳泽外务大臣的函电
(1932年4月24日)

昭和七年　一〇〇四三　暗　　长春　　　　　　　　廿四日下午发
　　　　　　　　　　　　　　　外务省　　　　　　　四月廿四日下午收

第六二七号

本官发往齐齐哈尔电报

第七号

在和国联调查团的会面中,关于中村事件,从往电第三九九号之(二)等资料来看,经与陆军方面商议,做如下处理。又,经与陆军方面面商,凡有关中村事件之质询,均移交领事馆。

(一)中村一行被杀害之情报,齐齐哈尔领事馆首先介入,后由我方实行搜查(特别经本官与陆军及领事馆方面商定,此后凡有关搜查方式的质询,可回复称乃是陆军与领事馆方面合作进行)。

(二)关于护照上所记载的事项中,中村所持有的名片写明其目的为调查"海洛因",只要对方没有进行质询,对此无须进一步触及,无论对方如何打探,均应避免谈及关于林总领事与支那方面的会谈以及支那方面关于上述问题之质询等。

对于对方的质询,本馆将主要着眼于交涉的经过、在当地获得情报的经过、进行搜查的证据等。

转电：外务大臣、支那、哈尔滨、吉林、长春

资料来源：JACAR(アジア歴史資料センター)Ref. B02030445600(第50画像目から)満洲事変(支那兵ノ満鉄柳条溝爆破ニ因ル日、支軍衝突関係)/善後措置関係/国際連盟支那調査員関係　第三卷(外務省外交史料館)

37. 驻哈尔滨长冈代理总领事致芳泽外务大臣的函电（一）（1932年4月24日）

昭和七年　一〇〇七三　暗　　哈尔滨　　　　　廿四日下午发
　　　　　　　　　　　　　　　外务省　　　　四月廿四日下午收

第四五五号之一（绝密）

国联调查团来哈后，现正汇集各方材料，拟提出调查报告书。据泷川得到的可靠消息，各国领事之态度如下：

一、以英国最反日的哈奇逊（ハッチソン，译音）商务官为首，各方现正搜集不利于我方之材料。例如，对于北满的金矿（往电第四〇一号），尽管已经签订两个合同，但根据一九一八年日支签订的合同，假如外国资本之进入妨碍合同之执行（哈奇逊认为从上述例子之合同提出，即明确说出了此种情形），又或事后日本商人以军需品之名义持续地、大量地免税进口毛毯等其他商品，以上种种皆须汇报。[又，根据波兰领事馆特派人员与该国士官的谈话，英国总领事贾斯汀（ガースチン，译音）以书面形式照会波兰领事塔古拉斯（ダグラス，译音），询问此事是否可信。另外，据泷川云，贾斯汀委托当地英国商会会长凯西奇（キヤ(パ)シチー，译音）在波兰商会搜集上述材料，而波兰士官也收到了哈奇逊同样内容的委托书。]

二、德国领事巴尔扎（バルザー，译音）也向驻华德国普通商人通报了在遭受损害或不利情况下可以申述的机构对象（续）。

资料来源：JACAR(アジア歴史資料センター)Ref. B02030445600(第51画像目から)満洲事変(支那兵ノ満鉄柳条溝爆破ニ因ル日、支軍衝突関係)/善後措置関係/国際連盟支那調査員関係　第三卷(外務省外交史料館)

38. 驻哈尔滨长冈代理总领事致芳泽外务大臣的函电(二)
（1932年4月24日）

昭和七年　一〇〇七二　暗　　哈尔滨　　　　　廿四日下午发
　　　　　　　　　　　　　　外务省　　　　　四月廿四日下午收

第四五五号之二

　　三、关于美国方面，事件发生后，由于诸多误解，和当地军方发生了两三回不愉快的事情[例如：支那电信局以日本军方的审查官未上班为由，对美国记者亨特（ハンター，译音）的电报迟迟不予发送，亨特对此极为愤慨，汉森（ハンソン，George C. Hanson）总领事针对上述提出申诉的时候，宪兵队表示虽然从来不对军方提出检查的要求，但对基于上述电报局的误解而发生的事情，应予以说明，尽快发送电报。又比如，军方的测量队员在张伯伦（チェンバレン，译音）领事不在家的时候欲私自穿越其私宅，又因语言不通，试图闯入其住宅，从而导致误会]，凡此种种，均因本馆之斡旋而未公开披露，并得到圆满解决。美国总领事的报告虽然在有关我方的事情上并不维护我方利益，但也逐渐摒弃了对我方严重不利的内容。

　　四、波兰领事要处理对苏联关系问题，其在对我方关系方面尤其抱有善意，总体而言是可以推心置腹的（领事本人也收到本国政府要求其绝对控制在满洲对日本不利的言论的训令）。对于国联调查团，该人目前正在起草一份指陈支那方面旧官僚之腐败状况等对我方有利之报告。

　　五、捷克领事也对我方抱有极为有利的态度。

　　六、对于苏联领事，还没有确切的情报，而其他各国领事除了陈述事实以外，似并无别具特色的报告。

　　转电支那、北平、奉天、吉林、长春、齐齐哈尔。

资料来源：JACAR（アジア歴史資料センター）Ref. B02030445600（第52画像目から）満洲事変(支那兵ノ満鉄柳条溝爆破ニ因ル日、支軍衝突関係)/善後措置関係/国際連盟支那調査員関係　第三巻(外務省外交史料館)

39. 驻哈尔滨长冈代理总领事致芳泽外务大臣的函电（1932年4月24日）

昭和七年　一〇〇七四　暗　哈尔滨　　　　　　廿四日下午发
　　　　　　　　　　　　外务省　　　　　　　四月廿四日下午收

第四五六号

本官发往安东、关东厅长官电报

合第二七三号电（绝密）

窃闻事件发生后，日本商人大量进口诈称为免税的军需品如毛毯等其他商品至满洲，其证据已为当地英国总领事馆所掌握，该领事将此事报告给近日来哈尔滨之国联调查团。烦请将上述免税进口货物之理由及声明材料，并附内情，详细回电告知。

转电外务大臣、奉天、吉林、长春、齐齐哈尔。

资料来源：JACAR（アジア歴史資料センター）Ref. B02030445600（第54画像目から）満洲事変（支那兵ノ満鉄柳条溝爆破ニ因ル日、支軍衝突関係）/善後措置関係/国際連盟支那調査員関係　第三巻（外務省外交史料館）

40. 关东军参谋长致参谋次长的函电（1932年4月24日）

密　陆同文　昭和七年四月二十四日

　　　　　　　　　　　　四月二十三日下午六时三十分发
　　　　　　　　　　　　　　　　下午十时五十三分收

关参第八三六号（其一至三）

本月二十三日上午十时始，军司令官与李顿爵士于军司令官官邸进行为期约一个半小时之非正式会见，其谈话要旨如下：

一、初次见面寒暄过后，李顿爵士云："截至五月一日，为提交预备报告书计，已了解日本军队的兵力和配置之大要，而基于此前九月三十日之决议，这种情况应向理事会提出，这也不是大问题，仅仅告知事实即可。而与此相关，芳泽外务大臣约定向调查团送交的材料并未见诸通报。"

二、军司令官陈述云，外务省亦有训令，对调查团一行的警戒自然是为了在调查上提供便利。李顿爵士提出:"予对新政权,并未作任何联络,予一行将在'满洲国'停留三周至一个月。对于调查过程中相关各方的厚意和合作,俾予等使命得以完成,尤其军司令官阁下居中斡旋,俾能获得与'新政权'之联络,幸甚。"

然而,调查团在法理上显然没有承认"新政权"之权能,或者仅承认其一部分为"新政权",从而在承认问题上造成误解。

如前所述,军司令官与相关方面协商,答复称予以照顾。另外,李顿爵士因不确定滞留当地时间,提出每日进行若干时间之恳谈,军司令官亦惠予谅解。

三、关于顾维钧的问题,军司令官对"满洲国"政府方面之意向及其危险性进行了说明,李顿爵士表示理解,并表示他本人与作为调查团之顾问的顾维钧同行,可保证顾维钧不发表顾问业务以外之言行,但求"新政权"惠予理解。语极殷勤。

资料来源:JACAR(アジア歴史資料センター)Ref. B02030445600(第55画像目から)満洲事変(支那兵ノ満鉄柳条溝爆破ニ因ル日、支軍衝突関係)/善後措置関係/国際連盟支那調査員関係　第三巻(外務省外交史料館)

41. 天津军参谋长致参谋次长的函电(1932年4月24日)

密　陆同文　昭和七年　四月二十四日

四月二十三日下午三时四分发

下午十一时二十五分收

天　第八六一号(其一、二)

国联调查团滞留北平、天津期间,支那官员盛情款待,其逾矩过度,有近于谀者。尤其顾维钧之待李顿爵士,主从之态势,观之始终如一,支那学生皆耻于代表支那之顾氏之态度。支那人如何甘心居于欧美人之指导下,露骨以求其欢心,显为支那之辱,黄色人种自求白色人种之支配,屈服于彼,实勘愤慨。在天津、广东青年中,有支那灭亡之慨。又调查团滞留北平期间,彼等之态度,傲慢过甚,遂至此次调查团之来燕,于一般居民中唤起反白色人种之思想,观之舆论可知也。

转电关东、北平、济南、上海

资料来源:JACAR(アジア歴史資料センター)Ref. B02030445600(第57

画像目から）満洲事変（支那兵ノ満鉄柳条溝爆破ニ因ル日、支軍衝突関係）/善後措置関係/国際連盟支那調査員関係　第三卷（外務省外交史料館）

42. 关东军参谋长致参谋次长的函电（1932年4月24日）

密　陆同文　昭和七年　四月二十四日

四月二十三日上午十一时五十分发

下午四时四十三分收

关参第八二九号

四月二十三日上午,李顿与本人前往本庄司令官官邸访问之,一切相关信息禁止刊载于报纸,相关各方有所顾虑也。

转朝鲜、关东宪兵队长、关东厅警务局长。

资料来源：JACAR（アジア歴史資料センター）Ref. B02030445600（第58画像目から）満洲事変（支那兵ノ満鉄柳条溝爆破ニ因ル日、支軍衝突関係）/善後措置関係/国際連盟支那調査員関係　第三卷（外務省外交史料館）

43. 驻莫斯科广田大使致芳泽外务大臣的函电（1932年4月25日）

昭和七年　一〇二一一　略　　莫斯科　　　　二十五日下午发

外务省　　　四月二十五日下午收

第二八〇号

二十五日报纸载,据中央社（セントラル・ニュース・エージェンシー,Central News Agency）报道,南京于二十四日发表塔斯社（タス,Tass）消息,于冲汉、袁金铠、张景惠等"满洲国"要人对国联调查团的介绍如下：

一、支那官吏及实业家并非诚心诚意认同"满洲国"。

二、日本方面雇佣大量朝鲜人,着支那人服装,陪同调查团。

三、日本方面杀害数千支那商民,烧杀四洮铁道劳动者两百名。

四、服从"满洲国"之兵民有机会就会谋叛。

五、日本方面派遣三千名警官,从农民手中廉价夺取农产品,人民为此组织救国部队反抗之。

六、日本方面为占有满洲土地,迁移来三十万朝鲜人。

七、上述要人处于形同监禁之状态,毫无人身自由。

在刊载上述内容之报道的同日,据塔斯社在上海《大陆报》[(チャイナ・プレス),China Press]报道,上述诸要人密访调查团,控诉"满洲国"政府所云非支那国民真实意愿之表示,实为日本军阀阴谋所致,乃是日本吞并满洲之第一步。

转电奉天,奉天转电长春。

资料来源:JACAR(アジア歴史資料センター)Ref. B02030445600(第59画像目から)満洲事変(支那兵ノ満鉄柳条溝爆破ニ因ル日、支軍衝突関係)/善後措置関係/国際連盟支那調査員関係 第三巻(外務省外交史料館)

44. 驻沈阳森岛代理总领事致芳泽外务大臣的函电
（1932年4月25日）

昭和七年　一〇〇八一　暗　　奉天　　　　　　　　二十五日上午发
　　　　　　　　　　　　　　　外务省　　　　　　四月二十五日上午收

第六三二号

致阁下的往电第六二五号(合第三九八号)电报,应转电长春、齐齐哈尔、哈尔滨、吉林等其他地方,草拟之际,发生误差,望订正。

转电公使、北平、长春、齐齐哈尔、吉林。

资料来源:JACAR(アジア歴史資料センター)Ref. B02030445600(第60画像目から)満洲事変(支那兵ノ満鉄柳条溝爆破ニ因ル日、支軍衝突関係)/善後措置関係/国際連盟支那調査員関係 第三巻(外務省外交史料館)

45. 驻沈阳森岛代理总领事致芳泽外务大臣的函电
（1932年4月25日）

昭和七年　一〇〇七〇　暗　　奉天　　　　　　　　廿五日上午发
　　　　　　　　　　　　　　　外务省　　　　　　四月廿五日上午收

第六三三号

吉田发

第五六号

廿三日下午，调查团于总领事官邸拜访森岛代理总领事。会谈过程中，团长李顿主要质询了东北四省与支那本部的关系、中村大尉事件、满洲的共产主义运动状况等问题。代理总领事对此分别加以说明。会谈持续约三小时。

转电公使、北平、长春。

资料来源：JACAR(アジア歴史資料センター)Ref. B02030445600(第61画像目から)満洲事変(支那兵ノ満鉄柳条溝爆破ニ因ル日、支軍衝突関係)/善後措置関係/国際連盟支那調査員関係　第三巻(外務省外交史料館)

46. 驻沈阳森岛代理总领事致芳泽外务大臣的函电
(1932年4月25日)

昭和七年　一〇〇六九　暗　　奉天　　　　　　　　廿五日上午发
　　　　　　　　　　　　　　　外务省　　　　　　四月廿五日上午收

第六三四号

吉田发

第五号

二十四日上午，约有五十名朝鲜人与国联调查团秘书处成员会见（调查团代表因要和本庄司令官会见，所以不在住所）。他们每个人都向调查团诉说，他们如何蒙受支那一方的迫害，来当地避难、成为农民的情形。满铁附属地以外的生命财产安全无法得到保障，支那一方其对租借土地及农业耕作进行妨碍，税收征收不当，强行使他们加入支那籍等，每个人都诉说了各个方面。一开始，国联调查团方面对这一次陈请的本意多少有些怀疑，因此提出种种深入的问题。对此，朝鲜人等拿出土地借贷契约书等证据物件，同时详细讲述了自己的经历，深深触动了国联调查团一方。

转电支那、北平、长春、吉林、哈尔滨、齐齐哈尔。

资料来源：JACAR(アジア歴史資料センター)Ref. B02030445600(第61画像目から)満洲事変(支那兵ノ満鉄柳条溝爆破ニ因ル日、支軍衝突関係)/善後措置関係/国際連盟支那調査員関係　第三巻(外務省外交史料館)

47. 驻沈阳森岛代理总领事致芳泽外务大臣的函电
（1932年4月25日）

昭和七年　一〇〇七一　暗　　奉天　　　　　　　二十五日上午发
　　　　　　　　　　　　　　外务省　　　　　　四月二十五日上午收

第六三五号

伊藤致谷局长

根据与斋藤博士之谈话，自上海发送之公文于我方不利者并不鲜见，而调查团方面仍指责公文插入内容过少。窃以为了解上述公文是有益的，望将搜集到的部分即《日本与满蒙》和《违反条约》两册相关公文送来。

资料来源：JACAR(アジア歴史資料センター)Ref. B02030445600(第62画像目から)満洲事変(支那兵ノ満鉄柳条溝爆破ニ因ル日、支軍衝突関係)/善後措置関係/国際連盟支那調査員関係　第三巻(外務省外交史料館)

48. 驻沈阳森岛代理总领事致芳泽外务大臣的函电
（1932年4月25日）

昭和七年　一〇一一八　略　　奉天　　　　　　　二十五日下午发
　　　　　　　　　　　　　　外务省　　　　　　四月二十五日下午收

第六四〇号

吉田发

第五八号

杉下书记官廿五日抵达奉天。

资料来源：JACAR(アジア歴史資料センター)Ref. B02030445600(第63画像目から)満洲事変(支那兵ノ満鉄柳条溝爆破ニ因ル日、支軍衝突関係)/善後措置関係/国際連盟支那調査員関係　第三巻(外務省外交史料館)

49. 驻沈阳森岛代理总领事致芳泽外务大臣的函电
（1932 年 4 月 25 日）

昭和七年　一〇一二六　暗　　奉天　　　　　　二十五日下午发
　　　　　　　　　　　　　　　外务省　　　　四月二十五日下午收

第六四二号（非常火速）

关于贵电第二一四号

伊藤参事发

调查团一行滞留奉天的期限拟延后两三日一事，其英译文电报非常火速，烦请代发。

上述延迟情形，我方有必要予以翻译。是否已经翻译完毕，请回电。

资料来源：JACAR（アジア歴史資料センター）Ref. B02030445600（第 63 画像目から）満洲事変（支那兵ノ満鉄柳条溝爆破ニ因ル日、支軍衝突関係）/善後措置関係/国際連盟支那調査員関係　第三巻（外務省外交史料館）

50. 驻北平矢野参事致芳泽外务大臣的函电（一）
（1932 年 4 月 25 日）

昭和七年　一〇一四六　略　　北平　　　　　　二十五日下午发
　　　　　　　　　　　　　　　外务省　　　　四月二十六日上午收

第二一六号之一

本官发往奉天电报

第四五号之一

据二十四日汉语报纸报道，之前国联调查团滞平期间，于冲汉、张景惠、袁金铠等派遣吴怀义向调查团列举日本方面下列九项恶政，请求调查团拯救东北三千万人民。

一、贵团抵达奉天后，支那官民中有承认伪国之成立者，实受日本方面之压迫而为之，非真实民意之体现也。

二、日本人为防止其所犯扰乱东北及惨杀人民等证据泄露，将其全部毁灭，又将朝鲜人变装为支那人，阻止贵团之行动。

三、日本方面在事后惨杀人民之数在十万以上,仅奉天即达三万人,其他四洮线工人被活埋者二百以上。

四、东北普通民众绝非降服于日本,仅暂避其蹂躏而已,贵团抵奉后,其态度自应变化。

五、日本方面同样以囚徒待遇对待吾等,夺人自由,危害生命。

阎泽溥、张魁恩等行踪不明,可证此事(待续)。

资料来源:JACAR(アジア歴史資料センター)Ref. B02030445600(第 64 画像目から)満洲事変(支那兵ノ満鉄柳条溝爆破ニ因ル日、支軍衝突関係)/善後措置関係/国際連盟支那調査員関係　第三巻(外務省外交史料館)

51. 驻北平矢野参事致芳泽外务大臣的函电(二)
(1932年4月25日)

昭和七年　一〇一四〇　略　　北平　　　　　　廿五日下午发
　　　　　　　　　　　　　　外务省　　　　　四月廿六日上午收

第二一六号之二

本官发往奉天电报

第四五号之二

六、日本方面派遣军警至各县,没收人民所有之枪械,实为防止人民投靠义勇军进行反抗活动。

七、最近日本当局声称为准备将来之世界战争,遣三千名军警至各县,以市价二十分之一之价格征发农产品,民不能堪,陆续投靠救国军。

八、日鲜三十万人移民正陆续抵达东北,任意占领支那人所有之田地。

九、东北之教育完全停顿,除日本方面指定供贵团参观之小学及女校之外,余者全部解散,并枪杀教师数十名。

转电外务大臣、支那、南京、天津、吉林、哈尔滨、长春。

自哈尔滨转电齐齐哈尔。

资料来源:JACAR(アジア歴史資料センター)Ref. B02030445600(第 65 画像目から)満洲事変(支那兵ノ満鉄柳条溝爆破ニ因ル日、支軍衝突関係)/善後措置関係/国際連盟支那調査員関係　第三巻(外務省外交史料館)

52. 关东军参谋长致参谋次长的函电（1932 年 4 月 25 日）

密　陆同文　昭和七年　四月二十五日

　　　　　　　　　　　　四月二十四日下午十一时〇分发
　　　　　　　　　　　　二十五日上午〇时四十九分收

关参第八五四号

本月二十四日，国联调查团一行正式会见军司令官，历时二时余。主要内容为，详细质询了属地内外军队配置之状况、兵"匪"之状况及"满洲国"军队与警察之组织、兵力及其与军队的关系，并询问了大概的撤军时机。

对此，军司令官予以详细说明，谓关于撤军时机，当俟"满洲国"具备应对内外扰乱之治安能力之时，该时机实欲其尽可能迅速，然目前实有不能明言之处。此事事关政策，理应待政府之意向而后定之，以上仅予之私见。

概言之，调查团对会见报以好感，极为满意。明（二十五）日尚有第二次之会见，主要为对有关事件突发之初的事项之问答。

资料来源：JACAR（アジア歴史資料センター）Ref. B02030445600（第 66 画像目から）満洲事変（支那兵ノ満鉄柳条溝爆破ニ因ル日、支軍衝突関係）/善後措置関係/国際連盟支那調査員関係　第三巻（外務省外交史料館）

53. 驻沈阳森岛代理总领事致芳泽外务大臣的函电（1932 年 4 月 26 日）

昭和七年　一〇二四〇　暗　　奉天　　　　　　廿六日下午发
　　　　　　　　　　　　　　外务省　　　　　四月廿七日上午收

第六四八号
吉田发
第五九号

关于致奉天代理总领事之贵电第二一五号。

本电报转发自发往长春之电报。

请与贵电一同转发长春领事。

资料来源：JACAR（アジア歴史資料センター）Ref. B02030445600（第 68

画像目から)満洲事変(支那兵ノ満鉄柳条溝爆破ニ因ル日,支軍衝突関係)/善後措置関係/国際連盟支那調査員関係　第三巻(外務省外交史料館)

54. 驻沈阳森岛代理总领事致芳泽外务大臣的函电
（1932年4月26日）

昭和七年　一〇二二七　暗　奉天　　　　　　　　廿六日下午发
　　　　　　　　　　　　　　外务省　　　　　　　四月廿六日下午收

第六四九号

吉田发

第六〇号

四月廿四日上午,调查团前往军司令部拜访军司令官,历二时许,试质询满洲日军配置状况,"满洲国"军队状况及该军内日本人顾问、警察情形,日军撤退问题等。关于日军之撤退,问答要领如下。

问:大体实现维持治安须至何日为止?

答:治安事关"满洲国全国",维持治安极为必要,唯有年内大股"反政府军"及马贼被扫荡一尽后,方能预测。

问:预计日军大约将于何时撤回满铁附属地?

答:治安问题事关"满洲国"全局,在内外扰乱之忧未消除之前,撤军实不可能,其日期至今全然无法预测。

问:目前日军驻军之目的已异于当初乎?

答:撤回满铁附属地之条件为满洲全境治安之维持与日本人生命财产之完全保全,此二者之间关系密切,不能说以前驻军之目的与现在有根本之变化。

问:事变发生时,满洲没有负责维持治安的支那军队,因而日本军队出动。若"满洲国"治安得以完全维持,日本军队可以撤退乎?

答:私意认为治安得以完全维持,军队自应撤离,然此问题乃日本政府所应决定者也。

转电公使、北平、长春、吉林、哈尔滨、齐齐哈尔。

资料来源:JACAR(アジア歴史資料センター)Ref.B02030445600(第68画像目から)満洲事変(支那兵ノ満鉄柳条溝爆破ニ因ル日,支軍衝突関係)/善後措置関係/国際連盟支那調査員関係　第三巻(外務省外交史料館)

55. 驻沈阳森岛代理总领事致芳泽外务大臣的函电
（1932年4月26日）

昭和七年　一〇二二〇　暗　　奉天　　　　　　　　廿六日下午发
　　　　　　　　　　　　　　外务省　　　　　　　四月廿六日下午收

第六五〇号
吉田发
第六一号
　　调查团与军司令官之会见持续进行。首先，团长质询关于九月十八日事件，包括司令官最初获得上述情报的日期、地点及事发后所采取的措施等相当深入的问题，对此，司令官分别予以回答。关于奉天的军事行动，司令官则出示了岛本大队长从北大营等其他地方获得的支那军队的日记、宣传画、奉天附近小学所使用的排外教科书等各种证据、证物，并详细说明事件突发前支那方面对日挑衅的态度、事件突发时的情形等。预定明天（廿六日）继续进行采访。
　　转电支那、北平、长春、吉林哈尔滨、齐齐哈尔。
　　资料来源：JACAR(アジア歴史資料センター)Ref. B02030445600(第70画像目から)満洲事変(支那兵ノ満鉄柳条溝爆破ニ因ル日、支軍衝突関係)/善後措置関係/国際連盟支那調査員関係　第三巻(外務省外交史料館)

56. 驻沈阳森岛代理总领事致芳泽外务大臣的函电
（1932年4月26日）

昭和七年　一〇二三一　暗　　奉天　　　　　　　　廿六日下午发
　　　　　　　　　　　　　　外务省　　　　　　　四月廿六日下午收

第六五四号
吉田发
第六二号
　　一、国联调查团于廿一日夜抵达本地后，会见了森岛代理总领事、本庄司令官等其他人。调查团方面极为重视与军司令官之会见，连续进行了前述廿四、廿五两日之会见，预计今后尚有数次之会见。我方的说明极为详细恳切，因此给予对方以极好印象。

二、提交预备报告书的期限迫近，调查团未到奉天前，即于车中着手起草秘书处文案。抵达奉天后，经秘书处许可设置小委员会，由万考芝（von Kotze，エッチ・ヴィー・コッツエ）、派斯塔柯夫（Pastuhov，パスチュホフ）紧急起草文件。预计一两日内将于小委员会提出讨论，随即经由内部通报提交调查团参与代表。

三、除了起草上述重要会见之预备报告之外，尚需应对随调查团与"新国家"之接触而来的顾维钧入满问题，需费时数日，特别是团长在抵达当地后，有意前往事发地，滞留当地时间比预定之四五日或将适当延长。

四、团长于北平当地出发之时，对"满洲国"之地位，带有某种偏见。关于"满洲国"政府致电团长事件、奉天至北平间火车直通问题，我政府所欲者，唯"满洲国"政府如实陈情，向我方说明误会之处。关于直通火车入满路线问题，调查团方面语虽委婉，其要求实为肆意，遂至与其团长发生相当不愉快之争论。然团长抵达当地后，态度渐次缓和，直至认为有必要联系"新国家"，与"满洲政府"进行某种形式之斡旋。

以上表明，调查团已经认识到，无视"满洲国"政府的存在肯定会导致调查无法进行。

转电支那、北平、长春、国联。

资料来源：JACAR（アジア歴史資料センター）Ref. B02030445600（第71画像目から）満洲事変（支那兵ノ満鉄柳条溝爆破ニ因ル日、支軍衝突関係）/善後措置関係/国際連盟支那調査員関係 第三巻（外務省外交史料館）

57. 驻沈阳森岛代理总领事致芳泽外务大臣的函电
（1932年4月26日）

昭和七年　一〇二五三　暗　奉天　　　　　　　　廿六日下午发
　　　　　　　　　　　　　　外务省　　　　　　四月廿七日上午收

第六五六号
吉田发
第六三号
对于支那方面向国联调查团提出之调查书 Memorandum General sun le

differend Sino-japonais①（本月二十二日以航空邮件寄出），我方有必要予以反驳，斋藤博士近日返回东京，当负责起草该反驳书，在该博士返国前，将搜集必要之材料。

另，该调查书之英文本已由事务局职员秘密借出，以加急邮件寄出。

资料来源：JACAR（アジア歴史資料センター）Ref. B02030445600（第72画像目から）満洲事変（支那兵ノ満鉄柳条溝爆破ニ因ル日、支軍衝突関係）/善後措置関係/国際連盟支那調査員関係 第三巻（外務省外交史料館）

58. 驻哈尔滨长冈代理总领事致芳泽外务大臣的函电
（1932年4月26日）

昭和七年　一〇二二五　暗　哈尔滨　　　　　　　廿六日下午发
　　　　　　　　　　　　　　外务省　　　　　　　四月廿六日下午收

第四七〇号

关于往电第四六九号

广濑师团长于同电第二项第三十云，（依田）旅团于国联调查团一行停留期间，非直接负责此一行人贴身之警卫工作，乃是负责维持当地治安，并预备弹压欲扰乱秩序者。因此，今后若无特别命令，无须为此一行人出动兵力，布置警戒。为掩护运送依田旅团之列车，部队出动至南部一线双城堡及陶赖昭②，其完成上述任务后立即召回。

转电支那、北平、奉天、长春、吉林、齐齐哈尔。

资料来源：JACAR（アジア歴史資料センター）Ref. B02030445600（第73画像目から）満洲事変（支那兵ノ満鉄柳条溝爆破ニ因ル日、支軍衝突関係）/善後措置関係/国際連盟支那調査員関係 第三巻（外務省外交史料館）

---

① 译者按：原文为法语。
② 编者按：陶赖昭，位于吉林省中北部，1964年设镇。

59. 驻芝罘内田领事致芳泽外务大臣的函电
(1932年4月26日)

昭和七年　一〇一七四　略　　芝罘　　　　　　　廿六日上午发
　　　　　　　　　　　　　　外务省　　　　　　四月廿六日下午收

第一二二号

威海卫英国领事莫斯（Moss，译音）于廿二日向当地英国领事普拉特（Pratt，译音）交接事务，此事见其离任公文通报。据威海卫通讯，莫斯乃是奉驻华公使之命，以李顿爵士专门顾问之身份赴奉天。莫斯奉命由上一任职地点南京赴北平，奉派锦州，本年一月中旬任职威海卫，以上谨供参考。

转电支那、北平、奉天。

资料来源：JACAR(アジア歴史資料センター)Ref. B02030445600(第74画像目から)満洲事変(支那兵ノ満鉄柳条溝爆破ニ因ル日、支軍衝突関係)/善後措置関係/国際連盟支那調査員関係　第三巻(外務省外交史料館)

60. 驻沈阳森岛代理总领事致芳泽外务大臣的函电（一）
(1932年4月27日)

昭和七年　一〇二九〇　暗　　奉天　　　　　　　廿七日下午发
　　　　　　　　　　　　　　外务省　　　　　　四月廿七日下午收

第六五八号之一（急电　绝密）

吉田发

第六五号

（一）李顿团长欲按照程序联系"新国家"，遂于廿三日上午求援于军司令官。为此，本大使与桥本参谋长、伊藤参事官、代理总领事协商。另一方面，本大使接到长春方面的电话，长春方面态度强硬（参考该地所发致奉天电报第十五号），认为团长给"新国家"发电是非常紧要的事情。当夜，本大使向李顿密告长春方面之意向，表示问候"新国家"，与承认问题并无关系。团长对此并无异议，只是认为应与其他代表商议（待续）。

资料来源：JACAR(アジア歴史資料センター)Ref. B02030445600(第75

画像目から)満洲事変(支那兵ノ満鉄柳条溝爆破ニ因ル日、支軍衝突関係)/善後措置関係/国際連盟支那調査員関係　第三巻(外務省外交史料館)

61. 驻沈阳森岛代理总领事致芳泽外务大臣的函电(二)
(1932年4月27日)

昭和七年　一〇二八六　暗　　奉天　　　　　　　廿七日下午发
　　　　　　　　　　　　　　　外务省　　　　　　四月廿七日下午收

第六五八号之二(急电　绝密)

(二)其次,二十四日晨,调查团协议,于午后向本使展示如别电第六六号所云致谢介石①的个人电报案并征求意见。又经过领事,本使秘密与"满洲国"方面协商,该国方面对此事之处理表示了谢意。另一方面,团长对于我方及长春领事对此事之交涉颇感兴趣,交互看该案电报,对于"满洲国"方面,将同案中的 Commission of inquiry that 改为 Commission of inquiry that our appreciation of,又在 Welcome 后加入 which,调查团对"满洲国"的好意表示谢意,双方相互妥协。另外,伊藤则通过哈斯采用了上述修正案(待续)。

资料来源:JACAR(アジア歴史資料センター)Ref. B02030445600(第76画像目から)満洲事変(支那兵ノ満鉄柳条溝爆破ニ因ル日、支軍衝突関係)/善後措置関係/国際連盟支那調査員関係　第三巻(外務省外交史料館)

62. 驻沈阳森岛代理总领事致芳泽外务大臣的函电(三)
(1932年4月27日)

昭和七年　一〇二八九　暗　　奉天　　　　　　　二十七日下午发
　　　　　　　　　　　　　　　外务省　　　　　　四月二十七日下午收

第六五八号之三(急电　绝密)

(三)调查团于二十五日晨集会,尽管我方提出了修正意见,调查团仍于上午十一时左右,以原方案给"满洲国"方面发电报。而且调查团事先并未向我方提出正式通知,只是在盐崎偶然向哈斯询问时,方才被告知上述事实,调

---

① 编者按:谢介石(1878—1954),台湾新竹人,伪满洲国第一任外交部总长。

查团方面之态度亦渐趋消极。该事件能否圆满解决之关键在于,一方面应由长春政府劝告上述电报的接收方,另一方面对于军司令官,应由伊藤出面进行恳谈。是日傍晚,长春方面发出通报表示:"满洲国"政府内阁决定接受上述电报。而军司令官亦赞同伊藤之意见,国联方面的措置表明没有将此事件看作会使事态扩大化的问题。故从大局出发,应以其他方法解决时局困境。

(四)长春政府于二十六日午后致函李顿,称已接收上述电报,并将对调查团提供便利。关于调查团接待工作,向奉天市长阎传绂(エンデンフツ)①发出以(为调查团)提供便利,并与调查团方面联系之训令。至此,本事件暂告一段落。

与别电一起,转电公使、长春、北平、南京、国联。

由国联方面转电英、法、德、意、美。

资料来源:JACAR(アジア歴史資料センター)Ref. B02030445600(第77画像目から)満洲事変(支那兵ノ満鉄柳条溝爆破ニ因ル日、支軍衝突関係)/善後措置関係/国際連盟支那調査員関係　第三巻(外務省外交史料館)

63. 驻沈阳森岛代理总领事致芳泽外务大臣的函电
(1932年4月27日)

昭和七年　一〇二八七　暗　　奉天　　　　　　　　二十七日下午发
　　　　　　　　　　　　　　　外务省　　　　　　四月二十七日下午收

第六五九号

吉田发

第六六号

别电

谢介石(Hsich Chieeh-shih)

长春

---

① 编者按:阎传绂(1894—1962),字纫韬,号稻农,满族人,生于奉天府金州厅(今辽宁省金县),中华民国及伪满洲国政治人物。伪满洲国成立后,他历任奉天省政府谘议、奉天市(今沈阳市)市长兼奉天商埠局总办。抗日战争结束后,他被苏联逮捕,押往哈巴罗夫斯克第45收容所。1950年8月,他被中华人民共和国引渡回国,收押在抚顺战犯管理所。1962年4月,他在关押期间病逝。

抵奉之际,我谨代表调查团向您保证,您在电报中说您将竭尽所能,保证敝团访问奉天期间之自由活动及吾等依据国联会议决议所执行使命之达成,此种对吾等谦恭的欢迎是充分可信的。

资料来源:JACAR(アジア歴史資料センター)Ref. B02030445600(第78画像目から)満洲事変(支那兵ノ満鉄柳条溝爆破ニ因ル日、支軍衝突関係)/善後措置関係/国際連盟支那調査員関係 第三巻(外務省外交史料館)

64. 驻沈阳森岛代理总领事致芳泽外务大臣的函电
（1932年4月27日）

昭和七年　一〇三〇二　暗　　奉天　　　　　　　　　廿七日下午发
　　　　　　　　　　　　　　　外务省　　　　　　　　四月廿七日下午收

第六六三号(非常火速　绝密)

吉田发

第六七号

伊藤发

关于伊藤往电第六四号末段

（一）据内阁消息,关于本事件之报告草案,在二十六日傍晚之调查团审议会上,是否将我方所期望之报告草案中所谓形势恶化云云等处,改为履行避免形势恶化之义务,迄未获得充分之情报。以此,此处并未触及这一问题,而应留待将来之报告,关于将来改正其他细节方面之事,应于二十七日上午十一时进行最终审议。

（二）如果本件报告草案中未进行其他变动,上述草案几乎就是依据我方材料进行的事实记录,因此,做出那样的承诺本身并没有太大的问题。而且,如果我方认为有必要对本报告进行回复,欲向上述理事会①提出之时,由我方代表对此进行阐述,亦不失为得策。如果我方之意见正如致奉天电报亦即贵电第二三一号一般,则本件报告仅限于单纯之记述,亦断无强行要求记录在案之理。

（三）对于本报告案,并非看到正文才能做如上观察。上述报告书何时向我方顾问提出尚未明确(据说是本月二十七日下午),但一旦提出,对以上报告

---

① 编者按:原文为"理事会",这里应该是指上文之"审议会"。

的观察时间较短，因此无法要求太多时间，必须尽快决定我方态度（据说只有二十四小时或四十八小时）。以上仅供参考。

转电驻华公使、北平、南京、国联。

由国联转电英、美、法、意、德。

资料来源：JACAR(アジア歴史資料センター)Ref. B02030445600(第79画像目から)満洲事変(支那兵ノ満鉄柳条溝爆破ニ因ル日、支軍衝突関係)/善後措置関係/国際連盟支那調査員関係　第三巻(外務省外交史料館)

65. 驻长春田代领事致芳泽外务大臣的函电
（1932年4月27日）

昭和七年　一〇二九二　暗　　长春　　　　　　　　　廿七日下午发
　　　　　　　　　　　　　　　外务省　　　　　　　　四月廿七日下午收

第一八一号

关于阁下发往奉天电报第二一五号

关于支那参与人员一行由海城所发电报两通，已于二十日夜间收讫，"满洲国"政府"外交部"于二十二日通告完毕。

转电奉天。

资料来源：JACAR(アジア歴史資料センター)Ref. B02030445600(第80画像目から)満洲事変(支那兵ノ満鉄柳条溝爆破ニ因ル日、支軍衝突関係)/善後措置関係/国際連盟支那調査員関係　第三巻(外務省外交史料館)

66. 驻沈阳森岛代理总领事致芳泽外务大臣的函电
（1932年4月26日）

昭和七年　一〇三三六　暗　　奉天　　　　　　　　　廿六日下午发
　　　　　　　　　　　　　　　外务省　　　　　　　　四月廿六日下午收

第六六五号

吉田发

第六八号

廿六日午后满洲各地（安东、铁岭、奉天、长春）朝鲜人代表四人向调查团陈情,调查团方面由开脱益葛林诺(Kat Angelino,アンズエリノ)负责接见。在此期间,就支那方面压迫朝鲜人问题,尤其是非法课税、万宝山事件等进行了历时三小时的质询和答复。尤其是万宝山事件,作为直接当事人的朝鲜侨民代表述说了自己的实际经历,给开脱益葛林诺留下了深刻印象,开脱益葛林诺甚至说要在调查团一行留长春期间与他们一起前往万宝山进行调查。

转电支那、长春、国联。

由国联转电英、美、法、意、德。

资料来源:JACAR(アジア歴史資料センター)Ref. B02030445600(第81画像目から)満洲事変(支那兵ノ満鉄柳条溝爆破ニ因ル日、支軍衝突関係)/善後措置関係/国際連盟支那調査員関係　第三卷(外務省外交史料館)

67. 驻沈阳森岛代理总领事致芳泽外务大臣的函电
（1932年4月28日）

昭和七年　一〇三四三　暗　奉天　　　　　　　　廿八日下午发
　　　　　　　　　　　　　　外务省　　　　　　四月廿八日下午收

第六六六号

吉田发

第六九号

关于往电第六五号

关于调查团与"新国家"联系问题,廿七日于军司令部与有关人员达成协议,最终参照大桥之意向,司令官对团长的回复如下:

一、关于调查团方面与奉天方面"满洲国"要人之间的会面,为确定其中的细节问题、会面的方式等,由调查团与阎市长详细磋商。

二、关于顾维钧问题,"满洲国"方面在一定条件之下予以考虑。拟由调查团方面向长春派遣代表与"满洲国"方面进行协商。

廿八日,作为司令官之代理,参谋长将向李顿团长传达上述意见。

转电支那、北平、南京、长春、国联。

由国联转电英、美、法、意、德。

资料来源:JACAR(アジア歴史資料センター)Ref. B02030445600(第82画像目から)満洲事変(支那兵ノ満鉄柳条溝爆破ニ因ル日、支軍衝突関係)/

善後措置関係/国際連盟支那調査員関係　第三巻(外務省外交史料館)

68. 驻沈阳森岛代理总领事致芳泽外务大臣的函电
（1932年4月28日）

昭和七年　一〇三三七　暗　　奉天　　　　　　　　廿八日下午发
　　　　　　　　　　　　　　外务省　　　　　四月廿八日下午收

第六六七号(非常火速　绝密)

吉田发

第七〇号

关于往电第六七号

调查团方面于本月二十七日上午继续讨论预备报告草案，尚未作出最后决定，大概二十八日或明后天可定。据非正规途径消息，调查团方面向日内瓦发送报告草案前，不会征求参与代表的意见，也不会与之商量。或者仅仅将与日支两国参与代表供给的材料有关的部分告知，实未可知。另外，就算在发送前决定通知参与代表，也不会给他们超过二十四小时的考虑时间。

由国联转电英、法、德、意、美。

转电支那、北平、南京、国联。

资料来源：JACAR(アジア歴史資料センター)Ref. B02030445600(第83画像目から)満洲事変(支那兵ノ満鉄柳条溝爆破ニ因ル日、支軍衝突関係)/善後措置関係/国際連盟支那調査員関係　第三巻(外務省外交史料館)

69. 驻沈阳森岛代理总领事致芳泽外务大臣的函电(一)
（1932年4月28日）

昭和七年　一〇四二四　暗　　奉天　　　　　　　　廿八日下午发
　　　　　　　　　　　　　　外务省　　　　　四月廿八日下午收

第六七三号之一号(绝密)

吉田发

第七三号

调查团与本庄司令官进行了两次会见，即（一）二十六日上午第三次、（二）

二十七日下午第四次。(一)是关于攻击北大营及在长春、吉林开展军事行动的质询及答复。(二)是应团长的要求,由满铁职员说明修理九月十八日被炸铁路时之情形,之后主要是质询有关攻击奉天城之际旧政府机关解散之经过,其中应注意之点如下:

(A)对于团长关于日军积极行动的质询,司令官说明道,针对支那的众多部队,我军人数较少,因而行动迅速和占领先机是绝对必要的。与平时相比,此次行动仅仅是一次训练,而支那正规军不仅炸毁铁道,而且攻击我守备部队,而该守备部队鉴于原本之任务及平素之训练宗旨,未俟上级命令,直接采取攻击之姿态。

资料来源:JACAR(アジア歴史資料センター)Ref. B02030445600(第84画像目から)満洲事変(支那兵ノ満鉄柳条溝爆破ニ因ル日、支軍衝突関係)/善後措置関係/国際連盟支那調査員関係 第三卷(外務省外交史料館)

70. 驻沈阳森岛代理总领事致芳泽外务大臣的函电(二)
(1932年4月28日)

昭和七年 一〇四二五 暗 奉天 廿八日下午发
　　　　　　　　　　　　　　　外务省　　　四月廿八日下午收

第六七三号之二号(绝密)

(B)团长质询九月十九日上午九时左右奉天业已张贴军司令官之告示一事,说明如下:军队之告示凡有三处:

(一)奉天宪兵队告示

(二)军司令官告示

(三)第二师团长告示,又分为三处:

1. 于十九日正午刊载于报纸,下午二时左右张贴布告。
2. 于十九日下午四时左右发表于报纸,二十一日下午七时左右印刷完毕。
3. 于十九日傍晚发表于报纸,二十一日后张贴布告。

(C)团长质问我军为何破坏地方行政机关,对此,我军说明,此全为误解。后又答复曰,奉天巷战之结果,因支那方面要人逃走殆尽,行政机关事实上已然解散。为安定人心计,乃选择精通地方事务之在华日本人数名,以负行政之责,此后支那方面要人渐次返回,遂以此为基础组织地方维持委员会。及至十月二十日,日本方面遂以一切行政事务委诸彼等,全然放手。而吉林、黑龙江两省,支那方面行政机关未见解散,仅事发之初由日本方面负行政之责。

转电支那、北平、长春。

资料来源:JACAR(アジア歴史資料センター)Ref. B02030445600(第85画像目から)満洲事変(支那兵ノ満鉄柳条溝爆破ニ因ル日、支軍衝突関係)/善後措置関係/国際連盟支那調査員関係　第三巻(外務省外交史料館)

71. 驻长春田代领事致芳泽外务大臣的函电
(1932年4月28日)

昭和七年　一〇三九二　暗　　　长春　　　　　　　廿八日下午发
　　　　　　　　　　　　　外务省　　　　　　　四月廿八日下午收

第一八三号

关于往电第一七七号

对于国联调查团一行之来电,谢介石于廿六日之别电第一八四号予以回复,与此同时,随着国联调查团一行入满,反动分子进行种种阴险毒辣之阴谋活动,遂致国联调查团一行对"新国家"之印象逐渐恶化。对此,为唤起李顿爵士对事实之注意,于廿七日发送别电第一八五号。

转电支那、北平、奉天。

资料来源:JACAR(アジア歴史資料センター)Ref. B02030445600(第86画像目から)満洲事変(支那兵ノ満鉄柳条溝爆破ニ因ル日、支軍衝突関係)/善後措置関係/国際連盟支那調査員関係　第三巻(外務省外交史料館)

72. 驻长春田代领事致芳泽外务大臣的函电
(1932年4月28日)

昭和七年　一〇四一八　暗　　　长春　　　　　　　廿八日下午发
　　　　　　　　　　　　　东京　　　　　　　　四月廿八日下午收

第一八五号

为有助于您的调查,我乐于提醒您注意满洲的一个现象,即自从贵调查团莅临远东以来,该地出现了明显受到旧军队纵容的反动分子。南方的小集团和北方的红色阴谋家似乎正忙于运作小规模的恶毒骚乱和阴谋，试图使贵调查团对敝国形势留下不好的印象。

转电支那、北平、奉天。

资料来源：JACAR（アジア歴史資料センター）Ref. B02030445600（第87画像目から）満洲事変（支那兵ノ満鉄柳条溝爆破ニ因ル日、支軍衝突関係）/善後措置関係/国際連盟支那調査員関係 第三巻（外務省外交史料館）

73. 驻长春田代领事致芳泽外务大臣的函电
（1932年4月28日）

昭和七年　一〇四一三　暗　长春　　　　　　廿八日下午发
　　　　　　　　　　　　　东京　　　　　　四月廿八日下午收

第一八四号

昨天接到您的电报，我谨代表"满洲国"政府再次向贵调查团表示欢迎之意。敝国保证，我们乐意以善意及相应设施配合您，俾贵调查团在满洲之行程圆满完成。

转电支那、北平、奉天。

资料来源：JACAR（アジア歴史資料センター）Ref. B02030445600（第87画像目から）満洲事変（支那兵ノ満鉄柳条溝爆破ニ因ル日、支軍衝突関係）/善後措置関係/国際連盟支那調査員関係 第三巻（外務省外交史料館）

74. 关东军参谋长致陆军次官的函电（1932年4月28日）

密　参同文①昭和七年　四月二十八日

　　　　　　　　　　　　　四月二十六日下午六时十分发
　　　　　　　　　　　　　　　　　下午十时二十八分收

关参第八八三号

---

① 编者按："参同文"为日文原文，应该是关东军参谋长致电陆军次官的同时，也发给参谋本部同一份电报。日本陆军省掌管军政，参谋本部负责军令，此电文在呈报陆军省同时，也呈报给参谋本部，"参同文"应为略语。下同。

二十六日上午十点开始,国联调查团一行与军司令官进行了历时约两小时的第三次会见。调查团一行听取了事变发生当时北大营战斗经过及出兵吉林的经过概要,并对各代表有疑问的地方,尤其是欧美媒体未阐明的地方及支那方面的宣传等相关问题提出了质询。

而其质问之重点则在怀疑事件是否为日本有计划之行动,以及北大营的局部战斗何以会波及南满铁道沿线一带以及吉林附近地区,理由何在?对此,军主任参谋及守备队长等交互予以详细说明,俾调查团一行了解当时情形。

二十七日下午两点也进行了会见,调查团询问了事变发生当时我军为维持治安所采取的手段以及如何管理自来水和电力等问题。至今为止,气氛良好。

另外,关于调查团入满的问题,二十五日下午一点,李顿爵士向谢介石发送下列电报,"满洲国"也回电称将对调查团的调查给予便利,并命奉天市长负责接待,大约是以此为契机,寻求转变局势。

电文(李顿发送给谢介石)

阁下在欢迎电报中使用郑重的言辞表明:阁下在我们来访期间,为使调查团完成重要的调查活动及履行联盟理事会的决议,会尽最大可能给调查团予以方便,这是信赖我等的明证。在抵达奉天之际,我谨代表国联调查团,将以上各点向阁下明确说明。

资料来源:JACAR(アジア歴史資料センター)Ref. B02030445600(第 88 画像目から)満洲事変(支那兵ノ満鉄柳条溝爆破ニ因ル日、支軍衝突関係)/善後措置関係/国際連盟支那調査員関係 第三卷(外務省外交史料館)

75. 关东军参谋长致陆军次官的函电(1932 年 4 月 28 日)

密　参同文　昭和七年　四月二十八日

四月二十五日下午五时二十分发

二时三十八分收[①]

关参第八六九号

国联调查团一行与军司令官会见,从上午十点开始,历时约两个半小时。

---

① 编者按:此处日期及时刻似有矛盾,原文如此。

调查团询问了此次事件发生时之情况,尤其是北大营之战斗经过。最初由军司令官说明其大致情况,后由岛本中佐进行详细说明。李顿爵士之询问极其细致入微。明日(二十六日)将进行第三次会见,当与上述北大营战斗经过之说明有关。

资料来源:JACAR(アジア歴史資料センター)Ref.B02030445700(第90画像目から)満洲事変(支那兵ノ満鉄柳条溝爆破ニ因ル日、支軍衝突関係)/善後措置関係/国際連盟支那調査員関係　第三巻(外務省外交史料館)

76. 关东军参谋长致陆军次官的函电(1932年4月28日)

密　参同文　昭和七年　四月二十八日

四月二十七日下午七时三十五分发

下午八时五十七分收

关参第八九七号

本月二十七日下午国联调查团一行与军司令官进行了历时两个小时的会见。调查团一行询问了铁路爆破地点的修理情况、事发当初交付的布告的制作经过、奉天附近步兵第二十九联队的战斗经过、事发后不久的治安维持情况等,对此,各负责人予以了详细说明。另外,对于各部队所进行的独断行动,司令官专门加以详细说明,调查团一行表示满意(有详细说明文)。以此,奉天方面关于军事方面相关事项可以说结束了。明天休息,二十九日上午十点开始应该还有会见。

资料来源:JACAR(アジア歴史資料センター)Ref.B02030445700(第91画像目から)満洲事変(支那兵ノ満鉄柳条溝爆破ニ因ル日、支軍衝突関係)/善後措置関係/国際連盟支那調査員関係　第三巻(外務省外交史料館)

77. 芳泽外务大臣致驻哈尔滨长冈代理总领事的函电(1932年4月28日)

国联调查团保护之件

第九八号　密

关于贵电第四四四号末尾

根据调查团与我方及"满洲国"方面在奉天和长春协商的结果，可以与上述两地的领事馆及吉田大使进行联系。

转电支那、奉天、长春、吉林、齐齐哈尔、关东厅长官。

资料来源：JACAR（アジア歴史資料センター）Ref. B02030445700（第92画像目から）満洲事変（支那兵ノ満鉄柳条溝爆破ニ因ル日、支軍衝突関係）/善後措置関係/国際連盟支那調査員関係　第三巻（外務省外交史料館）

78. 芳泽外务大臣致驻上海重光公使的函电
（1932年4月28日）

国际联盟调查团保护之件

第九八号　密

本大臣发往哈尔滨之电报第九八号

资料来源：JACAR（アジア歴史資料センター）Ref. B02030445700（第93画像目から）満洲事変（支那兵ノ満鉄柳条溝爆破ニ因ル日、支軍衝突関係）/善後措置関係/国際連盟支那調査員関係　第三巻（外務省外交史料館）

79. 驻沈阳森岛代理总领事致芳泽外务大臣的函电
（1932年4月29日）

昭和七年　一〇四六〇　暗　　　　　　四月二十九日上午发
　　　　　　　　　　　　　　　　　　四月二十九日上午收

第六八〇号（非常紧急）

吉田发

第七五号（绝密）

九月三十日决议之通过，意味着伴随日本军队之撤退，支那政府将相应地承担保护铁路区域以外日本民众生命财产安全之责。必须指出，值此双方交接之际，支那政府迄今并未在满洲的任何角落显示出其权威性。而在此情况之下，支那政府逃避责任的问题实至今日未得到任何形式之追究。

资料来源：JACAR（アジア歴史資料センター）Ref. B02030445700（第94画像目から）満洲事変（支那兵ノ満鉄柳条溝爆破ニ因ル日、支軍衝突関係）/

善後措置関係/国際連盟支那調査員関係　第三卷(外務省外交史料館)

80. 驻沈阳森岛代理总领事致芳泽外务大臣的函电
（1932 年 4 月 29 日）

昭和七年　一〇四八八　暗　　长春　　　　　　　　　　廿九日下午发
　　　　　　　　　　　　　　外务省　　　　　　　　　四月廿九日下午收

第六八六号

本官发往吉林、长春、哈尔滨、齐齐哈尔之电报,合第三四二号

吉田发

经与国联调查团方面商议,往哈尔滨之行程如下：

五月二日上午九点五十分由奉天出发（途中视察公主岭）,下午七点三十分抵达长春,三日、四日停留当地,五日上午六点半从长春出发,十点抵达吉林,下午三点半由吉林出发,七点抵达长春,六日上午十点左右由长春出发,下午六点左右抵达哈尔滨（有特殊情况下可将在长春的时间延长一天,翌日赴哈尔滨）。

另,虽在该地停留时间未定,总体而言在五天左右,然后从齐齐哈尔出发,参观大兴,再回到奉天。

由哈尔滨转电齐齐哈尔。

转电外务大臣、北平、南京。

资料来源：JACAR(アジア歴史資料センター)Ref. B02030445700(第 95 画像目から)満洲事変(支那兵ノ満鉄柳条溝爆破ニ因ル日、支軍衝突関係)/善後措置関係/国際連盟支那調査員関係　第三卷(外務省外交史料館)

81. 驻哈尔滨长冈代理总领事致芳泽外务大臣的函电
（1932 年 4 月 29 日）

昭和七年　一〇五一二　暗　　哈尔滨　　　　　　　　廿九日下午发
　　　　　　　　　　　　　　外务省　　　　　　　　　四月廿九日下午收

第四七六号

关于贵电第九八号

随员泷川氏为协商四月二十五日之讨论而前往奉天,并于二十八日夜返回,吉田大使、田代领事及大桥氏完整听取其对所见所闻之陈述,于此事已颇有了解,事情大体如此。

转电支那、奉天、长春、吉林、齐齐哈尔、关东厅长官。

资料来源:JACAR(アジア歴史資料センター)Ref. B02030445700(第96画像目から)満洲事変(支那兵ノ満鉄柳条溝爆破ニ因ル日、支軍衝突関係)/善後措置関係/国際連盟支那調査員関係 第三巻(外務省外交史料館)

82. 驻沈阳森岛代理总领事致芳泽外务大臣的函电
（1932年4月30日）

昭和七年　一〇五九四　暗　　奉天　　　　　　　　三十日下午发
　　　　　　　　　　　　　　　外务省　　　　　　四月三十日下午收

第六九七号

吉田发

第八〇号

三十日,麦考益的密谈内容如下:

一、希望上海事件尽快解决,相对于上述令美国政府及人民倍感烦恼之事,美国对悬而未决的满洲问题并没有那么敏感,在最终报告完成之际,美国人也会趋于理智。

二、从尼加拉瓜[①]开始,美国利用海军陆战队征伐"匪贼"取得成功。由此可见,美军军官率领尼国警察从事剿"匪"还是成效显著的。满洲亦可利用此种方法(本使云,对少数"土匪"[②]或许可行,对数万大军又该如何应对呢),为今之计唯有如此。

转电支那、北平、长春、国联,由国联转电美、英、法、德、意。

资料来源:JACAR(アジア歴史資料センター)Ref. B02030445700(第96

---

① 译者按:尼加拉瓜,中美洲国家,1839年建国。1912年,美国在尼加拉瓜建立军事基地,1927年7月起,奥古斯托·塞萨尔·桑地诺领导人民开展反对美军占领的游击战争,迫使美军于1933年撤离。

② 编者按:日军污蔑中国东北义勇军及共产党军队为"土匪",与东北真正的土匪混淆,后文会以引号标出。请读者加以鉴别。

画像目から)満洲事変(支那兵ノ満鉄柳条溝爆破ニ因ル日、支軍衝突関係)/
善後措置関係/国際連盟支那調査員関係　第三巻(外務省外交史料館)

83. 驻沈阳森岛代理总领事致芳泽外务大臣的函电
（1932年4月30日）

昭和七年　一〇六六四　暗　　奉天　　　　　　　四月卅日下午发
　　　　　　　　　　　　　　　外务省　　　　　　五月一日下午收

第六九八号

国联调查团将于五月二日北上返回本地，其停留本地时间在四至五日，期间将由本官就铁道商租、朝鲜人被压迫等诸问题，以及去年之重要案件等，向其进行详细说明。经协商，拟二、三日间先由对方提出询问要点。

资料来源：JACAR(アジア歴史資料センター)Ref. B02030445700(第97画像目から)満洲事変(支那兵ノ満鉄柳条溝爆破ニ因ル日、支軍衝突関係)/善後措置関係/国際連盟支那調査員関係　第三巻(外務省外交史料館)

84. 驻沈阳森岛代理总领事致芳泽外务大臣的函电
（1932年4月30日）

昭和七年　一〇五九五　暗　　奉天　　　　　　　三十日下午发
　　　　　　　　　　　　　　　外务省　　　　　　四月三十日下午收

第六九九号

本官发哈尔滨、吉林、长春、齐齐哈尔电报

合第四三九号

吉田大使发

关于往电第四三二号

调查团方面提出变更计划的申请，又经协商，五月五日在吉林住一宿（晚餐、住宿及翌日早餐均在列车内），六日上午五点左右由吉林出发，八点半左右抵达长春，住该地，七日前往哈尔滨（视情况可延期至八日）。另，预计在哈尔滨停留五日以上。

本电发往吉林、长春、哈尔滨、齐齐哈尔。

转电外务大臣、公使、北平、南京。

资料来源:JACAR(アジア歴史資料センター)Ref. B02030445800(第98画像目から)満洲事変(支那兵ノ満鉄柳条溝爆破ニ因ル日、支軍衝突関係)/善後措置関係/国際連盟支那調査員関係 第三巻(外務省外交史料館)

85. 驻沈阳森岛代理总领事致芳泽外务大臣的函电
（1932年4月30日）

昭和七年 一〇六四八 暗 　　奉天　　　　　　　　　　四月卅日下午发
　　　　　　　　　　　　　　外务省　　　　　　　　　　五月一日下午收

第七〇一号　非常火速
吉田发
第八一号

如别电第八二号所云，三十日下午六点获得预备报告书。另，据称调查团方面已于同日凌晨两点左右发送电报于日内瓦。

资料来源:JACAR(アジア歴史資料センター)Ref. B02030445800(第99画像目から)満洲事変(支那兵ノ満鉄柳条溝爆破ニ因ル日、支軍衝突関係)/善後措置関係/国際連盟支那調査員関係 第三巻(外務省外交史料館)

86. 驻沈阳森岛代理总领事致芳泽外务大臣的函电
（1932年4月30日）

昭和七年 一〇六一五 暗 　　奉天　　　　　　　　　　四月卅日下午发
　　　　　　　　　　　　　　外务省　　　　　　　　　　五月一日下午收

第七〇三号
吉田发
第八三号

国联调查团随员助佛兰（Jouvelet，ジュヴレー，作为克劳德的翻译出席调查团的会议）于二十九日向日本方面随员透露，预备报告书大体上与日本方面的主张一致。克劳德将军（Claudel，クローデル）每逢调查团不注意细节及有人发表对日本不利言论之时，即表达反对意见，使会议向有利于日本的方向发展。李顿保持了较为公平的态度。希尼(Schnee，シュネー)和马柯迪二人均注重细节且顾全大局。麦考益整体而言不反对日本。

转电支那、北平、长春、哈尔滨、吉林、齐齐哈尔、国联。

资料来源：JACAR(アジア歴史資料センター)Ref. B02030445800(第99画像目から)满洲事变(支那兵ノ满鉄柳条溝爆破ニ因ル日、支军衝突関係)/善後措置関係/国際連盟支那調査員関係　第三卷(外務省外交史料館)

87. 驻长春田代领事致芳泽外务大臣的函电
（1932年4月30日）

昭和七年　一〇六一四　暗　　长春　　　　　四月三十日下午发
　　　　　　　　　　　　　　外务省　　　　　五月一日下午收

第一八九号（绝密）

本官发往奉天电报

第一八号

致吉田大使

"满洲国"方面

（一）国联调查团来长春之际，关于顾维钧进入"满洲国"问题，先由谢介石出面进行整体上的谈判，之后由大桥和哈斯进行交涉。

（二）对"满洲国"内调查团一行的警卫工作，鉴于该"国"的实力，须委托关东军与之合作，预定于五月二日之内阁会议上向军司令官正式下发委托书。

（三）支那方面之一切报社记者禁止进入"满洲国"。

转电外务大臣、支那、北平、南京。

资料来源：JACAR(アジア歴史資料センター)Ref. B02030445800(第100画像目から)满洲事变(支那兵ノ满鉄柳条溝爆破ニ因ル日、支军衝突関係)/善後措置関係/国際連盟支那調査員関係　第三卷(外務省外交史料館)

88. 国际联盟调查团向国联提交之预备报告书[①]
（1932年4月30日）

预备报告
第一

根据十二月十日理事会决议第五项所任命之调查团于四月二十日抵达奉天，现正进行实地调查。调查团到达远东以来，对于日本及支那之一般状况，进行了与调查团之任务有关之调查。调查团访问了东京、大阪、上海、南京、汉口、天津、北平，与两国政府当局磋商，并与两国中与事件有利害关系之多数团体及各方面代表进行了会谈。在北平会见了九月十九日前之东北三省当局代表，到奉天后，与日本代理总领事及在满之日本关东军司令官本庄将军等人进行了会谈。

理事会主席关于十二月十日决议之宣言，要求调查团在抵达当地后，尽可能快地向理事会提交一份预备报告，说明当地现状，如日中两国政府是否履行九月三十日决议中的规定及十二月十日决议中重申的相关约定。这些规定包括：

（一）在日本臣民之生命财产得到有效保证后，日本政府将尽快将日本军队撤退至铁路附属区内。

（二）在日本军队撤退及支那地方官员及警察机构重建之际，支那政府负有确保日本臣民生命财产安全之责任。

（三）两国政府须采取"一切必要措施以防止事件扩大及事态恶化"。

以调查团当时之地位，还不能提交与上述三点规定相关的足够信息，两当事国关于"防止事件扩大及事态恶化之一切措施"这一规定的考量，本应留待日后之报告中提出，而鉴于理事会正急于得到日本和支那政府执行上述（一）、（二）两项规定之现状之先期报告，特将下列情报送达。

[①] 译者按：该报告书有英文版和日文版，第102—106页为英文版，第107—112页为日文版，两版内容一致。此处根据日文版本进行翻译。

第二　满洲现状

关于东北三省军事形势的情报，由日本陆军当局提供。该情报分为五项，前三项是关于日本军队及与其合作之其他部队之情况；后二项是与其对抗之部队之情况，第四项情报来自支那方面。

根据上述分类，去年九月，出现了一种理事会所未曾预想过的新局势，即如此次调查课题所云，伴随事件的进行，地方政权发生了相应的改变。去年十二月，"治安维持委员会"在日本方面的帮助下成立，至一九三二年九月，"满洲国"政府成立，遂取该委员会而代之。上述解说对于说明日本陆军当局何以使用"满洲国"军这一用语是十分必要的。

一、日本军

截至九月十八日，在南满附属区域之内的日本军队数量为一万零五百九十人。

截至十二月初，在南满铁路附属区域之内的日本军队数量为四千人，在该区域之外为八千九百人，合计一万二千九百人。

截至四月下旬之军队人数为，南满铁路附属区域内六千六百人，该区域外之齐齐哈尔、洮南至辽源铁路、奉天至山海关铁路、哈尔滨以东之中东铁路、吉林至敦化铁路北段等各地驻军共一万五千八百人，合计二万二千四百人。

二、"满洲国"军

被日本陆军当局称为"满洲国"军之军队，其一部改编自九月十九日之前驻扎于满洲之支那正规军，一部源于新招募之士兵。该部队之创设，源自日本陆军当局之援助。众多现役或退役之日军将校受聘担任该部队军事顾问，其数量持续增加，其中部分将校聘期一年，在长春又任命一日本参谋将校担任"满洲国"政府军政部之顾问。

该部队主要驻扎及活动于奉天、长春、洮南、齐齐哈尔、敦化及中东铁路沿线，特别是该铁路东部一线，用以对抗不承认"满洲国"政府权力之部队。截至三月底，"满洲国"军数目为八万五千人。

因为关于该部队之情报不甚可靠，其具体数目难以确定。

三、地方警察部队

该部队人数约十一万九千人，其中六万为地方保卫团。该部队大体上为九月十九日之前原来部队之延续，其改编源于日本政府机关之援助。

四、对抗日本军队及"满洲国"军之部队

据调查团在北平时张学良元帅告知,截至九月十八日,其在关外之部队(包括非战斗人员),奉天省有六万人,吉林省有八万人,黑龙江省有五万人,共计十九万人。此后奉天省部队中约五万人撤退至关内,以此,关外当剩余十四万之部队。

日本陆军当局声称,现关外留存之军队数量为十一万人,其中六万人参加"满洲国"军,三万人留存于吉林东北部地区,另有二万人参加所谓义勇军以对抗日本军队及"满洲国"军。该当局所报告之状况如下。

（一）不承认"满洲国"政府权力之旧支那军队：

（1）活动于哈尔滨东北部之部队,推算其兵力为三万人（据支那方面官方公布,其由李杜将军指挥之吉林自卫军及丁超将军指挥之中东铁路护路军构成）；

（2）活动于奉天西北部地区,由李海青将军指挥之部队,推算其兵力为一万人；

（3）第九骑兵旅（驻扎于热河东北部边境）残部,推算其兵力为三千。

（二）义勇军：

（1）活动于奉天省西部,主要是锦州南部的所谓东北抗日义勇军,推算其兵力为一万五千至两万人；

（2）主要在奉天附近活动,由吴家兴指挥之所谓东北国民义勇军,该部队与日本军队数次交锋,其现存兵力不详；

（3）热河义勇军,该部队相对而言受过较好的训练,兵力约三千人,其中包括汤玉麟所指挥骑兵（张学良之第一军及第二军）之残部,活动于热河及奉天省边境；

（4）若干小规模之义勇军,一部分活动于山海关地区,一部分活动于敦化、天宝山地区,与反抗"满洲国"政府的正规部队有联系。

此等非正规部队（1）至（4）之总兵力约四万人。

五、土匪

土匪原非出于政治目的而组建者,实为混乱局势之产物,其数目有日渐增加之势。据日本方面之报道,"土匪"散在于满洲一带,尤其是中东铁路以南地区。据日本方面推算,其总数达四万人左右。此外,活动于吉林市北部及东部约一万二千人之特殊"土匪"部队据说与上述四之（一）之（1）所示活动于哈尔滨东北之支那部队有合作关系。

上述各部队间之武装冲突频繁发生,其中有"土匪"之袭击、日本及"满洲国"军队试图镇压"土匪"之企图、"新政权"之拥护者和反对者之间之战斗,等等,其结果乃造成生命之损失、财产之破坏及民众普遍的不安全感。①

第三

调查团此时故意对上述事实及数字不予置评。日本政府则以不能置铁路附属区域外之"日本国民众生命财产之安全"于危险之中为由,主张现在不能撤兵。他们似乎认为,撤兵应俟"满洲国"军改编之进展而进行。支那政府目前并未在满洲之任何地区行使其权力,且最近事态向前发展,而该政府并未履行其职责。调查团将考虑在其最终报告中建议采取有可行性的必要措施,在满洲全境恢复和平与安全,以便招徕民众对支那政府一定程度的好感。

调查团下周将访问长春,并继续在"满洲国"的其他地区进行调查。

资料来源:JACAR(アジア歴史資料センター)Ref. B02030445800(第107画像目から)満洲事変(支那兵ノ満鉄柳条溝爆破ニ因ル日、支軍衝突関係)/善後措置関係/国際連盟支那調査員関係 第三巻(外務省外交史料館)

89. 驻沈阳森岛代理总领事致芳泽外务大臣的函电
（1932年5月2日）

昭和七年　一〇七〇四　暗　奉天　　　　　　　　二日下午发
　　　　　　　　　　　　　　外务省　　　　　　　五月二日下午收

第七一七号(紧急)

关于往电第七一一号

本官和关东厅森本警务课长两人与军参谋长商议,军方在国联调查团北上之际,为了开展相应保卫工作,需要提供兵力之外,又因飞机状况不佳,须调用大连的民用飞机,拟通过邮政任命相关警官负责安保工作。

同往电进行转电。

资料来源:JACAR(アジア歴史資料センター)Ref. B02030445800(第

---

① 译者按:此句中的"土匪"包括东北当地土匪及部分抗日义勇军。

113画像目から)満洲事変(支那兵ノ満鉄柳条溝爆破ニ因ル日、支軍衝突関係)/善後措置関係/国際連盟支那調査員関係　第三卷(外務省外交史料館)

90．驻沈阳森岛代理总领事致芳泽外务大臣的函电
（1932年5月2日）

昭和七年　一〇七四〇　平　　奉天　　　　　　　　　二日下午发
　　　　　　　　　　　　　　外务省　　　　　　　　五月二日下午收

第七二〇号

吉田发

第八四号

二日与调查团一行同赴长春。

转电公使、北平、南京、哈尔滨、吉林、齐齐哈尔。

资料来源：JACAR(アジア歴史資料センター)Ref. B02030445800(第113画像目から)満洲事変(支那兵ノ満鉄柳条溝爆破ニ因ル日、支軍衝突関係)/善後措置関係/国際連盟支那調査員関係　第三卷(外務省外交史料館)

91．驻沈阳森岛代理总领事致芳泽外务大臣的函电（一）
（1932年5月2日）

昭和七年　一〇七六五　暗　　奉天　　　　　　　　　二日下午发
　　　　　　　　　　　　　　外务省　　　　　　　　五月二日下午收

第七二一号之一

吉田发

第八六号

调查团与本庄司令官四月三十日第五次会见及五月一日第六次会见之时应注意之点如下。

一、对于军队管理银行及电信、电话事业之质询，可答曰：为谋求民众之福利、为维持治安、为军队自卫之需要等，故而对此等事业暂时予以监视及保护。

二、对于军队事后于占领地区内实行军政及发布戒严令之质询，可答曰：军队出于自卫之需要而占据奉天等其他地方，上述行为不能称之为占领。又

我国民众之参与市政府,军队之监视电信、电话并予以保护,也是军队在进行必要的课税及物资征发,并不是推行对民众进行审判及处罚的所谓"军政"。又,部分或全部停止政府活动,将社会置于军队统制之下,发布戒严令,仅让现役军官土肥原大佐参与市政,管理在华日人,便有人散布谣言说这是军政(待续)。

资料来源:JACAR(アジア歴史資料センター)Ref. B02030445800(第114画像目から)満洲事変(支那兵ノ満鉄柳条溝爆破ニ因ル日、支軍衝突関係)/善後措置関係/国際連盟支那調査員関係 第三卷(外務省外交史料館)

92. 驻沈阳森岛代理总领事致芳泽外务大臣的函电(二)
(1932年5月2日)

昭和七年　一〇七六九　暗　　奉天　　　　　　　　　二日下午发
　　　　　　　　　　　　　　　外务省　　　　　　　五月二日下午收

第七二一号之二

三、对于解散事变后奉天以外的行政机构的质询,可以答曰:奉天以外的地方,例如吉林、长春、齐齐哈尔、锦州等地的行政机关基本上均一仍其旧,仅在奉天建立了地方维持委员会。对于我军在奉天管理私有财产问题的质询,可以答曰:我军对于张学良的财产和普通民众的财产是区别对待的。我们阻止张学良的财产从东北流往北京(没有没收),对于普通民众,虽禁止其提取存款等事,但与其私有财产并无关联,只是为了防止官办银号、边业银行等在事变后再开业时出现挤兑风潮。银行本身和我军并无关系,却因为拒绝提取一定数额以上的个人存款,从而造成其与我军在私有财产之上有某种联系的误解。

(四缺?)①

五、由此,石原参谋长发来情报,说明了齐齐哈尔、锦州、哈尔滨的军事行动,丁超、马占山一伙最近接到张学良的密令,拟乘调查团来满之机,实行扰乱满洲的计划。李顿爵士因此了解了满洲的形势,并对我军表示感谢,其与军司令官的会谈暂告一段落。诸代表视察北满结束归奉后,当视情况需要再次

---

① 译者按:原文如此。

会谈。

转电驻华公使、北平、天津、长春、吉林、哈尔滨、齐齐哈尔、国联。

资料来源：JACAR（アジア歴史資料センター）Ref. B02030445800（第115画像目から）満洲事変(支那兵ノ満鉄柳条溝爆破ニ因ル日、支軍衝突関係)/善後措置関係/国際連盟支那調査員関係　第三巻(外務省外交史料館)

93. 驻青岛川越总领事致芳泽外务大臣的函电
（1932年5月2日）

昭和七年　一二九八八　暗　青岛　　　　　　二日下午发
　　　　　　　　　　　外务省　　　　五月三日下午收

第九六号

关于阁下发往奉天之电报第三一〇号

据驻华武官藤原对当地东北海军的侦查：

一、支那方面向国联调查团建议，有三个地方可作为完成其最终报告书的候选：第一为北戴河，第二为青岛，第三为威海卫。美中不足的是，威海卫当地旅馆的设施不够完备。对于迄今为止当地事实上的管理者——东北海军方面，应作何准备，迄无指示。

二、据张学良致沈鸿烈电，调查团一行当于本月五日前往北戴河并暂作停留。

又，二十七日来青岛之王正廷，当于二日夜里由当地出发，由陆路直驱北平。

由奉天转发吉田大使。

转电支那、南京、北平、芝罘、济南、奉天、天津。

资料来源：JACAR（アジア歴史資料センター）Ref. B02030445800（第116画像目から）満洲事変(支那兵ノ満鉄柳条溝爆破ニ因ル日、支軍衝突関係)/善後措置関係/国際連盟支那調査員関係　第三巻(外務省外交史料館)

94. 驻长春田代领事致芳泽外务大臣的函电
（1932年5月2日）

昭和七年　一〇七三九　暗　　长春　　　　　　　　　二日下午发
　　　　　　　　　　　　　　外务省　　　　　　　　　五月二日下午收

第一九一号

据大桥司长内部报告，五月一日，李顿致电谢介石，其要旨为："二十七日贵电（参照往电第一八五号）所云事项，当于我等抵达长春后，于会面之际亲自讨论。我团预计于周一（二日）午后七时三十分抵达长春，其成员由下列人员组成：李顿爵士以下代表团随员、日本方面参与者一行及支那方面参与者一行〔顾维钧、刘崇杰（书记长）、施肇艾（代理书记长）、鲍静安（书记官助理）、速记员顾问哈赛（ハッセイ，译音）、唐纳德（ドナルド，译音）、伯伊（ボーイ，译音）〕，其余为调查团随从人员，仅参与调查团的事务，并不从事其他政治活动。"

转电支那、南京、北平、奉天、吉林、哈尔滨、齐齐哈尔。

资料来源：JACAR（アジア歴史資料センター）Ref. B02030445800（第117画像目から）満洲事変（支那兵ノ満鉄柳条溝爆破ニ因ル日、支軍衝突関係）/善後措置関係/国際連盟支那調査員関係　第三巻（外務省外交史料館）

95. 驻长春田代领事致芳泽外务大臣的函电
（1932年5月2日）

昭和七年　一〇七九一　暗　　长春　　　　　　　　　二日下午发
　　　　　　　　　　　　　　外务省　　　　　　　　　五月三日下午收

第一九三号

吉田发

第八七号

调查团一行途经公主岭，视察了农业试验场，于二日午后抵达长春。

转电公使、南京、奉天、北平、哈尔滨、吉林、齐齐哈尔、国联。

资料来源：JACAR（アジア歴史資料センター）Ref. B02030445800（第

118画像目から）満洲事変(支那兵ノ満鉄柳条溝爆破ニ因ル日、支軍衝突関係)/善後措置関係/国際連盟支那調査員関係　第三巻(外務省外交史料館)

96. 驻天津桑岛总领事致芳泽外务大臣的函电
（1932年5月2日）

昭和七年　暗　　天津

　　　　　　　外务省　　　　　　　　　　　　五月二日下午收到

第一八七号（绝密）

　　东北财政委员会副委员长王克敏对和自己有业务联系的一个日本人说了如下极为机密的话：自己和张学良等一起会见了国联调查团，交换了各种意见，调查团对于"满洲国"的未来提出的方针基本如下：

　　一、不反对将"满洲国"视为一独立国家，但不承认现政权。

　　二、"满洲国"之统治，应由相关各国（当为日本、支那、英国、美国、法国、德国、意大利七国）选出之委员组成最高委员会，以负其责，委员长为支那人，委员则由各国选出相同之人数担任，日本最可多选一二人任委员。

　　三、军队一律裁撤，以保安队代之。

　　四、日本军队全部集中于满铁附属区域，不得擅自越过附属区域。

　　由支那转发上海。

　　转电支那、北平、奉天、南京、长春、哈尔滨。

　　资料来源：JACAR（アジア歴史資料センター）Ref. B02030445800（第119画像目から）満洲事変(支那兵ノ満鉄柳条溝爆破ニ因ル日、支軍衝突関係)/善後措置関係/国際連盟支那調査員関係　第三巻(外務省外交史料館)

97. 关东军参谋长致参谋次长的函电（1932年5月2日）

　　　　密　陆同文　昭和七年　五月二日

　　　　　　　　　　　　　　　　五月一日下午七时十分发

　　　　　　　　　　　　　　　　　　　下午十时三十分收

关参第九六八号（其一至二）

　　李顿爵士于昨日（三十日）与外务省嘱托川崎翻译（官）的对话中透露了下

述意见,多少可以作为参考,特此报告。

"日本的报纸中随处可见关于日本退出国联的观点。但国联并非要压迫日本。我等调查满洲问题之苦心所在,与其说是调查过去发生的事情,不如说是要探求未来解决问题的方法。对于日本而言,面对今后之问题,计将安出?倘能就此向国联提出明确的意见,对日本而言应是有利的。国联将不惜对此万般设法,寻求适当之解决办法。至于今日日本之退出国联,正如体育比赛中之参赛选手放弃其竞技权利,于日本实为不利",云云。

又,我军将此次调查团来满视为将远东尤其是满洲之情况介绍给欧美之绝佳机会,极力进行说明及宣传工作。内地①报纸等有敌视国联之倾向,与其认为他们对满洲问题不感兴趣,不如理解为是对国联的一种威胁。

资料来源:JACAR(アジア歴史資料センター)Ref. B02030445800(第120画像目から)満洲事変(支那兵ノ満鉄柳条溝爆破ニ因ル日、支軍衝突関係)/善後措置関係/国際連盟支那調査員関係 第三卷(外務省外交史料館)

98. 关东军参谋长致陆军次官的函电(1932年5月2日)

密 参同文 昭和七年 五月二日

五月一日下午七时十分发

下午十时三十五分收

关参第九六九号

本(一)日上午十时,我与国联调查团一起,与军司令官举行了历时约两个小时的第六次会谈。

经推选,由麦考益将军请司令官说明事变发生后奉天之实际情况,市政运行的经过及其与长春、哈尔滨、齐齐哈尔方面之比较,最后说明大兴、锦州、哈尔滨方面的作战经过概要,又询问奉天市政运行情况。之后麦考益将军称:"下官也曾担任玖马②远征军之指挥官,有在哈瓦那处理事务的类似经历",表示其对司令官的说明深有同感。

另外,调查团一行对我军坦率而开放的态度深表感谢,带着好感进行观

---

① 译者按:指旧时日本对殖民地而言的本国,一般指本州、四国、九州。
② 编者按:即指古巴,日文为"キエーハ"、"玖馬"。

察。又，李顿爵士在结束了对北满方面的视察后，在奉天停留了四天左右，关于其在此期间视察之结果，可以向其打听。

资料来源：JACAR（アジア歴史資料センター）Ref. B02030445800（第122画像目から）満洲事変（支那兵ノ満鉄柳条溝爆破ニ因ル日、支軍衝突関係）/善後措置関係/国際連盟支那調査員関係　第三巻（外務省外交史料館）

99. 驻长春田代领事致芳泽外务大臣的函电
（1932年5月3日）

昭和七年　一〇八五〇　略　　长春　　　　　　　　　三日下午发
　　　　　　　　　　　　　　外务省　　　　　　　　　五月三日下午收

第一九五号
吉田发
第八八号
关于往电第八一号之预备报告书将于四日上午在日内瓦发表一事，经与调查团协商，将于同日下午六点半在长春发表其英文版。

资料来源：JACAR（アジア歴史資料センター）Ref. B02030445800（第123画像目から）満洲事変（支那兵ノ満鉄柳条溝爆破ニ因ル日、支軍衝突関係）/善後措置関係/国際連盟支那調査員関係　第三巻（外務省外交史料館）

100. 驻长春田代领事致芳泽外务大臣的函电
（1932年5月3日）

昭和七年　一〇八六二　平　　长春　　　　　　　　　三日下午发
　　　　　　　　　　　　　　外务省　　　　　　　　　五月三日下午收

第一九六号
吉田发
第八九号
如调查团秘书处所发电报第九〇号所云，彭道夫门（Ben Dorfman，ドルフマン）本人滞留在东京某旅馆中（大概是帝国旅馆，或者是其他旅馆，具体不详），此人近日准备归国，事情紧急，对于其所在旅馆应有所安排。

资料来源：JACAR（アジア歴史資料センター）Ref. B02030445800（第123画像目から）満洲事変（支那兵ノ満鉄柳条溝爆破ニ因ル日、支軍衝突関係）/善後措置関係/国際連盟支那調査員関係　第三巻（外務省外交史料館）

101. 驻长春田代领事致外务大臣的函电
（1932年5月3日）

昭和七年　一〇八六四　平　　　长春　　　　　　　三日下午发
　　　　　　　　　　　　　　　外务省　　　　　　五月三日下午收

第一九六号
吉田发
第九〇号
彭道夫门：
希望您担任研究助理，直至八月底。我们将支付您作为研究人员的薪水及您前往远东的车船费，具体细节待您加入我们之后再行协商。我们将支付您往返满洲和日本之间的旅费。请于下周在哈尔滨加入我们团队。请即刻确认并回复该电报。电报结束。

哈斯秘书长

大和旅馆　长春　田代

资料来源：JACAR（アジア歴史資料センター）Ref. B02030445800（第124画像目から）満洲事変（支那兵ノ満鉄柳条溝爆破ニ因ル日、支軍衝突関係）/善後措置関係/国際連盟支那調査員関係　第三巻（外務省外交史料館）

102. 驻国际联盟泽田局长致芳泽外务大臣的函电
（1932年5月4日）

昭和七年　一〇九九九　平　　　日内瓦　　　　　　四日下午发
　　　　　　　　　　　　　　　外务省　　　　　　五月五日下午收

第四五七号
支那代表在二日左右以书面形式将四月三十日南京政府来电的要点（如下）通知秘书长，并向国联大会代表发布信息：日本方面的措施是干扰国联调查团中的支那参加者等人,阻碍该调查团之情报搜集,全然违反上述日中两国所同意的十二月十日决议第五条之规定。

根据同奉天回来的人的谈话,支那参与委员及其随员仅被允许会见新闻记者一次。他们常常被探员们包围。在他们的住所周围,有六七个探员轮番值守,监视其活动。他们去食堂或到自己寝室之外的房间的时候,有探员随行,而他们到住所之外散步的时候,监视更加严密。即便是支那方面的下级职员,也受到严密监视;探员也会随时进入他们的寝室,谈话也受到限制,访问者被驱逐,试图强行进行对话者则遭到逮捕。前几天夜里,支那方面的速记员在晚饭后回寝室,发现房间里有一个日本人,惊慌之下跑出房间,在门口看到几个日本人,遂大声求救,恰好有调查团的一位代表经过,该日本人就逃跑了。调查团一行亦不免于受监视。

转电美国、支那、奉天,邮寄除土(耳其)外之驻欧洲各大使。

资料来源:JACAR(アジア歴史資料センター)Ref. B02030445800(第125画像目から)満洲事変(支那兵ノ満鉄柳条溝爆破ニ因ル日、支軍衝突関係)/善後措置関係/国際連盟支那調査員関係 第三巻(外務省外交史料館)

103. 驻长春田代领事致芳泽外务大臣的函电
(1932年5月4日)

昭和七年 一〇九二〇 暗 长春 四日上午发
　　　　　　　　　　　　　外务省 五月四日上午收

第一九九号
吉田发
第九一号

三日,调查团访问谢介石。李顿提及支那方面参加者进入"满洲国"问题,谢氏答曰,大桥司长将与调查团方面之代表进行交涉。

二①、其次,谢氏称:(一)因"满洲国"业已成立,调查团有必要将其自日内瓦出发时满洲之事态与当下满洲之事态予以充分之区别;(二)清朝三百年前以满洲而兴,进而征服支那,支那不过为满洲之殖民地耳,后者视前者为本

---

① 编者按:原文如此,偶有序号不连贯问题。下同。

国之一部分,误矣;(以下缺二字)①为无统一者,而满洲常统一,今者由三千万之人种异于汉民族之满洲人起而组织国家,其发展实无可疑。

三、满洲居民非支那移民,回答李顿之质询者,多为来自本部②之季节性移民,定居于满洲者少。

四、对于外国人之利益及欠外国之债务,答曰:"新国家"在成立之初即声明予以尊重。

转电支那、北平、奉天、吉林、哈尔滨、齐齐哈尔、国联。

资料来源:JACAR(アジア歴史資料センター)Ref. B02030445800(第126画像目から)満洲事変(支那兵ノ満鉄柳条溝爆破ニ因ル日、支軍衝突関係)/善後措置関係/国際連盟支那調査員関係 第三巻(外務省外交史料館)

104. 驻长春田代领事致芳泽外务大臣的函电
(1932年5月4日)

昭和七年　一〇九一九　暗　　长春　　　　　　　　四日上午发
　　　　　　　　　　　　　　外务省　　　　　　　五月四日上午收

第二〇二号

吉田发

第九四号

三日,土肥原少将会见调查团,对于李顿之质问,少将说明了九月十八日事件之后其本人之行动及北满成立"新政权"运动之概要。又称去年十月,出于战略上的需要,与华北驻屯军联系,并为探查张学良策划北满暴动状况而奔赴天津,谒见了之前认识的宣统皇帝,宣统皇帝因受各方面胁迫,且不久即发生爆炸事件,遂于十一月十一日逃离天津。宣统皇帝之离津,实为深感身边危险,欲往满洲避难,非受外界勾引而出走也。

麦考益称调查团无意谴责日方,唯欲调查事情真相,遂问及在哈尔滨的适当人士姓名,对此,土肥原推荐市长鲍观澄、华东督办李绍庚、华东干事长张恕等。麦考益告以支那方面称少将监禁鲍氏,少将称鲍氏乃因张学良之故而于

---

① 译者按:原文如此。
② 译者按:指关内。

前年系狱，此说甚谬。鲍氏于事变后即被释放，得张景惠介绍，张识其才，因而任命其为市长。

麦考益又问丁超、马占山之动静。

转电支那、北平、奉天、哈尔滨、吉林、齐齐哈尔、国联秘书长。

资料来源：JACAR（アジア歴史資料センター）Ref. B02030445800（第127画像目から）満洲事変（支那兵ノ満鉄柳条溝爆破ニ因ル日、支軍衝突関係）/善後措置関係/国際連盟支那調査員関係　第三巻（外務省外交史料館）

105. 驻长春田代领事致芳泽外务大臣的函电
（1932年5月4日）

昭和七年　一一〇〇一　暗　　长春　　　　　　　四日下午发
　　　　　　　　　　　　　外务省　　　　　五月五日上午收

第二〇四号

吉田发

第九五号

四日，田代向调查团说明万宝山事件之经过及与支那方面交涉始末，叙述当地良好的日支关系何以因之而恶化，之后又说明了九月十八日事件爆发当晚当地的情况。针对李顿爵士的质询，田代声称，"新国家"之理想在于建设以机会均等主义为基础的自由之乡。虽建设尚浅，组织尚不完整，却非外界所谓日本之傀儡政府。

转电支那、北平、奉天、吉林、哈尔滨、齐齐哈尔、国联。

资料来源：JACAR（アジア歴史資料センター）Ref. B02030445900（第128画像目から）満洲事変（支那兵ノ満鉄柳条溝爆破ニ因ル日、支軍衝突関係）/善後措置関係/国際連盟支那調査員関係　第三巻（外務省外交史料館）

106. 驻长春田代领事致芳泽外务大臣的函电
（1932年5月4日）

昭和七年　一〇九九六　暗　　长春　　　　　　　四日下午发
　　　　　　　　　　　　　外务省　　　　　五月五日上午收

第二〇八号

吉田发

第九九号

(一)三日、四日调查团的行程如下：

1. 三日上午访问谢介石(外交部)。

下午与土肥原少将会见(在领事馆)。

2. 四日上午往访田代领事(领事馆)。

下午访问郑孝胥国务总理(在国务院)。

另外,四日上午有长春附近朝鲜人代表及蒙古代表的陈情,下午有全满民众代表的陈情。

(二)在国联一方,报告书材料等准备完毕,已确定分配情况如下：

财政经济：派尔脱(Pelt,ペルト)

军事：万考芝

行政：开脱盎葛林诺

铁道：希爱慕(Hiam,ハイアム)

一般政治问题尚未确定,可能交给哈斯及派斯塔柯夫,另外,与上述诸问题有关的条约,由杨格(Young,ヤング)辅助完成。

资料来源：JACAR(アジア歴史資料センター)Ref. B02030445900(第128画像目から)満洲事変(支那兵ノ満鉄柳条溝爆破ニ因ル日、支軍衝突関係)/善後措置関係/国際連盟支那調査員関係　第三巻(外務省外交史料館)

107. 驻长春田代领事致芳泽外务大臣的函电
(1932年5月4日)

昭和七年　一一〇一一　暗　　长春　　　　　　　　四日下午发

　　　　　　　　　　　　　　外务省　　　　　　　　五月五日下午收

第二〇九号

吉田发

第一〇〇号

四日下午,调查团前往国务院拜访郑孝胥总理,主要就以下诸问题进行质询及答复：

(一)"新国家"之政体。

(二)经济政策。

(三)行政组织。

(四)"新国家"建立之波折。

其中应予以注意之点为：

关于(一)，郑氏称"新国家"行立宪制，宪法未及制定。"新国家"首先须维持治安，然后应国内之状况而制定宪法。而政治之根本方针在于排除以往之一党专制及排外主义。

关于(二)，"新国家"以资本主义为其经济政策之基础，以确保私有财产之安全为宗旨，具言之，须实现：

1. 自然资源之开发(遵循门户开放、机会均等原则，例如，保管人得拥有公司一半股份)；

2. 税制改革(现在之盐税及关税一仍其旧，最近拟废除旧政权租税中之恶税，并计划减税)；

3. 币制改革(目前正计划成立"中央银行"，维持银本位，尽力回收旧政权滥发之纸币)。

关于(三)，主要为有关驹井"国务院"总务长官及行政各部司长权限之质询及答复。

关于(四)，郑氏称，就宣统皇帝之就任执政而言，在满各团体代表三次向宣统皇帝请愿，方得其同意。时郑孝胥为宣统皇帝之代表，面见上述各代表。郑孝胥自革命以来，断绝与一切民国人士之往来，自宣统皇帝迁天津以来，为帝师七年。

转电支那、北平、奉天、吉林、哈尔滨、齐齐哈尔、国联事务局局长。

资料来源：JACAR(アジア歴史資料センター)Ref. B02030445900(第129画像目から)満洲事変(支那兵ノ満鉄柳条溝爆破ニ因ル日、支軍衝突関係)/善後措置関係/国際連盟支那調査員関係 第三巻(外務省外交史料館)

108. 驻长春田代领事致芳泽外务大臣的函电
（1932年5月4日）

昭和七年　一一〇一二　暗　　长春　　　　　　　　四日下午发
　　　　　　　　　　　　　外务省　　　　　　　五月五日上午收

第二一〇号

本官发往哈尔滨、吉林、齐齐哈尔电报第一五三号

吉田发

因当地议程繁忙，调查团前往吉林之出发日期预计为七日。哈尔滨之行预计在八日。

转电外务大臣、公使、北平、奉天。

资料来源：JACAR（アジア歴史資料センター）Ref. B02030445900（第131画像目から）満洲事変（支那兵ノ満鉄柳条溝爆破ニ因ル日、支軍衝突関係）/善後措置関係/国際連盟支那調査員関係　第三卷（外務省外交史料館）

109. 驻莫斯科广田大使致芳泽外务大臣的函电
（1932年5月5日）

昭和七年　一一一二三　略　　莫斯科　　　　　　五日下午发
　　　　　　　　　　　　　外务省　　　　　　　五月六日下午收

第二九七号

五日，当地报纸称佩蒂帕里西安（ブチバリジャン，译音）从日内瓦来电，通过国联秘书处委托李维诺夫①，委托苏联驻满领事向李顿调查团提供情报，而李维诺夫则致电该领事予以拒绝。四月二十六日，驻巴黎的塔斯社刊登德拉蒙德（Eric Drummond，ドラモンド）②和李维诺夫之间关于此事交换意见

---

①　译者按：马克西姆·马克西莫维奇·李维诺夫（1876—1951），俄文名 Макси м Макси мовичЛитви нов（英文：Maxim Litvinov），犹太人，苏联革命家、外交家，1930—1939年担任苏联外交部长。

②　编者按：埃里克·德拉蒙德（Eric Drummond，1876年8月17日—1951年12月15日），英国政治家和外交家，担任国联首任秘书长（1920—1933）。

的往来函电如下：

（一）据内部消息，德拉蒙德在四月二十日写给李维诺夫的信函中曾经透露，倘若能够通过李顿从苏联驻满洲公职人员处获得情报，则调查团将能顺利完成任务，为此德氏曾向苏方请求援助；（二）对此，李维诺夫于四月二十二日的回信中回答说，苏联政府诚心诚意地希望深究满洲局势，希望支那发生的军事纠纷得到实际解决。不过，虽然苏联政府愿意向调查团提供任何形式的援助，但因为没有加入国际联盟①，所以苏联对于支那发生的事情的审查及李顿调查团的行动均无法介入。又，鉴于该调查团没有苏联代表，无法保证苏联代表的报告得到充分尊重，相应地，对该调查团的所作所为也就没有办法妄下结论，因而不能同意上述国联秘书处的要求。

转电驻欧美各大使及国联。

资料来源：JACAR（アジア歴史資料センター）Ref. B02030445900（第131画像目から）満洲事変（支那兵ノ満鉄柳条溝爆破ニ因ル日、支軍衝突関係）/善後措置関係/国際連盟支那調査員関係　第三巻（外務省外交史料館）

110. 驻长春田代领事致芳泽外务大臣的函电
（1932年5月5日）

昭和七年　一〇九九二　略　　长春　　　　　　五日上午发
　　　　　　　　　　　　　　外务省　　　　　五月五日上午收

第二〇七号

吉田发

第九八号

调查团抵达当地以来，认为"新国家"确实是一个独立政权，亦认可谢介石、郑孝胥、溥仪各自以其官方身份接见代表，"新国家"方面亦以礼相待，俾双方之接触在相当友好之氛围中进行，并尽可能地提供便利及安全保护。顾维钧之问题另做处理。会见政府方面代表之计划亦在圆满推进中。

通过国联转电英、法、德、意、美。

---

① 译者按：苏联于1934年9月18日加入国联，1939年12月4日因入侵芬兰遭开除会籍。

转电支那、北平、奉天、南京、国联。

资料来源：JACAR（アジア歴史資料センター）Ref. B02030445900（第133画像目から）満洲事変（支那兵ノ満鉄柳条溝爆破ニ因ル日、支軍衝突関係）/善後措置関係/国際連盟支那調査員関係　第三巻（外務省外交史料館）

111. 驻长春田代领事致芳泽外务大臣的函电
（1932年5月5日）

昭和七年　一一〇五九　暗　　长春　　　　　　　　　　五日下午发
　　　　　　　　　　　　　　外务省　　　　　　　　　　五月五日下午收

第二一一号（极密）

吉田发

第一〇一号

五日，关东军桥本参谋长向调查团说明如下。事变以来，特别是日军进入北满后，并未对日苏互不侵犯条约做出回应。苏联在后贝加尔湖以东新增三个师团，并将中东铁路所运输的大多数材料运送至苏联控制区域内，将（此处脱一语）①的兵力以满洲为对象进行配备，又在北满配备了五千名以上的红军士兵等。但苏联正值五年计划最困难时期，虽有攻取之心，然在上述情境下，该国必然采取守势。

转电支那、北平、奉天、吉林、哈尔滨、齐齐哈尔。

资料来源：JACAR（アジア歴史資料センター）Ref. B02030445900（第134画像目から）満洲事変（支那兵ノ満鉄柳条溝爆破ニ因ル日、支軍衝突関係）/善後措置関係/国際連盟支那調査員関係　第三巻（外務省外交史料館）

112. 驻长春田代领事致芳泽外务大臣的函电
（1932年5月5日）

昭和七年　一一〇六四　暗　　长春　　　　　　　　　　五日下午发
　　　　　　　　　　　　　　外务省　　　　　　　　　　五月五日下午收

---

① 译者按：原文如此。

第二一二号（极密）

您通知的情况转达给大桥，已按照您的意思进行处理。发送本函的目的如下：按照您的推测，"满洲国"由日本军队负责维持当地一般治安。预计调查团或许会问到有关实际情况的问题，为做好准备，需实行若干措施。因此，下文所述书信（内容与第六六号电文相同）日期提前至四月十五日。昨日，谢介石已致函军司令官。

另，"满洲国"方面尚未从国联调查团一行知悉该信函的质询内容。

转电支那、北平、奉天。

资料来源：JACAR（アジア歴史資料センター）Ref. B02030445900（第135画像目から）満洲事変（支那兵ノ満鉄柳条溝爆破ニ因ル日、支軍衝突関係）/善後措置関係/国際連盟支那調査員関係　第三卷（外務省外交史料館）

113. 驻长春田代领事致芳泽外务大臣的函电
（1932年5月5日）

昭和七年　一一〇六七　暗　　长春　　　　　　　五日下午发
　　　　　　　　　　　　　　　　外务省　　　　　　五月五日下午收

第二一三号

吉田发

第一〇二号

五日，调查团方面之活动如下：

桥本参谋长之说明。

谒见执政。

与哈特（キハト，译音）会面，长春"满洲国"将校代表陈情（引见专门委员）。

转电支那、奉天。

资料来源：JACAR（アジア歴史資料センター）Ref. B02030445900（第135画像目から）満洲事変（支那兵ノ満鉄柳条溝爆破ニ因ル日、支軍衝突関係）/善後措置関係/国際連盟支那調査員関係　第三卷（外務省外交史料館）

一、国际联盟中国调查团关系档案　第三卷　79

114. 驻长春田代领事致芳泽外务大臣的函电
（1932年5月5日）

昭和七年　一一〇六九　暗　　长春　　　　　　　　五日下午发
　　　　　　　　　　　　　　外务省　　　　　　　　五月五日下午收

第二一四号
吉田发
第一〇三号
五日，调查团与本使等人谒见执政。双方互致问候。李顿团长在北平时，想单独将执政叫出进行发问的热情已消失不见，没有进行任何询问。

转电支那、南京、奉天、吉林、哈尔滨、齐齐哈尔、国联、北平。

资料来源：JACAR（アジア歴史資料センター）Ref. B02030445900（第136画像目から）満洲事変（支那兵ノ満鉄柳条溝爆破ニ因ル日、支軍衝突関係）/善後措置関係/国際連盟支那調査員関係　第三卷（外務省外交史料館）

115. 驻长春田代领事致芳泽外务大臣的函电
（1932年5月5日）

昭和七年　一一〇八六　暗　　长春　　　　　　　　五日下午发
　　　　　　　　　　　　　　外务省　　　　　　　　五月六日上午收

第二一五号
吉田发
第一〇四号
五日，熙哈[①]回复众代表之质询：

---

① 译者按：原文如此，当为"熙洽"之误。熙洽（1884—1952年），字格民，辽宁沈阳人，爱新觉罗氏，早年就读于日本东京振武学校与士官学校，辛亥革命时曾参与宗社党的复辟活动，致力于恢复清朝统治。九一八事变时，不顾各界爱国人士的反对，派出代表到长春迎接日军。在日本军国主义者的合谋监视下，熙洽声明与南京政府和张学良政权脱离关系，宣告吉林省独立，成立军政合一的吉林省长官公署，自任长官。中华人民共和国成立后，熙洽被引渡回中国。1952年，其病死于哈尔滨狱中。

一、事变前后吉林省政府机关无变更；

二、租税方面,除了废止张学良时代用以千方百计筹措军费的附加税之外,其他没有变化；

三、反吉林军队之出现,皆因相关将领之误会；

四、今日吉林省政府及军队内部之日本人顾问,乃是事变前即已存在的；

五、"新国家"基于民意而成立,对于"新国家"(成立)之民意,(去年)十二月末以来渐次出现,至本年二月末遂正式表明；

六、介绍在奉天之支那(政治?)①委员会,代表吉林省之十八名出席者,又说明事件突发时吉林之状况,熙哈②就任省长及财政总长之始末,此外无其他特殊问题。

转电支那、北平、奉天、哈尔滨、吉林、齐齐哈尔、国联。

资料来源：JACAR(アジア歴史資料センター) Ref. B02030445900(第136画像目から)満洲事変(支那兵ノ満鉄柳条溝爆破ニ因ル日、支軍衝突関係)/善後措置関係/国際連盟支那調査員関係 第三巻(外務省外交史料館)

116. 关东军参谋长致陆军次官的函电(1932年5月4日)

密　参同文　昭和七年　五月五日

　　　　　　　　　　　　　五月四日下午三时五十分发
　　　　　　　　　　　　　六时三十分收

关参第一六号

昨(三)日正午始,土肥原少将与国联调查团一行进行了历时约两小时的会见。

对于调查团之质询,该少将详细说明了溥仪逃离天津一事之经过、奉天市政运行之经纬、哈市之状况等事,众皆接纳之。

前此,调查团抱有土肥原阴谋得逞之观感,此次会见后,误解冰释。又,关于天津暴动事件,并未深究,会见圆满结束。

资料来源：JACAR(アジア歴史資料センター) Ref. B02030445900(第

---

①　译者按：原文如此。
②　译者按：原文如此,当为"洽"之误。

117. 驻国际联盟泽田局长致芳泽外务大臣的函电
（1932年5月6日）

昭和七年　一一一五七　略　　日内瓦　　　　　　六日下午发
　　　　　　　　　　　　　　　外务省　　　　　　五月七日上午收

第四六四号

关于苏俄发给阁下第二九七号电报

关于苏联政府所告知的各国报纸对本件往来信函的误报。其全文已于五日在莫斯科通报给德拉蒙德，同日，国联秘书处亦已宣布其全文。

转电美国、支那、奉天，密送驻欧洲各大使（土耳其除外）。

资料来源：JACAR（アジア歴史資料センター）Ref. B02030445900（第139画像目から）満洲事変（支那兵ノ満鉄柳条溝爆破ニ因ル日、支軍衝突関係）/善後措置関係/国際連盟支那調査員関係　第三巻（外務省外交史料館）

118. 驻沈阳森岛代理总领事致芳泽外务大臣的函电
（1932年5月6日）

昭和七年　一一一一八　暗　　奉天　　　　　　　六日下午发
　　　　　　　　　　　　　　　外务省　　　　　　五月六日下午收

第七四七号（紧急）

明治三十六年四月左右，经由支那方面提议，布朗森（ブランソン，译音）发表关于俄国自满洲撤兵之"七条款"。关于该条款全文及本件发表之前后经过等，可自满铁内田康哉总裁处了解。请即刻电示。

资料来源：JACAR（アジア歴史資料センター）Ref. B02030445900（第139画像目から）満洲事変（支那兵ノ満鉄柳条溝爆破ニ因ル日、支軍衝突関係）/善後措置関係/国際連盟支那調査員関係　第三巻（外務省外交史料館）

119. 驻沈阳森岛代理总领事致芳泽外务大臣的函电
（1932年5月6日）

昭和七年　一一一五二　暗　奉天　　　　　　　　六日下午发
　　　　　　　　　　　　　　外务省　　　　　　　　五月六日下午收

第一九三号

最近有谣传称(张)学良经常以节约经费为借口解雇不良士兵，然后将其中多数人编入义勇军，送往关外。因而我山海关宪兵队对此尤其注意。数日前，宪兵队拘捕了数名身着便衣的嫌疑人，结果其中有一人被证明是名为赵国恩的义勇军成员，已于四日护送至锦州我军司令部。

　　转电支那、北平、奉天。

　　资料来源：JACAR（アジア歴史資料センター）Ref. B02030445900（第140画像目から）満洲事変(支那兵ノ満鉄柳条溝爆破ニ因ル日、支軍衝突関係)/善後措置関係/国際連盟支那調査員関係　第三巻(外務省外交史料館)

120. 驻长春田代领事致芳泽外务大臣的函电
（1932年5月6日）

昭和七年　一一一六二　平　长春　　　　　　　　六日下午发
　　　　　　　　　　　　　　外务省　　　　　　　　五月七日下午收

第二一六号

吉田发　第一〇五号

调查团六日的行程如下：

一、上午会见交通总长（交通部）丁鉴修、实业总长张燕卿（实业部）及"国务院"总务长官驹井。

二、又，专门委员听取满蒙青年同盟代表、蒙古及回教徒代表之请愿。

　　转电公使、北平、奉天、吉林、哈尔滨、齐齐哈尔、国联。

　　资料来源：JACAR（アジア歴史資料センター）Ref. B02030445900（第140画像目から）満洲事変(支那兵ノ満鉄柳条溝爆破ニ因ル日、支軍衝突関係)/善後措置関係/国際連盟支那調査員関係　第三巻(外務省外交史料館)

121. 国联调查团之调查与苏方态度（日期不详）[①]

（一）据内部报告，国际联盟秘书长德拉蒙德于昭和七年四月二十日致函李维诺夫，如在满苏联公职人员为李顿爵士提供情报，调查团将顺利完成使命，希望得到苏联方面的援助。四月二十二日，李维诺夫致函德拉蒙德称，苏联政府诚心诚意地希望深究满洲局势，希望支那发生的军事纠纷得到实际解决。不过，虽然苏联政府愿意向调查团提供任何形式的援助，但因为没有加入国际联盟，所以苏联对于支那发生的事情的审查及李顿调查团的行动均无法介入。又，鉴于该调查团没有苏联代表，无法保证苏联代表的报告得到充分尊重，相应地，对该调查团的所作所为也就没有办法妄下结论，因而不能同意上述国联秘书处的要求。

（二）昭和七年五月中旬，李顿调查团质问，以驻哈尔滨的苏维埃联邦总领事为首的苏维埃政府为会见马占山，派人经由布拉戈维申斯克（ブラゴエスチェンスク）[②]赶赴黑河，此行显然违反苏维埃政府此前不干涉满洲"内政"的主张。

资料来源：JACAR（アジア歴史資料センター）Ref. B02030445900（第141画像目から）満洲事変（支那兵ノ満鉄柳条溝爆破ニ因ル日、支軍衝突関係）/善後措置関係/国際連盟支那調査員関係　第三巻（外務省外交史料館）

122. 国联调查团参与委员、特命全权大使吉田伊三郎致芳泽外务大臣的函电（1932年5月6日）

关于调查团与关东军桥本参谋长会见要旨之报告

机密文调参与第五五号

五月五日上午九点半始，国联调查团与关东军桥本参谋长于长春日本领

---

① 编者按：同"驻莫斯科广田大使致芳泽外务大臣的函电（1932年5月5日）"相关联。

② 译者按：布拉戈维申斯克，黑龙江上中游北岸重镇，原属中国，原名海兰泡，1858年《中俄瑷珲条约》签订后被俄罗斯割占，改今名。

事馆会晤,兹送达我方所做会议记录如下。

本信送致驻华公使、北平、奉天、长春、吉林、哈尔滨、齐齐哈尔、驻俄大使、武市①、哈府、国联。

调查团与关东军桥本参谋长会见要旨之报告

时　间　五月五日上午九点半至十点半

地　点　长春日本领事馆

出席者　国联方面：代表五名、哈斯、万考芝、助佛兰、皮特尔（Biddle，ビデイル）、速记员诺克斯（ノックス,译音）女士。

　　　　日本参与者方面：吉田大使、盐崎书记官、林出书记官、好富事务官。

　　　　军部方面：桥本参谋长、渡大佐、澄田中佐、藤本小佐②、片仓大尉、翻译（川崎嘱托）。

桥本：说明一下最近苏联远东兵力增加的情况。在事变之前,苏联在贝加尔湖以东有四个师团、两个骑兵旅团,在贝加尔湖以西有三个旅团。整个西伯利亚的兵力合计七个师团,计六万五千人。而事变爆发以来,该国极为关注满洲事态之发展,在事变后一两个月内：(1) 将兵力集中于东部和西部国境；(2) 将中东铁路的运输工具搬入俄占区域。此外,苏联的态度没有特别大的变化,尤其是,其并未从俄欧洲地区向远东地区派遣一兵一卒。但自从十一月十九日日军进入哈尔滨以来,苏联渐次将其欧洲地区之兵力转移至远东地区。尤其是日本未应允苏联缔结互不侵犯条约之提议以来,上述苏军之转移更为明显。日本进入齐齐哈尔,出兵哈尔滨之际,尽量不损害中东铁路的利益,且绝无各种谣传所说援助白俄③之事。然此后日本援助白俄的谣言乃甚嚣尘上,以至于认为日本对苏联提议的缔结苏日互不侵犯条约的建议置之不理。苏联的舆论界④甚至露骨地叫嚣要出兵远东。最近,苏联在远东的兵力增加,贝加尔湖

---

　　①　编者按：武市,即布拉戈维申斯克,当时的满洲一方受日本影响,常将布拉戈维申斯克称作武市或布市。下同。

　　②　译者按：原文如此,当为"少佐"之误。

　　③　译者按：白俄,White Emigre,在俄国革命和苏俄国内革命战争爆发后离开俄罗斯的俄裔居民,通常他们对当时俄国的苏维埃政权持反对态度。

　　④　译者按：原文作"言论會",当为"言論界"之误,日语中"會""界"发音相同。

以东三个师团人数即达二万人以上。这一部分兵力,大部分部署于沿海各州,亦即东部国境地区,西部地区则兵力稀薄。今后出于战略考虑,也只能从其欧洲部分向西部国境调兵。

此外,向远东地区输送的飞机、坦克和大炮、弹药等也将为数众多。而海岸用的重炮、火药从塞瓦斯托波尔(Sevastopol①)沿海路运送至海参崴。这样一来,向远东输送兵力的结果就是,现在海参崴的尼克里斯克(ニコリスク,译音)等地,从学校、公共建筑物到部分民宅均为部队所征用。

另外,苏联拟将波多那(ブートナー,译音)(曾以军团长身份担任过苏联驻日大使馆武官)以远东军指挥官助理身份派往远东。

麦考益:远东军指挥官是谁?

桥本:布柳赫尔②。

麦考益:是和鲍罗廷③一起被派往支那的加仑吗?

桥本:是的。

克劳德:苏联的师团中是不是有的师团兵力很少?

渡:有民兵师团。民兵师团是只有干部的特殊师团,具体兵力不详。苏联有正规兵师团和民兵师团。因为有夏季训练民兵师团,在夏季兵力很强,冬季则较弱。

---

① 译者按:塞瓦斯托波尔,克里米亚半岛港口城市,黑海门户,苏联海军基地,黑海舰队司令部所在地。位于克里米亚半岛西南端。塞瓦斯托波尔市于2014年3月16日与克里米亚一同举行地位公投,95.6%的选民投票支持其加入俄罗斯。俄罗斯总统普京于2014年3月18日与克里米亚和塞瓦斯托波尔代表签署条约,克里米亚共和国和塞瓦斯托波尔直辖市以联邦主体身份加入俄罗斯,乌克兰未予以承认。

② 译者按:瓦西里·康斯坦丁诺维奇·布柳赫尔(1890—1938),Василий Константинович Блюхер,苏联元帅。曾以加伦为化名担任国民革命军军事总顾问,参加中国大革命和北伐,并指导中共发动南昌起义。又译为布留赫尔。他是1935年苏联第一批五大元帅之一,远东方面军司令,也是苏联远东方面长期防御日本侵略的最高将领。他于1938年11月9日被秘密处决,罪名是:打入苏联内部的日本间谍。1956年,他被平反。

③ 译者按:鲍罗廷(1884—1951),苏联人,原名米哈伊尔·马尔科维奇,1903年加入俄国社会民主工党(属布尔什维克),1906年当选为党的四大代表。十月革命后回到苏俄,在外交人民委员会工作。出席了共产国际一大和二大,并于1921年1月出任共产国际驻柏林特使。他1923年被奉派到广州,任共产国际驻中国代表及苏联驻广州政府全权代表。

桥本：除此之外，还有很多类似于宪兵的格别乌①从俄国（欧洲部分）集中到远东来。

接下来说一下和苏联关系密切的外蒙古的兵力。外蒙古的军队，是按照和苏联一样的方针编成的。其兵力现在有步兵六个联队，骑兵一个旅团，加上其他的机关枪队、航空队，兵力总数为五六千人，大部分以满洲为假想敌，布置于东部。

麦考益：根据地在哪里？

桥本：库伦。

其次，还有暗藏于中东铁路沿线的红军，其兵力估计有五千人，部署于哈尔滨附近。事变以来，正是他们将中东铁路沿线的运输工具搬运至俄国占领区内，例如本年三月中旬，性能良好的一百二十辆机车，其中有九十二台搬进了俄占区。还有货车，原本有五百辆性能良好的货车，现在仅剩十一辆。有普通货车八百八十辆，现在仅剩三十二辆。虽然舆论认为苏联目前处于五年计划的困难时机，不可能对外采取攻击态势，但从其军队的部署情况及其坦克所具备的攻击要素来看，未必就是以守势为目的的。

其他方面兵力的增加，最终将导致北满内部的阴谋叛乱的盛行。

另外，令人担忧的是，反吉林军等其他"土匪"以苏联为靠山，活动频繁。要言之，北满乃是远东赤化的中心地带，今后北满内部的阴谋叛乱，将伴随苏联（在远东）兵力的增加而日益频繁。

资料来源：JACAR（アジア歴史資料センター）Ref. B02030445900（第142画像目から）満洲事変（支那兵ノ満鉄柳条溝爆破ニ因ル日、支軍衝突関係）/善後措置関係/国際連盟支那調査員関係　第三巻（外務省外交史料館）

---

① 译者按：格别乌，苏联国家政治保卫总局（ОГПУ，格别乌），最早叫"契卡"，后来政治保安总局叫"格别乌"，苏联1917年设立"全俄肃反委员会"，1922年改称"国家政治保卫局"，军队的情报机构简称"格别乌"。据2007年出版的俄罗斯图书《透过竹幕：克格勃在中国》披露，早在1924年，苏联中央执行委员会就责成国家政治保卫总局（ОГПУ，格别乌）承担起对华情报工作的重任。1934年7月10日，根据斯大林起草的苏维埃联盟法令，国家政治保卫总局改组为国家安全总局（简称ГУГБ），归属最高苏维埃内务人民委员部（NKVD）领导。

123. 关东军参谋长致陆军次官的函电(1932年5月6日)

密　参同文　昭和七年　五月六日

　　　　　　　　　　　　　　　　　五月五日下午八时二十分发
　　　　　　　　　　　　　　　　　五月六日上午〇时五十分收

关参第四四号

本月五日,国联调查团与满洲方面的会见情况如下:

一、军参谋长说明了苏联在北满的活动情况,时间从上午十点开始,历时约一个小时,众人均认真听讲。

二、上午十一点开始,会见执政溥仪,历时约半个小时。执政作为元首,谒见时行握手礼。执政对调查团之莅满表示欢迎,顾念三千万民众之幸福,希望爵士等人视察当地实际情况。李顿称,值此时局危难之际,执政辛劳于国事,在此特表敬意。双方移步别室,举杯互祝健康。摄影留念之后,调查团诸君态度殷勤,告辞离去。双方均对对方抱有好感。

三、下午两点开始,会见熙洽,历时约一个小时。首先,就财政问题进行质询,熙洽称,应当提交相关文件予以应答。其次,调查团询问熙洽成为财政总长和吉林省省长的经历,答曰:前者是得到财政委员会的推举,后者是众望所归。其又问成立"新国家"的意志起于何时,熙洽之出生地在何处,在吉林朝鲜人之数目等简单问题。回复亦得其要。过程颇顺利。

资料来源:JACAR(アジア歴史資料センター)Ref. B02030445900(第147画像目から)満洲事変(支那兵ノ満鉄柳条溝爆破ニ因ル日、支軍衝突関係)/善後措置関係/国際連盟支那調査員関係　第三巻(外務省外交史料館)

124. 驻长春田代领事致芳泽外务大臣的函电
(1932年5月7日)

昭和七年　一一一九二　暗　　长春　　　　　　　七日上午发
　　　　　　　　　　　　　　外务省　　　　　　五月七日下午收

合第一六八号

本官发给大臣的电报第二二二(一?①)号

吉田发

第一一〇号

六日,驹井会见调查团。

一、驹井氏声称,二十四年来,其一直在研究支那问题。支那之不可能统一,盖因支那民众虽纯朴,但统治阶级耽于腐败,专以私利私欲为念。支那之关税制度,乃因外国人之干预而得以存在之唯一完整之行政机构。支那之政治缺陷,非有强力之支援不能去除也。满洲亦是在此信念之下得以"立国"者,盖满洲之"立国",非有外人对行政机关之广泛干预与适当指导与援助而不能建立完全独立之"国家"也。

二、其次,关于"新国家"之行政组织,鉴于以往因各省省长拥有强大之权力,从而妨碍支那统一之事实,"新国家"在军事、财政、交通等各方面实行强大之中央集权制度。又,"新国家"奉行机会均等、门户开放之主义,绝不容忍任何外国对本国领土之侵害,乃是万人期待之理想家园。

三、最后,对于团长之质询,答曰:关于"新国家"成立之原委,驹井氏之有志于支那组织"新国家",历二十年矣,因叙二事,其一为大正②五年,因参与宗社党运动,为朝鲜总督寺内正毅镇压。其二为大正十三年,因参与郭松龄事件③,反对张学良的苛政,为现任朝鲜总督宇垣镇压。尤其最后一点,为消除外界关于"满洲国"之成立与(日本)帝国政府关系之疑虑,似有相当之效果。

转电支那、北平、奉天、吉林、哈尔滨、齐齐哈尔、国联。

资料来源:JACAR(アジア歴史資料センター)Ref. B02030445900(第149画像目から)満洲事変(支那兵ノ満鉄柳条溝爆破ニ因ル日、支軍衝突関係)/善後措置関係/国際連盟支那調査員関係 第三巻(外務省外交史料館)

---

① 编者按:原文如此。

② 译者按:大正,日本大正天皇在位期间使用的年号,时间为1912年7月30日—1926年12月24日。

③ 译者按:郭松龄倒奉事件,发生于1925年11月,亦即大正十四年,原文叙述有误。

125. 驻长春田代领事致芳泽外务大臣的函电
（1932年5月7日）

昭和七年　一一一七四　暗　　长春　　　　　　　　七日上午发
　　　　　　　　　　　　　　外务省　　　　　　　五月七日上午收

第二一七号

本官发往吉林、哈尔滨电报合第一六二号

吉田发

调查团预定于七日往返吉林，八日于当地会见赵欣伯，九日早上前往哈尔滨。

本电转电吉林、哈尔滨、外务大臣、驻华公使、奉天、北平、齐齐哈尔。

资料来源：JACAR（アジア歴史資料センター）Ref. B02030445900（第150画像目から）满洲事变（支那兵ノ满铁柳条沟爆破ニ因ル日、支军冲突関係）/善後措置関係/国際連盟支那調查員関係　第三卷（外務省外交史料館）

126. 驻长春田代领事致芳泽外务大臣的函电
（1932年5月7日）①

昭和七年　一一一九〇　暗　　长春　　　　　　　　七日上午发
　　　　　　　　　　　　　　外务省　　　　　　　五月七日上午收

第二二一号

吉田发

第一〇九号（别电）

尊敬的阁下：

很荣幸收到您关于在下五月六日信件的回信。我谨声明，我对于您以您个人身份提出的建议没有异议。

您忠实的

李顿（签名）

---

① 编者按：原文为英文。

田代

资料来源：JACAR（アジア歴史資料センター）Ref. B02030445900（第151画像目から）満洲事変（支那兵ノ満鉄柳条溝爆破ニ因ル日、支軍衝突関係）/善後措置関係/国際連盟支那調査員関係　第三巻（外務省外交史料館）

127. 驻长春田代领事致芳泽外务大臣的函电
（1932年5月7日）

昭和七年　一一一九六　暗　　长春　　　　　　　七日上午发
　　　　　　　　　　　　外务省　　　　　　　五月七日下午收

第二二二号

吉田发

第一一一号

六日，调查团会见实业部长张燕卿之问答。

一、实（业）部之组织。

二、对于旧政权所承认之利权，仅承认其合法获取者。

三、利权不问是否属于日本资本，一律平等对待，今后将依照门户开放主义，欢迎外国资本。

四、"新国家"有意管理关税，目前正考虑具体实施办法。过去以关税作为外债之担保，"新国家"将承担原来为东北四省义务部分之外债。

五、关于进口，各国均享有平等待遇；关于出口，首先要发展运输、奖励移民，进而振兴农业，增加农产品出口。

六、说明满洲"土匪"众多，盖因民众多缺乏教育，尤其是生活困难，因而投入"匪军"中，今后将大力发展实业教育，俾民安其职。

转电支那、北平、奉天、哈尔滨、吉林、齐齐哈尔、国联。

资料来源：JACAR（アジア歴史資料センター）Ref. B02030445900（第152画像目から）満洲事変（支那兵ノ満鉄柳条溝爆破ニ因ル日、支軍衝突関係）/善後措置関係/国際連盟支那調査員関係　第三巻（外務省外交史料館）

128. 驻长春田代领事致芳泽外务大臣的函电
（1932年5月7日）

昭和七年　一一一九七　暗　　长春　　　　　　　七日上午发
　　　　　　　　　　　　　　外务省　　　　　　五月七日下午收

第二二四号

吉田发

第一一二号

六日，调查团会见交通总长丁鉴修之问答。丁鉴修概要说明了下列问题：

一、说明交通部之组织及主要日方官员之权限。

二、除满铁及中东铁路（中俄共管）以外，满洲铁路之全部由交通部管辖。

三、最近满铁和满洲各铁路之间签署了联络运输协定（打通线除外）。

四、为节约吉海、吉敦两线的经费，临时经营吉长线。

五、长大线（长春、大赉之间）目前正在测量。

会见后，仅铁路专家希爱慕就技术上的问题向总长提出质询。

转电支那、北平、奉天、吉林、哈尔滨、齐齐哈尔、国联。

资料来源：JACAR（アジア歴史資料センター）Ref. B02030445900（第153画像目から）満洲事変（支那兵ノ満鉄柳条溝爆破ニ因ル日、支軍衝突関係）/善後措置関係/国際連盟支那調査員関係　第三巻（外務省外交史料館）

129. 驻长春田代领事致芳泽外务大臣的函电
（1932年5月7日）

昭和七年　一一二五四　暗　　长春　　　　　　　七日下午发
　　　　　　　　　　　　　　外务省　　　　　　五月八日上午收

第二二五号

吉田发

第一一三号

调查团一行从本地到达吉林，在领事馆听取了石射总领事关于支那方面压迫朝鲜人及满洲方面的"不法朝鲜人"（独立运动参与者及共产党）情况的说明。进而在师团司令部听取了多门师团长关于相关军事行动及吉林省之"满洲国"军、反吉林军及"土匪"情况之说明。在吉林俱乐部吃过午饭后,在该处听取吉林省政府的李秘书长及荣教育厅厅长关于地方状况的报告。又,专门委员在领事馆听取了朝鲜侨民代表及日本侨民代表的请愿。支那方面参与者之活动不同于诸代表,参观了市区,在总领事馆进行了采访。调查团一行人于黄昏时分返回本地。

转电支那、北平、奉天、南京、哈尔滨、齐齐哈尔。

资料来源:JACAR(アジア歴史資料センター)Ref. B02030445900(第154画像目から)満洲事変(支那兵ノ満鉄柳条溝爆破ニ因ル日、支軍衝突関係)/善後措置関係/国際連盟支那調査員関係 第三巻(外務省外交史料館)

130. 驻吉林石射总领事致芳泽外务大臣的函电
(1932年5月7日)

昭和七年　一一二三六　暗　吉林　　　　　　七日下午发
　　　　　　　　　　　　外务省　　　　　五月七日下午收

第二六二号

国联调查团一行与支那方面参加者于七日九点三十分到达本地。代表及其部分随员径直访问本官,会见历时约一个半小时。调查团一行人与其他专门委员由本处出发,拜访多门师团长,会见历时约一小时。午饭后,于午后两点会见本地省政府代表。又,以顾维钧为代表之支那方面一行人之行动始终非常老实,午饭后,本官陪同其游览了本馆,历时约一个小时。午饭后,三点半,一行人从本地出发前往长春。又,自上午调查团一行与本官会见之时至下午十二点三十分的约三个小时内,专门委员于其他房间听取本地朝鲜人民会长之陈情,本官将邮寄其内容。

转电支那、北平、奉天、长春、哈尔滨、齐齐哈尔、间岛。

资料来源:JACAR(アジア歴史資料センター)Ref. B02030445900(第155画像目から)満洲事変(支那兵ノ満鉄柳条溝爆破ニ因ル日、支軍衝突関係)/善後措置関係/国際連盟支那調査員関係 第三巻(外務省外交史料館)

131. 驻吉林石射总领事致芳泽外务大臣的函电
（1932 年 5 月 7 日）

昭和七年　一一二四七　暗　　吉林　　　　　　　　七日下午发
　　　　　　　　　　　　　　外务省　　　　　　　五月八日上午收

第二六三号

关于往电第二六二号

关于与调查团之会见，本官首先说明了事变前吉林省内朝鲜人遭受支那官民压迫、迫害之概要，其次则告知"不法朝鲜人"之活动。谈话进行过程中时时有质询，美国代表就滞留朝鲜人之现状、吉林省内之金融及事变前本省之财政、租税等相关问题质询本官，本官一一作答。此外，又谈及事变前排日之概况。又，与吉林省政府代表之会谈中，主要是关于税金、军费及"土匪"之问答。

又，关于调查团与多门师团长之会见内容，吉田大使应有电报。

资料来源：JACAR（アジア歴史資料センター）Ref. B02030445900（第156 画像目から）満洲事変（支那兵ノ満鉄柳条溝爆破ニ因ル日、支軍衝突関係）/善後措置関係/国際連盟支那調査員関係　第三巻（外務省外交史料館）

132. 芳泽外务大臣致驻长春田代领事的函电
（1932 年 5 月 7 日）

关于在奉天逮捕支那人事件之密电

第七三号　绝密

致吉田大使

据可靠消息，四月二十七日在奉天，国联调查团通过在北平的 Phonette①，以暗号电报的形式发送了下列情报：支那方面的参与委员一行因日本警察的缘故，被完全隔离并受到严密监控，所有的支那人被禁止接近该一

---

① 编者按：根据后文电报可知，Phonette 是外交档案处正在执行任务的溥小峰（本名溥管雄）之电报简写符号。

行人或与之交流,现即有数名支那人因欲访问该一行人而被逮捕,其中二人之逮捕为国际新闻社的爱德华·亨特(Edward Hunter)目击,其为做上述宣传,转电支那驻美公使馆。

转电支那、北平、南京、国联及美国,转电国联各国大使①。

转电奉天、吉林、哈尔滨及齐齐哈尔。

资料来源:JACAR(アジア歴史資料センター)Ref. B02030446000(第157画像目から)満洲事変(支那兵ノ満鉄柳条溝爆破ニ因ル日、支軍衝突関係)/善後措置関係/国際連盟支那調査員関係　第三巻(外務省外交史料館)

133. 驻长春田代领事致芳泽外务大臣的函电(一)
(1932年5月8日)

昭和七年　一一二八四　暗　长春　　　　　　　　　　八日下午发
　　　　　　　　　　　　　外务省　　　　　　　五月八日下午收

第二二六号之一号

吉田发

第一一四号

据伊藤

如您在吉田大使的电报中所了解的那样,调查团自抵达满洲以来,对于满洲之实际情况,其观察逐渐深入,国联秘书处方面希望,双方能就日支关系问题坦诚交换意见。六日,下官与派尔脱、开脱盘葛林诺、希爱慕进行了融洽的会谈,其中值得关注的是:

一、希爱慕认为大家都认可日方在此次日支纠纷中所列举的"强有力的证据",而作为国联成员,日本对于该问题未能采取必要措施,受到各方之非议。对于日支纠纷,下官详细说明了我方以往之政策及国民对国际联盟的看法。希氏认为,今后将这一点进一步向民众推广至关重要。

二、开脱盘葛林诺则再次提出,从顾维钧入满问题可以看出,"长春政府"和日本政府及军部是保持一致的。"长春政府"的行动是按照日本人的指示这一事实,无疑会令世人对"满洲国"是独立国家这一信念心存疑虑。如果调查

---

① 编者按:原文有删改,无法辨认。

团提交报告,指称"满洲国"是独立国家,无疑会被人视为疯狂的举动。对此,下官反驳称,"满洲国"的实质,可以从政府的说明和实地考察中进行判断。随着研究的深入,相信(您的)意见会发生改变的(待续)。

资料来源:JACAR(アジア歴史資料センター)Ref. B02030446000(第160画像目から)満洲事変(支那兵ノ満鉄柳条溝爆破ニ因ル日、支軍衝突関係)/善後措置関係/国際連盟支那調査員関係 第三巻(外務省外交史料館)

134. 驻长春田代领事致芳泽外务大臣的函电(二)
(1932年5月8日)

昭和七年　一一二八六　暗　　长春　　　　　　　八日下午发
　　　　　　　　　　　　　　外务省　　　　　五月八日下午收

第二二六号之二

三、三人均认为,"满洲国"既然成立,日本当然会予以承认。日支纠纷日益复杂化,将给问题的解决带来困难。对此,下官如芳泽外务大臣向调查团所说的那样,指出日本静观"满洲国"的发展历程,进而决定承认与否。我方认为,不能就此得出日支纠纷之解决将更加困难的结论。

四、希爱慕认为解决日支纠纷变得困难的理由之一在于,支那没有一个有力的政府。那么能不能用什么方法让日支两国政府的代表在一起开个会呢?对此,下官回答称,目前的形势下,日支两国政府间的外交交涉基本断绝,或许只有从两国中有重要社会地位的人士的私下交流着手了。

五、希爱慕表示,鉴于日本人对"满洲国"的态度尚未明确以及支那的混乱状态,调查团此时无法提出明确的解决方案。目前只有等待远东局势稍微平静以后再做打算,这或许就是当下最好的办法。国联作为确保世界和平的机构,并不是要承认现状或置日支纠纷于不顾。若有与下官进一步的意见交换,会再追加告知。

上述所云乃是作为"专家"的报告书起草人部分意见,谨此电达,敬供参考。
转电支那、奉天、国联。

资料来源:JACAR(アジア歴史資料センター)Ref. B02030446000(第161画像目から)満洲事変(支那兵ノ満鉄柳条溝爆破ニ因ル日、支軍衝突関係)/善後措置関係/国際連盟支那調査員関係 第三巻(外務省外交史料館)

135. 驻长春田代领事致芳泽外务大臣的函电
(1932年5月8日)

昭和七年　一一二九四　暗　　长春　　　　　　　　八日下午发
　　　　　　　　　　　　　外务省　　　　　　　　五月九日上午收

第二二七号
吉田发
第一一五号
一、调查团八日之行动如下：
　会见赵欣伯。
　另，专家希爱慕与交通部丁总长会见。
二、按照专家开脱盎葛林诺等人的要求，近几天都在筹备对方来万宝山视察事宜。
　另外，杨格则向盐崎声称，视察吉林的结果，方知不研究朝鲜人问题，无以论满洲问题。以此，为求得调查团之承认，拟于奉天归来后申请前往间岛视察。
　转电公使、北平、奉天、吉林、南京、间岛。

资料来源：JACAR（アジア歴史資料センター）Ref. B02030446000（第163画像目から）満洲事変（支那兵ノ満鉄柳条溝爆破ニ因ル日、支軍衝突関係）/善後措置関係/国際連盟支那調査員関係　第三巻（外務省外交史料館）

136. 驻长春田代领事致芳泽外务大臣的函电
(1932年5月8日)

昭和七年　一一二九六　暗　　长春　　　　　　　　八日下午发
　　　　　　　　　　　　　外务省　　　　　　　　五月九日上午收

第二二八号
吉田发
第一一六号

一、国际联盟中国调查团关系档案　第三卷　97

八日，在与调查团的会见中，"立法院长"赵欣伯①做说明如下：

一、学习法律之后，担任张作霖的顾问。在张氏出兵关内之际，劝其保境安民，建立独立的地方政权。张作霖死后，又以同样的主张劝谏（张）学良，然不为所用。

二、之后担任奉天冯庸大学教授。在筹划建立新政府机关时，希望取得日本方面的谅解，但以不得搅乱满洲治安为由而被拒绝，最终失败。

三、事变爆发后不久，认为时机已到，遂以法学研究会（赵为会长）名义向各地要人征求有关建设"新国家"之建议，以交通不便而告失败。

四、因此，在奉天成立的地方维持委员会筹划在该地成立独立政府时，由于关东军司令官发布禁止政治运动的命令，亦未成功。

五、十月二十日，任奉天市长，秘密制作六万杆黄龙旗，准备拥戴宣统皇帝，并派遣金梁前往天津，金氏因不能近侍宣统皇帝而染恙。

六、此后听闻宣统皇帝抵达旅顺，创建"新国"，遂先于奉天组织政治委员会，三度遣使延请宣统皇帝，终得其同意出山，等等。

关于"立法院"之组织，决定该院为一院制之议院，由各地推荐之二百名议员构成，法律及预算非经该院不得通过。该院受理人民之请愿，可对政府发送警告。上述说明，足证日本政府与"新国家"之建设并无关联。

转电支那、北平、奉天、哈尔滨、齐齐哈尔、国联。

资料来源：JACAR（アジア歴史資料センター）Ref. B02030446000（第164画像目から）満洲事変（支那兵ノ満鉄柳条溝爆破ニ因ル日、支軍衝突関係）/善後措置関係/国際連盟支那調査員関係　第三巻（外務省外交史料館）

---

① 译者按：赵欣伯（1890—1951），河北宛平人，早年赴日本留学，明治大学法学科毕业，东京帝国大学法学博士。1926年学业结束归国后，受日本驻华公使馆陆军武官本庄繁的推荐，被张作霖任命为东三省保安司令部法律顾问。翌年7月，任北京政府外交部条约修改委员会委员。皇姑屯事件发生后回到奉天省（1929年改为辽宁省），在张学良的资助下，成立东北法学研究会，并任会长。赵欣伯处维护日本人的利益，是有名的奉天亲日派。1931年9月18日九一八事变爆发后，赵欣伯积极参与伪满洲国的筹建，并出任伪立法院院长。1945年抗战胜利后，赵欣伯被国民政府以汉奸罪名逮捕。1951年7月20日，赵欣伯在狱中病死。

137. 盐崎书记官致大鹰书记官信函(1932年5月8日)

大鹰书记官阁下

敬启者

知悉阁下四月二十日来函之通知,因速询之于调查团,得知:(1)开脱盎葛林诺作为调查团随员,乃是因为荷兰人派尔脱的推荐,由国联调查团方面出面而与荷兰政府进行交涉的;(2)该氏主要处理行政问题;(3)今后与调查团一起行动,前往各地旅行。因开脱盎葛林诺在担任调查团随员前为荷属印度支那政府支那课长,下官于前几年在治外法权委员会任职时,即与其相识,此次亦会谈两三次,迄今未见其有任何排日之言行。又,满铁顾问金尼(キニー,Henry Walsworth Kinney)[①]亦曾与此人会谈,据其印象,此人对我方有好感,今后可予以注意。上述内容得到松田大使阁下认可。

敬启

昭和七年五月八日于长春

盐崎书记官

资料来源:JACAR(アジア歴史資料センター)Ref. B02030446000(第165画像目から)満洲事変(支那兵ノ満鉄柳条溝爆破ニ因ル日、支軍衝突関係)/善後措置関係/国際連盟支那調査員関係 第三巻(外務省外交史料館)

138. 驻哈尔滨长冈代理总领事致芳泽外务大臣的函电(1932年5月9日)

昭和七年　一一三三五　暗　　哈尔滨　　　　　九日下午发
　　　　　　　　　　　　　　外务省　　　　　五月九日下午收

第二三二号(极密)

[①] 编者按:金尼(Henry Walsworth Kinney,1879年7月15日—1958年9月25日),美国作家。曾获得日本神宝勋章,以奖励其协助建立伪满洲国。1925—1935年担任满铁公司的顾问,此期间曾服务于李顿调查团的日本参与员吉田大使。1932年,金尼跟随日本代表团参加了有关满洲问题的国际联盟会议。

本官发往哈尔滨的电报

第三号

关于大臣发往长春之电报第七三号（合第一一六五号）

致吉田大使

收信人 Phonette① 在我方资料中绝无记载，但从信中出现亨特（Hunter）这一名字来看，收信人大概是约翰·哥特（John Gotte，哥特是北平国际新闻社的通讯员）。亨特担心日本帝国官员之审查，因而利用国联调查团的名义，通过密码和哥特通信。调查团方面对此无疑是默许的，并非不知情。其次，从信末尾"上述为宣传所用"几个字来看，这信大概是传达于美国驻华公使馆的。

转电外务大臣、支那、奉天、长春。

资料来源：JACAR（アジア歴史資料センター）Ref. B02030446000（第166画像目から）満洲事変（支那兵ノ満鉄柳条溝爆破ニ因ル日、支軍衝突関係）/善後措置関係/国際連盟支那調査員関係　第三巻（外務省外交史料館）

139. 驻北平中山书记官致芳泽外务大臣的函电
（1932年5月9日）

昭和七年　一一三三三　平　　北平　　　　　　　　九日下午发
　　　　　　　　　　　　　　外务省　　　　　　　　五月九日下午收

第四九九号

国联调查团一行于九日下午五点半平安抵达本地，入住旅馆。

转电公使、北平、奉天、长春、齐齐哈尔、南京、国联。

资料来源：JACAR（アジア歴史資料センター）Ref. B0203044600（第167画像目から）満洲事変（支那兵ノ満鉄柳条溝爆破ニ因ル日、支軍衝突関係）/善後措置関係/国際連盟支那調査員関係　第三巻（外務省外交史料館）

---

①　编者按：根据后文电报可知，Phonette是外交档案处正在执行任务的溥小峰（本名溥管雄）之电报简写符号。

140. 驻长春田代领事致芳泽外务大臣的函电
（1932 年 5 月 9 日）

昭和七年　一一三〇四　平　　　长春　　　　　　　九日下午发
　　　　　　　　　　　　　　外务省　　　　　　五月九日下午收

第二三〇号

国联调查团一行于九日上午九点三十四分从本地出发前往哈尔滨。

转电支那、北平、奉天、哈尔滨、齐齐哈尔、南京、国联。

资料来源：JACAR（アジア歴史資料センター）Ref. B02030446000（第 168 画像目から）満洲事変（支那兵ノ満鉄柳条溝爆破ニ因ル日、支軍衝突関係）/善後措置関係/国際連盟支那調査員関係　第三巻（外務省外交史料館）

141. 关东军参谋长致陆军次官的函电（1932 年 5 月 9 日）

密　参同文　昭和七年　五月九日

五月八日下午二时五十分发

四时二十分收

关参九一

昨天（七日），国联调查团全体人员抵达吉林，进行了如下会见，黄昏时分返回长春。

一、与第二师团长之会见

由师团长说明第二师团之作战经过概要、现在与第二师团协同作战之吉林军队之现状及第二师团面对之反吉林军之状况等，过程相当顺利。

二、与石井总领事及朝鲜人会长之会见

两人共同说明了朝鲜人的问题，进展亦极顺利。尤其是朝鲜人会长的谈话，让全体团员大为感动。随员杨格博士因此准备前往间岛进行进一步的调查。

三、与吉林实业厅长、财政厅长及秘书长之会见

因为会见的时间很短，经过简单的过程，顺利结束。

另外，全体调查团往返吉林的行程中，"满洲国"方面配备了铁路沿线所需的军队及警察，日本方面则派遣一小队步兵乘火车进入吉林布置警戒。总之，

过程顺利。

资料来源：JACAR（アジア歴史資料センター）Ref. B02030446000（第169画像目から）満洲事変（支那兵ノ満鉄柳条溝爆破ニ因ル日、支軍衝突関係）/善後措置関係/国際連盟支那調査員関係　第三巻（外務省外交史料館）

142. 关东军参谋长致陆军次官的函电（1932年5月9日）

密　参同文　昭和七年　五月九日

五月八日下午二时五十分发
四时二十分收

关电七三六

关于国联处置满洲问题的对策，六日德国领事在奉天对田中昭次做出如下预测：

调查团如何向国联本部报告，本部如何看待满洲问题，实在难以想象。为照顾日支两国的面子，一方面要求光明正大地处置该问题，要支那在铁路等其他权益方面向日本让步。另一方面，为照顾支那的面子，则要让溥仪退位，而代之以南京政府任命的人担任总督或高等委员等。另据田中所言，上述观点乃是调查团希尼博士的意见（不如说是南京政府方面的意见）。

资料来源：JACAR（アジア歴史資料センター）Ref. B02030446000（第170画像目から）満洲事変（支那兵ノ満鉄柳条溝爆破ニ因ル日、支軍衝突関係）/善後措置関係/国際連盟支那調査員関係　第三巻（外務省外交史料館）

143. 芳泽外务大臣致驻沈阳森岛代理总领事的函电
（1932年5月9日）

关于满洲撤军七个条件的文件

第二五三号

关于贵电第七三七号

关于俄国从满洲撤军所要求之七个条件全文，见别电第二五四号。

又，本文件前后原委见别电第二五五号。

资料来源：JACAR(アジア歴史資料センター) Ref. B02030446000(第171画像目から)満洲事変(支那兵ノ満鉄柳条溝爆破ニ因ル日、支軍衝突関係)/善後措置関係/国際連盟支那調査員関係 第三巻(外務省外交史料館)

144. 芳泽外务大臣致驻沈阳森岛代理总领事的函电(别电)(1932年5月9日)①

关于满洲撤军七条件的文件

第二五四号(火速)

第一

该地区之任何部分在任何情况下均不得归还支那政府，尤其是营口及辽河流域，不得出售或租赁于任何其他大国，而任何此等将上述地区出售或租赁于其他大国之行为将被视为对俄国之威胁，后者将采取明确措施以维护其利益。

第二

蒙古现政体不得变更。任何在俄国边境地区由于民众起义或骚乱而导致的变化，如果造成此类不受欢迎的事态，将招致最严厉之警告。

第三

在没有事先知会俄国政府的情况下，支那政府不得私自开放新的港口或城镇，亦不得允许外国领事在上述港口或城镇居住。

第四

支那所从事之任何与外国人有关的管理事务，其权限不得超越俄国的利益居于主导地位的北方地区(包括吉林省)。如果支那想在华北从事一切有关外国人之管理实务，则须建立为俄国人所控制的专门机构。比如，假如支那从事和外国人有关的采矿业，其将无权干涉蒙古和满洲里的采矿事务，而由俄国专家管理之。

第五

俄国在营口、旅顺口港以及整个奉天省拥有电报线，其通过电线杆与营口、北京的联系对俄国至关重要，因此，只要营口、旅顺口港以及奉天省的电报

---

① 编者按：原文为英文。

线存在,则营口—北京一线的电报线必须保持不变。

第六

在该地移交支那地方政府之后,营口目前的海关收入必须当场存入中俄银行。

第七

撤军之后,俄国民众及外国公司于俄军占领期间在满洲所取得的权利不得受到影响。另外,俄国有义务确保铁路经过的一切地区民众的生命安全,因此,在营口归还支那之后,有必要在该地建立检疫机关,以防止搭乘火车的旅客或货物所带来的传染性疾病蔓延至北方。来自俄国国内的管理人员将建立最好的制度来完成这一目标。至于海关关长及相应检疫人员,则将聘请俄国人担任,他们将受命于隶属帝国海关的总监。他们将衷心地履行其职责,维护帝国海关的利益,尽力防止疾病蔓延至俄国领土。除了俄国人之外,任何外国人不得受聘于同一职位上。此外,随着海关道台的建立,长期的卫生委员会也应成立,其委员包括主席和外国顾问、海关关长和海关检疫人员、中东铁路公司的代理人。随着事务委员会的建立和运营,海关道台在想方设法获取必要资金的时候将会寻求俄国领事的帮助。

资料来源:JACAR(アジア歴史資料センター)Ref. B02030446000(第173画像目から)満洲事変(支那兵ノ満鉄柳条溝爆破ニ因ル日、支軍衝突関係)/善後措置関係/国際連盟支那調査員関係 第三卷(外務省外交史料館)

145. 芳泽外务大臣致驻沈阳森岛代理总领事的函电 (1932年5月9日)

关于满洲撤军七条件的文件

第二五五号(火速)

一、俄国于明治三十三年[①],以北清事变[②]为借口,派遣大量军队进入满洲,其并吞满洲之意图呼之欲出。明治三十四年二月十九日,俄国就满洲撤军

---

① 译者按:明治,日本天皇睦仁年号(1868—1912)。明治三十三年,即公元1900年。
② 译者按:时日人对中国庚子事变的称呼。

问题向清政府提出了广泛的要求，遭到我方的强烈抗议。俄清之间又缔结了有关俄清银行的协定。次日，遭到日、英、美三国的强烈反对，遂暂时隐藏其上述野心。明治三十五年四月八日，清俄双方缔结《交收东三省条约》，约定俄国分三期从满洲撤军。俄国第一期撤军依照条约执行，此后则闪烁其词，不仅不予执行，且于明治三十六年四月十八日向清政府提出了七条新要求（见别电第二五四号）。

二、然而上述要求比起前记明治三十四年二月的要求过分数倍，如果清国承认上述要求，则俄国将掌握满洲之实权。因此，不仅我国，英美亦断然拒绝之，劝告支那不予承认。另一方面，我国则于同年八月十二日向俄国政府提出有关韩国及满洲的协定商议案，努力调节两国在满洲及韩国问题上的利益，安定远东事态。

三、而俄国于同年九月六日，在向清政府提出七条要求之后，进而提出了新的要求。清政府基于早日实现俄国从满洲撤军的诉求，对于上述要求大部分均予以承认，我方对此进行了严重警告。清国遂由庆亲王出面明确表示，在未获得日本同意时，将不与俄国缔结相关协定。然而俄国又于九月二十三日向清政府提出针对森林矿山利权的新要求。以至于英国政府也对此提出了同样的劝告。为此，庆亲王对俄态度陡然强硬起来，声称在俄国完全撤军之前，对于任何合理要求的交涉也不予回应。

四、俄国大概经常提出诸如上述内容的要求。而根据满洲交还条约，第三期撤军期限到十月八日截止。联系前文，豺狼的欲望无止境，清政府即便如其所请，俄国也不可能在十月八日撤军，且其行动愈发险恶。我方反复督促俄国进行其于八月十二日提出的上述有关满洲及韩国协定的交涉，俄国方面则毫无诚意，以至于明治三十七年二月六日，我国发表对俄断绝外交关系，将采取自由行动的通告。

资料来源：JACAR(アジア歴史資料センター)Ref. B02030446000(第175画像目から)満洲事変(支那兵ノ満鉄柳条溝爆破ニ因ル日、支軍衝突関係)/善後措置関係/国際連盟支那調査員関係　第三巻(外務省外交史料館)

146. 芳泽外务大臣致驻上海重光公使、驻北平中山书记官、驻沈阳森岛代理总领事的函电（1932年5月7日）

国联调查团关于苏联特别供给问题的电报

合第一一七二号

驻俄广田大使发给本大臣的电报第二九七号。

以下转电□□[①]发往奉天，转电哈尔滨、齐齐哈尔。

资料来源：JACAR（アジア歴史資料センター）Ref. B02030446000（第178画像目から）満洲事変（支那兵ノ満鉄柳条溝爆破ニ因ル日、支軍衝突関係）/善後措置関係/国際連盟支那調査員関係　第三巻（外務省外交史料館）

147. 驻长春田代领事致芳泽外务大臣的函电 （1932年5月10日）

昭和七年　一一三九四　暗　　长春　　　　　　十日下午发

　　　　　　　　　　　　　　　外务省　　　　　五月十日下午收

第二三二号

关于贵电第七五四号

已经查明，该电乃是调查本地邮局在发送电报时出现错误所致，上述内容再发一次即可。

资料来源：JACAR（アジア歴史資料センター）Ref. B02030446000（第180画像目から）満洲事変（支那兵ノ満鉄柳条溝爆破ニ因ル日、支軍衝突関係）/善後措置関係/国際連盟支那調査員関係　第三巻（外務省外交史料館）

[①] 编者按：无法辨认。

148. 驻吉林总领事石射猪太郎致芳泽外务大臣的函电
（1932年5月10日）

关于"满洲国"民众代表向国际联盟调查团陈情的文件

机密公第三九一号

以前从事"满洲国"建设运动之本省各团体，经同黑龙江及奉天两省各团体协商，决定联合向国际联盟调查团陈情。本月四日调查团一行访问新京，前吉林省议会议长，会同建国促进会吉林省各县代表组成陈情团，由该陈情代表团之总代表——本地人林鹤皋将其与调查团会谈情形通报于本官，现翻译如下，敬供参考。

记

满洲全国民众总代表林鹤皋及以下各代表自五月四日下午四点至同日下午七点会见国际联盟调查团专门委员会。

首先，代表团亲手上交写有下列内容的附件一张："贵调查团不辞辛苦，来'满洲国'，调查一切，我'满洲国'民众衷心欢迎诸卿。吾等推举四名代表，晋见贵团，以表示欢迎之诚意，并修具声明书，以恭请鉴查。"并作如下问答。

问：诸君选出代表之方法如何？

答：吉林各县民众各举一人，计四十二人。至省城，由四十二人中公选四人，至新京向国际联盟陈述民意。黑龙江省由各县民众推举代表民意之委员，每县一人。至省城，组织民治指导会。此次由会中推举代表七人至新京，向国际联盟陈述建国之情况及事变经过。奉天民众三名，哈尔滨代表二人，兴安区代表二人，照吉林办法选出民众代表到新京，以上五处，合计代表十八名，公选吉林代表林鹤皋作为民众总代表，黑龙江省代表许兰坡为副总代表。

（调查团方面亦承认此种情况合法。）

问：日本为何出兵于铁路线之外？

答：因张学良无外交信义，日本为保持固有之权益而出兵。

问：诸君愿日本军驻军乎？

答：吾等地方遭受"兵匪"扰乱，民不聊生，故倚赖日本军为人民之保障。

问：日本为何出兵北满？

答：因黑龙江省军队苑旅长炸毁嫩江铁桥也。

问：诸君为何欲建立"满洲国"？

答：以前东北军阀专政，人民多年来遭受压迫。事变后政权未归，而"土匪"遍地，人民生命财产全无保障。基于此，决意建设公正之民意国家，以求安居乐业。此亦基于国联扶助弱小民族之独立的主张而设置之也。

问：诸君之建国，不惧其无兵力乎？若某国对诸君宣战，应以何种方法应对之？

答：吾等三千万民众，众人一心，决意建国，各友邦若能谅解吾等，当然不加侵害。若妄加侵害，全体民众合力战之，至万不得已时，虽牺牲全体亦在所不计也。现对于国军亦有适当之规划。

问：诸君皆为支那人，奈何脱离支那而自行建"国"也？

答：民众非甘心脱离支那。事变后支那政府不顾吾等，因不得已而建立"新国家"也。

问：各国对于"满洲国"，尚未予以承认，令人深感危险，"满洲国"有何可以让各国确信之处呢？

答：吾等民众，与政府一致努力，完成善良之政治，促进经济之发达，修明法律，对各国一视同仁，门户开放，机会均等，尽吾等之力量，遵守国际惯例，各友邦当能承认吾人之国家。

问：将来若日本人较诸君在商业上及经济上占据更为优越之地位，或其使朝鲜人侵占诸君之土地，诸君何以处之？

答：日本乃文明国家，绝对不会以不合理之侵害加诸吾等。若日本或朝鲜来吾国，当然一律平等待之。假如发生土地问题，亦可收取商租或进行收购，此则涉及民族交易的性质，至于私人经济地位的高低，是为智识阶层的学术问题。若吾等人民的程度提高，自然可以占有优越的地位。

问：假如铁路归于日本，土地归于支那，诸君尚愉快否？

答：绝对不愉快。非建设独立"国家"不可。

问：以前张氏掌握政权之时，有何种民意机关？以后设立党部如何？

答：先前有省议会。纯粹由人民选举之议员参与本省政治，及遭张学良非法解散，其所设立之党部，全是张氏之私人，非代表民意者。

问：此次日本援助诸君之"立国"，付出极大力量、金钱与牺牲，将来诸君拟如何报答之？

答：日本援助吾等，建设独立"国家"，我等非常感谢。至于报答一事，日本曾声明，除保护既得利益之外，无所希图，我等信之。

问：万宝山事件到底谁是谁非？

答：此事乃是军阀时代压制过甚，导致朝鲜人反感也。

问：从前张学良执政之时，财政收支及文武官吏之任用是否公正？

答：张氏专政多年，不遵支那税率，额外追征各项捐税。近年来商民之负担更重，支出方面，大部分用于军费。又无审计机关，张氏随意利用奉票向人民收购现货及粮食。故货币法荒废，人民损失甚大。其文武官员之任用，制度虽有若无。无论考试资格之有无，唯举荐其亲戚朋友或其所好者而任用之，堪称黑暗。

问：官员违法的时候，法院得检举之否？军事机关不干涉司法吗？

答：文武官员若与军阀有关系，虽有违法行为，法院亦置之不问。而人民与军事机关发生问题时，则常被以军法逮捕而非执行法律程序，或是拘禁甚至于枪毙之。

问：张氏不喜政治。诸君此次建国，"国家"之设立有改革之处否？

答：张氏不喜政治，人民遭受巨大之痛苦，且无以摆脱之。此次幸得除去彼等之势力，建立"新国家"，人民以十二分之决心与希望，修明法制，惩前毖后，誓将恶劣政治一律扫除。

问：我等在支那地方，一般支那人皆为诸君三千万人痛哭流涕，云诸君等之土地人民均归他人之手，诸君做何感想？

答：他们所痛惜的东西，和看戏的人流的眼泪是相同的。他们从未经历旧军队的残暴、土匪的淫掠，从客观的立场痛惜吾等，不过是一种人之常情罢了。

问：诸君是满洲"全国"民众的总代表，有什么好方法来解决目前的纠纷，避免东亚战事呢？

答：请求国际联盟主持正义人道，早日正式承认"满洲国"，则一切纠纷自然立见冰释，否则恐引发世界战争，此殊为人类最大之不幸。

终。

附件

"满洲国"民众声明书

国际联盟调查团远来"满洲国",调查"满洲国"各地方之现状,我"满洲国"民众不胜欢迎之至。兹恭述"新国家"建设之理由及对贵调查团之希望,尚乞鉴察。

一、凡国家成立之要素,无不以人民为主体。"满洲国"成立乃三千万民众全体之主张。其理由在于,从前之东北军阀,以国家为私器,视民众如奴隶。民众屈服于强暴政权之下,二十年于兹。此次事变,盖因素来违背信义之恶劣军阀为邻邦所打倒,正吾民众复活之时也。乃基于人民自由自觉之意志,推戴发祥于满洲之前清废帝溥仪为元首,建设新"满洲国"。是"新国家"之成立,乃为谋全满人民永久之幸福,以忠诚努力而获得之结果也。

二、旧军阀专图私利,私用货币法,于是货币法紊乱,币制复乱至不可收拾。试举一例,奉天票发行之初,每一元二角当银币一元,其后不予兑换,因发行无限之巨额(货币),其价格随之下跌。张学良掌握政权之时,奉票二十元仅能兑换银币一元。彼竟利用官银号,发行一百元及五十元无价值之大奉票,买断民间粮食,压迫商业,垄断市场,而后发行愈多,价格愈低,遂至一落千丈。复命令限定法定价格,每奉票六十元值银币一元,其差价全由人民负担。吉林官帖亦如此,原发行之时,二帖五百文即可兑换银币一元,现降至五百余吊。黑龙江省降至二千余吊。可以想象,此非徒币制紊乱,商民亦受其荼毒。张学良独握大权,对全体嗷嗷,痛苦不堪之百姓,弃之不顾。又以无价值之纸币,买断大宗粮食,转卖之以渔利,所得巨款,辄购入武器,养数十万之私兵,充其出兵关内之费用,或视国家经费为其私有财产,十分之九用于军费,仅以十分之一用于谋求国民之幸福及产业之开发。民众陷于涂炭之苦,实有纸笔不能尽之者也。此所以利用此次机会,求人民之自决,脱离军阀之毒手,设立"新国家"也。

三、从前东省民意机关,初有咨议局,次为省议院,均系代议制度,以求民意之畅达。张作霖遇危祸后,恐治安紊乱,为保持大局,设三省联合会,以张学良为东省保安总司令,以求保境安民,休养生息,发扬民治。孰料就任数月,即将全省民意机关之省议会全体解散,一意提拔宠信新人,勾结南方党人,施行形式政治,名为民国,实为独裁政权。残害民权,无所不用其极。吾等民众,欲恢复天赋之民权,不得不建设一民意独立之国家。

四、九一八事变发生后,张学良与南京政府谋求正当之解决方法,一则居于北平而流连声色犬马,一则聚议南京,至今无所计划,弃我东北民众于不顾。而"不逞之徒",又利用时机,勾结"兵匪",扰乱地方。名为义勇,实为"民贼"。民不能生活,土不得寸净。其欲谋自卫,救死亡,宜进而建设"新国家",设法剿抚,以托民命。

五、"满洲国"地大物博,具备各种经济开发之可能性。从前之军阀,计不及此,只管妨害外国之投资及援助。试调查贸易状况,倘将占支那贸易三分之一的国内各种障碍去除,奖励经济开发,开发各国投资与援助,则"新国家"经济之前途发展必不可限量,经济之根本自当强固。此所以决心建设"新国家"也。

六、三千万民众建设"新国家"之理由已如上所述。然理想虽高,而实力尚弱。倘能获得相当之援助,则可具备发育健全之各种根本性条件。满洲乃能达成其工商互利,民众欢乐,门户开放,机会均等目的。友邦之果有来襄助之者,则无论国家,不分民族,均欢迎之。非徒扫除前军阀之排外运动,亦期以建设世界大同之乐土也。

当兹建设之时,得贵调查团光临,民众以十二分之热诚,希望贵团秉持公道,以国际正义而援助我"国",不胜欣聆之至。

"满洲国"民众总代表	林鹤皋
"满洲国"民众副总代表	许兰坡
奉天省民众代表	张其昌
	张在田
	刘海轩
吉林省民众代表	关长庆
	□雨琴
	程坤元
黑龙江省民众代表	黄海樱
	秦炳宗
	富恕清
	潘渊龙
	关溥涛
	关燕生

哈尔滨特一区民众代表	杨贯三
	许永铭
兴安一区民众代表	苏宝麟
	蒋乐布

资料来源：JACAR（アジア歴史資料センター）Ref. B02030446000（第180画像目から）満洲事変（支那兵ノ満鉄柳条溝爆破ニ因ル日、支軍衝突関係）/善後措置関係/国際連盟支那調査員関係　第三卷（外務省外交史料館）

149. 关东军参谋长致陆军次官的函电（1932年5月10日）

密　参同文　昭和七年　五月十日

　　　　　　　　　　　　　　　　五月九日下午五时〇分发
　　　　　　　　　　　　　　　　　　八时三十二分收

关参第一一七号

国际联盟调查团一行预定本日上午九点三十四分由长春出发前往哈尔滨。

警戒准备如下：

以装甲列车开头，我军之步兵一小队，"满洲国"方面巡警四十名警戒。

资料来源：JACAR（アジア歴史資料センター）Ref. B02030446000（第190画像目から）満洲事変（支那兵ノ満鉄柳条溝爆破ニ因ル日、支軍衝突関係）/善後措置関係/国際連盟支那調査員関係　第三卷（外務省外交史料館）

150. 驻沈阳森岛代理总领事致芳泽外务大臣的函电（1932年5月11日）

昭和七年　一一五〇七　暗　　奉天　　　　　　十一日下午发
　　　　　　　　　　　　　　外务省　　　五月十一日下午收

第七七〇号（绝密）

关于北平所发电报合第一二〇号

致Phonette①电报说明国联一行乃是以万考芝的名字发送电报的。又，哥特的电报挂号②是Internews，供参考。

转电支那、北平、哈尔滨、长春。

资料来源：JACAR（アジア歴史資料センター）Ref. B02030446000（第191画像目から）満洲事変（支那兵ノ満鉄柳条溝爆破ニ因ル日、支軍衝突関係）/善後措置関係/国際連盟支那調査員関係　第三卷（外務省外交史料館）

151. 驻沈阳森岛代理总领事致芳泽外务大臣的函电
（1932年5月11日）

昭和七年　一一五〇五　暗　　奉天　　　　　　　十一日下午发
　　　　　　　　　　　　　　　外务省　　　　　五月十一日下午收

第七七四?③号

关于阁下发往长春的电报第七三号

支那人试图在本地大和旅馆中访问调查团支那方面参加者一行，向我警官寻求同行之事，仅有两件。其一为四月廿三日周斌（Chou Pin）事件，调查结果为其向顾维钧参与员诉说了失业的窘境；其二为本地支那方面邮局职员郑传箕（Cheng Chuan Chi）于廿四日访问了随员顾执中（Koo Chih Chong），面对警官的问询，简单地表明了身份。虽有嫌疑之处，但在对二者进行调查之后还是予以释放。当时"满洲国"方面对支那方面一行的态度极为强硬，干劲十足，在附属地区配备了大量的武装警察，试图逮捕顾维钧。另一方面，因为感觉这一行人身边充满危险，我方警察对于身份不明者不得不禁止其接近此一行人。关于此事之原委，吉田参与员应已向国联调查团方面进行了说明。

又，开头电报中的暗号电报仅邮寄外务省。

转电支那、北平、南京、美国、国联、长春。

资料来源：JACAR（アジア歴史資料センター）Ref. B02030446000（第

---

① 编者按：根据后文电报可知，Phonette是外交档案处正在执行任务的溥小峰（本名溥管雄）之电报简写符号。
② 译者按：电报挂号，指电报经营部门用以代替电报用户地址和名称的号码。
③ 编者按：原文如此。

191画像目から)満洲事変(支那兵ノ満鉄柳条溝爆破ニ因ル日、支軍衝突関係)/善後措置関係/国際連盟支那調査員関係　第三巻(外務省外交史料館)

152. 驻哈尔滨长冈代理总领事致芳泽外务大臣的函电
（1932年5月11日）

昭和七年　一一四六二　暗　　哈尔滨　　　　　十一日上午发
　　　　　　　　　　　　　外务省　　　　　　五月十一日下午收

第四九六号
吉田发
第一一七号
十一日开始进行与师团长、代理总领事以及"满洲国"其他方面人士之会见。
又，专门委员开脱盎葛林诺十日听取了侨居北满的三十名朝鲜人代表的陈情。上述朝鲜人代表中，有数名妇女及小孩。由直接受害者详细讲述支那官员及士兵进行的虐杀、强奸事件，给人留下了极为鲜明的印象。
转电支那、北平、奉天、长春、齐齐哈尔、国联。
资料来源：JACAR（アジア歴史資料センター）Ref. B02030446000（第192画像目から)満洲事変(支那兵ノ満鉄柳条溝爆破ニ因ル日、支軍衝突関係)/善後措置関係/国際連盟支那調査員関係　第三巻(外務省外交史料館)

153. 驻哈尔滨长冈代理总领事致芳泽外务大臣的函电
（1932年5月11日）

昭和七年　一一五四九　暗　　哈尔滨　　　　　十一日下午发
　　　　　　　　　　　　　外务省　　　　　　五月十二日下午收

第四九九号
吉田发
第一一八号
十一日调查团之行动如下：
会见广濑第十师团长及哈尔滨市市长鲍观澄，又，由石川事务官向专家说明当前的共产党运动。

资料来源：JACAR（アジア歴史資料センター）Ref. B02030446000（第193画像目から）満洲事変（支那兵ノ満鉄柳条溝爆破ニ因ル日、支軍衝突関係）/善後措置関係/国際連盟支那調査員関係　第三巻（外務省外交史料館）

154. 驻哈尔滨长冈代理总领事致芳泽外务大臣的函电
（1932年5月11日）

昭和七年　一一五四五　暗　　哈尔滨　　　　　　　　　十一日下午发
　　　　　　　　　　　　　　外务省　　　　　　　　　五月十二日下午收

第五〇〇号
吉田发
第一一九号

十一日，广濑师团长回答调查团之质询时表示，以哈尔滨为中心，约三四十公里以内，局势稳定。在此以外，除却哈市南边地区外，"反吉林军""土匪"等活动极为猖獗。尤其有人试图利用调查团来满，计划扰乱满洲，因而最近两周内其活动极为频繁。在说明北满的"土匪"分布情况时，李顿问道：马占山部队到底是预备报告中的官军，还是属于"反政府军"？

对此，师团长陈述说，应该是属于官军。又，关于日军负责维持治安一事的质询，答曰：日军并不直接参与其中，仅以公安队维持主要都市之治安，没有强大的日本军队作为后盾，公安队就不能充分发挥效能。以此言之，日军只是间接地做出贡献。

又，麦考益问道：因"满洲国"军队不值得信赖，现在正在进行该军的改编及替换，对于日本、日本人顾问及"满洲国"而言，将进行哪一种选择？对此，答曰：依据自己听到的，改编之指导将依赖日本方面，目前正在招聘顾问。

转电支那、北平、奉天、长春、齐齐哈尔、国联。

资料来源：JACAR（アジア歴史資料センター）Ref. B02030446000（第194画像目から）満洲事変（支那兵ノ満鉄柳条溝爆破ニ因ル日、支軍衝突関係）/善後措置関係/国際連盟支那調査員関係　第三巻（外務省外交史料館）

155. 芳泽外务大臣致驻沈阳森岛代理总领事的函电
（1932 年 5 月 11 日）

关于内田总裁准备会见国联调查团的文件

第二五八号（火速）

内田满铁总裁为与国联调查团之应酬一事，目前正在专心准备。资料方面，包括本大臣与该调查团之英文会谈记录、明治卅八年日清会议记录、大正四年日支条约交涉原委记录、日清会议记录之效力及关于批准大正四年条约的历次往来电报、信函，除满蒙问题之外的借款团相关文书，要求日支参与者向调查团提出的各种资料等，将于十二日通过航空邮件直接寄送该总裁。其他事项，参考上述准备工作。贵馆保有的各种资料，经与该总裁协商，尽快供其使用。

本电报之意旨，请转达内田总裁。

资料来源：JACAR（アジア歴史資料センター）Ref. B02030446000（第 196 画像目から）満洲事変（支那兵ノ満鉄柳条溝爆破ニ因ル日、支軍衝突関係）/善後措置関係/国際連盟支那調査員関係　第三卷（外務省外交史料館）

（以上内容，翟意安　译：万秋阳、陈海懿　校）

156. 福冈县知事中山佐之助致外务大臣、内务大臣的函电
（1932 年 5 月 11 日）

特外鲜　密　第八三七号
昭和七年五月十一日
发出方：福冈县知事中山佐之助
接收方：内务大臣铃木喜三郎　阁下　外务大臣芳泽谦吉　阁下
　　　警视厅　神奈川　爱知　大阪　兵库　京都　广岛　山口　长崎各厅府县长官　阁下

关于青岛日侨实施招徕国际联盟调查团的运动一事

根据当地情报,青岛航线检查人员获悉,目前国际联盟调查团一行视察满洲的工作已经告一段落,正着手国际联盟调查团报告书的起草。关于其在此期间停留之地点,有大连、青岛、北戴河作为候补,现正慎重权衡中。考虑到事关日支间重大问题,大连是日本势力范围,北戴河属于支那的完全领土,在此等地方写作报告书,必受某种势力牵制,实非得策。调查团目前正为此事烦恼。值此时机,居住在青岛的我国侨民认为,鉴于青岛虽属于支那领土,但又与日本有特殊关系,所以让青岛成为该调查团报告起草地极为妥当。此时应设法开展活动招徕之。至于具体情况,目前正在努力进行各种准备工作。

以上为报告内容。

资料来源:JACAR(アジア歴史資料センター)Ref. B02030446100(第198画像目から)、満洲事変(支那兵ノ満鉄柳条溝爆破ニ因ル日、支軍衝突関係)/善後措置関係/国際連盟支那調査員関係 第三巻(外務省外交史料館)

157. 关东军参谋长致陆军次官的函电(1932年5月11日)

密 参同文 昭和七年 五月十一日

五月十日下午〇时十一分发

三时三十分收

关电七四四

国际联盟调查团一行于昨(九)日晨从长春出发,当天晚间安全抵达哈尔滨市。在调查团来到满洲的这段时间,满洲给予调查团的印象总体良好。调查团停留了十三四日,之后前往齐齐哈尔,预定于十七八日经洮昂线再次来到奉天。

资料来源:JACAR(アジア歴史資料センター)Ref. B02030446100(第200画像目から)、満洲事変(支那兵ノ満鉄柳条溝爆破ニ因ル日、支軍衝突関係)/善後措置関係/国際連盟支那調査員関係 第三巻(外務省外交史料館)

158. 上海武官致陆军次官的函电（1932年5月11日）

密　参同文　昭和七年　五月十一日

　　　　　　　　　　　　　　五月十日下午一时〇〇分发

　　　　　　　　　　　　　　　　　五时五十分收

支第九六七

本日上午九点发。协同委员会军事委员（除支那方面）根据下官的向导，于刘河及嘉定视察了日军的撤退及支那方接收状况。接收委员昨晚抵达刘河，与日本守备队长解决接收问题，今早十名警官从太仓而来，圆满完成接收。嘉定及南翔（通过电信联络）于下午一点与支那委员达成约定，接收代表和警官未到场（南翔因桥梁被破坏导致交通瘫痪，取消视察）。

各国军官也因支那方面的不守信而极度愤慨。我军于下午一点用"卡车"撤除了守备，协同委员确认后一起视察刘河及嘉定，调查我军驻留期间现状，并与各国代表确认，今后因盗窃及抢夺而导致的损害皆为支那方面的责任。十日应会视察罗店镇的撤退与接收情况。

资料来源：JACAR（アジア歴史資料センター）Ref. B02030446100（第201画像目から）、満洲事変（支那兵ノ満鉄柳条溝爆破ニ因ル日、支軍衝突関係）/善後措置関係/国際連盟支那調査員関係　第三卷（外務省外交史料館）

159. 驻哈尔滨长冈代理总领事致芳泽外务大臣的函电（1932年5月12日）

昭和七年　一一五七〇　暗　哈尔滨　　　十二日下午发
　　　　　　　　　　　　　　外务省　　　五月十二日下午收

第五〇一号
发自吉田
第一一九号
伊藤发出
关于往电第一一四号
与杨格进行了多次会谈

一、杨格肯定下官在北平时关于"满洲国"政府的说明,并且了解到该国政府的要员未必会完全听命于日本政府及军队的意愿,从而成为其傀儡。另一方面,他描述了日本人位居长春政府高位,决定主要事务一事已成事实。关于这两个相互矛盾的事实,杨格继续说道:(一)长春政府已经完全被日军支配,这已经是无可争议的事实。日本的地位已经达到了只要其愿意,便可将其意愿强制执行这种地步。因此是否可以解释为日本政府和军队放任这种状况,是为了等待事态的稳定。又或者(二)解释为仅仅因为日本国内对日本向长春政府施加压力一事有强烈的不满。对此下官向他简单地回答说,正因为这种复杂的局势,芳泽外务大臣才不得不宣称这一问题对于日本方面来说是不能够轻易做出决定的。

二、关于满洲问题的解决办法,杨格指出以下三点。第一,满足日本人的要求是必要的。第二,得到支那人的承认是必要的。第三,不可无视国际联盟条约的精神。他说道,研究上述三点的具体内涵是必须的,首先最要紧的是同意日本人关于国防经济和治安的要求。关于第二点,张学良返回满洲并不是问题。在承认支那形式上的主权及宗主权的基础上,执行如外蒙古般的统治形式,支那政府应该会满足于此。另外,日本并不认为满洲问题会扰乱世界秩序,因此只要表现出尊重《凯洛格·白里安协定》及国际联盟条约的意向,便可使舆论(至少是英美)满意。他还说道,虽然别无他法,但目前形势下要想使如上所述的法案获得赞成是极其困难的。

杨格说,过去八个月在南京及周边与支那人接触,应该已经了解支那要员的意向。特此电报,以做参考。

已向支那、奉天、国际联盟转电。

资料来源:JACAR(アジア歴史資料センター)Ref. B02030446100(第202画像目から)、満洲事変(支那兵ノ満鉄柳条溝爆破ニ因ル日、支軍衝突関係)/善後措置関係/国際連盟支那調査員関係 第三卷(外務省外交史料館)

160. 驻哈尔滨长冈代理总领事致芳泽外务大臣的函电
(1932年5月12日)

昭和七年　一一五七一　暗　　哈尔滨　　　　　　十二日下午发
　　　　　　　　　　　　　　　外务省　　　　　　五月十二日下午收

第五〇二号
发自吉田
第一二(?)①〇号
伊藤发出

调查团来到满洲以来，于各地寻求有关满洲问题的过去及现状的说明，调查正在不断推进。之后应会经齐齐哈尔回到奉天。调查团两度选在奉天进行充实采纳情报的工作，自然是因为希望就满洲问题的解决方案与本庄司令官等交换意见。

关于日支纷争特别是满洲问题解决案，调查团专家之意见概要正如下官电报所言，之前也多次征询下官意见。对于应与大臣您商谈的根本问题，调查团不想公开发表意见，征询奉天本庄司令官及其他当地官吏的意见时，也皆拒绝发表意见。关于大臣您在东京发表的意见，应以含糊的形式进行，但至于说什么样的内容才妥当，是当前最需要研究的事情。已经通过斋藤博士得到了您关于上述问题的指示。调查团预计于20日抵达奉天，希望在此之前得到指示。

此外，为了准备在奉天进行的针对调查团的应答方案，下官希望十四日同杉下一起从当地出发前往该地，请求许可。

资料来源：JACAR（アジア歴史資料センター）Ref. B02030446100（第204画像目から）、满洲事变（支那兵ノ满铁柳条沟爆破ニ因ル日、支军衝突関係）/善後措置関係/国際連盟支那調査員関係　第三卷（外務省外交史料館）

161. 驻哈尔滨长冈代理总领事致芳泽外务大臣的函电
（1932年5月12日）

昭和七年　一一五七九　暗　哈尔滨　　　　　　十二日下午发
　　　　　　　　　　　　　　　外务省　　　　　五月十二日下午收

第五〇四号
发自吉田
第一二一号

---

① 编者按：原文如此。

十一日鲍观澄市长与调查团会见时,着重叙述该人的经历。旧奉天政权对鲍市长进行非法压迫并逮捕。去年事变后,他被地方政权释放,特别区行政长官张景惠任命其为哈尔滨市市长。期间并未特别言及"新国家"之问题。(详细邮报)

已向支那、北平、奉天、长春、国际联盟转电。

资料来源:JACAR(アジア歴史資料センター)Ref. B02030446100(第205画像目から)、満洲事変(支那兵ノ満鉄柳条溝爆破ニ因ル日、支軍衝突関係)/善後措置関係/国際連盟支那調査員関係　第三巻(外務省外交史料館)

162. 驻哈尔滨长冈代理总领事致芳泽外务大臣的函电
（1932年5月12日）

昭和七年　一一五八〇　暗　　哈尔滨　　　　　　十二日下午发
　　　　　　　　　　　　　　　外务省　　　　　　五月十二日下午收

第五〇五号

发自吉田

第一二二号

十二日调查团行动如下:

会见代理总领事长冈及东铁督办李绍庚。

另外,十三日上午应会与小松原特务机关长会面。

已向支那、北平、奉天、吉林、长春、齐齐哈尔转电。

资料来源:JACAR(アジア歴史資料センター)Ref. B02030446100(第206画像目から)、満洲事変(支那兵ノ満鉄柳条溝爆破ニ因ル日、支軍衝突関係)/善後措置関係/国際連盟支那調査員関係　第三巻(外務省外交史料館)

163. 驻哈尔滨长冈代理总领事致芳泽外务大臣的函电
（1932年5月12日）

昭和七年　一一五七八　暗　　哈尔滨　　　　　　十二日下午发
　　　　　　　　　　　　　　　外务省　　　　　　五月十二日下午收

第五〇六号

发自吉田

第一二三号

对于调查团代表们的提问,长冈回答说,因去年九月二十一日及二十五日发生两次爆炸事件而导致当地状况不稳,反吉林政府成立、吉林军与反吉林军发生战争,为保护当地日本侨民,所以要求日本出兵。长冈说明了九月十九日以后的事情后,调查团就炸弹的种类、爆炸的状况、有无与支那方面的交涉、有无逮捕犯人等问题进行了深入询问。长冈应答道,以上乃上任前之事件,具体请咨询大桥。十一月末因反吉林军横行于中东铁道东部线方面,导致该地的日本人、朝鲜人撤至哈尔滨,总领事馆当前正在对他们进行援救。此外,如果当地不能确保生命财产安全的话,让这些难民返回原地是很困难的。

已向支那、北平、奉天、长春、齐齐哈尔、国际联盟转电。

资料来源:JACAR(アジア歴史資料センター)Ref. B02030446100(第207画像目から)、満洲事変(支那兵ノ満鉄柳条溝爆破ニ因ル日、支軍衝突関係)/善後措置関係/国際連盟支那調査員関係 第三巻(外務省外交史料館)

164. 驻哈尔滨长冈代理总领事致芳泽外务大臣的函电
（1932年5月12日）

昭和七年　一一五八一　暗　　哈尔滨　　　　　十二日下午发
　　　　　　　　　　　　　　外务省　　　　　　五月十二日下午收

第五〇七号

发自吉田

第一二四号

调查团团长频频督促"支那违反条约及与之相关日支间交涉"资料,待其回奉天后立即研究。我方时至今日尚未提出,极为不利,应尽早发出,请求给予回复。

已向奉天转电。

资料来源:JACAR(アジア歴史資料センター)Ref. B02030446100(第208画像目から)、満洲事変(支那兵ノ満鉄柳条溝爆破ニ因ル日、支軍衝突関係)/善後措置関係/国際連盟支那調査員関係 第三巻(外務省外交史料館)

165. 芳泽外务大臣致驻国际联盟泽田局长、驻美出渊大使的函电（1932年5月12日）

昭和七年五月十二日

合第一一八二号

关于往电第一一六五号

已确定国际联盟调查团一行的万考芝向 Phonette① 发出了一封电报。

已向英、法、德、意转电。

资料来源：JACAR（アジア歴史資料センター）Ref. B02030446100（第208画像目から）、満洲事変（支那兵ノ満鉄柳条溝爆破ニ因ル日、支軍衝突関係）/善後措置関係/国際連盟支那調査員関係 第三巻(外務省外交史料館)

166. 驻沈阳森岛代理总领事致芳泽外务大臣的函电（1932年5月12日）

昭和七年五月十二日

机密第三三〇号

关于致北平 Phonette 的暗号电报事件，此电报于四月二十七日从当地发出。发出人为国际联盟调查团一行之万考芝。

附电报英文暗号一页和英文译电一页。②

资料来源：JACAR（アジア歴史資料センター）Ref. B02030446100（第209画像目から）、満洲事変（支那兵ノ満鉄柳条溝爆破ニ因ル日、支軍衝突関係）/善後措置関係/国際連盟支那調査員関係 第三巻(外務省外交史料館)

---

① 编者按：根据后文电报可知，Phonette 是外交档案处正在执行任务的溥小峰（本名溥管雄）之电报简写符号。下同。

② 编者按：英文内容从略。

167. 驻沈阳森岛代理总领事致芳泽外务大臣的函电
（1932年5月13日）

昭和七年　一一六三〇　暗　　奉天　　　　　　　　十三日下午发
　　　　　　　　　　　　　　外务省　　　　　　　　五月十三日下午收

第七七九号

齐齐哈尔发出至本官电报

第二〇号

安达满沟附近有李海青率领的大批"土匪"出没，有受共产党员策动之虞。为此，需要在哈尔滨昂昂溪配备装甲车，使其作为国际联盟调查团一行所乘列车之先驱。此事已与当地驻军方面商洽。当地军方已让关东军做了准备，为谨慎起见，希望贵官①再向关东军方面说情。

已向齐齐哈尔、长春转电。

已向外务大臣转电。

资料来源：JACAR（アジア歴史資料センター）Ref. B02030446100（第213画像目から）、満洲事変（支那兵ノ満鉄柳条溝爆破ニ因ル日、支軍衝突関係）/善後措置関係/国際連盟支那調査員関係　第三卷（外務省外交史料館）

168. 驻沈阳森岛代理总领事致芳泽外务大臣的函电
（1932年5月13日）

昭和七年　一一六二三　暗　　奉天　　　　　　　　十三日下午发
　　　　　　　　　　　　　　外务省　　　　　　　　五月十三日下午收

第七八二号（紧急）

九日吉田参与员由长春直接致电外务省，送来了国际联盟调查团向本官提问的纲要。请就以下几点做出紧急回复。

（一）在回答提问纲要第一点之（二）时，考虑采用去年大仓组与张学良政府的航空契约交涉作为实例最为有利，不知是否同意。

---

① 编者按：指森岛代理总领事。

(二)第四点之(四)有关《间岛协议》,如让我方承认支那的领土主权则理应有相应补偿,朝鲜人的土地所有权问题应为补偿的一部分,《间岛协议》第五条应成为上述土地所有权存在的前提。这样回答是否没有疏漏?

(三)第五点之(一)和(二)南满及东内蒙古的意义。

(四)外务省对第七点之(一)的解释。

(五)第九点(一)之(a),共同调查报告是否向调查团提出?

另关于第三点之(四),我认为将驻满各领事馆每年向外务省提出的商租调查报告一齐提出的话最为妥当。将尽快将上述报告汇总提出。

资料来源:JACAR(アジア歴史資料センター)Ref. B02030446100(第214画像目から)、满洲事变(支那兵ノ满铁柳条沟爆破ニ因ル日、支军衝突関係)/善後措置関係/国際連盟支那調査員関係 第三卷(外务省外交史料馆)

169. 驻沈阳森岛代理总领事致芳泽外务大臣的函电
(1932年5月13日)

昭和七年 一一六四三 暗 奉天 十三日下午发
外务省 五月十三日下午收

第七八三号

美国总领事馆馆员十二日访问我方馆员,询问了日本向北方运送大量军队而停止运送商人、货物一事。为了完成正确的报告,美国最大限度地收集情报。同军司令官商量之后,由馆员将内容作为密报向美国方面进行如下回复。

最近一个兵团(未说明具体人数)的兵力北上,是因最近三四万"土匪"以依兰、方正为中心扰乱中东铁路的东部线沿线治安,已发生数次列车颠覆事件。为确保国际联盟调查团在北满旅行的绝对安全,决定派兵保护。司令官与调查团达成了约定。如果到了高粱繁茂期,讨伐"土匪"就完全不可能了,地方民众也不能复归进行农耕。因此应尽早派兵讨伐"土匪",尽快达成上述目的。任务达成之后会立刻撤回军队。考虑到务必要避免苏联的误解,军队方面也慎重考虑同苏联的关系,派遣部队遵循不深入国境附近及腹地的方针。

已向支那、北平、哈尔滨、美、俄转电。

资料来源:JACAR(アジア歴史資料センター)Ref. B02030446100(第215画像目から)、满洲事变(支那兵ノ满铁柳条沟爆破ニ因ル日、支军衝突関係)/善後措置関係/国際連盟支那調査員関係 第三卷(外务省外交史料馆)

170. 驻哈尔滨长冈代理总领事致芳泽外务大臣的函电
（1932年5月13日）

昭和七年　一一六一〇　暗　　哈尔滨　　　　　　　十三日上午发
　　　　　　　　　　　　　　外务省　　　　　　　五月十三日下午收

第五〇九号

齐齐哈尔发至本官电报第七五号

前几日当地军队称逮捕了两名马占山的使者，他们带着将可能暴露我方行动的密信进入齐齐哈尔，试图在国际联盟调查团一行于昂昂溪换乘火车时，亲手交给调查团一行。国际联盟调查团一行所乘列车会抵达齐克线中东站，由中东铁路昂昂溪站附近进入中东铁路引入线，到达指定地点（中东站）之前，将会逆行并分段停车，这一段路程列车会行进缓慢。因为很难确保列车停车前没有反动分子混入，望通知同车的日本人在列车到达指定地点之前关闭所有窗户。烦请就此做出准备。

请向外务大臣、奉天、长春转电。

资料来源：JACAR（アジア歴史資料センター）Ref. B02030446100（第216画像目から）、満洲事変(支那兵ノ満鉄柳条溝爆破ニ因ル日、支軍衝突関係)/善後措置関係/国際連盟支那調査員関係　第三巻（外務省外交史料館）

171. 驻哈尔滨长冈代理总领事致芳泽外务大臣的函电
（1932年5月13日）

昭和七年　一一六〇九　暗　　哈尔滨　　　　　　　十三日上午发
　　　　　　　　　　　　　　外务省　　　　　　　五月十三日下午收

第五一〇号

本官致吉林电报

第二二号

前几日，调查团视察贵地之际，朝鲜人陈情者诉说支那官吏以各种借口将无辜朝鲜人投入监狱，人数极多。事变后由日军释放的人数，仅吉林监狱一处便达到二三百名，这将成为支那方压迫朝鲜人状况的有力资料。不仅如此，调查团方面非常重视此事,希望得到相关资料。因此烦请将贵地监狱入狱者人数、释放的实情、关押理由以及如果可以将其代表人物的询问书,还有关于上述内容的支那方面的往返公文发往奉天。

已向外务大臣、奉天、长春转电。

资料来源:JACAR(アジア歴史資料センター)Ref. B02030446100(第217画像目から)、満洲事変(支那兵ノ満鉄柳条溝爆破ニ因ル日、支軍衝突関係)/善後措置関係/国際連盟支那調査員関係 第三巻(外務省外交史料館)

172. 驻哈尔滨长冈代理总领事致芳泽外务大臣的函电
(1932年5月13日)

昭和七年 ——六七六 暗 哈尔滨 十三日下午发
外务省 五月十四日下午收

第五一二号

发自吉田

第一二六号

十二日,中东铁道代理督办李绍庚会见调查团时,说明了俄支共管中东铁道的意义、理事会的组织及权限、利润的分配等问题。又说明了关于俄支及奉俄两协议中支那方之权益,可全部继承给"满洲国"一事,以及由"满洲国"负责铁道警备、护路军及巡警从属于铁道部门一事。最后就最近中东铁道职员的各种问题进行答疑。

已向俄、支那、北平、奉天、长春、齐齐哈尔、国际联盟转电。

资料来源:JACAR(アジア歴史資料センター)Ref. B02030446100(第218画像目から)、満洲事変(支那兵ノ満鉄柳条溝爆破ニ因ル日、支軍衝突関係)/善後措置関係/国際連盟支那調査員関係 第三巻(外務省外交史料館)

173. 驻长春田代领事致芳泽外务大臣的函电
(1932年5月13日)

昭和七年 ——六二八 暗 长春 十三日下午发
外务省 五月十三日下午收

第二三七号

关于齐齐哈尔发出至本官电报第九号、将向外务大臣转电的第七三号、长春发出至阁下往电第六(?)①八号

一、本庄司令官向调查团回答时称,成立地方治安委员会的地区仅有奉天一处(请参考吉田大使发往阁下之往电第一八六号)。吉林省"仅限省城地区,与政治、军事无关,以维持地方安全及救助贫民为目的"。黑龙江省城地方临时治安维持会于去年十一月二十四日成立,今年一月七日随着张景惠省长的就任被解散。该组织完全未得到地方军民之承认而被随意设立,因此,直至解散未有任何活动。

此外,八十三名委员中,日本人有三名,但也仅仅是挂名而已,并不存在如国际联盟发表报告所记载的日本方面大力协助之事。

二、吉林省内,不存在经过日军努力而新募或改编的"满洲国"军。

请经长春向奉天、吉林、支那、北平转电。

请经哈尔滨向吉田大使转报。

已向哈尔滨、长春转电。

资料来源：JACAR（アジア歴史資料センター）Ref. B02030446100（第219画像目から）、満洲事変（支那兵ノ満鉄柳条溝爆破ニ因ル日、支軍衝突関係）/善後措置関係/国際連盟支那調査員関係　第三卷（外務省外交史料館）

174. 驻哈尔滨长冈代理总领事致芳泽外务大臣的函电
（1932年5月14日）

昭和七年　一一六九二　暗　哈尔滨　　　十四日下午发
　　　　　　　　　　　　　外务省　　　五月十四日下午收

第五一三号

发自吉田

第一二七号

十三日特务机关长小松原向调查团陈述：

（一）详细叙述说明了北满反吉林军及"土匪"的状况,但难以区别支那正

---

① 编者按：原文如此。

规兵与"土匪"。黑龙江省内民间约有四十万步枪,支那拥有枪支之人一会儿是"匪贼",一会儿又成为正规兵,所以在北满彻底扫荡"土匪"极其困难。

（二）日本目前在北满有两个师团不足一万的兵力,俄国一战前在中东铁道的常驻兵力为二万五千,东北官军事变前的兵力为六个旅团三万多人。鉴于此事实,我方兵力仍然严重不足。

（三）关于北满的共产运动,说明了最近发生的各种恐怖事件（逮捕哈尔滨停车场携带炸弹的犯人、松花江铁桥爆破装置事件、列车翻车事件等）之后,依据上述携带炸弹之犯人（俄国共产党人）的供述：

（1）该犯人是特别任务班的一员,去年一月与其他二十名"共产主义青年同盟"成员一起被派至哈尔滨。在该地远东海军根据地红军的领导下,主要进行爆破练习,去年十一月回国。

（2）在哈尔滨另有像战斗义勇团（有团员二百五十人）这样的特别机关存在,从属于共产党北满委员会,并进行"恐怖活动",同时负责和支那共产党、朝鲜共产党进行联络。

（3）去年十一月以来,上述的特别任务班同战斗义勇团与国际赤色救援会取得联系,开始了"恐怖活动"。

上述事实得到了明确。这些"恐怖事件"并非白俄移民或支那官方所为,毫无疑问是俄国共产党所为。日军进入北满使俄方感到威胁,因此俄国一方面开展增兵西伯利亚、将中东铁路的运转材料搬入俄领地、买入物资等工作,另一方面依靠上述"恐怖活动"阻碍日本的军事行动。

已向俄、支那、北平、奉天、长春、齐齐哈尔转电。

资料来源：JACAR（アジア歴史資料センター）Ref. B02030446100（第220画像目から）、満洲事変（支那兵ノ満鉄柳条溝爆破ニ因ル日、支軍衝突関係）/善後措置関係/国際連盟支那調査員関係　第三巻（外務省外交史料館）

175. 驻哈尔滨长冈代理总领事致芳泽外务大臣的函电
（1932年5月14日）

昭和七年　一一七一七　暗　　哈尔滨　　　　　　十四日下午发
　　　　　　　　　　　　　　　外务省　　　　　　五月十四日下午收

第五一五号

发自吉田

第一三〇号（别电）

一、关于满洲地方行政机构的说明中，从 in the course of events 开始至 the Manchukuo government 的部分修改为以下内容：

在调查进行的过程中，地方行政机构从一九三一年九月下旬开始逐渐独立。并且，在奉天市由当地市民中的有权势者建立了"地方维持会"。之后随着治安的恢复，在十二月十五日的市政公署成立后，维持会解散。

上述各地的地方独立行政权在一九三二年三月九日由"满洲国"继承。

二、关于"满洲国"军队之军事顾问，从 this force has been 至 number is increasing 的部分修改为以下内容：

"满洲国"军队依靠日本顾问之辅佐逐步改编并发展起来。目前共有二十四五名日本退役或现役将校正作为军事顾问而进行工作。

三、关于警察队，从 this police force 至 Japanese officials 的部分修改为以下内容：

大部分警队在九月十九日以前就存在，但奉天市在事变之后，得到了日本官方的协助，在市政公署之下新编了警察部队。

资料来源：JACAR（アジア歴史資料センター）Ref. B02030446100（第222画像目から）/满洲事变（支那兵ノ满铁柳条沟爆破ニ因ル日、支军衝突関係）/善後措置関係/国際連盟支那調査員関係　第三卷（外務省外交史料館）

176. 驻哈尔滨长冈代理总领事致芳泽外务大臣的函电
（1932年5月14日）

昭和七年　一一七一二　暗　　哈尔滨　　　　十四日下午发
　　　　　　　　　　　　　　外务省　　　　五月十四日下午收

第五一六号

发自吉田

第一二八号

从伊藤处传来消息

下官从奉天出发前往当地之前，与哈斯进行了会谈，哈斯发言如下：

一、调查团将会从大连前往北平一次，进行文件的整理，并且有可能前往东京。下官就文件的整理和报告的起草同其交换了意见。关于上述问题的过去及现在的部分要达到意见一致非常不容易。关于将来的部分更是困难重重。依我所见,应与东京的日本政府交换意见后再决定,应该停止调查团代表停留在北京期间的意见交换。如若未在东京与芳泽外务大臣会谈,代表们之间的意见交换无效。哈斯同意上述意见,如已知的那样,他还承认调查团并不习惯于团队合作,所以引导他们的意见是很困难的。

二、与日本政府间的意见交换,哈斯认为日本政情颇为复杂,关于支那问题乃至满洲问题的政策能否确定仍是疑问。下官答复,正如芳泽外务大臣回复的那样,"满洲国"被承认这一问题虽未决定,但毫无疑问对支那乃至对满洲的基本政策已经确定。

三、下官认为因为调查团要前往北平一次,并在该地与南京政府代表进行会谈,所以就没有必要在离开东京后再返回支那。哈斯对此表示赞成,并表示最终报告估计于七月中旬完成。

已向支那、北平、奉天、国际联盟转电。

资料来源:JACAR(アジア歴史資料センター)Ref. B02030446100(第224画像目から)、満洲事変(支那兵ノ満鉄柳条溝爆破ニ因ル日、支軍衝突関係)/善後措置関係/国際連盟支那調査員関係 第三巻(外務省外交史料館)

177. 驻哈尔滨长冈代理总领事致芳泽外务大臣的函电
（1932年5月15日）

昭和七年　——七四四　暗　　哈尔滨　　　　　十五日上午发
　　　　　　　　　　　　　　外务省　　　　　五月十五日下午收

第五一七号

发自吉田

第一三一号

十四日,调查团会见了当地日本人代表(工商会议所会长及居留民会长等),以上代表就当地的支那反日运动及其他不法行为进行了说明。

调查团明日休息,预定于十六日(周一)上午第二次会见小松原特务机关长,下午会见张景惠。

同日,希爱慕和专家们会就铁道事项听取中东铁道代表的意见。

资料来源：JACAR（アジア歴史資料センター）Ref. B02030446100（第225画像目から）、満洲事変(支那兵ノ満鉄柳条溝爆破ニ因ル日、支軍衝突関係)/善後措置関係/国際連盟支那調査員関係　第三巻(外務省外交史料館)

178. 驻哈尔滨长冈代理总领事致芳泽外务大臣的函电
（1932年5月15日）

昭和七年　一一七四三　　　哈尔滨　　　　　　十五日上午发
　　　　　　　　　　　　　外务省　　　　　　五月十五日上午收

第五一八号
发自吉田
第一三二号
十四日开脱盎葛林诺及杨格代表调查团视察了两处当地朝鲜人避难收容所（一所收容一千二百六十名，另一所收容五百名）。从民会长等处详细听取了关于支那压迫朝鲜人的状况、日本方面对避难民众的救济措施等情况。
已向支那、北平、奉天、齐齐哈尔、国际联盟转电。

资料来源：JACAR（アジア歴史資料センター）Ref. B02030446100（第226画像目から）、満洲事変(支那兵ノ満鉄柳条溝爆破ニ因ル日、支軍衝突関係)/善後措置関係/国際連盟支那調査員関係　第三巻(外務省外交史料館)

179. 驻哈尔滨长冈代理总领事致芳泽外务大臣的函电
（1932年5月15日）

昭和七年　一一七七二　平　哈尔滨　　　　　十五日上午发
　　　　　　　　　　　　　外务省　　　　　　五月十六日上午收

第五一九号
发自吉田
第一三三号
伊藤、杉下于十五日早晨从当地出发，前往奉天。

资料来源：JACAR（アジア歴史資料センター）Ref. B02030446100（第227画像目から）、満洲事変(支那兵ノ満鉄柳条溝爆破ニ因ル日、支軍衝突関

係)/善後措置関係/国際連盟支那調査員関係　第三巻(外務省外交史料館)

180. 驻哈尔滨长冈代理总领事致芳泽外务大臣的函电
（1932年5月16日）

昭和七年　一一八〇三　暗　　哈尔滨　　　　　　十六日下午发
　　　　　　　　　　　　　外务省　　　　　　　五月十六日下午收

第七九三号

关于本官发往哈尔滨第七八号、发往大臣的第五一五号电报

致吉田参与员，如下：

（一）奉天的地方维持委员会于九月二十五日成立，十一月七日声明为便利而代行行政权，十二月十五日经由奉天全市民众代表推荐，臧式毅正式就任省长，因此维持会于十六日解散。解散与市政公署的成立全无关联。土肥原大佐于九月二十日临时担任市政公署的市长，之后随着秩序的恢复，十月二十日由赵欣伯接手事务。详细请参照今年二月本馆的调查，关于事变后奉天省内行政及设施关系事项的第四及第五项。

（二）关于警察。为了在奉天维持治安，我方宪兵队直接招募自卫警察队警察三十名，其后我方宪兵队又计划为地方维持委员会招募保安队六百人，为工商会招募商团一千人。至十二月，奉天市政公署下设警察局之后，将商团之外的自卫警察及保安队进行了统一。至今年三月，已将全部警察交由省政府直接管理。详细请参照本馆调查报告的第三项及三月十九日本馆发往外务大臣往电第四二六号。

请经哈尔滨转电齐齐哈尔。

已向外务大臣、长春转电。

资料来源：JACAR(アジア歴史資料センター) Ref. B02030446100(第227画像目から)、満洲事変(支那兵ノ満鉄柳条溝爆破ニ因ル日、支軍衝突関係)/善後措置関係/国際連盟支那調査員関係　第三巻(外務省外交史料館)

181. 驻沈阳森岛代理总领事致芳泽外务大臣的函电
（1932年5月16日）

昭和七年　一一八二一　暗　奉天　　　　　　十六日下午发
　　　　　　　　　　　　　　外务省　　　　　五月十六日下午收

第七九五号

十五日，关东军桥本参谋长来电话称，在哈尔滨的哈斯向大桥表达了下述意向，即因调查团的一部将会见马占山，调查团会经呼海线前往海伦。"新国家"方面坚决反对以上会面，而关东军方面也认为这是调查团背叛"新国家"的行为，表达了会坚决阻止这类会面的主张。

已向哈尔滨、长春、齐齐哈尔转电。

资料来源：JACAR（アジア歴史資料センター）Ref. B02030446100（第229画像目から）、満洲事変（支那兵ノ満鉄柳条溝爆破ニ因ル日、支軍衝突関係）/善後措置関係/国際連盟支那調査員関係　第三卷（外務省外交史料館）

182. 驻沈阳森岛代理总领事致芳泽外务大臣的函电
（1932年5月16日）

昭和七年　一一八四九　暗　奉天　　　　　　十六日下午发
　　　　　　　　　　　　　　外务省　　　　　五月十六日下午收

第七九八号（绝密）

来自伊藤的消息

下官出发前与克劳德将军会谈，将军发言如下。

一、在哈尔滨的麦考益、哈斯等认为与马占山会面是必要的。我对此表示反对，因为结果会变成同"满洲国"发生纠纷。为了就此事进行咨询，哈斯开始与大桥交涉。会见马占山意味着同时会见反吉林军将领，此乃北平张学良灌输之结果。

二、克劳德将军表示，麦考益来满以后，逐渐公然采取史汀生的政策，麦考益有意集中在哈尔滨的欧美人进行意见交换，并想要让具有抗日思想的"新教徒"宣讲师代表提出意见。

三、希尼代表日益表现出其乃德国政策的代表。其自来满以后,接受各地德国商人控诉被日本商人压迫的陈情,批评满洲的门户开放政策。下官还听说,在长春时,麦考益已经间接地提醒希尼,调查团并不仅仅是某一个国家的代表者。

四、克劳德将军对李顿也有不满。李顿有注重调查细枝末节的癖好,日本方面在向他进行答疑时也感到被这一癖好牵制。但李顿为人诚恳,他真心去解决时局问题也是事实。

五、克劳德将军自己在殖民地有二十余年经验,因此对讨伐满洲的"土匪"有一些心得,他说十分清楚此问题非常棘手。

根据克劳德将军的请求,请务必不要将以上内容透露给其他人。

请转电哈尔滨并转达吉田大使。

资料来源:JACAR(アジア歴史資料センター)Ref. B02030446100(第229画像目から)、満洲事変(支那兵ノ満鉄柳条溝爆破ニ因ル日、支軍衝突関係)/善後措置関係/国際連盟支那調査員関係 第三巻(外務省外交史料館)

183. 驻哈尔滨长冈代理总领事致芳泽外务大臣的函电
(1932年5月16日)

昭和七年　一一七七七一　暗　哈尔滨　　　　　　十六日上午发
　　　　　　　　　　　　　　外务省　　　　　　五月十六日上午收

第五二〇号(紧急　绝密)

发自吉田

第一三四号

十四日,调查团决定会见马占山(在黑河或海伦)和其他一两个吉林军[①]首脑。同日,哈斯向大桥提出,希望对呼兰方面的旅行提供保护及便利。大桥答复,马占山是在利用调查团来满进行反对运动,调查团在这个时间会见作为"反叛军"的马占山,关系到"满洲国"的治安,且对其利益有不利影响,因此难以满足调查团的希望。十五日上午,两人再次见面,大桥表示就此事请示了长春政府,该政府坚决反对向上述会面提供保护及便利。

---

① 编者按:原文为"吉林军",应该是"反吉林军"。

关于以上事情，哈斯向盐崎表示马占山是重要人物，与其会面会有一定的效果。哈斯认为调查团为了最终完成任务，听取两方面的意见是非常必要的。否则报告书完成以后，日内瓦方面可能会批评报告书有失公平。鉴于难以了解"满洲国"方面的意向，盐崎称，"满洲国"的出现是理事会决议以后的新事态，因此"满洲国"方面所持有的立场不受理事会决议的任何限制。首先，向包括顾维钧在内调查团一行人的视察提供保护和便利，并不是基于上述的决议，而是"满洲国"自己持有提供帮助这一意识。并且，我方不能完全左右"满洲国"的态度，并以众所皆知的顾维钧问题为例进行了阐述。但哈斯表示，如果"满洲国"方面不能答应，而调查团又坚持认为与马占山会面是有必要的话，结果就是会冒着危险经呼兰前往海伦地区，或者只能多牺牲一些时间，经赤塔（チタ）绕道布拉戈维申斯克。

转电支那、北平、奉天、长春、齐齐哈尔、国际联盟，国际联盟转电英、美、德、法、意。

资料来源：JACAR（アジア歴史資料センター）Ref. B02030446100（第231画像目から）、満洲事変（支那兵ノ満鉄柳条溝爆破ニ因ル日、支軍衝突関係）/善後措置関係/國際連盟支那調査員関係　第三卷（外務省外交史料館）

184. 驻哈尔滨长冈代理总领事致芳泽外务大臣的函电
（1932年5月16日）

昭和七年　一一八一一　暗　哈尔滨　　　　　十六日下午发
　　　　　　　　　　　　　　外务省　　　　　五月十六日下午收

第五二一号
本官致奉天电报
第四九九号
发自吉田

调查团团长发出至本使的电报第四五〇号及四五一号已经送达。该电报的内容是关于前几日在贵地，一名邮政局雇员与支那方面调查员会面后被逮捕。一直以来，调查团对支那方面调查员既不保护也不监视。因我方的这次逮捕与其他犯罪不同，难以向李顿团长说明，请就回答的详细内容紧急回电。

已和别电一起转电外务大臣、长春。

资料来源：JACAR（アジア歴史資料センター）Ref. B02030446100（第232画像目から）、満洲事変（支那兵ノ満鉄柳条溝爆破ニ因ル日、支軍衝突関係）/善後措置関係/国際連盟支那調査員関係　第三巻（外務省外交史料館）

185．驻哈尔滨长冈代理总领事致芳泽外务大臣的函电（1932年5月16日）

昭和七年　一一八一四　暗　　哈尔滨　　　　　　十六日下午发
　　　　　　　　　　　　　　　外务省　　　　　五月十六日下午收

第五二四号

发自吉田

第一三五号

关于往电第一三四号

根据麦考益给本使的传话，十五日其向乔治·布朗森·雷亚（George Bronson Rea，ブロンソン・レー）表示自己对日本有着友谊般的感情，并认为日本关于满洲问题的主张是强硬的，最近调查团对"满洲国"的态度多感到不快。（一）反对"满洲国"的支那人与调查团会见时候，大概没有受到同席的"满洲国"官员的压迫，但在调查团一行离开后，他们受到何种对待是无法预想的。调查团无法直接与他们单独会见，除用间接办法听取他们的意见外别无他法。（二）关于马占山的问题也进行了同样的回答。本使对雷亚表示，日本并不能像想象中那样左右"满洲国"的态度，顾维钧的例子就是明证。雷亚表示调查团认为"满洲国"是完全按照日本的意志行动的，日本声称不能左右"满洲国"的说法似乎不被任何人采信。

本使会在十六日与麦考益进行恳谈。

已向支那、北平、奉天、长春、国际联盟转电。

资料来源：JACAR（アジア歴史資料センター）Ref. B02030446100（第236画像目から）、満洲事変（支那兵ノ満鉄柳条溝爆破ニ因ル日、支軍衝突関係）/善後措置関係/国際連盟支那調査員関係　第三巻（外務省外交史料館）

186. 驻哈尔滨长冈代理总领事致芳泽外务大臣的函电
（1932年5月16日）

昭和七年　一一八一三　暗　　哈尔滨　　　　　　　　十六日下午发
　　　　　　　　　　　　　　外务省　　　　　　　　　五月十六日下午收

第五二四号
本官发往奉天电报
第四五三号
自吉田
关于哈尔滨致贵处电报第四四九号
以上内容是否为事实仍存在疑问，调查团返回奉天后会引起何等问题也不得而知。对于本事件的日方措施及发给大臣的往电第一三五号所述的"满洲国"的态度，调查团抱有不快。支那方乘机努力宣传，并计划九月在日内瓦发起行动。请注意。
已向外务大臣、长春转电。

资料来源：JACAR（アジア歴史資料センター）Ref. B02030446200（第237画像目から）、満洲事変（支那兵ノ満鉄柳条溝爆破ニ因ル日、支軍衝突関係）/善後措置関係/国際連盟支那調査員関係　第三巻（外務省外交史料館）

187. 驻哈尔滨长冈代理总领事致芳泽外务大臣的函电
（1932年5月16日）

昭和七年　一一八一二　暗　　哈尔滨　　　　　　　　十六日下午发
　　　　　　　　　　　　　　外务省　　　　　　　　　五月十六日下午收

第五二五号（紧急　机密）
自吉田的第一三六号
关于往电第一三四号
关于调查团与马占山会面问题，关东军参谋长于昨（十五）日致电当地特务机关长，并向藤本参谋长发电，传达了意向。除"满洲国"说明的理由以外，此事与将来治安维持也有特别重大的关系。根据军方的内部指导，不能使会面这件事情得以实现。

已向支那、北平、奉天、长春、齐齐哈尔、国际联盟转电。

资料来源:JACAR(アジア歴史資料センター)Ref. B02030446200(第238画像目から)、満洲事変(支那兵ノ満鉄柳条溝爆破ニ因ル日、支軍衝突関係)/善後措置関係/国際連盟支那調査員関係　第三巻(外務省外交史料館)

188. 驻吉林石射总领事致芳泽外务大臣的函电
（1932年5月16日）

昭和七年　一一八三九　暗　　吉林　　　　　　　　十六日下午发
　　　　　　　　　　　　　　外务省　　　　　　　五月十六日下午收

第二七〇号

本官致奉天电报

第三三号

关于哈尔滨致本官电报第二二号

事变当时支那监狱关押的朝鲜人,吉林有二百四十三名,敦化有四十九名,后予以释放。如去年发给大臣的往电第一〇九号及第一三〇号所说,因为是突然被释放,所以入狱理由不详细,也没有询问书。因此深入调查此事则有露出破绽的危险。本官向国际联盟调查团表示,这是支那方面无视朝鲜人地契的例证。上述朝鲜人的数目及支那未回应本官提出的引渡要求的事实,都已向调查团说明。此外,上述引渡要求是口头提出的,终因事变发生,没有向支那一方提交上述事件的正式公文书。军方表示释放朝鲜人乃遵照凞长官①的要求,并拥有相关文书,但详细情况不明。

已向外务大臣、长春、哈尔滨转电。

资料来源:JACAR(アジア歴史資料センター)Ref. B02030446200(第238画像目から)、満洲事変(支那兵ノ満鉄柳条溝爆破ニ因ル日、支軍衝突関係)/善後措置関係/国際連盟支那調査員関係　第三巻(外務省外交史料館)

---

① 编者按:原文如此。疑为熙洽。

189. 驻齐齐哈尔清水领事致芳泽外务大臣的函电
（1932年5月16日）

昭和七年　一一八七〇　暗　　齐齐哈尔　　　　　　十六日下午发
　　　　　　　　　　　　　　外务省　　　　　　　五月十七日上午收

第七五号（紧急）
本官致哈尔滨电报
第七八号
关于往电第七六号
致吉田大使的内容如下：
调查团与马占山的会面明显使我方陷入非常不利的立场，望我方极力阻止调查团一行与马占山会面。
已经哈尔滨转电公使、北平、吉林。
已向外务大臣、奉天、长春转电。

资料来源：JACAR（アジア歴史資料センター）Ref. B02030446200（第239画像目から）、満洲事変（支那兵ノ満鉄柳条溝爆破ニ因ル日、支軍衝突関係）/善後措置関係/国際連盟支那調査員関係　第三卷（外務省外交史料館）

190. 驻齐齐哈尔清水领事致芳泽外务大臣的函电
（1932年5月16日）

昭和七年　一一八六九　暗　　齐齐哈尔　　　　　　十六日下午发
　　　　　　　　　　　　　　外务省　　　　　　　五月十七日上午收

第七六号
本官致哈尔滨电报第七六号（紧急）
致吉田大使的内容如下：
关于往电第七五号前段部分及哈尔滨致大臣往电第五二〇号，当地军方窃听到马占山所发无线电，得知马占山向国际联盟调查团提交了密信，王廷兰作为特使赴昂昂溪送信，计划在该地将密信交给调查团。我方知悉后极度警戒，本月九日逮捕潜伏在齐齐哈尔的王廷兰，调查结果是王廷兰持有用丝绸誊

写的密信,内容如下:

一,王廷兰的身份证明;二,对顾维钧的委托书;三,呼海线的借款合同;四,日军的暴行(记录有大兴战和齐齐哈尔战的前后交涉经过、日支双方军事行动的概要、板垣参谋长在海伦与马占山的会谈等);五,航空合同及村田顾问的建言;六,日满方面的要人催促逃入黑河的马占山归城的电报复印件。

关于以上文件的第四点之交涉,因马占山下野,黑龙江省政权交予张海鹏一事被记录下来。另外,马占山与板垣会面过程中提及日本承担"满洲国"国防任务。在第五点有关村田顾问的建言中,提到就外交政治应与顾问商谈?(不明)①,记录了许多干涉内政的内容。马占山之密使利用此机会向调查团提出以上内容,其不仅向当地,也向其他地方派遣特使。机密文件之原件十四日由当地特务机关发往关东军。

请向公使、北平、吉林转电。

已向外务大臣、奉天、长春转电。

资料来源:JACAR(アジア歴史資料センター)Ref. B02030446200(第240画像目から)、満洲事変(支那兵ノ満鉄柳条溝爆破ニ因ル日、支軍衝突関係)/善後措置関係/国際連盟支那調査員関係　第三巻(外務省外交史料館)

191. 芳泽大使致驻美出渊大使、驻国际联盟泽田局长的函电(1932年5月16日)

昭和七年五月十六日

第一二〇一号

驻沈阳森岛代理总领事致本大臣的函电报第七七九号。

(以下电报全文转电国际联盟。转电英、法、意)②

资料来源:JACAR(アジア歴史資料センター)Ref. B02030446200(第241画像目から)、満洲事変(支那兵ノ満鉄柳条溝爆破ニ因ル日、支軍衝突関係)/善後措置関係/国際連盟支那調査員関係　第三巻(外務省外交史料館)

---

① 译者按:原文如此。

② 编者按:电报全文无。

192. 驻哈尔滨长冈代理总领事致芳泽外务大臣的函电
（1932年5月17日）

昭和七年　一一九三一　暗　　哈尔滨　　　　　　十七日上午发
　　　　　　　　　　　　　　外务省　　　　　　　五月十七日下午收

第五二七号

发自吉田

第一三八号

十六日，与调查团第二次会面，小松原大佐继续说明北满共产党活动的状况。然后由百武中佐说明北满的白俄移民情况以及军方使用中东铁路始末。

转电支那、北平、长春、齐齐哈尔。

资料来源：JACAR（アジア歴史資料センター）Ref. B02030446200（第242画像目から）、満洲事変(支那兵ノ満鉄柳条溝爆破ニ因ル日、支軍衝突関係)/善後措置関係/国際連盟支那調査員関係　第三巻(外務省外交史料館)

193. 驻哈尔滨长冈代理总领事致芳泽外务大臣的函电
（1932年5月17日）

昭和七年　一一九二三　暗　　哈尔滨　　　　　　十七日上午发
　　　　　　　　　　　　　　外务省　　　　　　　五月十七日下午收

第五二八号

发自吉田

第一三九号

五月十六日，希爱慕会见中东铁路理事长沈瑞麟(中东铁路方面专门委员列席)，听取了关于专门事项的意见。

已向支那、北平、奉天、长春转电。

资料来源：JACAR（アジア歴史資料センター）Ref. B02030446200（第242画像目から）、満洲事変(支那兵ノ満鉄柳条溝爆破ニ因ル日、支軍衝突関係)/善後措置関係/国際連盟支那調査員関係　第三巻(外務省外交史料館)

194. 驻哈尔滨长冈代理总领事致芳泽外务大臣的函电
（1932年5月17日）

昭和七年　一一九二六　暗　哈尔滨　　　　　　　十七日上午发
　　　　　　　　　　　　　　　外务省　　　　　　　五月十七日下午收

第五二九号

发自吉田

第一四〇号

关于往电第一三四号

十六日，小松原大佐向调查团披露如下内容：十五日下午三点半在呼海线松浦镇，日本为防卫当地而配置军队，遭遇马占山军队攻击我方一个中队，我方应战。敌方死伤五十人后撤退，我方战死一人，负伤将领一人、下士一人。下午八点敌人折回偷袭，并在呼兰河的铁桥留下焚烧的形迹。

已向支那、北平、奉天、长春、齐齐哈尔、国际联盟转电。

资料来源：JACAR（アジア歴史資料センター）Ref. B02030446200（第243画像目から）、満洲事変（支那兵ノ満鉄柳条溝爆破ニ因ル日、支軍衝突関係）/善後措置関係/国際連盟支那調査員関係　第三巻（外務省外交史料館）

195. 驻哈尔滨长冈代理总领事致芳泽外务大臣的函电
（1932年5月17日）

昭和七年　一一九二五　暗　哈尔滨　　　　　　　十七日上午发
　　　　　　　　　　　　　　　外务省　　　　　　　五月十七日下午收

第五三〇号

本官致奉天电报第四六〇号

吉田发

希望向调查团方面说明以下事情，即将事变前东三省的行政组织与"满洲国"的新行政组织进行比较，特别是张家的各种苛捐杂税。抵达贵地之前，调查团一行和军队协商并调查如下事项，请完成其翻译，并向调查团揭露旧政权时期的各种弊政。

记

一、事变前东三省的中央机关组织

（一）东三省中央机关组织，所在地（奉天或北平）及权限

（二）中央机关的财政（收入、财源、征收方法、收入分配，状况及支出）

（三）司法制度的组织、法官（任用办法及报酬）、最高法院的权限

（四）军队组织、征兵方法、薪俸和各省所属军队的关系

（五）东三省中央机关与支那中央政府的关系

二、事变前东三省地方机关的组织

（一）各省及省内行政区划

（二）各省及省内行政各官厅、其政权及行政各官厅的相互关系

（三）官吏，其任用办法及报酬

（四）省、县、村等收入、收入种类、征税办法、行政各官厅间的收入分配

（五）租税及各种赋税

（六）商业界行政官厅的介入（旧政权的职权滥用）

（七）省、县、村等的支出（行政各官厅的支出分担状况、支出监督）

（八）军队（组织、士官兵士的录用方法及薪水、军队和一般行政官厅的关系、军事费用）

（九）警察（警察机关的种类及权限、职员招录办法）

（十）司法（各种法院的组织、法官的任用、判决的情况、适用法律或习惯法）

（十一）对外关系（各省交涉机构的组织及其权限）

（十二）其他行政官厅（有关工商业、教育、森林等）

（十三）各省行政官厅和奉天中央机关及南京中央政府的关系

已向外务大臣转电。

资料来源：JACAR（アジア歴史資料センター）Ref. B02030446200（第244画像目から）、満洲事変（支那兵ノ満鉄柳条溝爆破ニ因ル日、支軍衝突関係）/善後措置関係/国際連盟支那調査員関係　第三卷（外務省外交史料館）

196. 驻哈尔滨长冈代理总领事致芳泽外务大臣的函电
（1932年5月17日）

昭和七年　一一九六七　暗　　哈尔滨　　　　　十七日上午发
　　　　　　　　　　　　　　外务省　　　　　　五月十七日下午收

第五三一号

本官致吉林、齐齐哈尔电报

合第三一四号

吉田发

为了向调查团方面说明情况，需要将事变前东三省的行政组织与"满洲国"的新行政组织进行比较，特别是张家的各种弊政，请调查如下事项，并完成翻译，在调查团一行抵达奉天前寄送至该地。

以上各项依据旧政权当时各种弊政实例进行说明。

记

（一）各省及省内行政区划

（二）各省及省内行政各官厅、其政权及行政各官厅的相互关系

（三）官吏、其任用办法及报酬

（四）省、县、村等收入、收入种类、征税办法、行政各官厅间的收入分配

（五）租税及各种赋税

（六）行政官厅对商业界的介入（旧政权的职权滥用）

（七）省、县、村等的支出（行政各官厅的支出分担状况、支出监督）

（八）军队（组织、士官兵士的录用方法及薪水、军队和一般行政官厅的关系、军事费用）

（九）警察（警察机关的种类及权限、职员招录办法）

（十）司法（各法院的组织、法官的任用、判决的情况、适用法律或习惯法）

（十一）对外关系（各省交涉机构的组织及其权限）

（十二）其他行政官厅（有关工商业、教育、森林等）

（十三）各省行政官厅和奉天中央机关及南京中央政府的关系

本电发往吉林、齐齐哈尔。

已向外务大臣、奉天转电。

资料来源：JACAR（アジア歴史資料センター）Ref. B02030446200（第246画像目から）、満洲事変（支那兵ノ満鉄柳条溝爆破ニ因ル日、支軍衝突関係）/善後措置関係/国際連盟支那調査員関係　第三巻（外務省外交史料館）

197．驻哈尔滨长冈代理总领事致芳泽外务大臣的函电
（1932年5月17日）

昭和七年　一一九二四　暗　　哈尔滨　　　　　　十七日上午发
　　　　　　　　　　　　　　外务省　　　　　　　五月十七日下午收

第五三三号
发自吉田
第一四二号

五月十六日，调查团一行会见张景惠，就哈尔滨市的由来、特区长官及哈尔滨市市长的权限、"满洲国"建国的详情等听取了意见。

已向支那、北平、奉天、长春（漏掉了国际联盟？）[①]转电。

资料来源：JACAR（アジア歴史資料センター）Ref. B02030446200（第247画像目から）、満洲事変（支那兵ノ満鉄柳条溝爆破ニ因ル日、支軍衝突関係）/善後措置関係/国際連盟支那調査員関係　第三巻（外務省外交史料館）

198．驻哈尔滨长冈代理总领事致芳泽外务大臣的函电
（1932年5月17日）

昭和七年　一一九二八　暗　　哈尔滨　　　　　　十七日上午发
　　　　　　　　　　　　　　外务省　　　　　　　五月十七日下午收

第五三四号
发自吉田
第一四三号

关于往电第一三五号，麦考益与本使密谈内容如下：

日本非常关心满洲问题，世间对日本有重大误解，需要予以改正。

[①]　编者按：原文如此。

作为决定最终报告书的重要因素,应会再次听取日本及支那的意见。

是否要与马占山会面,支那方面也非常重视,支那认为如不会面则调查有可能会被质疑为取证不完全。听取马占山的发言,足以使调查团对其有印象。调查团团长之后会与阁下会谈。

反"满洲国"政府的支那人方面惧怕会有后患,所以当地未有一人来拜访调查团,若能通过间接办法会面,希望阁下能够采取相应措施。

资料来源:JACAR(アジア歴史資料センター) Ref. B02030446200(第248画像目から)、満洲事変(支那兵ノ満鉄柳条溝爆破ニ因ル日、支軍衝突関係)/善後措置関係/国際連盟支那調査員関係　第三巻(外務省外交史料館)

199. 驻哈尔滨长冈代理总领事致芳泽外务大臣的函电
(1932年5月17日)

昭和七年　一一九二七　暗　　哈尔滨　　　　　　　十七日上午发
　　　　　　　　　　　　　　外务省　　　　　　　五月十七日下午收

第五三五号

发自吉田

第一四四号

关于往电第一三四号

十六日下官与李顿密谈

李顿:马占山想和调查团会面,我们也想会见他们。这些话对哈斯、大桥说过,也想向阁下传达。

下官:不清楚日本政府意向,这是"满洲国"的问题,并且我对于顾维钧进入"满洲国"一事有不愉快的经历。

李顿:深知此事。余希望阁下务必与"满洲国"政府进行商谈。调查团为了和马占山会面,想直接向北前进。但若是不能得到"满洲国"的承诺,则希望能派遣几个人绕道浦潮或知多①,但这又牵扯到苏联的签证问题,届时如有问题还希望日本能出言相助。

下官:(引用往电第一四〇号)如果长春政府拒绝的话,我本人也希望能从

---

① 编者按:应该是赤塔。日文为"チタ"。

俄国境内绕道。

李顿：很难说会得到长春政府的同意，但一旦其同意，阁下您个人对经由呼兰的方案有没有异议？

下官：没有。

调查团一时意气振奋，态度缓和。望同有关 Visé（ヴィゼ）①的内容一起回电。

已向支那、北平、奉天、长春、齐齐哈尔、国际联盟转电。

资料来源：JACAR（アジア歴史資料センター）Ref. B02030446200（第249画像目から）、満洲事変(支那兵ノ満鉄柳条溝爆破ニ因ル日、支軍衝突関係)/善後措置関係/国際連盟支那調査員関係　第三卷（外務省外交史料館）

200. 驻哈尔滨长冈代理总领事致芳泽外务大臣的函电
（1932年5月17日）

昭和七年　一一九四二　暗　　哈尔滨　　　　　　　　十七日下午发
　　　　　　　　　　　　　　　外务省　　　　　　　　五月十七日下午收

第五三六号

齐齐哈尔致本官电报

第七九号（紧急）

致吉田大使的内容如下：

航船初次进入黑河港口，在往年是五月一日至五日，今年预计为一日至十日。目前陆路正处于化冰期，汽车行驶不便，因此认为马占山很可能会乘轮船前往松花江沿岸。一直以来驻扎哈尔滨下游通河的蒋サクヒン（马公）②最近移驻松花江下游汤原，马占山也有可能前往汤原之后，出现在呼海线方面。我军已驻扎三姓及通河，因有松花江为阻，马占山从哈尔滨及绥化地区出入非常困难。由松花江下游地区横穿小兴安岭前往呼海线已无道路，进出也是极其困难的。军方十六日上午在哈尔滨对岸松浦镇受到马占山军队袭击，计划借此机会向呼海线腹地进兵。如果我军计划能够实行，马占山从呼海线方面出

---

① 编者按：可能指代签证。
② 编者按：原文如此。

入更加困难。因此只要调查团不去布拉戈维申斯克与马占山会面，我军部便能够阻止。

此外，军部表示，一旦确定马占山进入汤原，则会从三姓派飞机实施轰炸。

请经哈尔滨转电外务大臣、公使、北平、吉林。

已向奉天、长春转电。

资料来源：JACAR（アジア歴史資料センター）Ref. B02030446200（第250画像目から）、満洲事変(支那兵ノ満鉄柳条溝爆破ニ因ル日、支軍衝突関係)/善後措置関係/国際連盟支那調査員関係　第三巻(外務省外交史料館)

201. 驻哈尔滨长冈代理总领事致芳泽外务大臣的函电
（1932年5月17日）

昭和七年　一一九八〇　暗　　哈尔滨　　　　　　十七日下午发
　　　　　　　　　　　　　　外务省　　　　　　五月十八日上午收

第五四〇号（紧急）

发自吉田

第一四五号

关于往电第一四四号

哈斯的谈判对象大桥于十六日返回长春，哈斯向大桥索求"满洲国"明确回复的公文。在十七日协商之后，搁置了以上请求。调查团也取消亲自与马占山见面一事，决定派代表者前往浦潮或知多[①]。

已向支那、北平、奉天、长春、齐齐哈尔、国际联盟转电。

资料来源：JACAR（アジア歴史資料センター）Ref. B02030446200（第252画像目から）、満洲事変(支那兵ノ満鉄柳条溝爆破ニ因ル日、支軍衝突関係)/善後措置関係/国際連盟支那調査員関係　第三巻(外務省外交史料館)

---

① 编者按：应该是赤塔。日文为"チタ"。

202. 驻哈尔滨长冈代理总领事致芳泽外务大臣的函电
（1932年5月17日）

昭和七年　一二〇一九　暗　　哈尔滨　　　　　　　　十七日下午发
　　　　　　　　　　　　　　外务省　　　　　　　　五月十八日下午收

第八〇九号
本官致哈尔滨电报
第八〇号
关于贵电第四六〇号
致吉田大使

正如来电所示,此种多（该?）①国关系之事项,莫如由"满洲国"方面告知调查团最为合适。来电所示事项复杂多面,需要利用年鉴资料。

加之,特别是有关以前东北方面的行政运用基本上没有公开发表,与其他法治国完全不同,无法在短时间内调查。而且调查中需要专家介入之处不少,若实在需要的话,可参考东北文化社发行的《东北年鉴》及东亚经济调查局发行的英文《满洲年鉴》,并劳烦进行说明。我方正针对如何充分回答调查团团长提出的询问书而做准备。

已向外务大臣转电。

资料来源:JACAR(アジア歴史資料センター)Ref. B02030446200(第252画像目から)、満洲事変(支那兵ノ満鉄柳条溝爆破ニ因ル日、支軍衝突関係)/善後措置関係/国際連盟支那調査員関係　第三卷(外務省外交史料館)

203. 驻哈尔滨长冈代理总领事致芳泽外务大臣的函电
（1932年5月17日）

昭和七年　一一九六〇　暗　　哈尔滨　　　　　　　　十七日下午发
　　　　　　　　　　　　　　外务省　　　　　　　　五月十七日下午收

第八一〇号

---

① 编者按:原文如此。意思指代是否应该将"多"改为"该"。

关于哈尔滨致阁下电报第五三五号

国际联盟调查团与马占山的会面对帝国今后在满蒙的立场有非常坏的影响，鉴于马占山之前的态度，这是很明确的。此时进入布拉戈维申斯克，除了利用中东铁路东部线及呼海线外别无他法。"满洲国"拒绝其利用上述铁道，有必要阻止调查团通过俄国领域与马占山会面。

已向哈尔滨、长春、齐齐哈尔、国际联盟转电。

资料来源：JACAR（アジア歴史資料センター）Ref. B02030446200（第253画像目から）、満洲事変（支那兵ノ満鉄柳条溝爆破ニ因ル日、支軍衝突関係）/善後措置関係/国際連盟支那調査員関係　第三巻（外務省外交史料館）

204. 驻沈阳森岛代理总领事致芳泽外务大臣的函电
（1932年5月17日）

昭和七年　一一九五九　暗　　奉天　　　　　　　　十七日下午发
　　　　　　　　　　　　　　　　外务省　　　　　　五月十七日下午收

第八一一号
本官致哈尔滨电报
第八一号
关于贵电第四四九号
致吉田大使

调查团团长提出的支那人是当地 Netral of Shatown Works 代表者荷兰人罗伯特·德沃斯（Robert de Vos）的秘书张光圻（Chang Kuang Chi）。十一日，多博什（ドボス，译音）向馆员发出的书面文件中关于此人（的描述），明显与调查团团长提出的言语相类似。张光圻于四月二十三日在当地"大和"旅馆因可疑举动接受日"满"官吏的调查后被释放。之后满洲方面的警察为了监视上的便利，于二十八日将其转移至商埠地警署附近的旅馆，五月一日，其再度被拘留。此次事件与我方无任何关系，预计近期通过贵电咨询当地"满洲国"政府后，即可对其予以释放。

已向外务大臣、长春转电。

资料来源：JACAR（アジア歴史資料センター）Ref. B02030446200（第254画像目から）、満洲事変（支那兵ノ満鉄柳条溝爆破ニ因ル日、支軍衝突関係）/善後措置関係/国際連盟支那調査員関係　第三巻（外務省外交史料館）

205. 驻北平中山书记官致芳泽外务大臣的函电
（1932年5月17日）

昭和七年　一一九七六　暗　　北平　　　　　　　　十七日下午发
　　　　　　　　　　　　　　外务省　　　　　　　　五月十八日上午收

第二三六号（机密）

关于阁下致长春电报第七三号

Phonette作为顾维钧的随员留在北平，已经弄清楚（Phonette）是外交档案处正在执行任务的溥小峰（本名溥管雄）之电报简写符号。

请经哈尔滨转电吉田大使。

已向支那、哈尔滨、齐齐哈尔、南京、奉天、长春、吉林转电。

资料来源：JACAR（アジア歴史資料センター）Ref. B02030446200（第255画像目から）、満洲事変（支那兵ノ満鉄柳条溝爆破ニ因ル日、支軍衝突関係）/善後措置関係/国際連盟支那調査員関係　第三巻（外務省外交史料館）

206. 驻长春田代领事致芳泽外务大臣的函电
（1932年5月17日）

昭和七年　一一九六一　暗　　长春　　　　　　　　十七日下午发
　　　　　　　　　　　　　　外务省　　　　　　　　五月十七日下午收

合第一八四号

本官发给外务大臣的电报

第二四四号

关于国际联盟调查团与马占山会面问题，据十七日大桥的秘密报告，其以私人信件形式致电驻哈尔滨苏联领事，表示"满洲国"方面坚决反对上述会面。如果苏联在上述会面中为"叛逆者"马占山提供便利，我方无论如何都不会对苏联抱有好感。

致电支那、北平、奉天、哈尔滨、齐齐哈尔。

资料来源：JACAR（アジア歴史資料センター）Ref. B02030446200（第255画像目から）、満洲事変（支那兵ノ満鉄柳条溝爆破ニ因ル日、支軍衝突関係）/善後措置関係/国際連盟支那調査員関係　第三巻（外務省外交史料館）

207. 驻哈尔滨长冈代理总领事致芳泽外务大臣的函电
（1932年5月18日）

昭和七年　一二〇九八　暗　　哈尔滨　　　　　　十八日下午发
　　　　　　　　　　　　　　外务省　　　　　　五月十九日上午收

第五四六号

吉田发出

第一四七号

十七日上午，调查团接见白俄各团体代表，这些团体代表说明了与白俄、支那人及赤俄间的关系，并表达欢迎"满洲国"之意。下午调查团听取美国总领事的意见，该领事没有提到对日方有利的情况。满蒙同志协商会代表与调查团专家顾问开脱盎葛林诺会面，提出反对旧政权的意见。满铁相关人士向希爱慕说明中东铁路南满间的运费协议、中东铁路的运费协议等。

转电支那、北平、奉天、齐齐哈尔。

资料来源：JACAR（アジア歴史資料センター）Ref. B02030446200（第256画像目から）、満洲事変（支那兵ノ満鉄柳条溝爆破ニ因ル日、支軍衝突関係）/善後措置関係/国際連盟支那調査員関係　第三巻（外務省外交史料館）

208. 朝鲜总督府政务总监致有田外务次官的函电
（1932年5月18日）

昭和七年　一二〇一五　平　　京城①　　　　　　十八日下午发
　　　　　　　　　　　　　　外务省　　　　　　五月十八日下午收

本月十二日附官密第三八号信件，望紧急答复。

（本信件未收到，文件名、主管不明，电信课）

国际联盟支那调查团一行相关之件。

资料来源：JACAR（アジア歴史資料センター）Ref. B02030446200（第257画像目から）、満洲事変（支那兵ノ満鉄柳条溝爆破ニ因ル日、支軍衝突関係）/善後措置関係/国際連盟支那調査員関係　第三巻（外務省外交史料館）

---

① 编者按：指朝鲜的首都。下同。

209. 驻长春田代领事致芳泽外务大臣的函电
（1932年5月18日）

昭和七年　一二〇三〇　暗　　哈尔滨　　　　　　　十八日下午发
　　　　　　　　　　　　　　　外务省　　　　　　　五月十八日下午收

第五四三号

吉田发出

第一四六号

李顿团长咨询如下几点，望调查后紧急发出。

一、有关汉口、北平等电话借款之支那方面的本利收支状况。

二、有关汉冶萍煤炭公司借款之本利收支状况。

资料来源：JACAR（アジア歴史資料センター）Ref. B02030446200（第258画像目から）、満洲事変（支那兵ノ満鉄柳条溝爆破ニ因ル日、支軍衝突関係）/善後措置関係/国際連盟支那調査員関係　第三巻（外務省外交史料館）

210. 芳泽外务大臣致驻沈阳森岛代理总领事的函电
（1932年5月19日）

第二一〇号

关于国际联盟调查团与本庄司令官的应答文件

关于哈尔滨来电第五〇二号

关于"满洲国"解决方案（例如"新国家"承认问题、中华民国宗主权下"满洲国"自治的想法、满洲的国际管理案、满洲的委任统治案等），调查团希望听取本庄司令官及其他人的意见。此等问题乃帝国政府应该答复的问题，驻外官吏不应发表意见，但不能断然拒绝调查团之要求。（应答）可以作为将来帝国政府应对时的适当铺垫。对本电开头括号里的政治问题，驻外官吏也应如前所述不发表意见。同时依据另电第二一一号内容（参考本庄司令官之应答），为解决满洲问题不应忽视"新国家"成立之新事态（贵电第六四九号四月二十四日上午该司令官之应答乃同样内容）。

如上转达关东军、吉田大使及内田总裁。

与总部商量。

转电支那、北平、国际联盟,经支那转电南京,经国际联盟转电除土耳其外的驻欧各大使。

资料来源:JACAR(アジア歴史資料センター)Ref. B02030446200(第259画像目から)、満洲事変(支那兵ノ満鉄柳条溝爆破ニ因ル日、支軍衝突関係)/善後措置関係/国際連盟支那調査員関係　第三巻(外務省外交史料館)

211. 芳泽外务大臣致驻沈阳森岛代理总领事的函电
（1932年5月18日）

第二七一号火速

本庄司令官之应答（另电）

一、本人基于满洲的实际情况而采取合适的行动。南北满各地定居有众多朝鲜人,日本在满洲投资巨大,政治、军事及经济上都存在有形或无形的利害关系,且关系重大、复杂。日本方面期待恢复治安,满洲内外全部从威胁(例如满洲各地的"兵匪"及其他"跳梁小丑",支那本部诸势力的煽动,及共产主义者的煽动等)中脱离,达到一定程度之安定。诸位视察满洲各地,但恢复治安绝非易事,料难以取得诸位谅解。

二、满洲事变后,国民政府屡屡向帝国政府提出要派遣官吏至满洲,收编残兵,恢复治安。帝国政府表示集结残兵之目的乃单纯的恢复治安,若日支两国间的国民感情极度亢奋,支那军队一旦与日军冲突,有再次与日军对峙之重大危险。如希望按上述办法恢复治安,实施之前最重要的是缓和日支两国国民间的感情。然而支那方对形势之缓和未有诚意,以致事态恶化。因此发生后述"满洲国"成立之新事态后,帝国政府之态度将有所变化。

三、需留意九月三十日及十二月十日理事会决议后,满洲发生了无法预想之新事态。这些新事态中最大的事实乃"满洲国"之成立,今后处理满洲问题不能忽视此事实。"满洲国"政府排除支那政府在满洲的权利,亲自掌握该地区主权。国民政府乃至张学良派遣官吏收回满洲统治,必然与"新国家"发生正面冲突,恐怕会引起大动乱,不难想象满洲治安维持将发生大变动。支那本部计划派遣官吏以恢复满洲治安,但今日承认无法通过相关方面实行。兹认为今后借支那人之手恢复满洲治安,可充实"新国家"之实力,使"新国家"内外抱有满洲将在"新国家"统治下达到安定之信念。为达此目的,最重要的乃是国际联盟明确表示不会妨碍"新国家"之健全发展。如此态度有助于此想法之实施。

资料来源:JACAR(アジア歴史資料センター)Ref. B02030446200(第261画像目から)、満洲事変(支那兵ノ満鉄柳条溝爆破ニ因ル日、支軍衝突関係)/善後措置関係/国際連盟支那調査員関係　第三巻(外務省外交史料館)

212. 芳泽外务大臣致驻外人员的函电
(1932年5月18日)

发出方:芳泽外务大臣
接收方:驻支那重光公使
　　　驻北平矢野参事官
　　　驻美出渊大使
　　　驻日内瓦泽田局长

第一二一二号
本大臣发给奉天的第二七一号电报。

资料来源:JACAR(アジア歴史資料センター)Ref. B02030446200(第264画像目から)、満洲事変(支那兵ノ満鉄柳条溝爆破ニ因ル日、支軍衝突関係)/善後措置関係/国際連盟支那調査員関係　第三巻(外務省外交史料館)

213. 芳泽外务大臣致驻外人员的函电
(1932年5月18日)

发出方:芳泽外务大臣
接收方:驻美出渊大使
　　　驻日内瓦泽田局长

第一二一三号
关于往电合第一一六五号

Phonette 作为顾维钧的随员逗留北平。已弄清 Phonette 是正在外交档案处执行任务的溥小峰（本名溥管雄）之电信简写符号。

由日内瓦转电英、法、德、意。

资料来源：JACAR（アジア歴史資料センター）Ref. B02030446200（第265画像目から）、満洲事変（支那兵ノ満鉄柳条溝爆破ニ因ル日、支軍衝突関係）/善後措置関係/国際連盟支那調査員関係　第三巻（外務省外交史料館）

214．芳泽外务大臣致驻哈尔滨长冈代理总领事的函电
（1932 年 5 月 18 日）

联盟调查团与马占山会见之件

第一一七号

关于贵电第五三五号及第五四〇号

发给吉田大使

一、齐齐哈尔发给哈尔滨的第七九号电报内容如下：顾维钧等调查团方面只有经过武市才能会见马占山。调查团方面欲利用中东铁路东部及西部线、呼海线，"满洲国"方面拒绝其使用上述铁路（参照奉天来电第八一〇号）。我方兵力所及乃哈尔滨、齐齐哈尔等地，现我军正全力讨伐"兵匪"，绝无可能在兵力未及之地为调查团方面之旅行提供保护，望调查团方面避免由如上铁道赶赴武市。

二、调查团方面由海路赶赴浦潮，从该地经苏联领域赶赴武市，我方绝无阻止之理。届时为取得苏联签证，调查团定会要求我方为其美言，我方则无须承诺。

转电支那、北平、奉天、长春、国际联盟。

转电齐齐哈尔。

资料来源：JACAR（アジア歴史資料センター）Ref. B02030446200（第266画像目から）、満洲事変（支那兵ノ満鉄柳条溝爆破ニ因ル日、支軍衝突関係）/善後措置関係/国際連盟支那調査員関係　第三巻（外務省外交史料館）

215. 芳泽外务大臣致驻外人员的函电
（1932年5月18日）

发出方：芳泽外务大臣

接收方：驻支那重光公使

　　　　驻北平矢野参事官

　　　　驻沈阳森岛代理总领事

　　　　驻长春田代领事

　　　　驻日内瓦泽田局长

合第一二一四号

本大臣发给哈尔滨的第一一七号电报

有关国际联盟调查团与马占山会面文件[①]

　　资料来源：JACAR（アジア歴史資料センター）Ref. B02030446200（第267画像目から）、満洲事変（支那兵ノ満鉄柳条溝爆破ニ因ル日、支軍衝突関係）/善後措置関係/国際連盟支那調査員関係　第三卷（外務省外交史料館）

216. 芳泽外务大臣致驻外人员的函电
（1932年5月18日）

发出方：芳泽外务大臣

接收方：驻美出渊大使

　　　　驻日内瓦泽田局长

合第一二一七号

关于往电第一一六五号

　　五月十六日，李顿团长在哈尔滨发给吉田大使的信函，由居留在哈尔滨的英国人接收。据此信函，四月二十八日，支那人张光圻（K. C. Chang）在奉天被逮捕拷问，性命攸关。接此信函后，该大使照会奉天，指出此人乃荷兰公司

[①] 编者按：参见上一条(214)之函电内容。

代表罗伯特·德沃斯的秘书张光圻。此人于四月二十三日在奉天"大和"旅馆因可疑举动,遭到日"满"官员的调查后被释放。之后"满洲国"警察为了监视上的便利,于二十八日将其转移至商埠地警署附近的旅馆,五月一日再度将其拘留。此次事件与我方无任何关联,预计近期询问"满洲国"后会予以释放。支那方面计划九月在日内瓦"闹事"。

与奉天来电第七七四号一起由日内瓦转电英、法、德、意。

资料来源:JACAR(アジア歴史資料センター)Ref. B02030446200(第268画像目から)、満洲事変(支那兵ノ満鉄柳条溝爆破ニ因ル日、支軍衝突関係)/善後措置関係/国際連盟支那調査員関係 第三巻(外務省外交史料館)

217. 驻国际联盟泽田局长致犬养外务大臣的函电
(1932年1月6日)

昭和七年一月六日

有关寄送支那调查团候选"名单"的文件

本月四日,法国外交部国际联盟局长马西格利(René Massigli,マシグリ)向本官提交国际联盟理事会支那调查团候选者名单,特此电报,慎重起见,发出以上名单副本。

本信发给英、美、法、意、土各大使。

附外文一页。[①]

资料来源:JACAR(アジア歴史資料センター)Ref. B02030446200(第270画像目から)、満洲事変(支那兵ノ満鉄柳条溝爆破ニ因ル日、支軍衝突関係)/善後措置関係/国際連盟支那調査員関係 第三巻(外務省外交史料館)

218. 北平辅佐官致陆军次官的函电(1932年5月18日)

北电六七一

谍者报

[①] 编者按:外文从略,包括英文、法文等,其内容为国联调查团的五位候选代表名单。

国际联盟调查团的最终通报
整理地点目前在青岛,待抵达北平后再行决定。

资料来源:JACAR(アジア歴史資料センター)Ref. B02030446200(第272画像目から)、満洲事変(支那兵ノ満鉄柳条溝爆破ニ因ル日、支軍衝突関係)/善後措置関係/国際連盟支那調査員関係　第三巻(外務省外交史料館)

219. 驻沈阳森岛代理总领事致芳泽外务大臣的函电
(1932年5月19日)

昭和七年　一二〇八　暗　　奉天　　　　　　　十九日下午发
　　　　　　　　　　　　　外务省　　　　　　五月十九日下午收

第八二〇号(火速)

关于往电第七八二号

调查团二十四日抵达奉天,请求紧急回电。

资料来源:JACAR(アジア歴史資料センター)Ref. B02030446200(第273画像目から)、満洲事変(支那兵ノ満鉄柳条溝爆破ニ因ル日、支軍衝突関係)/善後措置関係/国際連盟支那調査員関係　第三巻(外務省外交史料館)

220. 驻哈尔滨长冈代理总领事致芳泽外务大臣的函电
(1932年5月19日)

昭和七年　一二一〇〇　暗　　哈尔滨　　　　　十九日上午发
　　　　　　　　　　　　　外务省　　　　　　五月十九日上午收

第五四八号

吉田发出

第一四八号

关于往电第一三四号

尽管我方向哈斯明言大桥坚决反对调查团与马占山会面,但哈斯将此予以隐瞒。我方听闻调查团还在等待长春的答复,我方于十八日向李顿指出以上误解。李顿表示调查团与马占山的会面已取消,本使表示日本政府之答复(往电第一四四号)并非毫无作用。李顿就调查团入俄向日本要求便利及关照,希望了解日本是否同意调查团派遣代表经由苏联会见马占山。

此外,杨格的任务是经由浦潮,从大连出发。

有关田代领事发给阁下的第二四二号电报,请求电报指示对李顿之回复。

转电支那、北平、奉天、长春、齐齐哈尔、国际联盟。

资料来源:JACAR(アジア歴史資料センター)Ref. B02030446200(第273画像目から)、満洲事変(支那兵ノ満鉄柳条溝爆破ニ因ル日、支軍衝突関係)/善後措置関係/国際連盟支那調査員関係　第三巻(外務省外交史料館)

221. 驻哈尔滨长冈代理总领事致芳泽外务大臣的函电
（1932年5月19日）

昭和七年　一二〇九九　暗　　哈尔滨　　　　　　十九日上午发
　　　　　　　　　　　　　　外务省　　　　　　五月十九日上午收

第五四九号

吉田发出

第一四九号

十八日与李顿谈话内容如下：

调查团在齐齐哈尔停留一日,向奉天代理总领事咨询若干事宜。调查团还望与军队司令官会面,并于六日得到允许后的一周内经过大连前往北平,在北平停留至少两周。调查团专家顾问整理主要任务后,由代表决定大致方案,并希望前往日本,与外相会谈。未决定报告的最终完成地(本使提出日方反对北戴河,希望调查团周知)。

转电北平、奉天、齐齐哈尔、长春。

资料来源:JACAR(アジア歴史資料センター)Ref. B02030446200(第274画像目から)、満洲事変(支那兵ノ満鉄柳条溝爆破ニ因ル日、支軍衝突関係)/善後措置関係/国際連盟支那調査員関係　第三巻(外務省外交史料館)

222. 驻哈尔滨长冈代理总领事致芳泽外务大臣的函电
（1932年5月19日）

昭和七年　一二一二四　暗　　哈尔滨　　　　　　　　十九日下午发
　　　　　　　　　　　　　　外务省　　　　　　　　　五月十九日下午收

第五五五号（火速）

吉田发出

第一五二号

关于往电第一四九号

根据秘密报道，十九日上午，调查团会合，李顿决定在北戴河起草报告书，日本方面的参与代表表示反对。报告书起草地由调查团决定，大部分代表希望去北戴河。然该地点在政治上、通信联络上等各方面对我方非常不利，望周知（参照三月二十三日拙信第八号）。本使依据政府的训令对此表示坚决反对，望紧急回电。

转电支那、北平、奉天、国际联盟。

资料来源：JACAR（アジア歴史資料センター）Ref. B02030446200（第275画像目から）、満洲事変(支那兵ノ満鉄柳条溝爆破ニ因ル日、支軍衝突関係)/善後措置関係/国際連盟支那調査員関係　第三巻（外務省外交史料館）

223. 驻哈尔滨长冈代理总领事致芳泽外务大臣的函电
（1932年5月19日）

昭和七年　一二一二三　暗　　哈尔滨　　　　　　　　十九日下午发
　　　　　　　　　　　　　　外务省　　　　　　　　　五月十九日下午收

第五五六号

吉田发出

第一五三号

调查团一行定于二十一日从当地前往齐齐哈尔。十九日，我方向调查团方面说明近期中东路附近及中东路西部线的不安状况，军队无法保护其乘坐火车前往齐齐哈尔的安全。李顿团长表示他们自己在旅行中会避免危险，不会给日军及日本其他方面增添麻烦,并按照日方的要求行动。双方协商的结果是极少数人乘飞机前往齐齐哈尔,其他人从当地直接乘坐火车前往奉天,二十一日(星期六)准备妥当之后即刻出发。

转电支那、北平、奉天、长春、齐齐哈尔、国际联盟秘书长、关东厅长官。

资料来源:JACAR(アジア歴史資料センター)Ref. B02030446200(第276画像目から)、満洲事変(支那兵ノ満鉄柳条溝爆破ニ因ル日、支軍衝突関係)/善後措置関係/国際連盟支那調査員関係　第三巻(外務省外交史料館)

224. 芳泽外务大臣致驻沈阳森岛代理总领事的函电 （1932年5月19日）

第二七三号(火速)

有关回复国际联盟调查团提出质问书的文件

关于贵电第七八二号

(一)质问事项第一点之(二),援引大仓组与张学良政府的航空契约交涉。

(二)质问事项第四点之(四),正如贵电所述,另附我方撰写的第二七四号调查报告书作为参考。

(三)质问事项第五点之(一)(二),予以追电。

(四)质问事项第七点之(一),我方解释如另电第二七五号所述。

(五)质问事项第九点第(一)之(a)共同调查报告……①

(六)质问事项第三点之(四),关于日本人如何利用大正四年日支条约商租条款,说明如下:支那方一贯执行妨碍日本人商租的方针,导致日本人商租无法增加。我方不管支那方面的态度如何,坚决承认商租成立并对其进行保护,因此(商租)每年逐渐增加。简要说明各地日本人的商租状况,每年向外务省提交商租调查报告,正如贵电结尾所述,如若一起提出则会非常繁杂,不仅因处紧急时期而时间不足,也无实际利益。因此依据以上报告,统计最近十年间各馆商租面积及投资总额,并制成表格,通过另电发出,将其作为说明商租问题之参考,与我方制成的"南满土地商租问题"调查报告一起发出,以兹利用,特此说明。

---

① 编者按:原文模糊,难以辨认。

资料来源：JACAR（アジア歴史資料センター）Ref. B02030446300（第278画像目から）、満洲事变（支那兵ノ満鉄柳条溝爆破ニ因ル日、支軍衝突関係）/善後措置関係/国際連盟支那調査員関係 第三卷（外務省外交史料館）

225. 驻沈阳森岛代理总领事致芳泽外务大臣的函电
（1932年5月13日）

昭和七年　暗　　奉天

外务省　　　　　　　　　　　　　　　五月十三日下午收

第七八二号（火速）

九日，吉田参与员从长春直接向外务省提交质问要领书，该要领书由国际联盟调查团向其提出，内容如下，望紧急回电。

（一）质问要领书第一点之（二），回答之际援引大仓组和张学良政府的航空契约交涉作为实例，可对我方有利，不知可否。

（二）质问要领书第四点之（四），有关《间岛协议》，我方承认支那方面的领土权，支那方应得到相应赔偿。朝鲜人的土地所有权以上述《间岛协议》第五条土地所有权的存在为前提。

（三）质问要领书第五点之（一）（二），南满及东内蒙的意义。

（四）质问要领书第七点之（一），外务省的解释。

（五）质问要领书第九点第一之（a），向调查团提出共同调查报告。

关于第三点之（四），驻满各领事馆每年一起向外务省提出商租调查报告，望考虑最佳方案火速发出。

资料来源：JACAR（アジア歴史資料センター）Ref. B02030446300（第280画像目から）、満洲事变（支那兵ノ満鉄柳条溝爆破ニ因ル日、支軍衝突関係）/善後措置関係/国際連盟支那調査員関係 第三卷（外務省外交史料館）

226. 芳泽外务大臣致驻沈阳森岛代理总领事的函电
（1932年5月19日）

第二七四八号（火速）

（一）依据《间岛协议》签订时的精神，清国确认并保护间岛韩国侨民的既得权利、财产及事业的条件是该地的领土所有权转让给清国。该协议第五条开头确认土地及家庭所有权乃韩国侨民的既得权益。

（二）关于以上既得权是否波及将来居住的朝鲜人，缺少直接规定。该协议第四条第一款"以上韩民与清国民享受同样待遇……一切行政上的处置与清国民相同"，规定清国拥有间岛地方的领土权及韩国侨民的法权，作为补偿韩国侨民以外国人身份享有私权和国民待遇，外国人不被承认的土地所有权仅限韩国侨民拥有。

（三）《间岛协议》签订后，支那方并未否认与限制韩国侨民的土地所有权。大正四年日支新条约签订后，未取得支那籍者没有土地所有权，由支那地方官吏酌情处理。有些地区对未取得支那籍的朝鲜人没有设置任何阻碍，承认其土地所有，受理登记并保全其权利。

（四）认可非入籍朝鲜人的土地所有权，厉行该方针。非入籍朝鲜人以归化朝鲜人名义获得土地。在此种情况之下，支那使实际土地所有者之非入籍朝鲜人成为佃民，经过一定年月后，承认佃民的土地所有权，以此为例，支那方面的法院也是同样的判决。

资料来源：JACAR（アジア歴史資料センター）Ref. B02030446300（第281画像目から）、満洲事変（支那兵ノ満鉄柳条溝爆破ニ因ル日、支軍衝突関係）/善後措置関係/国際連盟支那調査員関係　第三巻（外務省外交史料館）

227. 芳泽外务大臣致驻沈阳森岛代理总领事的函电
（1932年5月19日）

第二七五号（火速）

俄历一八九六年，依据建造经营条款第六条，东清①铁道公司为了确保铁道的建设、经营及保护，为了获得必要的土地及砂石、石块、石灰等，需要取得必要的铁路沿线土地，行使绝对、排他的行政权。为了建设、经营及保护上述条款中的铁道，需要的必要土地如下：（一）为了铁路自身的建设而直接必要的土地，如线路、驿站、仓库、调度场地；（二）为了铁道经营，并发挥其经济机能的必要土地，如铁道职员宿舍的水管及其他生活和卫生设施、铁道相关人员

---

① 编者按：即中东铁路。下同。

的必需品及处理铁道货物的店铺等;(三)铁道的保护即守备队营舍和其他医疗设备必需的土地。正如奉天附属地一样,土地必须极为广阔,故考虑如下几点。

一、中东铁道条款缔约当时,满洲地区开放给外国人居住、营业的城市有营口、齐齐哈尔、哈尔滨、奉天、辽阳及其他为外国人开放的重要城市。建设中东铁路本线及南满支线并进行开发,以此等重要驿站为中心进行大面积的城市建设,此乃铁道经营中不可或缺的部分。

二、满铁附属地离驿站所在地以外的两侧铁轨仅数米距离。因此为了保护铁道,以及在重要地点派驻守备队,需要相当面积的土地。

三、关于巴拿马运河地带所依据的一九〇四年美巴条约第二条规定,设定运河地带乃为了运河的开凿、维持、运用、卫生及保护,与东清铁道建设经营条款第六条附属地设置的目的相同。在巴拿马运河的中心至两侧各五里设置广大地带都是基于此目的。以上地带以外的土地被美国方面使用、占有且支配,与此相比,中东路及满铁附属地是奉天地区的重要地点,其拥有广阔的面积决不过分。

四、以前俄国中东铁道附属地总面积约 1 166 655 000 平方米(其中非铁道直接建设而是铁道经营及保护的必要土地约 866 658 000 平方米)。特别是哈尔滨比奉天面积更大,具有约 111 110 000 平方米的附属地(奉天附属地为 10 901 094 平方米)。……①

资料来源:JACAR(アジア歴史資料センター)Ref. B02030446300(第284画像目から)、満洲事変(支那兵ノ満鉄柳条溝爆破ニ因ル日、支軍衝突関係)/善後措置関係/国際連盟支那調査員関係　第三卷(外務省外交史料館)

228. 芳泽外务大臣致驻沈阳森岛代理总领事的函电（1932年5月19日）

有关调查团

第二七六号

根据哈尔滨发给阁下的第四六〇号电报及哈尔滨发给吉林、齐齐哈尔的

---

① 编者按:原文模糊,无法辨认。

第三一四号电报,调查项目相当复杂多样,短期内完成调查十分困难。将昭和六年五月五日贵信机密第三五五号关于支那法院、监狱及警察之现状调查报告,上述相关驻满各公馆报告,以及哈尔滨发给阁下的第四六〇号一之(三)及二之(九)(十)和第三一四号之(九)(十)等电报,向吉田大使提示。

转电吉林、哈尔滨、齐齐哈尔,哈尔滨转电吉田大使。

资料来源:JACAR(アジア歴史資料センター)Ref. B02030446300(第287画像目から)、満洲事変(支那兵ノ満鉄柳条溝爆破ニ因ル日、支軍衝突関係)/善後措置関係/国際連盟支那調査員関係　第三卷(外務省外交史料館)

229. 驻哈尔滨长冈代理总领事致芳泽外务大臣的函电
（1932年5月20日）

昭和七年　一二一七七　暗　　哈尔滨　　　　　　二十日下午发
　　　　　　　　　　　　　　外务省　　　　　　五月二十日下午收

第五五九号

本官发往齐齐哈尔的电报

第一〇三号

吉田发出

一、国际联盟调查团一行中的部分人员〔除万考芝、希爱慕、皮特尔、爱斯托(Astor,アスター)、莫思(Moss,モス)之外,还有盐崎、澄田中佐、藤本少佐、木本书记员、"满洲国"方面外交部职员一名、警务司职员一名,共计十一名〕,预计于二十八日上午八点乘飞机从当地出发,九点半抵达贵地,同日会见阁下、程省长、天野少佐(林少佐列席)。其间希爱慕会见铁道专家,二十三日上午出发。

此外,一行人预计上午九点从龙江乘火车出发,中途行至大兴战场附近,预计二十四日正午抵达奉天。二十一日乘飞机提前出发之林出书记官、加藤、满铁儿岛、警务司职员二名等,约十二名人员赶赴贵地(预计上午十一点抵达)。

二、针对在贵地的会面,调查团方面会制作问题书,由先出发人员携带。

转电外务大臣、公使、北平、奉天、长春、郑家屯。

资料来源:JACAR(アジア歴史資料センター)Ref. B02030446300(第

288画像目から)、満洲事変(支那兵ノ満鉄柳条溝爆破ニ因ル日、支軍衝突関係)/善後措置関係/国際連盟支那調査員関係　第三巻(外務省外交史料館)

230. 驻哈尔滨长冈代理总领事致芳泽外务大臣的函电
（1932年5月20日）

昭和七年　一二一九五　暗　　哈尔滨　　　　　　二十日下午发
　　　　　　　　　　　　　　外务省　　　　　　五月二十日下午收

第五六〇号

吉田发出

第一五四号

十八日，盐崎与哈斯会谈。哈斯谈及日本政局，盐崎表示不管内阁如何变动，日本对满洲的原有决定不会变，甚或强于目前。哈斯表示调查团针对满洲问题解决案正在进行具体考究，但哈斯尚未与调查团进行探讨。盐崎表示依自己的看法，此问题可由日支等关系国协议决定。若该方法可行，必须经过"满洲国"的同意方可实行，并常常以"满洲国"存在的观点来考虑问题。而最重要的是调查团应该避免确定具体方案，并密切注视日支事态的发展，随时间的推移解决此事，这样的方针最为合适。哈斯表示自己所承担的工作非常艰巨，处理办法如有不妥，会引起日支两国的反对，因此需要慎重考虑。

转电支那、奉天、国际联盟。

资料来源：JACAR(アジア歴史資料センター)Ref. B02030446300(第289画像目から)、満洲事変(支那兵ノ満鉄柳条溝爆破ニ因ル日、支軍衝突関係)/善後措置関係/国際連盟支那調査員関係　第三巻(外務省外交史料館)

231. 驻哈尔滨长冈代理总领事致芳泽外务大臣的函电
（1932年5月20日）

昭和七年　一二一九七　　　　哈尔滨　　　　　　二十日下午发
　　　　　　　　　　　　　　外务省　　　　　　五月二十日下午收

第五六一号

吉田发出

第一五五号

为了会见马占山,国际联盟调查团派遣的代表于二十二日从当地出发前往齐齐哈尔。随员万考芝、皮特尔、爱斯托、莫思,由满洲里经赤塔(チタ)前往黑河。一行人向俄国总领事馆要求旅行签证,俄总领事馆表示要向莫斯科请示,需花费时日。万考芝等遂改变预定路线,从齐齐哈尔前往奉天,等拿到签证,再(经浦潮)前往黑河。

转电俄、奉天、齐齐哈尔、长春、浦潮、武市。

资料来源:JACAR(アジア歴史資料センター)Ref. B02030446300(第290画像目から)、満洲事変(支那兵ノ満鉄柳条溝爆破ニ因ル日、支軍衝突関係)/善後措置関係/国際連盟支那調査員関係 第三卷(外務省外交史料館)

232. 驻哈尔滨长冈代理总领事致芳泽外务大臣的函电
(1932年5月20日)

昭和七年　一二一九四　暗　　哈尔滨　　　　　　二十日下午发
　　　　　　　　　　　　　　外务省　　　　　　五月二十日下午收

第五六二号

吉田发出

第一五六号

一、抵达当地以来,调查团大体上依据我方与"满洲国"方面制订的"计划"会见"满洲国"官民。调查团与俄方的会面,以会见我方指导的白俄诸代表为主,由秘书处成员派斯塔柯夫进行接见。(详细邮报)库兹涅佐夫(クズネツォフ,译音)禁止赤俄人士与调查团接触,我方已向美国总领事汇报。哈斯向盐崎表示调查团方面也想与其①会面。"满洲国"严格监视反对"满洲国"的支那人,为免后患而没有让他们公开露面。调查团间接收集到了情报。

二、调查团仍未讨论最终报告书的内容,满洲之行仅收集材料,等回到北平后才开始讨论。

转电支那、北平、奉天、长春、国际联盟。

资料来源:JACAR(アジア歴史資料センター)Ref. B02030446300(第

---

① 编者按:应该是指赤俄人员。

291画像目から）、満洲事变(支那兵ノ満鉄柳条溝爆破ニ因ル日、支軍衝突関係)/善後措置関係/国際連盟支那調査員関係　第三卷(外務省外交史料館)

233. 驻哈尔滨长冈代理总领事致芳泽外务大臣的函电
（1932年5月20日）

昭和七年　一二二〇二　平　　哈尔滨　　　　　　二十日下午发
　　　　　　　　　　　　　　外务省　　　　　　五月廿一日下午收

第五六三号
致朝鲜总督府外事课长第一六号
盐崎发出
关于致奉天阁下的电报，内容如下：国际联盟调查团视察满洲后赶赴北平，预计于六月二十日前后，经由朝鲜前往日本。
转电外务大臣、驻支公使、北平、奉天、关东厅。
资料来源：JACAR（アジア歴史資料センター）Ref. B02030446300（第292画像目から）、满洲事变(支那兵ノ満鉄柳条溝爆破ニ因ル日、支軍衝突関係)/善後措置関係/国際連盟支那調査員関係　第三卷(外務省外交史料館)

234. 驻哈尔滨长冈代理总领事致芳泽外务大臣的函电
（1932年5月20日）

昭和七年　一二二二〇　暗　　哈尔滨　　　　　　二十日下午发
　　　　　　　　　　　　　　外务省　　　　　　五月廿一日上午收

第五六四号
本官发往奉天电报
第四八四号
吉田发出
调查团一行预订于二十一日上午七点十分从当地出发，下午二点三十分（大连事件）抵达长春，十点抵达奉天。
此外，派尔脱、台纳雷、彭道夫门停留至二十三日晨。
调查团二十二日在奉天的日程委托于阁下，并希望下午能与阁下会面。

转电外务大臣、长春、关东厅长官。

资料来源：JACAR(アジア歴史資料センター)Ref. B02030446300(第292画像目から)、満洲事変(支那兵ノ満鉄柳条溝爆破ニ因ル日、支軍衝突関係)/善後措置関係/国際連盟支那調査員関係　第三卷(外務省外交史料館)

235. 芳泽外务大臣致驻哈尔滨长冈代理总领事的函电
（1932年5月20日）

第一二一号

致吉田大使

第六一五号

关于贵电第一四八号

一、针对调查团代表经由苏联领土会见马占山一事，帝国政府必须表达出不允许的立场。依据发给哈尔滨的往电第一一七号，调查团原本从全局立场进行调查。我方感觉最近调查团过于注重细节。调查团主张如未与马占山会面，则难以保证公平，应与日支两国政府及满洲新旧实权者——长春政府当局及张学良充分会谈，才能确保报告的公平。马占山乃地方区区小军阀，调查团采取种种费力的办法与之会面。调查团的态度将带来过度影响，会使世间疑虑，我方也会怀疑报告书的公平程度。

二、报告书的起草地当然由调查团决定。调查团选定张学良影响巨大的北戴河，而非东京及南京附近区域，会被质疑报告书的公平性，调查团应努力避免这样的事情。

三、就此绕开马占山问题，向调查团坦率说明我方的想法，望其以大家都感觉公平的青岛为宜。

转电支那、北平、奉天、长春、国际联盟，由支那转电南京，由国际联盟转电英、美、法、意、德、俄。

此外，贵电第一四八号及第一五二号由支那转报南京，由国际联盟转电英、美、法、意、德、俄(俄第一四八号)。

本电转电齐齐哈尔。

资料来源：JACAR(アジア歴史資料センター)Ref. B02030446300(第294画像目から)、満洲事変(支那兵ノ満鉄柳条溝爆破ニ因ル日、支軍衝突関

係)/善後措置関係/国際連盟支那調査員関係　第三卷(外務省外交史料館)

236. 关于南满及东部内蒙古范围的参考资料（草案）
（1932年5月20日）

（机密）

明治四十（一九〇七）年七月三十日
第一次日俄协约附属密约追加条款

本条约第一款所揭示的北满分界线确定如下：

从俄韩边境西北端起，分别以直线联结珲春、毕尔腾湖北端，由此至秀水站，从秀水站沿松花江至嫩江口，再沿嫩江水路上溯至洮儿河河口，由此点起沿洮儿河至此河与东经122度交点止。

　　　　　　　　八月十四日　小村大使通告英国外务大臣
　　　　　　　　同日　　　　栗野大使通告法国政务局长

明治四十五年（一九一二年）七月八日，第三次日俄协约

第一条　延长上述分界线（即一九〇七年七月三日日俄协约追加条款所定分界线），约定如下：从洮儿河与东经122度交点起，沿Oulountchourh和Moushisha河，至Moushisha河与Haldaitai河的分水岭，再沿黑龙江省与内蒙古边界，直至内、外蒙古边界末端。

第二条　内蒙古以北京经度（格林威治东经116度27分）划分为东、西两部分。

　　　　　　　　七月三日　驻英加藤大使内告英国外务大臣
　　　　　　　　七月三日　驻法安达代理大使内告法国外务次官

大正四年日支交涉时有关"南满洲及东内蒙古"的范围解释

一、南满洲

（一）关于日支交涉时的南满范围，我方未预计到有何决定，因此关于以上范围我方未对支那表达意见。

（二）关于支那方面的解释，依据加藤大臣的训令（大正四年二月二十日发给支那的第一一七号电报及大正四年四月一日的第二〇六号电报),大正四年四月三日第十八次谈判时日本驻支公使询问支那方,支那方面的意见如下(大正四年四月五日发给大臣的第一七五号电报):

"支那政府不使用'南满洲'这个地名,日本使用的'南满洲'相当于支那的东三省南部。另外,东三省南、北部在法制上没有区别,东三省南部大致指长春以南。"

二、东内蒙古

(一)我方解释

大正四年二月二十六日第二十五次会议,支那方询问我方关于东内蒙古的意见,日公使就以上答复请求训示(大正四年四月二十六日支发给外务大臣的第二一五号之三电报),对此加藤大臣向日公使回复如下(大正四年四月二十七日外务大臣发给支那的第二七六号电报):

"南满洲和东内蒙古都是地理名称,我方所谓的东内蒙古包括南满接壤地区,也就是包括所谓内蒙古东四盟大部分及至西方多伦诺尔的地区。"

发出以上训示后,支那方未催促我方回复,我方认为也无必要对支那方说明我方意见。对以上范围漠然处之,结果就未做任何表示(参照大正四年五月十日外务大臣发给支那的第三三一号电报,大正四年五月二十日第三七四号及大正四年五月二十一日支那发给外务大臣的第三一五号电报)。

(二)支那方面的意见

支那方面的意见依据以下资料。

(1)在大正四年四月二十六日第二十五次会议上,支那方代表(陆征祥)表示"支那政府将南满接壤地区视为东内蒙古,接近北满及直隶省的地域也被视为东内蒙古"。

(2)在大正四年五月一日的谈判中,支那方对我方最后修正案提出不同意见。对我方关于在东内蒙古开设商埠的要求,支那方答复为"支那政府承诺尽快在南满洲及热河道所辖的东内蒙古挑选合适的地区作为商埠"。(大正四年五月二日支那发给大臣的第二三〇号电报)

"日本要求支那方了解日本修正案中预定的商埠所在地为东内蒙古地区(参照后附注释),支那方面的反对意见是预定的商埠所在地应为南满洲及热河道所辖地区。"支那方表示东内蒙古即南满洲的内蒙古及热河道所辖地区,但东内蒙古地区包含日本所指的预定商埠所在地,日置(益)大使表示其中有很大误解。

（参照大正四年五月二十一日支那发给外务大臣的第三一五号电报）

注

大正四年三月十六日第十一次谈判及二十五日第十四次谈判之际，我方提议开放候补地的城市如下所示：（同年支那发给外务大臣的第一三四及一五七号电报）

锦州（锦县）、醴泉（突泉县）、小库伦（绥东县）、热河（承德县）、开鲁县、林西、四平街、开原、掏鹿（西丰县）、大疙疸（西安县）、北山城子（山城子）、抚顺、本溪湖、兴京、怀仁（桓仁县）、大孤山、伊通州、农安、额穆索（额穆县）、敦化、盘石（磨盘山）、安图、大赉、朝阳。

当时我方提出的以上二十七个地点[①]属于东内蒙古。

热河、醴泉、开鲁、小库伦、林西、大赉、朝阳、农安，这八个地点乃支那方面的意见。

（参照大正四年四月十四日大臣发给驻支那公使的公信政、机密发出之第六六号电报）

（3）大正四年五月三十日（支那五月八日接受我方最后通牒）支那政府公布的日支交涉经过书要点如下：

（英文原文在附件）

"支那政府接受有关东内蒙古的四条款中的三条款，东内蒙古边界如何决定仍很困难——如上作为支那的地理名称将出现新的词语——对日本政府来说意味着该地区在支那行政权之下，支那政府将依据日本公使会议所言，及日本公使提出的表，斟酌预定开埠地点。所谓东内蒙古推断为南满洲权力下的内蒙古及热河道所辖区域，因此避免对其定义有任何限制。"

即重复了以上第（2）点支那方意见。

但"日本公使会议所言"为何，关于其言论，加藤大臣照会日置公使（大正四年五月二十日大臣发给支那的第三七四号电报），该公使答复如下：

"会议中支那方主张东内蒙古人民民智未开，交通不便，无法保护外国人，以此为理由拒绝了我方要求，与之难以商谈。本使反驳之，表示民智未开、交通不便没有任何问题，只要对铁道、借款、租税等事项进行承诺，另外南满同样

[①] 译者注：地点数量疑为二十四个，原文如此。

在支那行政统治之下,丝毫没有障碍。总而言之,我方否定了支那方东内蒙古不能商议的主张,但并未言明我方提出的区域限制。"(大正四年五月二十一日支那发给外务大臣的第三一五号电报)

此外,支那方表示"会斟酌日本公使提出之表"……日置公使曾反驳该意见,具体如前第(2)点所示。

资料来源:JACAR(アジア歴史資料センター)Ref. B02030446400(第299画像目から)、満洲事変(支那兵ノ満鉄柳条溝爆破ニ因ル日、支軍衝突関係)/善後措置関係/国際連盟支那調査員関係 第三巻(外務省外交史料館)

237. 驻莫斯科广田大使致芳泽外务大臣的函电
(1932年5月21日)

昭和七年　一二二七八　略　莫斯科　　　　　　　廿一日下午发
　　　　　　　　　　　　　外务省　　　　　　　五月廿二日上午收

第三二九号

二十一日报纸登载塔斯社(タス)发表的消息如下:李顿调查团为与马占山会面,经海兰泡(ブラゴエ)赶赴黑河,经由驻哈尔滨领事向苏联要求发放通行签证。苏联政府表示此举违反关于满洲"内政"的不干涉主义,难以答应调查团之请求。

转电国际联盟、英、法、美、德、哈尔滨。

哈尔滨转电长春、奉天。

资料来源:JACAR(アジア歴史資料センター)Ref. B02030446500(第309画像目から)、満洲事変(支那兵ノ満鉄柳条溝爆破ニ因ル日、支軍衝突関係)/善後措置関係/国際連盟支那調査員関係 第三巻(外務省外交史料館)

238. 驻哈尔滨长冈代理总领事致芳泽外务大臣的函电
(1932年5月21日)

昭和七年　一二二二一　暗　哈尔滨　　　　　　二十一日上午发
　　　　　　　　　　　　　外务省　　　　　　　五月二十一日上午收

第五六六号

吉田发出

第一五七号

金尼的秘密报告如下：

一、香上银行分行长表示为了"满洲国"的币值改革，需要防止发生变动，此乃众望所归。

二、美国领事表示曾会见马占山，马占山是严重的鸦片上瘾者，其事务由幕僚代理，未有任何权威。向麦考益详陈上述信息。

（转电方缺失？）①

资料来源：JACAR（アジア歴史資料センター）Ref．B02030446500（第309画像目から）、満洲事変（支那兵ノ満鉄柳条溝爆破ニ因ル日、支軍衝突関係）/善後措置関係/国際連盟支那調査員関係　第三巻（外務省外交史料館）

239. 驻哈尔滨长冈代理总领事致芳泽外务大臣的函电（1932年5月21日）

昭和七年　一二二五七　暗　哈尔滨　　　　　二十一日下午发
　　　　　　　　　　　　　外务省　　五月二十一日下午收

第五六七号

本官发给齐齐哈尔的电报

第一〇五号

盐崎发出

因天气不佳，先行出发的调查团一行人二十一日未能于（上午九点）出发。转电外务大臣、奉天、长春、郑家屯。

资料来源：JACAR（アジア歴史資料センター）Ref．B02030446500（第311画像目から）、満洲事変（支那兵ノ満鉄柳条溝爆破ニ因ル日、支軍衝突関係）/善後措置関係/国際連盟支那調査員関係　第三巻（外務省外交史料館）

---

① 编者按：原文如此。

240. 驻哈尔滨长冈代理总领事致芳泽外务大臣的函电
（1932 年 5 月 21 日）

昭和七年　一二二五八　略　　哈尔滨　　　　　　廿一日下午发
　　　　　　　　　　　　　　外务省　　　　　　五月廿一日下午收

第五六八号

本官发给齐齐哈尔的电报

第一〇六号

盐崎发出

之后天气好转，调查团一行于十点五十分出发。

由奉天转电郑家屯。

转电外务大臣、奉天、长春、郑家屯。

资料来源：JACAR（アジア歴史資料センター）Ref. B02030446500（第312画像目から）、満洲事変(支那兵ノ満鉄柳条溝爆破ニ因ル日、支軍衝突関係)/善後措置関係/国際連盟支那調査員関係　第三巻（外務省外交史料館）

241. 驻长春田代领事致芳泽外务大臣的函电
（1932 年 5 月 21 日）

昭和七年　一二二三四　暗　　长春　　　　　　　廿一日上午发
　　　　　　　　　　　　　　外务省　　　　　　五月廿一日下午收

第二四七号

有关与马占山会面的问题，谢介石于十九日向李顿发出长篇警告电报。上述电报内容由外交部在二十日对外发布，二十一日的当地日、满各报纸予以刊登。

仅供参考。

资料来源：JACAR（アジア歴史資料センター）Ref. B02030446500（第312画像目から）、満洲事変(支那兵ノ満鉄柳条溝爆破ニ因ル日、支軍衝突関係)/善後措置関係/国際連盟支那調査員関係　第三巻（外務省外交史料館）

242. 关东军参谋长致陆军次官的函电
（1932 年 5 月 21 日）

昭和七年　五月二十一日

　　　　　　　　　　　　五月二十日下午七时三十分发

　　　　　　　　　　　　八时五十二分收

关参　三〇六

国际联盟调查团中乘飞机前往齐齐哈尔的一行人变更行程，于二十二日上午从哈市出发，包括希爱慕、皮特尔、万考芝、爱斯托、莫思五人。日本方面包括盐崎、林出、澄田中佐、藤本少佐及军队顾问一人，其余主力定于二十一日下午十点乘火车抵达奉天。

　　资料来源：JACAR（アジア歴史資料センター）Ref. B02030446500（第 313 画像目から）、満洲事変（支那兵ノ満鉄柳条溝爆破ニ因ル日、支軍衝突関係）/善後措置関係/国際連盟支那調査員関係　第三巻（外務省外交史料館）

243. 芳泽外务大臣致驻沈阳森岛代理总领事的函电
（1932 年 5 月 21 日）

第二八一号

关于往电第二七三号

吉田大使来信，机密。在支那参与的第六五号质询书中，多处提及我方对全部问题的意见及态度。调查团一行再来东京之际，定会询问本大臣，现正研究应对措施……①

　　资料来源：JACAR（アジア歴史資料センター）Ref. B02030446500（第 314 画像目から）、満洲事変（支那兵ノ満鉄柳条溝爆破ニ因ル日、支軍衝突関係）/善後措置関係/国際連盟支那調査員関係　第三巻（外務省外交史料館）

---

① 编者按：原文模糊，难以辨认。

244. 驻沈阳森岛代理总领事致芳泽外务大臣的函电
（1932年5月22日）

昭和七年　一二二七四　平　奉天　　　　　二十二日上午发
　　　　　　　　　　　　　外务省　　　　五月二十二日上午收

第八三一号

吉田发出

第一五八号

除前往齐齐哈尔的调查团成员外，调查团一行于二十一日抵奉。

转电公使、北平。

资料来源：JACAR（アジア歴史資料センター）Ref. B02030446500（第315画像目から）、満洲事変（支那兵ノ満鉄柳条溝爆破ニ因ル日、支軍衝突関係）/善後措置関係/国際連盟支那調査員関係　第三巻（外務省外交史料館）

245. 驻沈阳森岛代理总领事致芳泽外务大臣的函电
（1932年5月22日）

昭和七年　一二三一四　暗　奉天　　　　　廿二日下午发
　　　　　　　　　　　　　外务省　　　　五月廿三日上午收

第八三三号

吉田发出

第一五九号

二十二日上午，调查团于总领事馆向森岛代理总领事询问以下诸事项，并听取说明：

一、日本对满洲的立场。

二、为解决东北四省悬案需要地方交涉的必要性理由。

三、上述四省的独立性。

四、铁道问题的概要及交涉的经过。

转电支那、北平、长春。

资料来源：JACAR（アジア歴史資料センター）Ref. B02030446500（第

315画像目から)、満洲事変(支那兵ノ満鉄柳条溝爆破ニ因ル日、支軍衝突関係)/善後措置関係/国際連盟支那調査員関係　第三巻(外務省外交史料館)

246. 驻沈阳森岛代理总领事致芳泽外务大臣的函电
（1932年5月22日）

　　昭和七年　一二三一三　暗　　哈尔滨　　　　　　廿二日下午发
　　　　　　　　　　　　　　　　外务省　　　　　　五月廿三日上午收

第八三四号
吉田发出
第一六〇号
调查团一行今后的大致行程如下：
五月二十五日前在当地停留，同日夜行前往大连。二十六日，李顿在该地会见兰普森，二十七日在旅顺会见关东厅长官，二十八日会见满铁总裁，三十日晨从大连出发视察鞍山后抵达奉天，六月一日视察抚顺，二日会见本庄司令官，四日或五日从奉天出发，途中由陆路视察锦州，后前往北平停留两周，再经朝鲜前往日本。
转电支那、北平、辽阳、天津、长春、国际联盟。
　　资料来源：JACAR(アジア歴史資料センター) Ref. B02030446500(第316画像目から)、満洲事変(支那兵ノ満鉄柳条溝爆破ニ因ル日、支軍衝突関係)/善後措置関係/国際連盟支那調査員関係　第三巻(外務省外交史料館)

247. 驻沈阳森岛代理总领事致芳泽外务大臣的函电
（1932年5月22日）

　　昭和七年　一二三一二　暗　　奉天　　　　　　　廿二日下午发
　　　　　　　　　　　　　　　　外务省　　　　　　五月廿三日上午收

第八三五号
吉田发出的第一六一号
佐藤发出
之前，调查团曾要求我方领事馆、军部及其他各方面提供大量资料，因各方面没有资料翻译人员,经常延迟提供。调查团预定下个月五日前往北平,在该地进行文件整理及报告书撰写。正如电报所说,调查团会受到支那方提供资料的影响,因此我方需要更加迅速且充分地提供资料。我方由丕平(Eugène Pépin,ペパン)①修改翻译稿,三名法语翻译人员(负责翻译外务省中有关调查团的资料)及打字员两名。情况紧急,上述人员火速出差至当地比较合适。

以上乃小官发出之重要电报。

资料来源:JACAR(アジア歴史資料センター)Ref. B02030446500(第317画像目から)、満洲事変(支那兵ノ満鉄柳条溝爆破ニ因ル日、支軍衝突関係)/善後措置関係/国際連盟支那調査員関係　第三巻(外務省外交史料館)

248. 驻哈尔滨长冈代理总领事致芳泽外务大臣的函电
(1932年5月22日)

昭和七年　一二三〇三　略　　哈尔滨　　　　　二十二日下午发
　　　　　　　　　　　　　　外务省　　　　　五月二十二日下午收

第五七〇号

本官发给齐齐哈尔的电报

第一〇九号

盐崎发出

希爱慕等一行因天气原因未能在预定时间出发,于下午两点出发。

此外,该一行人明天(二十三日)停留在贵地。

由奉天转电郑家屯。

转电外务大臣、奉天、长春。

资料来源:JACAR(アジア歴史資料センター)Ref. B02030446500(第318画像目から)、満洲事変(支那兵ノ満鉄柳条溝爆破ニ因ル日、支軍衝突関係)/善後措置関係/国際連盟支那調査員関係　第三巻(外務省外交史料館)

---

①　编者按:丕平(Eugène Pépin,ペパン),法国人,日本外务省的法律顾问。

249. 驻沈阳森岛代理总领事致芳泽外务大臣的函电
（1932年5月23日）

昭和七年　一二三七四　暗　　奉天　　　　　　　二十三日下午发
　　　　　　　　　　　　　　外务省　　　　　　五月二十四日上午收

第八三六号

吉田发出

第一六二号

在接到阁下第一五号电报之前，由于苏联已经拒绝签证，如贵电（一）所述，调查团停止派出代表，静待下次机会。二十三日李顿询问此事，本使认为应结束该事件。李顿欲了解日本政府的态度，本使答复接到日本政府不干预的电报。李顿表示调查团密切关注有无答复，因此欲了解东京的意见。不管事件是否终结，了解日本政府的态度，对制订最终报告书非常必要，恐有日"满"紧密联结的证据，会置我方于不利地位。

（1）上述本使所述内容及（2）政府对事件之终结欲发表何种见解方为妥当，对往电第一四八号再次请求指示。

资料来源：JACAR（アジア歴史資料センター）Ref. B02030446500（第319画像目から）、満洲事変（支那兵ノ満鉄柳条溝爆破ニ因ル日、支軍衝突関係）/善後措置関係/国際連盟支那調査員関係　第三卷（外務省外交史料館）

250. 驻长春田代领事致芳泽外务大臣的函电
（1932年5月23日）

昭和七年　一二三四二　暗　　哈尔滨　　　　　　廿三日下午发
　　　　　　　　　　　　　　外务省　　　　　　五月廿三日下午收

第二三号

致吉田大使

有关奉天发出给大臣的第八三四号电报的末段

调查团一行预定由北平经朝鲜前往日本，路线为由陆路经过奉天，在上述行程中，顾维钧会同行，望回电确认。此外，"满洲国"方面希望预先通知调查团一行今后在"满洲国"内的旅途行程,以便提供保护及便利,望采取措施使之实现。

转电外务大臣、公使、北平。

资料来源:JACAR(アジア歴史資料センター)Ref. B02030446500(第320画像目から)、満洲事変(支那兵ノ満鉄柳条溝爆破ニ因ル日、支軍衝突関係)/善後措置関係/国際連盟支那調査員関係　第三巻(外務省外交史料館)

251. 驻齐齐哈尔清水领事致芳泽外务大臣的函电
（1932年5月23日）

昭和七年　一二三二〇　暗　　齐齐哈尔　　　　二十三日上午发
　　　　　　　　　　　　　　外务省　　　　　五月二十三日下午收

第八〇号

盐崎发出

希爱慕等一行于二十二日下午四点半抵达当地。

同日下午会见清水领事,二十三日会见田野旅团长、程省长等,二十四日上午经洮昂线前往奉天,这是事先商量过的。

长春转电奉天、郑家屯。

转电长春、哈尔滨。

资料来源:JACAR(アジア歴史資料センター)Ref. B02030446500(第320画像目から)、満洲事変(支那兵ノ満鉄柳条溝爆破ニ因ル日、支軍衝突関係)/善後措置関係/国際連盟支那調査員関係　第三巻(外務省外交史料館)

252. 芳泽外务大臣致驻沈阳森岛代理总领事的函电
（1932年5月23日）

第二八五号(火速)

有关李顿调查团之南满洲及东内蒙古意义的文件

关于阁下第七八二号电报

一、关于质问事项第五点之(一)及(二)

南满洲和东内蒙古都是模糊的地理名称,满洲南部之划分乃至内蒙古东部之划分有一定意义。据我所知,大正四年日支交涉时关于此等地区的范围,确定了一定的界限,此界限在后来并未产生其他问题。

据我研究,为决定满洲南部及内蒙古东部的范围,需要考虑以下几点,并说明如下:

(一)南满洲

(1)满洲南、北两端的中间线为北纬四十六度线。

(2)松花江干流及嫩江乃区分满洲南北之重要地理依据(以上地区在行政上相当于吉林、奉天二省,吉林省牡丹江沿岸方面为朝鲜族定居地点,大正四年日支条约签订时不可忽视)。

(3)清朝初期将居住在现在黑龙江省的满人称为伊彻满(新满),将居住在奉天吉林省(特别是牡丹江沿岸)的满人称为佛满("老满"的意思)。

(4)一八九八年中东铁路公司续约第一条,由哈尔滨南下之支线称为"南满洲支线"。

(二)东内蒙古

(1)把万里长城以北与满洲接壤地区(解释为东内蒙古)是妥当的。

(2)清朝时代所谓的内属蒙古被①内蒙古东部四盟、②察哈尔部、③归化土默特部及④内蒙古西部二盟划分,问题是上述②和③归属东西哪边,至少内蒙古东部四盟即哲理木、照乌达、卓索图、锡林郭勒四盟毫无疑问属于"东部内蒙古"。(因此包含现在的热河省及察哈尔省的一部分,察哈尔省的东半部属于锡林郭勒盟。)

(此外,与本事件相关联的是东三省官吏压迫日本人特别是朝鲜人,南满的情况比北满更严重。)

二、关于质问事项第五点之(三)及(四),我方的关注点如下:

(一)过去属于内蒙古,清朝末期以来随开垦政策归属东三省的区域(比如洮南)而归入"满洲政权"的地区,依据大正四年条约属于所谓的南满问题书第五点之(三)即"日本人在东内蒙古拥有居住、营业权",望注意此点(以上为贵官所述内容)。

(二)质问书第五点之(四)谈及在中东铁道南部支线上,支那官吏干扰日本人租房事件等,该租房应和我满铁附属地一样,中东铁道附属地承认一般外国人可以居住。此外,三姓(San Hsing)为通商港口,日本人当然有居住权(如前所述,三姓及中东路东部、南部线路地区属于南满,方为妥当)。

本文件与满洲日俄势力范围的关系

本电报所述有关南满洲及东内蒙古的解释超出了第一次及第三次日俄协约附属密约划定的日俄势力范围(当时都曾秘密报告英、法、美等)的界限,上述情况需要考虑到下列几点,以免造成妨碍。

(一)不能以日俄间的约定来解释日支间的约定,大正四年日支交涉时以上述日俄间的势力范围约定为基础。

(二)大正四年二月十五日驻日本的俄国大使与加藤外务大臣会谈,在会谈时,该大使谈及日本向支那提出要求中的政治、财政、军事、顾问、雇佣等条款,称在俄国势力范围内该条款不适用(其间该大使并未言及南满居住、营业权),对此,加藤大臣表示支那毫无疑问会全部承认此次所提出的要求,这是因为(这些要求)没有不合理的地方。

(三)英、美、法等国收到日俄秘密协定的内部报告,毫无疑问会引用该协定,就我方有关大正四年日支条约的解释发表意见。

诸书籍中所记载南满、北满的意义

一、《蒙古地志》,旧俄国财政部编撰

二、《满蒙通志》,东亚日文会发行

三、《东蒙古》,关东都督府陆军部编

四、《满蒙要览》,满铁

五、《满洲地志研究》,田中秀作

六、《由日支新交涉而来的帝国特权》,松本忠雄

依据《蒙古地志》

蒙古为支那本部以北广阔的地区,范围是北纬三十七度至五十三度,东京八十五度至一百二十七度。

蒙古以东为东三省,以西连着甘肃省及伊犁,以南隔着万里长城和柳条边墙而与支那本部及东三省接壤,以北为阿尔泰山及黑龙江流域,与俄国西伯利亚为邻。

戈壁沙漠从兴安岭延伸至西方的伊犁、新疆,将蒙古分为内外蒙古。戈壁

沙漠西北部称为外蒙古，东南部称为内蒙古。

内蒙古的位置

隔着西北戈壁沙漠与外蒙古相连，与东北、呼伦贝尔及黑龙江接壤，东南以同奉天、吉林二省分界的柳边墙为限，南边连接万里长城，该地区南起北纬三十七度，北至北纬四十七度，东起东经一百零四度，西至东经一百二十六度。

内蒙古

在行政上，东部部落为东四盟，西部为西二盟。除此六盟之外，察哈尔部、归化城土默特部在清朝时被称为内属蒙古。

另外，锡呼图库伦喇嘛游牧地均在东四盟的境内。

伊克明安旗在黑龙江省内。

呼伦贝尔位于内蒙古，与外蒙古相连。

热河的蒙古地方在前清康熙时划割给卓索图盟，编入满蒙军八旗驻防地。木兰围场地区也包含在内。

以上内容如下所示。

内蒙古

按照行政区划来划分

○ 东四盟

　　哲里木盟、卓索图盟、昭乌达盟、锡林郭勒盟

　　锡呼图库伦喇嘛游特地

○ 西二盟

　　乌兰察布盟、伊克昭盟

○ 内属蒙古

　　归化城土默特

　　察哈尔八旗

○ 呼伦贝尔

○ 伊克明安旗（位于黑龙江省内）

○ 热河蒙古地方

　　木兰围场地方

缺少关于外蒙古的详细记录。

依据关东军部都督府陆军部编纂的《东蒙古》

蒙古的定义

蒙古位于支那的北边，是清朝时期北藩部地域的统称，被戈壁沙漠大致划分为两部，也就是漠南称为内蒙古，漠北称为外蒙古。外蒙古西北部的唐努、乌梁海及科布多西南部的阿拉善额鲁特之地一般也称为蒙古。

北藩

内蒙古：东四盟，哲里木盟、卓索图盟、昭乌达盟、锡林郭勒盟

　　　　西二盟，乌兰察布盟、伊克昭盟

　　　　归化城土默特（内属蒙古，清朝时候的名称）

　　　　察哈尔八旗（内属蒙古，清朝时候的名称）

外蒙古：车臣汗部

　　　　土谢图汗部

　　　　赛音诺颜汗部

　　　　札萨克图汗部

　　　　科布多

　　　　唐努乌梁海

一、东蒙古的位置、面积

东蒙古指的是内蒙古及外蒙古中的车臣汗、土谢特汗①两部，位于支那本部的东北满洲西部，从北纬四十一度的长城外至五十度十分的俄支国境的买卖城，从东经一百零二度、抗爱山的分水岭至一百二十六度的松花江流域，其面积约为七万五千平方公里。

二、边界

北边的肯特山与俄国领土西伯利亚接壤，南边以长城为限，直到支那的北部，东边以松花江及柳条边墙与满洲分界，西边以张家口外的阿尔泰军台路为界线，该界线为斜线，横贯外蒙古、喀尔喀部，以此线为分界。

因此东蒙古的名称非地理、政治固有名称，仅为表述方便而得名，难以与西部蒙古有确切分界。

---

① 译者按：原文如此。

依据满铁调查课发行的《满蒙要览》

A. 南北满的区域

本书所述大致等同于田中秀作著《满洲地志》。

南北满之称谓没有确切范围,有多种解释。

一、以省界线进行区分

(1) 北满　黑龙江省
　　 南满　吉林、辽宁省
(2) 北满　吉林、黑龙江省
　　 南满　辽宁省

二、以地势为标准进行区分

以北边的松花江河流,南边的辽河、鸭绿江各流域来区分南北满。

其分水岭为公主岭附近。

三、以铁道势力圈进行区分

以中东铁道及南满、吉长、四洮各铁道的幕后地区来区分南北满。

换言之,以日俄两国的势力圈区别两者,但现今俄国内部势力被驱逐,是否合适仍是问题。

四、以贸易关系进行区分

以大连、营口、安东一线后方的地域作为南满,以满洲里及其北□[①]路领地贸易市场一线后方的地域作为北满。

五、以旧日俄势力圈进行区分

据世间传说,一九〇五年日俄间的势力圈依据的是两国缔结的密约。据此密约,从珲春经镜泊湖,经过长棚松花江汇合点、嫩江松花江汇合点,从洮儿河至索岳尔滨山一线,分为南、北满。

B. (本志关于蒙古区划没有特别见解,与一般提法一样,是比较含糊的。)

《满洲地志研究》

满洲

北端　　　北纬　五三度三〇分(黑龙江沿岸漠河地区)

---

① 编者按:原文空缺。

南端　　　北纬　三八度四三分(旅顺老铁山高角)

东端　　　东经　一三五度二〇分(黑龙江、乌苏里汇合点附近)

西端　大概东经　一一六度(呼伦地西部)

满洲范围在中华民国行政区划为旧东北三省地区。

但是,将此满洲与同满洲西南方接壤的东内蒙古合并,就成为满蒙,此等情况下的"蒙"指现在的热河省,满蒙即东北四省。

而且,东蒙古除热河省外,加上与其西北接壤的察哈尔的东四旗,乃满洲和东内蒙古的界限,大致和辽宁省、热河省的界限一致。现在辽宁省的西北部与吉林省西南的一部分,清初属于蒙古,逐渐开放实行县治后编入满洲也未有几日。通俗地来讲,以上地区中,特别是靠西的部分依然属于蒙古。

南、北满的区划

1. 在康熙时代,大致将今辽宁、吉林两省称为老满,黑龙江一带称为新满。

2. 据文献记载,一八九七年俄西伯利亚财务部编纂《满洲地志》之际,以水系及南北斜坡划分南、北满。(参照《满蒙地志》五〇页)

3. 一八九八年,俄支两国间签订的关于中东铁道公司成立的条约,记载的第一条为"本契约议定之中东铁道支线至旅顺大连港海岸,因此名为中东铁道南满支线",使用南满的名称,与之相对北部成为北满。

南、北满无准确的区分标准

一般的说法有以下几种。

一、以省划分

(与《满蒙要览》该项目中的一相同)

二、以中东、南满两铁道的交通圈区分

以这两大铁道的势力及港口腹地区分南、北,大致以长春边界为其交界线。

三、以日俄势力圈区分

考虑地理、人文各点,因一九〇九年日俄两国间的谅解(?)[1]等,东边从朝鲜北境经毕尔腾湖南部,以陶赖昭的南中东铁道、松花江嫩江交汇点连接一线。

四、依据南北纬度的中央线

---

[1] 编者按:原文有问号。

满洲北端为北纬五三度三〇分,南端为北纬三八度四三分。其中央线为北纬四六度六分,即吉林省依兰道和俄国领土沿海州的界线,从虎林经该省绥兰道和滨江道的边界,以哈尔滨及济南北部为界线划分南、北两部分。

五、依据南北满的分水岭

所谓黑辽分水岭是纯基于地形而成为主要界线。满铁线也被长春公主岭从中间分开,大致以东西划线来区分。

以上都很模糊,行政区划也没有明确判定,最合理且广泛使用的乃是二和五。

东内蒙古的范围

此次日支两国签订的南满及东内蒙古的条约,仅仅记载了东内蒙古,而关于东内蒙古的范围没有规定。东内蒙古的名称本身已经指示了一定区域,望有详细的规定。

原来蒙古地区分为内外两个蒙古,内蒙古划分为哲里木、昭乌达、锡林郭勒、卓索图、乌兰察布及伊克昭六盟,东内蒙古指的是其前四盟的大部分地区。尽管上述四盟的大部分称为东内蒙古,结果是缺少关于该区域的明确规定。清朝时代蒙古地区与满洲及直隶靠近的地区,逐渐实行县治,编入与其临近的行省中,结果导致如今东内蒙古的区划极其纷乱,也就是编入现在的奉天省,在洮昌道管辖下的县为洮南、昌图、康平、镇安等县,与吉林省的吉长道管辖之长春类似。以上诸县乃原来蒙古的一部分,汉人迁入逐渐增多,因此各地被开发,并设置州县,编入临近行省,完全成为满洲的一部分。

情况有非常相似的地方,但也有完全不同的情况。临近直隶省的承德、滦平、朝阳、阜新、赤峰、开鲁、林西等所谓热河省管辖之诸县,编入满洲,与其他各县相同,设置县治。支那政府对以上各县一视同仁,即编入临近行省,作为特别行政区域存在,因此各地与其他行省一样设置县治,脱离蒙古区域。现今日支交涉之际,支那五月一日交付我方日置公使的修正案,其中并未明示关于热河道所辖区域内是否有属于东内蒙古的范围存在讨论的余地。既然支那已经亲自承认以上内容,其所谓东内蒙古的一部分就会引起讨论。如以上内容所述,东部四盟中编入奉天省洮昌道及吉林省吉长道的各县,称之为满洲理所当然,除此之外的全部地区称之为东蒙古。此次日支条约中的东内蒙古当然指的是该地区。

松本忠雄著《有关日支新交涉的帝国特权》
一四九页——一五一页

关于清朝初期的新满、老满的词句考证

(结论)

新满、老满乃地方称呼,没有严格区别,根据以上内容,指的是嫩江、松花江北岸,即以克山、呼兰、索伦、达呼里一线为分界。

新满、老满的区别

一、《满蒙丛书》第五、《黑龙外记》卷三第四十九页(嘉庆十五年编)

满洲有伊彻、佛之分,《国语》[①]旧曰佛、新曰伊彻,转而伊齐、一气,其初多吉林产也,又有所谓库雅喇满洲,瓜勒察满洲者,以地名,皆伊彻满洲也,百余年来分驻齐齐哈尔、黑龙江、呼兰,编其旗为八。

二、《盛京通志》卷二十一之学校

康熙三十四年

黑龙江于墨尔根地两翼,各设一学一处,每翼设教官一员,将新满洲、西伯、索伦、达祐里等每佐领选俊秀幼童一名,并设官学教化所,与无远弗届焉。

(西伯乃现今伯都纳附近——和田氏之说)

(索伦乃海拉尔南部的索伦)

三、伊彻(新)之出典

小方壶斋《舆地丛钞》、《柳边纪略》七,三百五十七丁

东北边部落现在贡宁古塔者八,每年自四月至六月,俱以次入贡自宁古塔,东北行四百余里,住虎尔哈河松花江两岸者,曰孥耶勒,曰革依克勒,曰裕什克哩。此三喀喇[②]役属已久,各有头目。其少年精悍者,则渐移家内地,编甲入户,或有为侍卫者,初服鱼皮,后服国朝衣冠,名异齐满洲;异齐者,汉言新也。(虎尔哈河乃虎力河、八虎力河)

四、前载丛书,《黑龙江外记》二十三,四百一丁

伊彻满洲病,亦请萨玛跳神,而请札林一人为之相。札林,唱神歌者也。

五、和田教授之说

---

① 译者按:即满洲语。
② 译者按:喀喇,汉言"姓"也。

1. 佛满洲① 太祖努尔哈赤编成四旗，编成之际领土内的满洲人称为佛满洲。

2. 当时满洲人的势力以牡丹江松花江流域为中心。

3. 新满为嫩江、松花江北流域。

资料来源：JACAR（アジア歴史資料センター）Ref. B02030446500（第321画像目から）、満洲事変（支那兵ノ満鉄柳条溝爆破ニ因ル日、支軍衝突関係）/善後措置関係/国際連盟支那調査員関係 第三卷（外務省外交史料館）

253. 关东军参谋长致陆军次官的函电（1932年5月23日）

密　参同文　昭和七年　五月二十三日
　　　　　五月二十日下午　　　　　　　　　五时〇〇分发
　　　　　　　　　　　　　　　　　　　　　六时三十分收

关参二九八

据国际联盟调查团的随行人员，即我军藤本参谋长的汇报：

昨（十九）日下午就哈尔滨附近及中东路西部线，向哈斯说明现在的情况，调查团对此事态相当重视，立即召开临时委员会，邀请藤本少佐以了解情况。

藤本少佐在吉田大使的陪同下，更加详细地说明了情况，特别是驻哈尔滨市的日本军队预备人数很少，以及李海青部队在安达满沟间横行之情况，所以很难确保由中东路西部线前往齐齐哈尔的行程之安全，务必坐飞机前去。军队会为其提供便利。另外，经由四平街前往也是一个办法。李顿表示知道这些情况，调查团的一部分人（一架客机可以容纳的人员）于二十一日上午坐飞机前往齐齐哈尔，其余主力人员于当日早晨乘火车直接返回奉天，其细节皆托付给日本参与代表。

资料来源：JACAR（アジア歴史資料センター）Ref. B02030446500（第339画像目から）、満洲事変（支那兵ノ満鉄柳条溝爆破ニ因ル日、支軍衝突関係）/善後措置関係/国際連盟支那調査員関係 第三卷（外務省外交史料館）

---

① 译者按：满洲语中，"旧"曰"佛"。

254. 芳泽外务大臣致驻沈阳森岛代理总领事的函电
（1932年5月23日）

第二八六号
致吉田大使的第一七号

有关对国际联盟调查团进行因势利导的方法之文件

　　调查团大体结束了至北满的调查，将着手起草最终报告。此际详细探知，调查团代表们基于以上调查所得之感想及将来之解决方案，当然要将以上报告内容导向对我方有利之方向，需要引导各方面采取相呼应之万全良策。综合阁下屡次电报及其他之内容，从前向调查团描述之解决方案如下：(1) 日支直接交涉，支那方尊重日本的既得权益，恢复支那对满蒙的统治权；(2) 承认支那宗主权之下的满蒙自治权；(3) 由国际机构管理满蒙；(4) 由签署《九国条约》的相关国家召开会议，决定满蒙问题之方案。鉴于当下该问题之纷繁复杂，解决意见延迟至以后。无视"新国家"存在之现实事实，支那依然享有统治满蒙之主权，承认国际委员会等第三方力量之方案，是帝国政府终归无法承诺的。（参照五月十日致奉天往信亚一机密合第四五六号之三月十二日内阁决定，及致奉天往电第二七〇号本庄司令官等之应对）满洲问题从历史、政治以及其他方面来看，都是极其复杂多样，望周知。为圆满解决该问题，调查团的调查报告书需从大局观点出发，充分发挥"政治家的才能"。最近调查团方面正埋头于对条约的解释及交涉的细节，望引导新事态，以期将来维持和平。阁下在这个时候与调查团进一步紧密接触，探知其态度，彻底贯彻我方重视之要点，其结果应随时电报。目前我方正特意准备应对六月末调查团再度来日，将以阁下与调查团的接触结果作为参考。

　　转电支那、北平、国际联盟，由支那转电南京，由国际联盟转电英、意、德，转报法国。

　　资料来源：JACAR（アジア歴史資料センター）Ref. B02030446500（第340画像目から）、満洲事変（支那兵ノ満鉄柳条溝爆破ニ因ル日、支軍衝突関係）/善後措置関係/国際連盟支那調査員関係　第三卷（外務省外交史料館）

255. 驻沈阳森岛代理总领事致芳泽外务大臣的函电
（1932 年 5 月 24 日）

号外　暗　　奉天　　　　　　　　　　　　　廿四日下午发
　　　　　　外务省　　　　　　　　　　　　　五月廿四日下午收

致吉田大使的第一六号电报，请求转电本馆。

资料来源：JACAR(アジア歴史資料センター) Ref. B02030446500（第342画像目から）、満洲事変(支那兵ノ満鉄柳条溝爆破ニ因ル日、支軍衝突関係)/善後措置関係/国際連盟支那調査員関係　第三卷(外務省外交史料館)

256. 驻沈阳森岛代理总领事致芳泽外务大臣的函电
（1932 年 5 月 24 日）

昭和七年　一二三九七　暗　　奉天　　　　　廿四日上午发
　　　　　　　　　　　　　外务省　　　　　　五月廿四日下午收

第八三七号
吉田发
第一六三号
关于往电第一五二号

二十三日调查团为下述事项会合，即关于李顿二十日机密第八二号附属文件中的第一点，决定选取北戴河以便于调查日支关系。美国代表已经通过熟人找寻在该地的别墅，意大利代表与意大利首相的女婿正在该地避暑，其他随员依据自己的情况，希望选取该地的也不少。本使表示以前只不过是其个人的声明，并非政府的意思。今接到内部报告称至今未决定，但选取青岛的希望渺茫。本使直接收到团长对此事①表示反对的电令，问答如下。

李顿：在最终报告书的撰写地，仅有少量事务需要与参与代表商谈。
本使：本官是否不能在撰写地陪同？
李顿：并非此意。

---

① 编者按："此事"应该是指调查团反对选择青岛作为报告书的撰写地。

本使：离开后就不能商谈了。

李顿：需要向专家顾问咨询，并询问相关国家意见，这是大问题。

本使：是否有必要询问日本政府，本使是最合适人选。

李顿：阁下不打算去北戴河？

本使：我不知道。

李顿：不可发出最后通牒。

本使：是阁下对我方提出了难题。

似乎李顿也不知如何处置，调查团乃不得已从北平变更至该地。特此电报事情之趋势。

资料来源：JACAR（アジア歴史資料センター）Ref. B02030446500（第343画像目から）、満洲事変(支那兵ノ満鉄柳条溝爆破ニ因ル日、支軍衝突関係)/善後措置関係/国際連盟支那調査員関係　第三巻（外務省外交史料館）

257. 驻沈阳森岛代理总领事致芳泽外务大臣的函电
（1932年5月24日）

昭和七年　一二四〇〇　暗　　奉天　　　　　　二十四日下午发

　　　　　　　　　　　　　　外务省　　　　　五月二十四日下午收

第八三九号

关于往电第八三三号

二十三日上午，（调查团）举行了第三次会面，大体按照贵电第二七三号及第二八一号之内容予以回答。其内容要领书第四问之三之（G）及五之（D），仅就有关政策陈述我的私见，而帝国政府的方针需要询问东京。第五问之一至四，未收到贵电，故没有按电报内容进行回答，望东京了解。

资料来源：JACAR（アジア歴史資料センター）Ref. B02030446500（第344画像目から）、満洲事変(支那兵ノ満鉄柳条溝爆破ニ因ル日、支軍衝突関係)/善後措置関係/国際連盟支那調査員関係　第三巻（外務省外交史料館）

258. 驻沈阳森岛代理总领事致芳泽外务大臣的函电
（1932年5月24日）

昭和七年　一二三九九　暗　　奉天　　　　　　　　二十四日下午发
　　　　　　　　　　　　　　外务省　　　　　　　五月二十四日下午收

第八四〇号

吉田发出

第一六四号

二十三日在总领事馆，代理总领事就前次问题继续说明以下事项：

一、在张学良时代为何要同中央政府就满洲问题进行交涉。

二、张作霖时代和张学良时代对日态度的差异。

三、商租权的问题。

四、在满朝鲜人问题。

此外，代理总领事对支那关于共产党干扰商租活动的法令、榊原农场问题等进行了书面说明，就朝鲜人归化问题、警察官驻扎问题和内地的旅行、居住、营业等权利向外务省进行了说明。

转电支那、北平。

资料来源：JACAR（アジア歴史資料センター）Ref. B02030446300（第345画像目から）、満洲事変（支那兵ノ満鉄柳条溝爆破ニ因ル日、支軍衝突関係）/善後措置関係/国際連盟支那調査員関係　第三卷（外務省外交史料館）

259. 驻沈阳森岛代理总领事致芳泽外务大臣的函电
（1932年5月24日）

昭和七年　一二四二三　略　　奉天　　　　　　　　廿四日下午发
　　　　　　　　　　　　　　外务省　　　　　　　五月廿四日下午收

第八四三号

吉田发出

第一六五号

本使一行按照往电第一六〇号，将预定行动的旅费问题电报奉天。

资料来源：JACAR（アジア歴史資料センター）Ref. B02030446500（第346画像目から）、満洲事変（支那兵ノ満鉄柳条溝爆破ニ因ル日、支軍衝突関係）/善後措置関係/国際連盟支那調査員関係　第三巻（外務省外交史料館）

260. 驻沈阳森岛代理总领事致芳泽外务大臣的函电
（1932年5月24日）

昭和七年　一二四四六　暗　　奉天　　　　　　　廿四日下午发
　　　　　　　　　　　　　　外务省　　　　　　五月廿五日上午收

第八四五号

吉田发出

第一六六号

二十四日上、下午，调查团继续在总领事馆听取森岛代理总领事对以下诸问题之说明：

一、不当课税

二、满铁附属地问题

三、铁道问题

四、九月十八日以前的诸问题〔今后书面提出问题第九点中之(a)(b)〕

五、事变后奉天的各种公共事业

六、事变后的银行及币制问题

七、事变前的政治腐败

此外，书面提出"匪贼"状况及朝鲜人被害问题。

转电支那、北平。

资料来源：JACAR（アジア歴史資料センター）Ref. B02030446500（第346画像目から）、満洲事変（支那兵ノ満鉄柳条溝爆破ニ因ル日、支軍衝突関係）/善後措置関係/国際連盟支那調査員関係　第三巻（外務省外交史料館）

261. 驻沈阳森岛代理总领事致芳泽外务大臣的函电
（1932年5月24日）

昭和七年　一二四〇二　　　哈尔滨　　　　　廿四日下午发
　　　　　　　　　　　　　外务省　　　　　五月廿四日下午收

第五七四号

齐齐哈尔发出本官电报

合第二〇号

发给大臣的电报

第八二号

盐崎发出

一、二十二日，调查团与清水领事会面，该领事就黑龙江省情况，特别是日本军队占领之后的变迁、省官民对军队占领的态度、中村事件的经过、支那方违反条约、共产党及"匪贼"的状况进行了说明。

二、二十三日上午，调查团与天野旅团长会面，林特务机关长说明了大兴战斗的原因及军队进攻前的状况，滨？[①] 本大佐说明了以上战斗的状况。然后天野旅团长就黑龙江省的"满洲国"军队及反抗军的配置、"匪贼"的状况进行了说明。下午，程省长询问了日军占领齐齐哈尔后的政情、"新国家"成立时黑龙江省及齐齐哈尔的状况、"满洲国"军队、警察及最近的经济、财政等问题，天野旅团长就上述问题向其进行了简单说明。

此外，希爱慕与满铁及洮昂铁路的代表会面，主要听取了技术问题方面的意见。满蒙代表及白俄代表模仿长春、哈尔滨的例子，向调查团一行人进行了请愿。

三、调查团一行人于明日二十四日晨乘坐从龙江站出发的火车南下至洮南，在该地停留一晚后前往奉天。

由哈尔滨转电公使、北平。

转电哈尔滨、奉天、长春、郑家屯。

资料来源：JACAR（アジア歴史資料センター）Ref. B02030446500（第

[①] 编者按：原文如此。

347 画像目から)、満洲事変(支那兵ノ満鉄柳条溝爆破ニ因ル日、支軍衝突関係)/善後措置関係/国際連盟支那調査員関係　第三卷(外務省外交史料館)

(以上内容，万秋阳　译；张一闻　校)

262. 驻长春田代领事致芳泽外务大臣的函电

（1932年5月24日）

昭和七年　一二四一一　暗　长春　　　　　廿四日下午发
　　　　　　　　　　　　　外务省　　　　四月廿四日下午收

第二五二号

齐齐哈尔发送本官接受

第一一号（二十三日后）

希望转送外务大臣

第八一号

爱斯托、万考芝、希爱慕、皮特尔、莫思及盐崎书记官一行于二十二日下午四点半乘坐飞机抵达齐齐哈尔，下午五时半访问本官，开始询问如下内容，也就是本官于二十一日早上收到由林出书记官携来的质问书的内容。

一、占据齐齐哈尔后，政情的变化、官员的更迭、对"满洲国"的态度与各种政治舆论的变迁；

二、"新国家"与官厅改革，以及公共事业（包括邮政与税关）实施相关的活动；

三、白俄罗斯人的人数及政治活动。

本官已经预先做好了回答书，现在亲手递交给调查团一行人，同时表示大部分问题都属于"满洲国"的内政问题，本官不能充分说明，昨晚从"满洲国"方面拿来材料并匆忙做好回答书，希望得到谅解。五个人进行了大约两个半小时的对话，话题相当广泛，包括"马贼"问题、支那的违反条约行为、省党部的活动、中村事件、苏联有无援助黑龙江省军队、马占山的治安维持会的性质、共产党问题、日本人顾问的雇佣手续及"满洲国"的未来。关于中村事件、违反条约行为、共产党的活动以及"马贼"问题等已经预先做好了英文版的调查书，此时亲手交给调查团。关于其他问题也进行了适当的回应。调查团一行于晚上七点满意地离开。

希望从长春转电公使、北京。

已转电奉天、长春。

资料来源：JACAR（アジア歴史資料センター）Ref. B02030446600（第350画像目から）、満洲事変（支那兵ノ満鉄柳条溝爆破ニ因ル日、支軍衝突関係）/善後措置関係/国際連盟支那調査員関係　第三巻（外務省外交史料館）

263. 驻沈阳森岛代理总领事致芳泽外务大臣的函电
（1932年5月25日）

昭和七年　一二五一〇　暗　奉天　　　　　　廿五日下午发
　　　　　　　　　　　　　　外务省　　　　五月廿五日下午收

第八四七号

关于往电第八四五号

一、关于张作霖被炸死事件的联合调查报告书正如贵来电第二七三号所说。按照本总领事馆的记录，当时本馆将调查结果的报告概要英文版送交了外国领事。二十五日早上李顿、杨格一同来到本馆，阅览后听取本官的说明。

二、此外，二十四日会见之际，调查团方面提出希望得到满铁与交通部有关吉敦线延长线与长大线新修线的契约复印件。本官回答，作为个人并无反对，但需要向政府请训。另外，之前满铁表示希望针对调查团方面的要求提出满铁关系契约，征求本领事馆与军部的意见。此契约中就包括前述的两线部分，本官认为由满铁提供并无大碍，希望由满铁提出。阁下有何意见，请来电告知。

资料来源：JACAR（アジア歴史資料センター）Ref. B02030446600（第351画像目から）、満洲事変（支那兵ノ満鉄柳条溝爆破ニ因ル日、支軍衝突関係）/善後措置関係/国際連盟支那調査員関係　第三巻（外務省外交史料館）

264. 驻沈阳森岛代理总领事致芳泽外务大臣的函电
（1932年5月25日）

昭和七年　一二五〇五　暗　奉天　　　　　　二十五日下午发
　　　　　　　　　　　　　　外务省　　　　五月二十五日下午收

第八四九号

由本官发给长春的第八一号函电

来自吉田

关于发往奉天的贵电报第二五号后段

调查团一行计划于六月四日（或是五日）从本地经由奉山线前往北京，至少停留两周，然后再次经奉山线返回本地，经朝鲜前往日本。希望向"满洲国"方面提出，在调查团经过奉山线之时给予保护与便利。

转电外务大臣、支那、北平、南京、天津。

资料来源：JACAR（アジア歴史資料センター）Ref. B02030446600（第352画像目から）、満洲事変（支那兵ノ満鉄柳条溝爆破ニ因ル日、支軍衝突関係）/善後措置関係/国際連盟支那調査員関係　第三巻（外務省外交史料館）

265. 驻沈阳森岛代理总领事致芳泽外务大臣的函电
（1932年5月25日）

昭和七年　一二五三一　暗　　奉天　　　　　　　廿五日下午发
　　　　　　　　　　　　　　外务省　　　　　　五月廿五日下午收

第八五〇号

来自吉田

第一六七号

二十四日，本使与开脱盎葛林诺的谈话内容如下：

盎葛林诺：共产主义的发展已经达到了危险的程度，爪哇、新加坡、海防、西贡各地机关间已建立了密切的联系，这是非常有益的。就情报交换而言，日本如能加入就更有利了。

与马占山会见的签证被苏联拒绝了，其回答的措辞非常巧妙，暗示国际联盟干涉"满洲国"，将此视为巩固苏"满"两国深交的基础。

关于满洲事件的解决方案，调查团尚未提出任何意见，如果将溥仪作为中华民国在满洲的终身高级专员的话，将会非常合适，但从"满洲国"的基础来看，此事恐怕是不可能的。

本使：支那方面传来消息，溥仪向醇亲王暗中表示是不得已才就任执政，随时寻机引退，醇亲王将此事报告中华民国方面，殊为可怪。而且屡屡听闻，即使将满洲的实权移交日本，支那方面也希望表面上任命当地的总督。本使获悉,在长春的溥仪是最热心于"满洲国"建设的,所以想来这不过是中华民国黔驴技穷的下策。

盎葛林诺:解决的困难在于日本不能提供给支那任何东西。

本使:我国较事变前并未获得新的东西。满洲问题乃日支关系之症结所在,如果解决了满洲问题,日本将决不推辞给予支那本部援助。如果事件的解决方法不顾及现实,日本是绝不会承认的。

盎葛林诺:日本如能声明,日本保留在满洲的一切权益,关于"满洲国"与支那的关系将在两国间予以决定,世界舆论将会对日本寄予好感。

本使:虽然不知道调查团的方针如何,若最终报告在"共匪"之外加入对支那本部真相记录的话就另当别论了。将支那本部分为八十个省份,弱化省长权力,将军人变为工人,实施裁军等措施是必要的。此外,之前本使与中东铁路理事沈瑞麟在哈尔滨谈话之时,沈瑞麟表示坚信:1. 消灭国民党;2. 在此基础上支那政府与"满洲国"才能就满洲问题达成协定。

转电支那、北平、南京、长春、哈尔滨、国际联盟。

资料来源:JACAR(アジア歴史資料センター)Ref. B02030446600(第353画像目から)、満洲事変(支那兵ノ満鉄柳条溝爆破ニ因ル日、支軍衝突関係)/善後措置関係/国際連盟支那調査員関係 第三卷(外務省外交史料館)

266. 驻哈尔滨长冈代理总领事致芳泽外务大臣的函电
（1932年5月25日）

昭和七年　一二五〇八　暗　哈尔滨　　　　　廿五日下午发
　　　　　　　　　　　　　　外务省　　　　　五月廿五日下午收

第五七五号

齐齐哈尔发给本官的第八五号电报

请向外务大臣发报

第八三号

在二十四日出发前,国际联盟调查团一行中的莫思将本官请到其房间。他表示,自己忝列调查团随员首席,并无任何势力,非常理解日本的立场,现如今希望以个人的立场询问领事的意见。调查团的报告应该是分为第一段关于满洲事件的经过、第二段关于满洲事件后的现状、第三段关于解决方法三个部分。关于第三段,莫思考虑以支那恢复满洲主权来换取承认日本特殊权益可能会引发的结果,恐怕日本从满洲撤退后,支那人将对日本实施残酷报复,被"土匪"等杀害的日本人将会为数不少,不知领事意见如何。

本官以个人资格答复了对此问题的看法。支那方面争取国际联盟同情的理由是,日军从满洲撤退之时,日本人也就不得不随之从支那各地撤出,这样一来支那的排日运动便可以平息。如果由于日本顾忌国际联盟而将日军撤出,支那将会以为日本可欺,对日本人的排斥将会将比之前更为猛烈。而且关于满洲问题的解决必须将"满洲国"的存在考虑进去,即便日本同意了该意见,"满洲国"赞成与否还得另说。

此外,莫思在会谈之际还提到"特殊权益""经济权益",就本官的印象,此处权益应该是指在我方现存既得权益之外,支那需要给予日本的某种权益。

因而本官认为,生于日本、在支那生活三十年、精通支那情况的莫思是亲日派。

希望从哈尔滨转电公使、北平、奉天、长春。

已转电哈尔滨。

资料来源:JACAR(アジア歴史資料センター)Ref. B02030446600(第355画像目から)、満洲事変(支那兵ノ満鉄柳条溝爆破ニ因ル日、支軍衝突関係)/善後措置関係/国際連盟支那調査員関係 第三巻(外務省外交史料館)

267. 芳泽外务大臣致驻北平中山书记官的函电
(1932年5月25日)

第九〇号

电报收报地址调查之件

国际联盟调查团随员万考芝多次向北平发送电报,其电报的收信者为谁,希望秘密调查后回电。

转电奉天。

资料来源:JACAR(アジア歴史資料センター)Ref. B02030446600(第357画像目から)、満洲事変(支那兵ノ満鉄柳条溝爆破ニ因ル日、支軍衝突関係)/善後措置関係/国際連盟支那調査員関係 第三巻(外務省外交史料館)

268. 芳泽外务大臣致驻沈阳森岛代理总领事的函电
（1932 年 5 月 25 日）

第二九四号

调查团报告书起草地点之件

送往吉田大使第一九号

关于贵电报第一六三号

我方反对将报告书起草地点选在北戴河，此地为张学良影响力浓厚之地，或会对调查团发生影响，使调查团招致世间的质疑（如果调查团将起草地选在镰仓或箱根，支那方面也会抱怨不公平而加以反对，所以将起草地点选在北戴河会引起日本国民何等感受，调查团方面不难想象。此外贵电报末尾有意思不明之处，如将报告书起草地点选在北平则更加不可），还会使报告书的价值受到质疑。调查团的宗旨是在日支两国国民的信赖下以不偏不倚的态度完成任务，此举不可谓可取。李顿爵士对贵大使回应的诸事都不过是细枝末节的问题，与调查团任务的重要性相比，类似贵电报开头所言的私人性质事情根本不能算问题。

相关情况请按照往电的第一二一号第二部分以及本电报的精神，向调查团方面彻底陈述我方反对北戴河的理由，并回电报告结果。

与贵电报一同转电支那、北平、国际联盟。

资料来源：JACAR（アジア歴史資料センター）Ref. B02030446600（第358画像目から）、満洲事変（支那兵ノ満鉄柳条溝爆破ニ因ル日、支軍衝突関係）/善後措置関係/国際連盟支那調査員関係 第三巻（外務省外交史料館）

269. 芳泽外务大臣致驻沈阳森岛代理总领事的函电
（1932 年 5 月 25 日）

第二九五号

会见马占山及报告书制作地点之件

送往吉田大使第一九号

关于贵电报第一六二号

关于调查团方面经由苏联与马占山会见的问题，我方的立场正如屡次表明的那样。发往哈尔滨的往电第一二一号第一部分的意思并非阻止调查团方面与马占山会面，除了期待调查团公平且有效地完成此次重大问题外，别无所求。对国际联盟或其他任何人表明这个立场均无碍，所以不可引起外界对日"满"联系的怀疑。

尽管存在贵电报末段的情况，现如今请对调查团方面按照发往哈尔滨往电第一二一号第一部分的精神予以说明。

资料来源：JACAR（アジア歴史資料センター）Ref. B02030446600（第360画像目から）、満洲事変（支那兵ノ満鉄柳条溝爆破ニ因ル日、支軍衝突関係）/善後措置関係/国際連盟支那調査員関係 第三巻（外務省外交史料館）

270. 吉田大使致斋藤外务大臣的函电
（1932年5月26日）

昭和七年　一二五六七　平　　大连　　　　　　廿六日下午发
　　　　　　　　　　　　　　外务省　　　　　五月廿六日下午收

第一九六号

二十六日调查团一行到达本地。

电报转送公使、北平、奉天。

资料来源：JACAR（アジア歴史資料センター）Ref. B02030446600（第364画像目から）、満洲事変（支那兵ノ満鉄柳条溝爆破ニ因ル日、支軍衝突関係）/善後措置関係/国際連盟支那調査員関係 第三巻（外務省外交史料館）

271. 驻北平中山书记官致斋藤外务大臣的函电
（1932年5月29日）

昭和七年　一二六一九　暗　　北平　　　　　　二十六日下午发
　　　　　　　　　　　　　　外务省　　　　　五月二十七日下午收

第二四七号

本官发给关东厅长官的第八号电报

希望转送吉田大使。

依据本地外交档案保管处长王承传（オーショーデン）与国际联盟随员リューナイハン①两人的希望，已经给予了对前往大连提供便利的书面文件。两人将于二十七日搭乘长平丸从塘沽出发。当初提出的要求是前往奉天，顾维钧入满之际，由于人数限制，我方拒绝了。经过国际联盟在北平的商讨，提出前往大连比较合适。窃以为两人到达大连后需要对其行动加以注意。

转电外务大臣、支那、南京、奉天、长春、天津。

资料来源：JACAR（アジア歴史資料センター）Ref. B02030446600（第364画像目から）、満洲事変（支那兵ノ満鉄柳条溝爆破ニ因ル日、支軍衝突関係）/善後措置関係/国際連盟支那調査員関係　第三卷（外務省外交史料館）

272. 驻沈阳森岛代理总领事致斋藤外务大臣的函电
（1932 年 5 月 26 日）

昭和七年　一二五七二　平　奉天　　　　　　　　廿六日下午发
　　　　　　　　　　　　　　外务省　　　　　　五月廿六日下午收

第八五四号

按照国际联盟调查团的请求，希望尽快送来几份国际法的译文。

资料来源：JACAR（アジア歴史資料センター）Ref. B02030446600（第365画像目から）、満洲事変（支那兵ノ満鉄柳条溝爆破ニ因ル日、支軍衝突関係）/善後措置関係/国際連盟支那調査員関係　第三卷（外務省外交史料館）

273. 驻沈阳森岛代理总领事致斋藤外务大臣的函电
（1932 年 5 月 26 日）

昭和七年　一二五六三　暗　奉天　　　　　　　　廿六日下午发
　　　　　　　　　　　　　　外务省　　　　　　五月廿六日下午收

第八五六号

关于往电第八四七号第一部分

---

① 编者按：此人为中国人员，中文名暂没有找到。

前几天，调查团随员开脱盎葛林诺对本官提到，在北平时，支那方面对调查团方面进行了种种宣传，如张作霖被炸死后日本制定了扰乱东三省的预定计划，满洲事件不过是该计划的发展，并请求共同调查书发表这部分内容。二十五日，李顿与杨格来本领事馆访问之际，本官向其展示了事件发生当时被杀的两名便衣队员所携数封信件的照片，并说明内容。李顿与杨格感到应该是南方方面派遣这类人员潜入，视为怪事。作为补充往电的参考。

资料来源：JACAR（アジア歴史資料センター）Ref. B02030446600（第366画像目から）、満洲事変（支那兵ノ満鉄柳条溝爆破ニ因ル日、支軍衝突関係）/善後措置関係/国際連盟支那調査員関係　第三巻（外務省外交史料館）

274. 驻广东须磨代理总领事致斋藤外务大臣的函电（1932年5月26日）

昭和七年　一二六一六　暗　广东　　　　　　　二十六日下午发
　　　　　　　　　　　　外务省　　　　　　　五月二十七日下午收

第四〇九号

二十六日的华文报纸刊登的北平"路透社"报道，"据伦敦电，李顿调查团的调查结果是'满洲国'是日本的傀儡政权，决不会予以承认。此外，英国政府发表声明，今后满洲实行国际管理，长官从支那任命，另任命一名日本人作为副代表"。

作为参考。

希望由支那转电上海。

转电支那、北平、奉天、南京。

资料来源：JACAR（アジア歴史資料センター）Ref. B02030446600（第367画像目から）、満洲事変（支那兵ノ満鉄柳条溝爆破ニ因ル日、支軍衝突関係）/善後措置関係/国際連盟支那調査員関係　第三巻（外務省外交史料館）

275. 吉田大使致斋藤外务大臣的函电（1932年5月27日）

昭和七年　一二六三六　暗　大连　　　　　　　廿七日下午发
　　　　　　　　　　　　外务省　　　　　　　五月廿七日下午收

第一七〇号

昨天调查团专家顾问听取满铁及本地实业家、法律家等的说明。

资料来源：JACAR（アジア歴史資料センター）Ref. B02030446600（第370画像目から）、満洲事変（支那兵ノ満鉄柳条溝爆破ニ因ル日、支軍衝突関係）/善後措置関係/国際連盟支那調査員関係　第三巻（外務省外交史料館）

276. 吉田大使致斋藤外务大臣的函电（1932年5月27日）

昭和七年　一二六五一　平　大连　　　　　　　廿七日下午发
　　　　　　　　　　　　　　　外务省　　　五月廿七日下午收

调查团按照昨日电报的预定，今日上午十时四十分来到官邸访问。十一点半在本厅与小官会见了约两个小时，听取了小官对本厅情况的概要说明。然后又进行了以下问题的问答：

（一）关内、满洲内地与满铁附属地的课税及关税问题；

（二）关东州内"土匪"的情况及"剿匪"的形势；

（三）日本在满洲的四个行政机关是否统制；

（四）关东州内行政官中是否有支那方面的官员。

下午参观战争遗迹，然后共进晚餐，接下来返回大连。翌（二十八）日将与满铁总裁会见，并继续出席与民间志士的座谈会。

资料来源：JACAR（アジア歴史資料センター）Ref. B02030446600（第370画像目から）、満洲事変（支那兵ノ満鉄柳条溝爆破ニ因ル日、支軍衝突関係）/善後措置関係/国際連盟支那調査員関係　第一巻（外務省外交史料館）

277. 北平补佐官致陆军次官的函电（1932年5月27日）

昭和七年　　　　　　　　　　　　　　五月二十六日下午发
　　　　　　　　　　　　　　　　　　　　二十六日下午收

北电第六九五号

据五月二十五日吴佩孚系某重要人物向本官转述张学良属下某人所言，顾维钧对张学良报告"正在考虑满洲的国际共管"。

然而五月二十六日北平的支那重要报社《世界日报》发表社论，标题为"联盟调查团最终报告如何""列强并非真心援助支那，不过是以门户开放为名义阻止日本独占满洲，以保护本国之利益。日本的想法是借在国际城市上海召开的圆桌会议之机，以尽力保护英美商业优越地位作为独占满洲的交换条件"。

因此，本官判断此事件是张学良与顾维钧等针对国际联盟和日本的宣传。电报发往关东州、天津、济南、汉口。

资料来源：JACAR（アジア歴史資料センター）Ref. B02030446600（第372画像目から）、満洲事変（支那兵ノ満鉄柳条溝爆破ニ因ル日、支軍衝突関係）/善後措置関係/国際連盟支那調査員関係　第三巻（外務省外交史料館）

278. 吉田大臣致斋藤外务大臣的函电（1932年5月28日）

昭和七年　一二六九七　暗　　大连　　　　　　　　二十八日下午发
　　　　　　　　　　　　　　外务省　　　　　　　　五月二十八日下午收

第一七一号

二十七日调查团等人前往旅顺访问关东州长官。长官说明了关东州内的情况，李顿询问（关东）州内"土匪"情况、所谓四头政治等问题。随后调查团一行考察战争遗迹，并出席长官的晚宴。

资料来源：JACAR（アジア歴史資料センター）Ref. B02030446600（第374画像目から）、満洲事変（支那兵ノ満鉄柳条溝爆破ニ因ル日、支軍衝突関係）/善後措置関係/国際連盟支那調査員関係　第三巻（外務省外交史料館）

279. 关东厅长官致斋藤外务大臣的函电
（1932年5月28日）

昭和七年　一二七一三　暗　　关东厅　　　　　　　廿八日下午发
　　　　　　　　　　　　　　外务省　　　　　　　　五月廿八日下午收

今日上午十点调查团与满铁总裁会见，专家顾问分为三组，第一组上午九点在大和旅馆会见律师团，主要是进行有关支那人的民事、刑事制度问答，第二组上午十点与满铁铁道部成员进行会谈，第三组在同一地点与满铁铁道部的其他成员会见，下午自由行动。翌（二十九）日计划出席本厅主办的龙王塘水源地野餐。

资料来源：JACAR(アジア歴史資料センター)Ref. B02030446600(第374画像目から)、満洲事変(支那兵ノ満鉄柳条溝爆破ニ因ル日、支軍衝突関係)/善後措置関係/国際連盟支那調査員関係　第三巻(外務省外交史料館)

280. 关东厅长官致斋藤外务大臣的函电
(1932年5月28日)

昭和七年　一二七一九　平　　旅顺　　　　　　　　廿八日下午发
　　　　　　　　　　　　　　外务省　　　　　　　五月廿八日下午收

昨(二十七)日，在旅顺战争遗迹的参观过程中，法国代表卡尔利(M. Charrère，シャーレル)①于上午十一时左右在二〇三高地朝着旅顺方向，使用十六厘米电气相机秘密拍摄整个地区，此外，德国代表麦考益②于下午五点前后在白玉山使用普通相机、德国外交部雇员意大利人帕邦(ベバン，译音)使用十六厘米相机拍摄要塞地点。宪兵队员发现后态度强硬，要求没收使用的胶片与干版。在旅顺要塞司令与吉田大使的斡旋下，现今正在调停。如果本事件被记者团知道，向社会公开的话，恐怕会引起问题。请警告各报社勿要在报纸上登载。

资料来源：JACAR(アジア歴史資料センター)Ref. B02030446600(第375画像目から)、満洲事変(支那兵ノ満鉄柳条溝爆破ニ因ル日、支軍衝突関係)/善後措置関係/国際連盟支那調査員関係　第三巻(外務省外交史料館)

281. 驻长春田代领事致斋藤外务大臣的函电
(1932年5月28日)

昭和七年　一二七一六　暗　　长春　　　　　　　　廿八日下午发
　　　　　　　　　　　　　　外务省　　　　　　　五月廿八日下午收

第二六二号

---

① 编者按：原文如此。法国代表应是克劳德将军。
② 编者按：德国代表应该是恩利克希尼博士(H. E. Dr. Heinrich Schnee，シュネー)。

本官发往吉田大使的电报

关于奉天发给本官的第八一号电报

依照您的委托，与大桥进行了沟通，对国际联盟调查团一行通过奉山线前往北平之事做了安排，并提供便利。调查团从北京出发再次通过奉山线前往日本时，希望将一行人的名字及行程直接通告"新国家"方面。

转电外务大臣、支那、北平、南京、奉天、天津。

资料来源：JACAR（アジア歴史資料センター）Ref. B02030446600（第376画像目から）、満洲事変（支那兵ノ満鉄柳条溝爆破ニ因ル日、支軍衝突関係）/善後措置関係/国際連盟支那調査員関係 第三卷（外務省外交史料館）

282. 斋藤外务大臣致大连吉田大使的函电
（1932年5月28日）

第二一号

关于国际联盟调查团报告书制作地点之件

根据极为确凿之情报，国际联盟调查团考虑将报告制作地点选在威海卫，现正和支那方面进行沟通。

转电支那、北平、奉天、芝罘、青岛、日内瓦、美国。南京由支那转电，英国、法国、意大利、德国由日内瓦转电。

资料来源：JACAR（アジア歴史資料センター）Ref. B02030446600（第377画像目から）、満洲事変（支那兵ノ満鉄柳条溝爆破ニ因ル日、支軍衝突関係）/善後措置関係/国際連盟支那調査員関係 第三卷（外務省外交史料館）

283. 吉田大使致斋藤外务大臣的函电（一）
（1932年5月29日）

昭和七年　一二七二七　暗　　大连　　　　　　　廿九日下午发
　　　　　　　　　　　　　　外务省　　　　　　五月廿九日下午收

第一七三号之一

五月二十七日哈斯对盐崎的秘密谈话如下：

一、抵达北平后需要进行调查材料的整理,为了推动事务进展,一部分秘书处成员与专家,也就是派斯塔柯夫与希爱慕等人提前前往北平。

在北京停留的两周时间里,调查团对满洲问题解决案的意见是原则上进行概要总结。所以有必要让调查团开展讨论,然后前往日本,询问日本政府的意见。报告书计划在八月中旬前后完成起草,关于报告书起草的地点,李顿与吉田大使正在交换意见,除了将决定权交与李顿外,本人并无其他意见。本人并不反对起草的一半工作在箱根进行、余下一半在支那完成的方案,但此案未被调查团采用。(盐崎的回应,正如阁下所知,日本政府对在北戴河起草是强烈反对的,并以阁下来电第一九号的精神进行了敷衍,强调北戴河作为起草地点无论理论上如何,日本国民在感情上是不满的。)(待续)

资料来源:JACAR(アジア歴史資料センター)Ref. B02030446600(第378画像目から)、満洲事変(支那兵ノ満鉄柳条溝爆破ニ因ル日、支軍衝突関係)/善後措置関係/国際連盟支那調査員関係 第三巻(外務省外交史料館)

284. 吉田大使致斋藤外务大臣的函电(二)
(1932年5月29日)

昭和七年　一二七二八　暗　　大连　　　　　　　二十九日下午发
　　　　　　　　　　　　　　　外务省　　　　　五月二十九日下午收

第一七三号之二

希望报告书能在九月初送达日内瓦,然后理事会展开讨论。对于报告书,日支两国需要提出意见,而且需要提前送交各理事国研究。本人认为,在理事会讨论之前,预先进行三个月左右的研究是适当的。如果本人的看法被采纳,调查团对报告书的讨论将会在十二月份展开。不过,理事国中可能也有国家希望对该提案尽快进行讨论。

二、同意在讨论满洲问题时不会无视去年秋天以后事态的新变化,尤其是"满洲国"的出现。也就是,将在立足于现实事态的基础上研究问题。而且,如果不对日本与"满洲国"采取互让妥协的态度的话,问题的解决会变得极为困难。解决的方案里面,在满洲建立一套国际行政体制是不合适的。(盐崎对此表示,外部势力无论对满洲采取何种形式进行干涉,日本国民都不会同意。)而且委任统治也会成为一个问题,委任统治是对于未开化地区的一种过渡性的统治制度。所以，对属于国际联盟一员的国家所属地区实行以上制度在理论上是不妥当的。对于这个问题，不仅日支两国都存在异议，而且国际联盟本身也是不赞成的。因而，本人尚未见到确信可以作为解决方案的思路，不过是以一己之私见讨论类似一种自治制度的方案而已。（待续）

资料来源：JACAR（アジア歴史資料センター）Ref. B02030446600（第379画像目から）、満洲事変（支那兵ノ満鉄柳条溝爆破ニ因ル日、支軍衝突関係）/善後措置関係/国際連盟支那調査員関係　第三巻（外務省外交史料館）

285. 吉田大使致斋藤外务大臣的函电（三）
（1932年5月29日）

昭和七年　一二七二九　暗　　大连　　　　　　　　　廿九日下午发
　　　　　　　　　　　　　　外务省　　　　　　　　五月廿九日下午收

第一七三号之三

在张作霖以及张学良时代，满洲应该已经形成了一种自治系统，对此本人并未深入研究，而且不知道调查团是否会采用。本人认为支那对满洲关系的调整应该参考瑞士的联邦制度。但这一方案应该以日、支、"满"三方的承认作为前提。如果三方均承认，具体的细节交由支那及"满洲"两"国"间交涉即可。

三、关于会见马占山的问题。马占山不过是目不识丁的鸦片吸食者，所以派代表与马占山会见并未受到重视，代表的签证申请已经被俄国拒绝了。这并非国际联盟方面的正式请求，代表不过是通过所属国的领事馆向俄国提出了入国签证申请。会见马占山的活动已全然停止了。

希望外务大臣转电国际联盟。

已转电支那、北平、奉天、哈尔滨、长春。

资料来源：JACAR（アジア歴史資料センター）Ref. B02030446600（第380画像目から）、満洲事変（支那兵ノ満鉄柳条溝爆破ニ因ル日、支軍衝突関係）/善後措置関係/国際連盟支那調査員関係　第三巻（外務省外交史料館）

286. 吉田大使致斋藤外务大臣的函电（1932年5月29日）

昭和七年　一二七四五　暗　大连　　　　　　　廿九日下午发
　　　　　　　　　　　　　外务省　　　　　　　五月廿九日下午收

第七四号

二十八日，调查团访问内田满铁总裁，双方进行了会谈。对于团长的询问，总裁的回答大概如下：

一、按照经验，由于革命以后与支那的外交谈判失去了责任者，所以与清末相比更加困难。尤其是南京与东北妥协后，相互推卸责任，愈加不便。

二、与支那之间在条约之外，制定议定书的情况并不鲜见。以上就是缔约当时的情况。

三、确信前述议定书与条约具有相同的约束力。

四、一九〇五年满洲条约[①]之际，为了顺从支那方面避免国内舆论攻击的希望，日本将一部分内容让步为议定书。

五、为了解决悬案，我方进行提议并准备，但支那方面毫无诚意，木村理事的铁路交涉陷入苦恼之中。

六、满洲的铁路，需要日支铁路间实行联络统一，对合理的新干线敷设加以援助。

七、关于东三省与支那本部的关系，张作霖时代只与北方保持关系，到了张学良主政时，开始与南方合作。

八、张作霖还知道从日本受到了恩惠，张学良却秉持三民主义，从事排外运动。

九、满洲问题的解决条件以及前述以外的意见将会书面答复。

然后调查团等人接受了总裁的晚宴招待。

已转电奉天、长春、支那、北平。

资料来源：JACAR（アジア歴史資料センター）Ref. B02030446600（第381画像目から）、満洲事変（支那兵ノ満鉄柳条溝爆破ニ因ル日、支軍衝突関係）/善後措置関係/国際連盟支那調査員関係　第三卷（外務省外交史料館）

[①]　编者按：指代《中日会议东三省事宜条约》，日本方面称为《满洲善后条约》，下同。

287. 关东厅长官致斋藤外务大臣的函电
（1932年5月30日）

昭和七年　一二七七八　暗　　关东厅　　　　　　三十日下午发
　　　　　　　　　　　　　　外务省　　　　　　五月三十日下午收

按照原定计划,国际联盟调查团昨天结束了在大连的调查,搭乘本日上午九点二十分发出的特别列车前往奉天,中途考察鞍山。随员中的开脱盎葛林诺、杨格、派斯塔柯夫、波库罗夫斯基（ボクロフスキー,译音）、美纳多（メナード,译音）、拉巴比（ラバービ,译音）等六人于本日下午二时搭乘长平丸号出发,经天津前往北京。

资料来源：JACAR（アジア歴史資料センター）Ref. B02030446600（第383画像目から）、満洲事変（支那兵ノ満鉄柳条溝爆破ニ因ル日、支軍衝突関係）/善後措置関係/国際連盟支那調査員関係　第三巻（外務省外交史料館）

288. 支那驻屯军参谋长致陆军次官的函电
（1932年5月30日）

参同文
昭和七年　　　　　　　　　五月二十九日下午二时十五分发
　　　　　　　　　　　　　　　　　　　　　　五时四十分收

天电第七八号

依照北宁线铁路局的情报,国际联盟调查团将会在此后两三日内从奉天出发前往山海关,在当地停留并调查数天后,六月五日从山海关出发前往北平。因此,六月一日北宁线铁路局安排专用列车返回山海关。

资料来源：JACAR（アジア歴史資料センター）Ref. B02030446600（第384画像目から）、満洲事変（支那兵ノ満鉄柳条溝爆破ニ因ル日、支軍衝突関係）/善後措置関係/国際連盟支那調査員関係　第三巻（外務省外交史料館）

289. 驻北平中山书记官致斋藤外务大臣的函电
（1932年5月31日）

昭和七年　暗　　北平

外务省　　　　　　　　　　　　　五月卅一日下午收

第二五〇号

关于贵电第九〇号

阁下指示的地址在一般的地址登记中没有记载。而根据秘密调查的结果，可以判明该地址跟张学良有关。最近张学良从顾维钧处收到两三份电报，窃以为或与万考芝的问题有关系。

已转电奉天。

资料来源：JACAR（アジア歴史資料センター）Ref. B02030446600（第387画像目から）、満洲事変（支那兵ノ満鉄柳条溝爆破ニ因ル日、支軍衝突関係）/善後措置関係/国際連盟支那調査員関係　第三巻（外務省外交史料館）

290. 福冈县知事中山佐之助致内务大臣山本达雄等处的函电（1932年5月30日）

特外鲜秘第九八六号

昭和七年五月三十日

发送方：福冈县知事中山佐之助

接收方：内务大臣山本达雄

　　　　外务大臣斋藤实

　　　　警视厅、神奈川、爱知、大阪、兵库、京都、鹿岛、山口、长崎各厅府县长官

关于国际联盟调查团随行日本报纸记者谈话之件

东京市外代代木富谷一四九四号

东京《朝日新闻》记者古垣铁郎，作为国际联盟调查团随行记者前往支那，本月二十六日从大连搭乘香港丸号抵达本官管辖下的门司，在船舱中发表了

以下谈话，或可作为参考。

记

一、我奉总社的命令，并接受陆军与外务省的嘱托，作为国际联盟调查团一行的随行记者，被派往上海、天津、满洲一带考察。此次先行归京，调查团一行现在奉天，停留至本月月末后，计划前往天津、北平，约三周后经大连来日本。

二、虽然并未知晓调查团一行的真正想法，以及调查结果在何种程度上了解日本的立场，但想来从外部也可以有相当的了解。而且，我们记者团也好，满铁、关东厅当局也好，都努力促使他们认识到"满洲"及日本的立场。

三、张学良当前在北京，表面上装作平静。然而马占山与其他便衣队的军费全部由他提供。他对满洲有相当的野心，调查团一行前往北京之际，他将会采取独特的手段进行宣传。

四、马占山当前处于俄国边境附近，保有相当的势力对抗我军。他舍弃"新国家"陆军总长的高职投入反抗军，并非出于真心实意，而是顺应部下的策动。虽然时间短暂，他毕竟曾参与谋划"新国家"的核心机密，落草后是最为危险的，必须加以彻底讨伐。

五、对"满洲国"而言，最为必要的是治安维持以及警察权的确立。目前，甘粕大尉担任警务处处长（警视总监），正做出相当的努力，但其部下似无人才。吾人认为，对于现如今最为重要的"满洲国"来说，在内地任命总监级别的人物是有必要的。

资料来源：JACAR（アジア歴史資料センター）Ref. B02030446600（第388画像目から）、満洲事変（支那兵ノ満鉄柳条溝爆破ニ因ル日、支軍衝突関係）/善後措置関係/国際連盟支那調査員関係　第三巻（外務省外交史料館）

291. 驻国际联盟泽田局长致斋藤外务大臣的函电
（1932 年 5 月 31 日）

昭和七年　一二八七〇　暗　　　日内瓦　　　　五月卅一日下午发
　　　　　　　　　　　　　　　　外务省　　　　六月一日上午收

第四八八号

关于往电第一五号

据三十日国联秘书长发往长冈理事的信札,关于李顿调查团的费用,由国际联盟支出的金额接近五十万法郎,按照之前的约定,日本政府第一回应该支付的份额是美金五万元,希望尽快支付。随后的每月支出金,六月十五日以后为一万二千五百美元。调查团的费用总额将会在结算后通知。如何回复,请来电指示。

已转电法国。

资料来源:JACAR(アジア歴史資料センター)Ref. B02030446600(第390画像目から)、满洲事变(支那兵ノ满铁柳条沟爆破ニ因ル日、支军衝突関係)/善後措置関係/国際連盟支那調査員関係　第三卷(外務省外交史料館)

292. 驻国际联盟泽田局长致斋藤外务大臣的函电
(1932年5月31日)

昭和七年　一二八七二　平　　　　日内瓦　　　　　　五月卅一日下午发
　　　　　　　　　　　　　　　外务省　　　　　　　六月一日上午收

第四八九号

二十七日,支那代表向国际联盟提交关于日支冲突的备忘录,该备忘录在本月三十一日公布。之前支那在十二月十日的理事会决议及随后表决时引用支那代表的解释并指出:

(一)战斗还未停止。

(二)日本军队并未撤退。

(三)日本炮制"满洲国"使事态更趋恶化。

(四)日本增派军队导致战斗扩大、人员丧命。

(五)理事会并未从相关国代表处接到关于当地状况的任何情报。

李顿调查团第一报告书提出满洲的事态恶化问题。日本不仅向满洲派遣第十四师团,据最近支那方面的情报,日本还增兵攻击北满的支那军队,大规模的战斗即将开始。作为国际联盟,为了做出防止该情况出现的决定,当务之急是掌握关于满洲军事现状的公正且完整的情报。结论是,基于十二月十日决议,该情报必须尽快通过以下渠道入手:

(一)在当地有代表的诸国。(特别指出支那方面认为调查哈尔滨松花江附近日本军队的活动是最为重要的。)

(二) 应该征之于李顿调查团。

转电美国、法国、支那，邮寄其他在欧洲的各大使。

资料来源：JACAR（アジア歴史資料センター）Ref. B02030446600（第390画像目から）、満洲事変(支那兵ノ満鉄柳条溝爆破ニ因ル日、支軍衝突関係)/善後措置関係/国際連盟支那調査員関係　第三巻(外務省外交史料館)

293. 驻沈阳森岛代理总领事致斋藤外务大臣的函电
（1932年5月31日）

昭和七年　一二八〇九　平　　奉天　　　　　　三十一日上午发
　　　　　　　　　　　　　　外务省　　　　　五月三十一日下午收

第八六七号

三十日上午，调查团一行人从大连出发，中途视察鞍山后抵达本地。

转电公使、北平。

资料来源：JACAR（アジア歴史資料センター）Ref. B02030446600（第392画像目から）、満洲事変(支那兵ノ満鉄柳条溝爆破ニ因ル日、支軍衝突関係)/善後措置関係/国際連盟支那調査員関係　第三巻(外務省外交史料館)

294. 驻沈阳森岛代理总领事致斋藤外务大臣的函电
（1932年5月31日）

昭和七年　一二八一〇　平　　奉天　　　　　　卅一日下午发
　　　　　　　　　　　　　　外务省　　　　　五月卅一日下午收

第八六八号

送往北平第一〇六号

来自吉田

哈斯及希爱慕于三十一日经奉山线返回贵地。

转电外务大臣、天津。

资料来源：JACAR（アジア歴史資料センター）Ref. B02030446600（第392画像目から）、満洲事変(支那兵ノ満鉄柳条溝爆破ニ因ル日、支軍衝突関係)/善後措置関係/国際連盟支那調査員関係　第三巻(外務省外交史料館)

295. 驻沈阳森岛代理总领事致斋藤外务大臣的函电
（1932 年 5 月 31 日）

昭和七年　一二八一一　暗　　奉天　　　　　　　三十一日下午发
　　　　　　　　　　　　　　外务省　　　　　　　五月三十一日下午收

第八六九号

本官发给国际联盟的第一〇号电报

来自吉田

国际联盟调查团发往国际联盟电报中使用的电信符号，有杉村持有的一种与莱希曼（ライシマン，译音）持有的另一种。调查团较多使用后者。莱希曼有篡改电报内容的危险，所以应该促使其使用杉村的那种。希望向杉村传达。

转电外务大臣、驻支那公使。

资料来源：JACAR（アジア歴史資料センター）Ref. B02030446600（第393 画像目から）、満洲事変（支那兵ノ満鉄柳条溝爆破ニ因ル日、支軍衝突関係）/善後措置関係/国際連盟支那調査員関係　第三巻（外務省外交史料館）

296. 驻沈阳森岛代理总领事致斋藤外务大臣的函电
（1932 年 5 月 31 日）

昭和七年　一二八一八　暗　　奉天　　　　　　　三十一日下午发
　　　　　　　　　　　　　　外务省　　　　　　　五月三十一日下午收

第八七三号

伊藤发给有田次官

小官由于磋商的时间安排需要推迟一天，预计六月三日上午抵达东京。

资料来源：JACAR（アジア歴史資料センター）Ref. B02030446600（第393 画像目から）、満洲事変（支那兵ノ満鉄柳条溝爆破ニ因ル日、支軍衝突関係）/善後措置関係/国際連盟支那調査員関係　第三巻（外務省外交史料館）

297. 驻沈阳森岛代理总领事致斋藤外务大臣的函电
（1932年5月31日）

昭和七年　一二八四四　暗　奉天　　　　　　　　　卅一日下午发
　　　　　　　　　　　　　　外务省　　　　　　　五月卅一日下午收

第八七八号
来自吉田第一七六号
（括号里是本使的话）
三十日哈斯的秘密谈话
　　（一）调查团代表们曾认为长春政府是日本政府的傀儡，但现在不这样想了。
　　（二）（第三四号电报曾指出，李顿在北京时对我表达了感想，即"满洲国"处于日本的控制或命令之下。）在长春，我与大桥正在交涉，团长认为谈判的困难是虚假的，断定本庄司令官一句话便可以直接解决问题，但之后知道了事情的真相。
　　（三）关于满洲问题的解决案，调查团还未进行认真的协议。（如果不以现实为基础，日本是不会承认的。）委任统治是不可能实现的，连支那也不会同意。国际管理乃国际机构之意，这将会产生问题纠纷（支那提出的高级专员辖区不过是颜惠庆的传言，我方并未同意），此事我未听说。总之，本问题非常纷繁复杂，如何解决，极为困难。调查团的报告中恐怕也没有短期内解决的方法。需要根据现状进行解决，对于欧洲各国来说此属先例。〔对此，外务大臣发给国际联盟的第一二五号（六）电报已经说明了。〕
　　（四）（将来长春政府虽然有反对日本的可能性，但日本在满洲有着重大利益关系，为了巩固"满洲国"政府的基础，承诺是有必要的。）本人亦这样认为。
　　（五）支那承认"新国家"是极为困难的。（只要国民党控制政府就是绝对不可能的，窃以为两国政府早晚将会缔结协定。）
　　转电支那、北平、长春、哈尔滨、国际联盟。
　　资料来源：JACAR（アジア歴史資料センター）Ref. B02030446600（第394画像目から）、満洲事変（支那兵ノ満鉄柳条溝爆破ニ因ル日、支軍衝突関係）/善後措置関係/国際連盟支那調査員関係　第三巻（外務省外交史料館）

298. 驻沈阳森岛代理总领事致斋藤外务大臣的函电
（1932 年 5 月 31 日）

昭和七年　一二八四五　暗　　奉天　　　　　　　　　卅一日下午发
　　　　　　　　　　　　　　　外务省　　　　　　　　五月卅一日下午收

第八七九号

来自吉田

第一七七号

二十八日与杨格进行谈话，表示日本政府并未帮助成立"满洲国"，故未违反《九国公约》。杨格的谈话如下：

（一）日本军队如果撤入铁道附属地内的话，"满洲国"将会崩溃。没有军队的力量就称不上是一个国家。（对此，本官反驳道，巴拿马成立之时又是如何呢？"满洲国"方诞生，却具备了国家组织的三种要素，而且"满洲国"一日未安定，日本军队就一日不会撤退，"满洲国"政府就间接受惠于此，无疑将会夯实基础。不立足于现实的解决方案，我方是不会接受的。）

（二）《九国公约》已不能适应新的事态发展，需要改订。

（三）将来对支那、日、英、美要采取共同政策，现在必须做好心理准备。

按照往电进行转电。

资料来源：JACAR（アジア歴史資料センター）Ref. B02030446600（第 395 画像目から）、満洲事変（支那兵ノ満鉄柳条溝爆破ニ因ル日、支軍衝突関係）/善後措置関係/国際連盟支那調査員関係　第三巻（外務省外交史料館）

299. 关东厅警务局长致拓务次官等处的函电
（1933 年 5 月 31 日）

关机高外第三二六九号

昭和八年五月三十一日

发送方：关东厅警务局长

接收方：拓务次官

　　　　内阁书记官长

内务次官
内务省警保局长官
在支那各事务局官
管辖区内各警察署长

需要注意美国妇女的活动
（关东宪兵队报）

关于"需要注意美国妇女的活动"之件取得了以下情报，或可作为参考，希望各管区内的警察署对其活动加以一定注意。

记

原国际联盟调查团打字员
自称北京通讯通信员
国籍：美国人（女）
诺茨库斯（ノックス，译音）（30岁）

此人去年五月随国际联盟调查团来到满洲，当时担任李顿爵士的秘书。五月二十二日晚上十一时三十分搭乘大连开往奉天的列车前往奉天，入住大和旅馆一晚。翌日（二十三日）晚上十一时乘火车从奉天前往新京。其在奉天停留时的考察活动如下：

一、二十三日上午八时与美国驻沈阳商务官库里斯托夫阿松（クリストファーソン，译音）通电话讨论事情。

二、同日上午十一时接受美国驻沈阳副领事威茨松（エッソン，译音）与伦敦泰晤士报特派员米齐埃鲁（ミチエル，译音）访问，进行了二十多分钟的会谈后，威茨松与米齐埃鲁离开。

三、下午两点半乘汽车前往商业区三经路姆库金（ムクテン，译音）俱乐部与奉天英、美托拉斯副总裁基雷巴（キレーバ，译音）两人进行了大约两个小时的会谈，然后归来。

四、晚上八时，诺茨库斯再次前往姆库金俱乐部，与美国驻沈阳副领事威茨松、纽约《泰晤士报》特派员米齐埃鲁以及英、美托拉斯副总裁基雷巴聚餐，晚上十时三十分返回，当夜十一时四十分乘坐列车从奉天前往新京。

如上所述，诺茨库斯在奉天停留期间，主要会见的美国人都是杨格博士来满洲期间曾会见过的人物。从这一点来综合考量,是因为杨格博士没有完成调查目的就返回北平,所以委托诺茨库斯来满洲调查"满洲国"内的情况,并与在满洲的重要美国人会谈。有必要对其活动加以相当的注意。

以上。

资料来源:JACAR(アジア歴史資料センター)Ref. B02030446600(第397画像目から)、満洲事変(支那兵ノ満鉄柳条溝爆破ニ因ル日、支軍衝突関係)/善後措置関係/国際連盟支那調査員関係　第三卷(外務省外交史料館)

300. 驻北平矢野参事致芳泽外务大臣的函电
（1932年4月12日）

昭和七年　九〇一二　暗　北平　　　　　　　　十二日下午发
　　　　　　　　　　　外务省　　　　　　　　四月十二日下午收

第一六三号

来自吉田第三〇号

十日下午满洲条约讨论会议录。顾维钧提出,这不过是单纯的琐碎问题。在回应团长的提问时,顾维钧认为会议录全无约束力,与条约相比,其效力的程度不同。本使主张,因其有正式的署名,所以是具有约束力的。克劳德将军认为,一九〇八年前后关于平行线问题条款的日支公文是关于会议录效力问题的重要材料。麦考益认为,本问题的会议录虽然有日支双方署名,但不过是琐碎的内容。克劳德提出,该会议录明确记载了对支那政府的约束,并非单纯的琐碎问题。团长提出,希望日支双方的委员提供满洲条约缔结以来,日支间关于平行线问题往来的文件,以及前述会议录全文的英文译本。对此并无异议,但我方目前准备不足,希望外务省设法尽快整理准备团长所要求的文件,并将日文文本翻译为英文。

此次会议听取了支那的主张,并未充分展开讨论。

此外团长还决定,在本地停留期间拒绝一切张学良之外的宴会招待,以及为了推动事务进展,每天上午、下午举行两次会议。

转电支那、南京、奉天。

资料来源:JACAR(アジア歴史資料センター)Ref. B02030446800(第400画像目から)、満洲事変(支那兵ノ満鉄柳条溝爆破ニ因ル日、支軍衝突関

係)/善後措置関係/国際連盟支那調査員関係　第三巻(外務省外交史料館)

301. 驻上海重光公使致芳泽外务大臣的函电
（1932年4月12日）

昭和七年　九二二六　略　　上海　　　　　　　　十四日下午发
　　　　　　　　　　　　外务省　　　　　　　　四月十四日下午收

第六七八号

十二日，罗外交部长在南京对新闻记者表示，支那政府向国际联盟调查团展示了一九〇五年条约①，其正文没有有关南满铁道平行线的任何记载，这证明关于本问题的日方所言是虚构的。十三日的报纸上刊出此报道。公使馆员就此发表了如下之谈话，关于平行线的规定包含在该条约附录的会议录中，条约原件在东京时已经向国际联盟调查团出示了，并递交了相关照片。

希望由国际联盟向必要的驻欧大、公使转电。

转电英国、美国、国际联盟、北平、南京、奉天、广东。

资料来源：JACAR（アジア歴史資料センター）Ref. B02030446800（第401画像目から）、満洲事変（支那兵ノ満鉄柳条溝爆破ニ因ル日、支軍衝突関係)/善後措置関係/国際連盟支那調査員関係　第三巻(外務省外交史料館)

302. 驻北平矢野参事致芳泽外务大臣的函电
（1932年4月15日）

昭和七年　九二五五　暗　　北平　　　　　　　　十五日下午发
　　　　　　　　　　　　外务省　　　　　　　　四月十五日下午收

第一七九号

来自吉田

第四十号

十四日，调查团阅览了一九〇五年满洲铁路条约和批准书（以及全权委任状）的支那方面原件。顾维钧认为，该条约虽然有正式的签名、盖章，但会议录

---

① 编者按：指代《中日会议东三省事宜条约》，日本方面称为《满洲善后条约》，下同。

不过是全权委员的草签。本公使进行了说明,会议录部分并不是草签,是具有和签名、盖章相同效力的画押。

转电支那、奉天、天津。

资料来源:JACAR(アジア歴史資料センター)Ref. B02030446800(第402画像目から)、満洲事変(支那兵ノ満鉄柳条溝爆破ニ因ル日、支軍衝突関係)/善後措置関係/国際連盟支那調査員関係　第三巻(外務省外交史料館)

303. 驻北平矢野参事致芳泽外务大臣的函电
（1932年4月15日）

昭和七年　九二六七　暗　　北平　　　　　　　　十五日上午发
　　　　　　　　　　　　　外务省　　　　　　　四月十五日上午收

第一八二号

本官发给支那的第一二四号电报

来自吉田

调查团开始讨论条约的中文解释问题,林出已经出发,请回电指示。

转电外务大臣。

资料来源:JACAR(アジア歴史資料センター)Ref. B02030446800(第403画像目から)、満洲事変(支那兵ノ満鉄柳条溝爆破ニ因ル日、支軍衝突関係)/善後措置関係/国際連盟支那調査員関係　第三巻(外務省外交史料館)

304. 驻北平矢野参事致芳泽外务大臣的函电
（1932年4月16日）

昭和七年　九四二三　暗　　北平　　　　　　　　十二日下午发
　　　　　　　　　　　　　外务省　　　　　　　四月十二日下午收

第一八八号

国际联盟调查团十二日以来连续多日访问张学良,进行调查。据情报显示,第一日,除张学良外,荣臻、万福麟、张作相等也列席,听取了万宝山、奉天、锦州、天津等事件的概要。第二日,除以上这些人外,顾维钧也列席参加,听取了满洲的交通、军事、张学良财产与日支间密约等四项情况。（当时调查团方面询问日支密约是否存在,张学良回答绝对不存在。)第三日继续进行这些调查。第四日(十五日)全部结束。除与张学良会见之外,十二日还会见了国际联盟同志会代表熊希龄等,熊希龄提出了"中日冲突"的文件。十三日,调查团接见了荣臻、王以哲,听取了奉天事变的情况并要求提供相关文件。十五日,调查团接见了满蒙王侯代表、日本方面的代表后,前往外交部档案馆阅览一九〇五年东省铁路及并行线条约。

转电支那、奉天、长春。

资料来源:JACAR(アジア歴史資料センター)Ref. B02030446800(第405画像目から)、満洲事変(支那兵ノ満鉄柳条溝爆破ニ因ル日、支軍衝突関係)/善後措置関係/国際連盟支那調査員関係 第三巻(外務省外交史料館)

305. 驻沈阳森岛代理总领事致芳泽外务大臣的函电
（1932 年 4 月 16 日）

昭和七年　九四一九　暗　　奉天　　　　　　　十六日下午发
　　　　　　　　　　　　　外务省　　　　　　 四月十六日下午收

第五八八号(火速)

来自内田总裁

关于满洲日支谈判交涉会议录(不是谈判笔记),记载中是否每回均有日清委员的署名、盖章,希望尽快回电告知。

资料来源:JACAR(アジア歴史資料センター)Ref. B02030446800(第406画像目から)、満洲事変(支那兵ノ満鉄柳条溝爆破ニ因ル日、支軍衝突関係)/善後措置関係/国際連盟支那調査員関係 第三巻(外務省外交史料館)

306. 驻沈阳森岛代理总领事致芳泽外务大臣的函电
（1932 年 4 月 16 日）

昭和七年　九四一八　暗　　奉天　　　　　　　十六日下午发
　　　　　　　　　　　　　外务省　　　　　　 四月十六日下午收

第五九一号(火速)

在明治三十八年维持满洲治安的支那方面誓约中,关于不建设并行线部分是否有日支双方的签章，请尽快来电告知。

资料来源：JACAR（アジア歴史資料センター）Ref. B02030446800（第406画像目から）、満洲事変（支那兵ノ満鉄柳条溝爆破ニ因ル日、支軍衝突関係）/善後措置関係/国際連盟支那調査員関係　第三巻（外務省外交史料館）

307. 驻沈阳森岛代理总领事致芳泽外务大臣的函电
（1932年4月23日）

昭和七年　九九九一　暗　　奉天　　　　　　　廿三日下午发
　　　　　　　　　　　　　　外务省　　　　　　四月廿三日下午收

第六二二号

李顿爵士一行希望与内田满铁总裁举行无隔阂谈话，尤其表现出希望了解当时北平会议中关于满铁并行线问题实情的意向。据满铁总裁所言，其希望了解以下两项问题：

一、一九〇六年通告英、美两国政府的所谓北京会议议事录的摘录与《麦克默里（マクマレー，译音）条约集》第一卷五五四页至五五五页的英文版本是否为一致。

二、外交时报社编撰的《国际条约集》中的《麦克默里条约集》日文译本是否为外务省的翻译版本，还是该社的随意日译。

资料来源：JACAR（アジア歴史資料センター）Ref. B02030446800（第407画像目から）、満洲事変（支那兵ノ満鉄柳条溝爆破ニ因ル日、支軍衝突関係）/善後措置関係/国際連盟支那調査員関係　第三巻（外務省外交史料館）

308. 芳泽外务大臣致上海重光公使的函电
（1932年4月21日）

第二五四号

本大臣发给奉天的第二一三号电报

调查团预备报告之件

一、帝国政府曾希望去年九月三十日及十二月十日理事会决议得到严格遵守，尤其是帝国臣民的生命财产得到切实且充分的保障，以便尽可能快地撤出帝国军队。随后满洲当地接连有士兵、"土匪"等不逞分子作乱，该地还未达到帝国军队可以撤出的条件。

二、另外，九月十八日事变发生以来，奉天、吉林等满洲各地的支那重要人物成立了以维持地方治安为目的的自治机关。随着时间发展，上述支那重要人物在维持地方治安方面的努力，自然而然地转化为以前省长为班底的满洲独立运动。最近，这些人士发展到成立独立政府的地步，以反对国民政府等其他支那本部政权插手满洲。本来满洲与支那本部风土人情有异，形成了历史上、经济上乃至将来政治上相对于支那本部的另外地域。（之前张作霖成立了名义上与实际上的独立政权；一九二四年五月的俄支协定仅限于满洲，随着同年九月俄奉协定的成立而开始实施；张学良虽然与南京政府合流，但事实上仍维持着独立的形态。这些均以满洲的特殊性为基础。）满洲内部，人民长期以来对以张家为班底的军阀暴政甚为反感，期间也存在着东北文治运动，因而前述支那重要人物维持地方治安的努力转向了民族独立运动，独立政府的成立不过是上述背景的自然发展。该独立政府的出现是九月三十日与二月十日理事会决议以后的划时代现象，现如今考察满洲问题，决不可无视这个事实。

三、九月十八日事变之后（该事变发生后旧东北政权的主要官僚几乎全部逃亡，其控制下的多数正规军陷入群龙无首状态），支那方面能采取的有望恢复治安的方法如下：第一种办法，通过各地方的人民自治机关恢复当地治安；第二种办法，从支那本部派人将陷入群龙无首状态的支那军队再度集结，以恢复各地方治安。第一种方法取得比较成功的效果，正如前面所述发展为新政府的成立。关于第二种方法，虽然集结军队是出于单纯恢复治安的目的，但在日支两国的国民感情均处于极度亢奋状态之时，一度与日本军队发生冲突的支那军队在事变后的紧张形势下，会再度与日本军队处于对峙状态，这包含着相当大的危险。若实施该方法并欲取得行之有效的结果，关键必须先由日支双方合作，设法缓和两国间的国民感情。事变发生后不久，日本政府迈出缓和日支间紧张空气的第一步，是向支那政府多次提议要求开展直接交涉。然而支那政府并未表现出任何有助于缓和形势的诚意，非但没有回应日本政府的直接交涉提议，而且采取促使事件恶化的态度。特别是有证据表明，张学良自事变以来一直利用士兵、"土匪"等不逞分子，图谋扰乱满铁沿线等地日本人、朝鲜人居住地区的治安。前述独立政府既已成立，若采取第一种方法，姑且不论会对日本国民与日本军队造成何种影响,光是想到独立政府的建立是为了与国民政府等支那本部权力抗衡,便可知其缺乏可行性。总之,通过支那人之手恢复治安的思路只能将希望寄托在独立政府的实力增强上。

四、帝国军队对前述士兵、"土匪"等不逞分子的多次讨伐极大地推动了治安的恢复,此乃不争之事实。另一方面,事态的发展日益表明,充分恢复满洲的治安是极为困难的。独立政府依靠改编的旧东北政权军队及新设立的警察,具备相当的治安能力,一定程度上可以讨伐各地的"不逞分子",尽管其力量现如今难免是不充分的。而支那本部方面,特别是张学良的满洲治安扰乱政策仍旧继续,我军继续驻扎满洲的重要地点,如果发生治安被大规模破坏或是帝国臣民的生命财产安全受到明显威胁的情况,将不得不镇压不轨分子。

资料来源:JACAR(アジア歴史資料センター)资料来源:JACAR(アジア歴史資料センター)Ref. B02030446900(第 410 画像目から)、満洲事変(支那兵ノ満鉄柳条溝爆破ニ因ル日、支軍衝突関係)/善後措置関係/国際連盟支那調査員関係 第三巻(外務省外交史料館)

309. 驻沈阳森岛代理总领事致芳泽外务大臣的函电(1932 年 4 月 26 日)

昭和七年　一〇二三三　暗　奉天　　　　　　　　二十六日下午发
　　　　　　　　　　　　　外务省　　　　　　　　四月二十六日下午收

第六五七号
来自吉田
第六四号
来自伊藤

一、关于哈斯对调查团提出第一回报告(内容是关于九月三十日决议的实行情况)的意见,已经予以电报。另外,通过秘书处向调查团转告我方希望载入的事项。秘书处关于该报告的草案已在二十五日晚上制作完成。二十六日下午四点,移交调查团审议。

二、据获悉的机密情报,小官得知该草案先举出九月三十日决议中两方当事国的两点义务:(一)撤退军队,(二)避免形势恶化。然后叙述调查团抵达远东后的行动。作为调查团报告的一部分,仅记入了日本军队的撤退情况,不得不认为这是形势恶化的事实,这次只是陈述对此的意见。接着转入对满洲军事情况的介绍,说明有关日本军队、"满洲国军"、反抗军队以及"土匪"的状况。调查团依据的是我军司令部提供的资料,特别是本报告书草案记录的是我军司令官为调查团制作的"满洲国"军队与警察力量的构成,以及我军方与其关系的说明。此外,"满洲国"现今的形势是除了"土匪"外尚属稳定。只是北满地区由于军队的态度未定,尚处于不安状态。以上叙述的结论是,据日本军方的意见,鉴于目前满洲的秩序与安全状态,日本军队撤入铁路附属地是不可能的。关于日军撤退与"满洲国"军队及警察力量组织的实现程度有着何种联系,调查团还未提出任何意见。

三、关于该报告草案中希望改正之处已经向调查团表明,应该在一两日内向我方参与代表通报该报告。

希望由日内瓦转电英国、法国、德国、意大利、美国。

转电支那、北平、南京、国际联盟。

资料来源:JACAR(アジア歴史資料センター)资料来源:JACAR(アジア歴史資料センター)Ref. B02030446900(第415画像目から)、満洲事変(支那兵ノ満鉄柳条溝爆破ニ因ル日、支軍衝突関係)/善後措置関係/国際連盟支那調査員関係 第三巻(外務省外交史料館)

310. 驻沈阳森岛代理总领事致芳泽外务大臣的函电
（1932年4月28日）

昭和七年　一〇三三八　暗　　奉天　　　　　　　廿八日下午发
　　　　　　　　　　　　　　　外务省　　　　　四月廿八日下午收

第六六九号(超火速)

来自吉田

第七二号

来自伊藤

根据哈斯在往电第七一号会谈之际透露出来的口气,第一回的报告仅仅只是叙述事实,不会附加参与代表的意见,如果任由日支双方提出意见的话,恐怕会引发关于"满洲国"全部问题的争论。所以在理事会陈述日支两国政府的意见才是合适的,现在并未要求参与代表发表意见。

希望由日内瓦转电英国、法国、德国、意大利、美国。

转电支那、北平、南京、长春、国际联盟秘书长。

资料来源:JACAR(アジア歴史資料センター)资料来源:JACAR(アジア歴史資料センター)Ref. B02030446900(第423画像目から)、満洲事変(支那兵ノ満鉄柳条溝爆破ニ因ル日、支軍衝突関係)/善後措置関係/国際連盟支那調査員関係　第三卷(外務省外交史料館)

311. 驻沈阳森岛代理总领事致芳泽外务大臣的函电(一)
(1932年4月29日)

昭和七年　九〇一二　暗　　奉天　　　　　　　　十二九日上午发
　　　　　　　　　　　　　　外务省　　　　　　四月十二九日上午收

第六七九号之一(超火速,极密)

来自吉田

第七四号

一、二十八日上午,调查团继续讨论预备报告草案。下午李顿对本使表示,该报告草案有两份,其要旨一致,只是文辞不同,需要确定一份。有人提到,在向国际联盟提出之前,调查团将报告书草案出示给参与委员是不合适的。该报告是"无争议"的,如果有异议,希望由在日内瓦的帝国代表或日本政府直接向国际联盟提出。内容大概如下。[①]

二、关于满洲事件,调查团在北平的旧东北官员处,在奉天的本庄中将等人处听取了意见。提到的三点问题如下:

(一)日本军队向铁道附属地内的撤退。(待续)

资料来源:JACAR(アジア歴史資料センター)资料来源:JACAR(アジア歴史資料センター)Ref. B02030446900(第424画像目から)、満洲事変(支那兵ノ満鉄柳条溝爆破ニ因ル日、支軍衝突関係)/善後措置関係/国際連盟支那調査員関係　第三卷(外務省外交史料館)

---

① 编者按:原文无报告内容。

312. 驻沈阳森岛代理总领事致芳泽外务大臣的函电（二）
（1932年4月29日）

昭和七年　一〇四六一　暗　　奉天　　　　　　　　廿九日上午发
　　　　　　　　　　　　　　　外务省　　　　　　四月廿九日上午收

第六七九号之二（超火速，极密）

（二）关于支那方面对铁道附属地外日本人的生命财产的保护责任。

（三）防止事态恶化是两个当事国的义务。

对此虽未掌握全部情报，但就已入手的情报来看，在满洲的日本军队兵力情况如下：截至去年十二月上旬，满铁附属地内四千，满铁附属地外八千五百；到当下的今年四月末，满铁附属地内六千六百，满铁附属地外一万五千八百。此外，"满洲国军"在日本陆军军官的援助下进行改革，主要是聘任退职或现役的日军将校，其人数渐次增加。现如今，有现役将校五名、退职将校若干名担任顾问，更有现役将校十五名受聘。截至三月底，"满洲政府军"人数为八万五千人、公安队人数为十一万九千人，其中六万人作为地方警备，在日本官员的援助下，正进行警察改革。（待续）

资料来源：JACAR（アジア歴史資料センター）Ref. B02030446900（第425画像目から）、満洲事変（支那兵ノ満鉄柳条溝爆破ニ因ル日、支軍衝突関係）/善後措置関係/国際連盟支那調査員関係　第三巻（外務省外交史料館）

313. 驻沈阳森岛代理总领事致芳泽外务大臣的函电（三）
（1932年4月29日）

昭和七年　一〇四六六　暗　　奉天　　　　　　　　廿九日上午发
　　　　　　　　　　　　　　　外务省　　　　　　四月廿九日上午收

第六七九号之三（超火速，极密）

据北平的情报，九月十八日东北军的兵力情况为：奉天省有六万、吉林省有八万、黑龙江省有五万，合计十九万人，其中奉天省的五万人后来撤入关内。

据日本方面的情报，现在的兵力为十一万人，其中"满洲政府军"六万，此外在吉林东北对抗日本的兵力为三万，还有两万人参加了义勇军。

一、国际联盟中国调查团关系档案 第三卷 233

不承认"满洲国"的军队如下：

（一）王德林军，三万人。

（二）李海青军，一万人。

（三）热河的骑兵第九旅残部，三千人。

（四）此外为义勇军，包括：

（1）东北抗日义勇军（奉天以西锦州以北），一万五千至两万五千人。

（2）东北国民义勇军（主要在奉天附近，数目不明且渐趋减少中）。

（3）热河义勇军（汤玉麟的骑兵队三千人）。

（4）山海关附近以及敦化至天宝山间各处零散的小部队，三万人。

（待续）

资料来源：JACAR（アジア歴史資料センター）Ref. B02030446900（第426画像目から）、満洲事変（支那兵ノ満鉄柳条溝爆破ニ因ル日、支軍衝突関係）/善後措置関係/国際連盟支那調査員関係　第三卷（外務省外交史料館）

314. 驻沈阳森岛代理总领事致芳泽外务大臣的函电（四）
（1932年4月29日）

昭和七年　一〇四六三　暗　　奉天　　　　　　　　　二十九日上午发
　　　　　　　　　　　　　　外务省　　　　　　　　四月二十九日上午收

第六七九号之四（超火速，极密）

（5）"土匪"渐次增加中，中东路以南有四万人，吉林东北部有一万二千人。为了讨伐此等"土匪"，日本军队与"满洲国政府军"共同行动。

日本军队尚未撤入铁道附属地内。当地的日本陆军军官表示，还无法知晓满洲的和平与秩序状态何时才足以允许日本军队撤入满铁附属地内。该军官还表示，撤退取决于"满洲国政府军"改革的进展程度。最后以另电第七五号的词句作为结束语。

三、对报告书草案的内容不存在异议，如有意见请电训日内瓦。

希望国际联盟转电，如同前电一般。

本电与另电一同转电支那、北平、南京、长春、国际联盟。

资料来源：JACAR（アジア歴史資料センター）Ref. B02030446900（第427画像目から）、満洲事変（支那兵ノ満鉄柳条溝爆破ニ因ル日、支軍衝突関

係)/善後措置関係/国際連盟支那調査員関係　第三卷(外務省外交史料館)

315. 驻沈阳森岛代理总领事致芳泽外务大臣的函电
(1932年4月29日)

昭和七年　一〇五一三　暗　　北平　　　　　　　廿九日下午发
　　　　　　　　　　　　　　外务省　　　　　　四月廿九日下午收

第六八八号

来自吉田

第七七号

二十九日，李顿的秘密谈话如下：

报告书的内容已完成。三十日上午通过电报发往日内瓦，同时向两方参与代表提交了复印本，并留出翻译成日支两文的时间。等日内瓦公布的日期确定后，会进行通报，请保守秘密。

此外，还私下听到，报告书的内容虽然包含了之前电报里的词句，但对我方有利的内容不少。

由国际联盟转电英国、法国、德国、意大利、美国。

转电公使、长春、北平、南京、国际联盟。

资料来源：JACAR(アジア歴史資料センター) Ref. B02030446900(第428画像目から)、満洲事変(支那兵ノ満鉄柳条溝爆破ニ因ル日、支軍衝突関係)/善後措置関係/国際連盟支那調査員関係　第三卷(外務省外交史料館)

316. 驻国际联盟泽田局长致芳泽外务大臣的函电
(1932年5月3日)

昭和七年　一〇八四八　暗　　日内瓦　　　　　三日下午发
　　　　　　　　　　　　　　外务省　　　　　　五月三日下午收

第四五三号

关于奉天发给阁下的第六八八号电报

一、报告书在三十日晚上抵达本地，两日内可取得。正如该电报后段所言，已从吉田参与代表处收到了电报。我处还未发出电报。国联秘书处由于法文翻译时间延迟,三日上午分发给了各理事国,计划四日上午在本地发表。

二、德拉蒙德就报告书私下对杉村表示,此报告书是接下来理事会讨论的参考,并未附有任何评论。依照国联大会决议①第三章(七)以下的条目,希望能妥善移交国联大会进行决议。

转电在欧美各大使(除土耳其外)、支那、奉天。

资料来源:JACAR(アジア歴史資料センター)Ref. B02030446900(第438画像目から)、満洲事変(支那兵ノ満鉄柳条溝爆破ニ因ル日、支軍衝突関係)/善後措置関係/国際連盟支那調査員関係　第三巻(外務省外交史料館)

317. 驻南京上村代理总领事致芳泽外务大臣的函电
（1932年5月5日）

昭和七年　一一〇五〇　略　　南京　　　　　　　五日下午发
　　　　　　　　　　　　　　外务省　　　　　　五月五日下午收

第三五六号

四日下午,(国民政府)外交部公布了国际联盟调查团的第一次报告,该报告在五日的报纸上登载,报纸的剪报将会邮寄。

转电支那、北平、奉天、长春。

资料来源:JACAR(アジア歴史資料センター)Ref. B02030446900(第439画像目から)、満洲事変(支那兵ノ満鉄柳条溝爆破ニ因ル日、支軍衝突関係)/善後措置関係/国際連盟支那調査員関係　第三巻(外務省外交史料館)

318. 驻长春田代领事致芳泽外务大臣的函电
（1932年5月2日）

第六九号

调查团的预备报告之件

五月四日在日内瓦与长春发表的调查团预备报告存在对事实的误解(即

---

① 编者按:指1932年3月11日决议案。

治安维持会在去年十二月成立这一点)。此外我方有不少不满之处。为了消除对我方的不利之处,除了括弧里的内容,阁下还注意到哪些对事实的误解,请来电告知。

希望作为训令转电奉天、吉林、哈尔滨及齐齐哈尔(以及转电吉田大使)。

资料来源:JACAR(アジア歴史資料センター)Ref. B02030446900(第440画像目から)、満洲事変(支那兵ノ満鉄柳条溝爆破ニ因ル日、支軍衝突関係)/善後措置関係/国際連盟支那調査員関係　第三巻(外務省外交史料館)

319. 驻南京上村代理总领事致芳泽外务大臣的函电
(1932年5月7日)

昭和七年　一一二三五　略　南京　　　　　七日下午发
　　　　　　　　　　　　　外务省　　　　五月七日下午收

第三六一号

关于往电第三五六号

据七日的报纸,罗文干外交部长在六日对新闻记者的谈话中首先指出关于国际联盟调查团第一回报告的要点,然后提到关于东三省的以下事实已经得到了证明:

(一)日本军队非但不遵从九月三十日与十二月十日的理事会决议案撤回到满铁附属地内,在上述决议案通过后还占据了东三省全境,增派兵力积极进行种种活动,导致事态进一步恶化。

(二)反叛军队全部由日本方面一手创立,并且接受其扶植与指挥。

(三)对于日本窃取政权,多数人民正在进行积极地反抗。除非日本军队撤退,东北地区的治安才会稳定。

(四)虽然支那政府决意充分履行各决议案规定的责任,但现如今在东三省无法行使职权,亦无法保护生命财产。

现在最希望的是,在支那代表的协助之下,调查团在东三省各处的调查结束之后,能够发现更多事实,推动尽快实行国际联盟决议案,并且恢复东三省的治安,以及恢复支那在当地的统治权。

转电支那、北平、奉天、哈尔滨、长春。

资料来源:JACAR(アジア歴史資料センター)Ref. B02030446900(第

449画像目から)、満洲事変(支那兵ノ満鉄柳条溝爆破ニ因ル日、支軍衝突関係)/善後措置関係/国際連盟支那調査員関係　第三巻(外務省外交史料館)

320. 驻长春田代领事致芳泽外务大臣的函电
(1932年5月10日)

昭和七年　一一三八四　暗　　长春　　　　　　　十日下午发
　　　　　　　　　　　　　　外务省　　　　　　　五月十日下午收

第二三一号

关于贵电第六九号

本官注意到以下之处：

一、只是在奉天省组织了治安维持会，其他地方由于事变后的支那当局继续维持治安而未见成立治安维持会。而且，奉天的治安维持会在九月下旬成立，十一月上旬改称地方维持会，代行省政府的职权。这些情况在报告书中并未点明。

二、关于报告书第一项针对四月下旬日本军队的说明中，并未提及间岛方面的情况，该情况对我方具有有利之处，即便不更正也应作为参考。

三、关于报告书第二项针对"满洲军"的说明中，一部分是改编自正规军，一部分是募兵。新募士兵是吉林铁道守备队，约五千二百人，加上其他补充兵员，约为两万人。此外，日本将校的顾问人数被夸大了，就吉林省情况而言，铁道守备队不过是顾问一名、教官三十三名，以及军队内配备的顾问及教官数十名而已。这一点恐怕会引起误解。

四、关于"土匪"的报告中，特别说明了特定"土匪"，如果是指王德林大刀队等人的话，数量过多。

转电支那、北平、奉天、哈尔滨、吉林、齐齐哈尔。

希望哈尔滨转报吉田大使。

资料来源：JACAR(アジア歴史資料センター) Ref. B02030446900(第450画像目から)、満洲事変(支那兵ノ満鉄柳条溝爆破ニ因ル日、支軍衝突関係)/善後措置関係/国際連盟支那調査員関係　第三巻(外務省外交史料館)

321. 驻哈尔滨长冈代理总领事致芳泽外务大臣的函电
（1932年5月14日）

昭和七年　一一七一五　暗　　哈尔滨　　　　　　十四日下午发
　　　　　　　　　　　　　　外务省　　　　　　五月十四日下午收

第五一四号

来自吉田

第一二九号

关于发往田代领事的第六九号电报

报告书完全未能满足我方要求。其叙述有不正确之处（例如另电第一三〇号）。此时无论日本政府向国际联盟提出何种说明，都会导致与支那方面发生争议的不愉快场面。必要的时候，我方的意见应该在最终报告书起草之时，以适当的方法向国际联盟调查团方面提出。

与另电①一同转电奉天、吉林、齐齐哈尔、在支那公使、日内瓦，由日内瓦转电英国、美国、法国、德国、意大利。

资料来源：JACAR（アジア歴史資料センター）Ref. B02030446900（第452画像目から）、満洲事変（支那兵ノ満鉄柳条溝爆破ニ因ル日、支軍衝突関係）/善後措置関係/国際連盟支那調査員関係　第三卷（外務省外交史料館）

322. 驻北平矢野参事致斋藤外务大臣的函电
（1932年6月11日）

昭和七年　一三六一六　暗　　北平　　　　　　　十一日下午发
　　　　　　　　　　　　　　外务省　　　　　　六月十一日下午收

第二七〇号

来自盐崎

据内部情报，一两日前，支那方面向国际联盟调查团提出了关于日本侵略、朝鲜人问题、二十一条问题与吉敦铁路问题等四种调查报告，其他调查报

---

① 编者注：即第一三〇号电报。

告正在准备中。之前哈斯曾表示，将日本方面提出的调查报告与支那方面的调查报告进行交换是合适的。虽然我方的部分还在校勘、制作中，但由于报告书起草的日期临近，必须尽快取得支那方面的调查报告书。支那方面同意并希望相互交换。如何应对，请来电指示。

资料来源：JACAR（アジア歴史資料センター）Ref. B02030446900（第453画像目から）、満洲事変（支那兵ノ満鉄柳条溝爆破ニ因ル日、支軍衝突関係）/善後措置関係/国際連盟支那調査員関係　第三巻（外務省外交史料館）

323. 驻北平矢野参事致斋藤外务大臣的函电
（1932年6月11日）

昭和七年　一三六一七　暗　　北平　　　　　　　　十一日下午发
　　　　　　　　　　　　　　外务省　　　　　　　　六月十一日下午收

第二七一号

来自盐崎

一、抵达北京以来，调查团方面的秘书处将各地调查所得资料进行整理，翻译日汉文材料等，该活动一直持续到二十日以后。专家进行事项分工，有人已开始书写报告书。如希爱慕现在每天持续与满铁方面、支那方面进行碰面，同时进行报告书之起草。

关于日支纠纷处理问题，调查团在李顿出发前往青岛前只不过讨论了第一回。（其详细内容不得而知，据丕平的密报，调查团的气氛对我方并不是十分不利。）李顿团长返回北平后，应在周一左右继续讨论。

二、十日与哈斯会谈之时，他频繁询问日本政府在承认"新国家"问题上的态度。本官的回答是，尽管日本国内最近兴起了"即时承认论"，但政府的意向只需参考斋藤外务大臣的议会演说便可知晓。国际联盟调查团报告书的内容如何，难保不会刺激日本国民向政府施压要求马上承认，调查团对此必须采取相当慎重的措施。窃以为，满洲问题包括两个重要问题，第一是日本的特殊地位及要求；第二是"满洲国"的成立及其将来。调查团方面对日本的依据已有所谅解，但对于后者，感觉调查团并未充分认识到"满洲国"的存在。本人认为，立足于该认识对于报告书的起草是必要的，而且"满洲国"的健全发达是解决满洲问题的唯一基础。

转电青岛。

转电支那、奉天、长春。

资料来源：JACAR（アジア歴史資料センター）Ref. B02030446900（第454画像目から）、満洲事変（支那兵ノ満鉄柳条溝爆破ニ因ル日、支軍衝突関係）/善後措置関係/国際連盟支那調査員関係　第三巻（外務省外交史料館）

324. 驻北平矢野参事致斋藤外务大臣的函电
（1932年6月11日）

昭和七年　一三九〇〇　暗　北平　　　　　　　　十五日下午发
　　　　　　　　　　　　　　外务省　　　　　　六月十五日下午收

第二八七号

来自吉田

第二二二号

十五日派斯塔柯夫的秘密谈话如下：

一、由于最终报告书登载的解决办法无须两个当事国的同意，所以日内瓦不会采用全会通过的方式。之前曾有过排除当事国外的全会通过决议的先例，对此有种种权宜的办法。调查团提出的劝告通过后，投票同意的国家须背负重大的责任。所以决定前的踌躇是理所当然的。调查团对其提案也必须进行慎重的考量。解决这些需要一定的时间。如果调查团的报告结论是眼下并无解决方法，这对于日本来说是有利的。

二、调查团等人相信日本人参与了"满洲国"的成立，不过不认为日本政府与之有关，由于缺乏证据，此事应该不会写入报告书中。

三、（本使表示，日本不得不承认"满洲国"，这是早晚的问题，吾人承诺尊重《九国公约》中保全支那领土的规定，但不保证支那只能指一个国家。日本承认支那人建立的"满洲国"并无抵触《九国公约》之处。）法律问题必须向专家咨询，本人与阁下看法相同。此外，按照国际联盟条约第十条，遭受外来之侵犯时，会员国约定向其提供保护，该承诺并未抵触国际联盟条约。

资料来源：JACAR（アジア歴史資料センター）Ref. B02030446900（第455画像目から）、満洲事変（支那兵ノ満鉄柳条溝爆破ニ因ル日、支軍衝突関係）/善後措置関係/国際連盟支那調査員関係　第三巻（外務省外交史料館）

325. 满洲与支那的历史关系之件（日期不详）

一、支那的国家概念

满洲事变以来，随着专注于支那研究人士的增加，支那并非近代意义上的国家这一事实逐渐广为人知。而且，华盛顿会议上已故的白里安（ブリアン，Briand）提出"支那是什么""支那的边境在哪里"的疑问，大概今天已经转化为关于支那的本体或是本质的疑问了。

支那的领土指的是哪些地方，如果除了支那本部十八省，还加入满洲、内外蒙古、西藏、青海等边境地区的话，华盛顿会议时的欧美人就会提出支那的边境在哪里这样的问题，无法理解支那自古以来的国家观念。

支那古代有"国"这个字，但该字不过意味着诸侯之国，没有将支那整体称为国的叫法。支那自古以来的学问，没有将支那与外国加以区分这一意义上的国家观念，所谓支那即世界、世界即支那这样的世界帝国，即"*universal empire*"，根本没有国境的概念。到了清代末期，支那人一般还是抱着这样的国家观念。另一方面，支那政治上控制的范围在不同时代有大小区别，存在事实上的界限，而且有时这一边界会以地理上的标识出现，如万里长城，或宋代认可辽、金的边界。不过支那人决不会认为这是支那的国界。据他们的看法，支那理论上是世界的支配者，只是实际上力所未及而无法措手，受限于自然才产生了边界。而对于边界之外的民族一概冠之以东夷、西戎、南蛮、北狄的称呼，将其视为未服支那教化的蛮族，此为众所周知的事实。

这种观念的结果就是，清初以前支那与其他国家的交往一般是将其他国家作为属国，将朝贡作为交往的条件，而且强制外国使臣行属国使臣之礼。其他国家为了取得通商的实际利益，常常采取了形式上的朝贡（欧洲各国与日本就是例子）。这些国家决不会认为这就意味着属国关系的建立，只不过是作为通商权利的交换而已。

另一方面，自古以来支那本土的所谓中央政府变换频繁，比如周（公元前八〇〇年至二五〇年左右）的末年不过仅仅统治着方圆数十里的地区，或是三国时代（公元二二一年至二七〇年），以及所谓五胡十六国时代（公元三一六年至四四〇年），支那本部四分五裂，名义上的中央政府也不存在。又比如支那全土曾成为蒙古人远及地中海的元帝国(公元一二〇六年至一九一二年)的一部分,以及清朝时(公元一六六一年至一九一二年)处在满洲人的统治之下。

即便是支那作为名义上的统一国家、处于同一政府统治下的时代,其统治的力量也鲜有覆盖支那本部全境的,地方往往保有事实上的独立。其他国家把支那作为同一国家,将支那本部十八省以及内外蒙古、满洲、西藏、青海、新疆等视作其领土,即使面对清朝没落后支那的分裂倾向也未改变想法,这是出于对支那历史与现状认识上的不足以及权宜上的虚构。一个美国人曾说过,支那不是国家而是一个文明,外国人为了与支那缔结条约、割让土地与取得利权,才将北京政府称为国家,以国家的身份进行谈判。这个说法大概是贴切的。

华盛顿会议上已故的白里安氏提出支那是什么的问题,在讨论支那诸问题之前,必须首先研究此问题。

随后的远东问题委员会上,罗脱(ルート,Elihu Root)在起草以有关支那的《九国公约》为基础的著名的罗脱决议时提议,领土保全的问题应该只适用于支那本部。支那代表反对该提议,主张支那的领土应该按照中华民国宪法的定义。罗脱回应,这个反对只是受到中华民国宪法约束的支那代表的说法,对于外国人来说,并不受该宪法规定的制约。决议起草时将如何界定支那范围的问题作为难题而加以回避,所以只是说明了将问题限定于支那本部的领土保全。(《华盛顿会议议事录》第八七六页至八八四页)按照决议,条约最终回避了"支那本部"的说法,使用"支那"这一说法。据罗脱的说明,其理由不过是对历来诸条约、诸协定使用"支那"这一词汇的沿袭,回避了定义支那的困难与受中华民国宪法约束的支那代表地位的困难。(《华盛顿会议议事录》第八九〇页)这个所谓罗脱原则公开发表后,引起了各国诸报纸对"支那"的范围是哪些,满洲、蒙古是否包括在其中等疑问,结果是回避了"支那是什么"这一难题的解决,将问题留给将来。

欲知晓满洲与支那本部的关系,必须先考虑上述诸问题。单纯以曾经有过形式上的朝贡或是使用支那历法作为自国领土的证据,这种古怪国家观念必须加以抛弃,须对历史事实进行客观的研究。

二、支那本土与满洲的历史关系

满洲自古以来就是通古斯诸族的居住之地。公元前数世纪以来,诸族以肃慎、靺鞨、渤海、女真、扶余等名字为世人所知,另外热河地区居住的满洲族与蒙古人的混合族以鲜卑、契丹等名字为世人所知。这些汉人所谓的东夷与支那本土的汉民族(大概在五千年前从支那的西北部向黄河沿岸移民,逐渐将势力向南部扬子江方向扩张)远两千年以前开始就处于民族对立的竞争关系。汉民族在武力优胜的时候向满洲、蒙古与朝鲜进击,东方民族在武力优胜的时候越过热河、蒙古与山海关扰乱支那本部或者侵入割据。现在按照其实力消长的历史划分为适当的时期,略论如下:

(一)上古时代(太古开始至公元前两百年左右)

这一时期汉民族与满洲东方民族的关系可以确知的不多。历史上记载春秋时期齐国的管仲辅助桓公攻打山戎,战国时期燕国讨伐并掳掠东胡,修筑了千余华里、一直到辽河的长城防范胡人。此外可征之于文献的很少。鉴于以上史实以及当时支那本部分裂为七八国互相攻伐的事实,可以表明汉人的势力并未覆及满洲。

(二)中古时代(公元前二〇〇年至公元九〇〇年)

在支那本部,消灭了战国时代的六国并统一了"天下"的始皇帝,击退了北方的匈奴,修筑了长城。长城在东方远及辽河,以防备东胡。其后汉武帝征伐朝鲜,将汉民族的势力向东方扩展到辽东半岛地区与朝鲜北部。然而,东汉晚期的汉民族势力衰弱,东方民族再度抬头,其中满洲扶余族的后代建国高句丽(公元前二三十年),经历了支那本土的三国时代、南北朝时期而势力增强,占有满洲与朝鲜北部,威震七百余年。当时的支那本部处在所谓五胡十六国时代,汉民族的势力更加衰微,整个北支处在所谓夷狄的统治之下。当时在北方风头正劲的蒙古人与满洲人的混合民族——鲜卑,也侵入现在的直隶、山东、河南、山西等地区,建立了几个国家,其中之一的后魏统一了江北,与南方的宋代分庭抗礼,出现了南北朝时期。隋朝统一了支那本部以后,到了唐朝时期,汉民族再度兴起,出现了大帝国,消灭了高句丽(公元六六八年)。不久,以满洲东北部的宁古塔地区为中心,肃慎之后靺鞨等满洲族兴起建国,渤海国(公元七一三年—公元九二六年)占领了满洲大部,与当时的日本、唐和平交往。

(三)近古时代(公元十世纪初至第十七世纪初清建国)

取代渤海国统治满洲的是契丹,即辽(九〇七年至一一一五年),其全盛期时压制了恰好处于五代乱世的支那本部,版图延伸至现在的北京地区,其领土西起天山,东达日本海。后来宋朝统一支那本部,攻击辽国但无法使之降服,反而与之缔结和议，并给予岁币。

取代辽在满洲建国的是前述与渤海国相同的靺鞨女真族，在今天的哈尔滨附近兴起，灭辽建金（一一四一年至一二三四年），而且攻入支那本部将汉人国家宋赶到南方，占领了支那本部的北半部分。

灭金灭宋，并将满洲与支那本部作为其统治区域一部分的蒙古人世界帝国"元"（一二六〇年至一三六八年）的相关情况，在此就无须细言了。

一三六八年灭元的明朝在统一支那本土后将内蒙古、满洲并入，这是唐代（公元六七世纪）以后汉人的势力首次进入满洲。然而明朝的全盛期只有三四十年，逐渐衰落后，明朝对满洲的权威也丧失了。兀良哈（热河满洲地区的蒙古族）占领了长城以北，女真族自立并占据了北满，逐渐呈现出南下之势。

（四）清朝时代（一六四四年——一九一二年）

清朝，太古的肃慎、中古的渤海以及金的女真的一支爱新觉罗部开始兴起，十七世纪初期占领全满洲，一六四四年灭明，至一九一二年大革命为止，约两百七十年，将支那全土置于满洲族的统治之下。

清朝在支那本土颁布辫发令，强制汉人学习满洲的风俗。另一方面，在满族中抽出二十余万壮丁，编成八旗，并驻防在首都北京与十八省的要地。政治上实行满汉钳制之策，监视汉人。此外，清朝的故乡满洲在清朝入关后逐渐荒废。清朝出于将其故乡保持为满洲人领土的目的，采取封禁之策，在辽西至蒙古线以及鸭绿江方面筑边墙（所谓柳条边墙，今天还剩有遗迹），严禁在山海关进出，禁止其他民族尤其是汉人进入满洲。所以，清代的满洲绝非作为支那的一部进行统治，而是作为皇室土地从支那本土割离，由满洲人统治。爱斯嘉拉（エスカラ，译音）在其著书中将满洲与支那本土的关系称为共主邦联，此语甚恰当。

该封禁制度持续实行到十九世纪初，由于汉人在满洲不能享有例如完全的土地所有权等本国人待遇，进入满洲的汉人很少。十九世纪后半叶，清朝为了对抗俄国蚕食满洲的政策，不得已放松了对汉人进入满洲的限制。在甲午中日战争之后，进入满洲的汉人逐渐增加。

三国干涉还辽后，俄国的南下政策逐渐加快。东清铁路的工程引入了数十万清国劳动者，而俄国的南下政策在义和团事件后发展到占领整个满洲。俄国对撤军要求不予理睬，由此引发了日俄战争。日俄战争的过程与本论文无关，故在此省略。其后满洲在日本的治安维持与殖产兴业政策下，满洲的汉人移民数量呈现出划时代的激增。

(五)支那本部的中华民国创立以后

义和团事件与日俄战争使清朝受了致命伤,汉人革命成功后,清朝皇帝退位,中华民国成立。张作霖时代的满洲维持独立状态,延续到张学良时代。这期间满洲以满铁为中心实现了经济上的发展与治安上的维持,而此时的支那本部是连绵不绝的内乱,从支那本部移住满洲的汉人不断增加,满洲人口在二三十年间增长了一倍。

不过,据此就把满洲视为中华民国的一部分是非常错误的。满洲在张作霖与张学良统治下,事实上对支那本部采取独立的原则,远离支那的动乱,过着别样的社会生活。张作霖与张学良为了满足个人野心而进出关内,在所谓的支那中央政府不符合自己利益的时候就不服从其命令,屡屡对国内外宣布满洲正式独立,否认所谓的中央政府拥有与外国缔结关于满洲条约的权力。一九二四年,张作霖否认俄支协定,另外缔结了内容几乎一样的俄奉协定。一九二二年发表独立宣言之际发出通牒,宣布东北四省并非中华民国领土,还设立东三省交涉署,由自己与外国展开外交,内外政策上保有完全的行动自由。

人民文化方面,太古以来的满洲文化传统、日本的文化传播与汉人带来的文化相融合,形成支那本部所未见的特殊发展,再加上跟支那本部相分离的满洲地理环境,满洲的独立性增强。所以,在这种文化环境中安享和平的满洲民众常常希望断绝与支那本部的关系。

奉天前省长王永江与参议于冲汉等奉天政府文治派,代表民众的希望而上谏张作霖,不为所容后辞职。"东北人之东北"乃至"保境安民"运动就是出自人民对这些事情的发声。只是,作为统治者的张氏父子以及一众军阀为了满足自己的野心,不愿舍弃进入关内的想法,听不进人民的声音。王永江辞职后归乡,闷闷不乐,最终病死。于冲汉仍旧在辽阳鼓吹"保境安民"思想,一九三一年九月十八日事件后张学良政权倾覆,他参加了袁金铠(张学良时代的东北政务委员会副委员长,反对张学良的"恶政")等人组织的治安维持会。随后复出奉天,组织自治指挥部。

此外,满洲人与前清相关联者以退位后避居于天津的废帝宣统帝为中心,秘密从事满洲复辟运动。在张学良与其他军阀的镇压下,无法公开活动。满洲事变的后果是旧政权灭亡,当时代理吉林省省长的满洲旗人熙洽将军率先宣布吉林省独立,恭亲王、金辟东等宣统帝的亲族与前清重臣张之洞之子张燕卿等人积极进行复辟活动。此等努力的结果是成立了"满洲国",前宣统帝就任执政，复辟派要人郑孝胥就任国务总理。

三、结论

纵观满洲与支那本部的上述历史关系，满洲自古以来被属于通古斯族的满洲族占据，满洲族常常与支那本部的汉民族对立，随着双方势力的消长相互攻击。有史以来，满洲在政治上相对于支那本部基本是独立的。特别是公元前三十五年满洲扶余族建立的高句丽威震满洲与朝鲜北部约七百年，唐朝时屈服于汉民族势力（公元七世纪末），从满洲靺鞨族的渤海国（八世纪初）至蒙古人的世界帝国元的统一（十三世纪中叶）为止，满洲常常作为一个国家与支那本部的汉民族对抗。后来，明初期暂时被汉民族统治，逐渐恢复独立，到了清朝兴起，征服整个汉民族，统治了支那本部。通观其过程，支那本土汉民族统治满洲的时期，公元以来只有高句丽灭亡与渤海建国间的数十年，和明初期的一两百年。

满洲是从清代开始被认为是支那领土的。如前文所述，清代的支那本土与满洲的关系是共主邦联，清朝将满洲作为自己的皇室土地从支那割离，实行特殊统治。

清末至中华民国初年，满洲经过俄国占领以及日俄战争后日本的开发与治安维持，发生了很大的变化。之前人口稀少、文化落后的土地，二三十年来成为繁荣的农业、工业用地。为了躲避支那本部的战乱，大量汉人移住满洲，在被海洋、沙漠与山脉在地理上将满洲从支那本部完全分割出来的满洲生活，开始土著化。他们受到满洲传统文化与日本传来文化的影响，在支那本部不存在的和平与进取的气氛中形成了一种特殊的独立社会。"满洲政府"的原则是从支那本部独立，人民呼吁东三省独立自治，反对张氏父子等军阀统治者进出关内的野心。

通观历史，满洲是支那一部分的说法，在同时统治支那本部与满洲的清朝时代还有一定的道理，而清朝以前以及清朝以后的情况，只不过是一种权宜的虚构而已。随着奉天事变后满洲的独立，这种虚构在事实上被打破了，必须促进对支那历史与支那现状更加真实且客观的研究。

资料来源：JACAR（アジア歴史資料センター）Ref. B02030447100（第477画像目から）、満洲事変（支那兵ノ満鉄柳条溝爆破ニ因ル日、支軍衝突関係）/善後措置関係/国際連盟支那調査員関係　第三巻（外務省外交史料館）

（以上内容，叶磊　译：万秋阳　校）

二、国际联盟中国调查团关系档案 第四卷

1. 驻沈阳森岛代理总领事致斋藤外务大臣的函电
（1932年6月1日）

昭和七年 一二八六八 暗 奉天 　　　　　　　一日上午发
　　　　　　　　　　　外务省 　　　　　　　六月一日上午收

第八八二号

本官致长春电报第八八号

来自吉田

五月二日，支那随员游弥坚、李鸿轼、陈宜春在当地等候调查团一行，五月二十一日一同奔赴大连，返回当地（长春）时"满洲国"没有同意。经奉天山海关线去北平不可能。五月三十一日，我方向支那了解上述三人经由大连赴北平之事，若奉山线不可行，注意委员要求入"满洲国"一事。

转发：外务大臣、支那、北平、南京、天津、关东厅长官。

资料来源：JACAR（アジア歴史資料センター）Ref. B02030447400（第6画像目から）、満洲事変（支那兵ノ満鉄柳条溝爆破ニ因ル日、支軍衝突関係）/善後措置関係/国際連盟支那調査員関係　第四卷（外務省外交史料館）

2. 关东厅警务局长致斋藤外务大臣的函电
（1932年6月1日）

昭和七年 平 旅顺
　　　　　　　外务省 　　　　　　　　　　六月一日下午收

五月二十八日贵电关于委员在旅顺拍照问题，调查团一行在关东逗留期

间态度强硬,要塞司令部在此期间收集照片十分困难。历五日,经有关方面协调,才由随行的澄田中佐经手全部检阅,一切托付履行方及澄田中佐。

资料来源:JACAR(アジア歴史資料センター)Ref. B02030447400(第7画像目から)、満洲事変(支那兵ノ満鉄柳条溝爆破ニ因ル日、支軍衝突関係)/善後措置関係/国際連盟支那調査員関係 第四卷(外務省外交史料館)

3. 驻芝罘内田领事致斋藤外务大臣的函电
(1932年6月1日)

昭和七年　一二九四三　芝罘　　　　　　　　　　　一日下午发
　　　　　　　　　外务省　　　　　　　　　　　　　六月一日上午收

第三四号

关于阁下发给吉田大使电报第二一号,以及阁下发电合？第一二一〇号①,五月二十九日当地支那报纸《芝罘日报》揭载:据二十九日南京电,李顿有前往威海卫的意向,具体时间未定。探询刘珍年,其亦不了解内情,询问临时兼任威海卫领事之英国领事普拉特(ブラスト,译音),也无任何消息。如果已经决定,李顿顾问、威海卫领事莫思(モス,译音)应有事先通报,大体状况当尽早通知。另外,据威海卫支那新闻,二十九日王正廷由青岛到达威海卫,其动向不明,估计与此事有关联,应当继续注意。特电。

转发:奉天、北平、青岛、支那。

由支那转报南京。

资料来源:JACAR(アジア歴史資料センター)Ref. B02030447400(第8画像目から)、満洲事変(支那兵ノ満鉄柳条溝爆破ニ因ル日、支軍衝突関係)/善後措置関係/国際連盟支那調査員関係 第四卷(外務省外交史料館)

4. 北平辅佐官致陆军次官的函电(1932年5月31日)

密　参同文

　　　　　　　　　　　昭和七年五月三十一日下午三时五十五分发

---

① 译者按:问号为原文。

下午七时四十分收

北电七一〇

赫尔瓦德(ホルワット,译音)谈：

国际联盟各国重要官员相当认真地议论一个提案，即以犹太人获得世界财权之手段，由国际管理满洲。

白俄系①从自身立场进行观察，仅参考。

转发：天津、朝鲜、□②、上海、奉天、南京。

资料来源：JACAR(アジア歴史資料センター)Ref. B02030447400(第9画像目から)、満洲事変(支那兵ノ満鉄柳条溝爆破ニ因ル日、支軍衝突関係)/善後措置関係/国際連盟支那調査員関係 第四卷(外務省外交史料館)

5. 斋藤外务大臣致驻沈阳森岛代理总领事的函电
（1932年6月1日）

关于国际联盟调查团报告作成（起草）地之件

昭和七年六月一日下午发

第三一〇号

致吉田大使

第二三号

关于往电第二一号

其后，依据□□③之确实电报，威海卫作为报告书撰写之地，支那政府对此表示赞成，当下正着手准备中。

转发：支那、北平、芝罘、青岛，日内瓦转发美，支那转发南京，日内瓦转发英、法、意、德。

资料来源：JACAR(アジア歴史資料センター)Ref. B02030447400(第10画像目から)、満洲事変(支那兵ノ満鉄柳条溝爆破ニ因ル日、支軍衝突関係)/

---

① 译者按：白俄系俄国十月革命前后流入中国东北的俄国人，并非白俄罗斯人。
② 编者按：原文如此。
③ 编者按：原文如此。

善後措置関係/国際連盟支那調査員関係　第四巻(外務省外交史料館)

6. 驻沈阳森岛代理总领事致斋藤外务大臣的函电
（1932年6月2日）

昭和七年　一二九六九　暗　　奉天　　　　　　　六月二日下午发
　　　　　　　　　　　　　　外务省　　　　　　六月二日下午收

第八八九号
来自吉田
第一八一号
关于贵电第一九号
一日收李顿书函,附别电第一八二号,目前要求会晤中,特速电告。
与别电同转发:公使、北平、国际联盟。
由国际联盟转报:英、美、法、意、德。
附:别电第一八二号①

资料来源:JACAR(アジア歴史資料センター)Ref. B02030447400(第12画像目から)、満洲事変(支那兵ノ満鉄柳条溝爆破ニ因ル日、支軍衝突関係)/善後措置関係/国際連盟支那調査員関係　第四巻(外務省外交史料館)

7. 驻沈阳森岛代理总领事致斋藤外务大臣的函电
（1932年6月2日）

昭和七年　一二九七〇　暗　　奉天　　　　　　　六月二日下午发
　　　　　　　　　　　　　　外务省　　　　　　六月二日下午收

第八九一号
来自吉田
第一八三号
三十日,调查团会见当地居民代表及工商总会代表,三十一日视察抚顺,并倾听当地朝鲜人及支那人代表的陈情。

---

① 译者按:别电为英文,从略。

转发：支那、北平。

资料来源：JACAR(アジア歴史資料センター)Ref. B02030447400(第 15 画像目から)、満洲事変(支那兵ノ満鉄柳条溝爆破ニ因ル日、支軍衝突関係)/善後措置関係/国際連盟支那調査員関係　第四卷(外務省外交史料館)

8. 驻沈阳森冈①代理总领事致斋藤外务大臣的函电
（1932 年 6 月 2 日）

昭和七年　一三〇〇二　暗　　奉天　　　　　　　六月二日下午发
　　　　　　　　　　　　　　　外务省　　　　　六月二日下午收

第八九三号（火速）

来自吉田

第一八八号

根据当地利用铁路赴北平的我方人员名单，按照惯例通知联合的岩村参加。② 二日，调查团方面表示，支那对岩村同行没有不同意见。调查团一行赴日本时，支那一名记者随行，我方考虑同意，可以通知岩村。同日，本使利用与李顿会面之机，询问顾维钧是否同行，李顿回答为调查事必须同行。本使言，调查的范围限于满洲及支那，同日本政府进行交涉即是调查的论调属于狡辩。对顾维钧一行赴日，政府持有何疑义，另对上述支那记者一名同行持何意见，火速，切盼回电。

转发：支那、北平、长春、国际联盟。

资料来源：JACAR(アジア歴史資料センター)Ref. B02030447400(第 16 画像目から)、満洲事変(支那兵ノ満鉄柳条溝爆破ニ因ル日、支軍衝突関係)/善後措置関係/国際連盟支那調査員関係　第四卷(外務省外交史料館)

---

① 译者按：此电文称"森冈"代理总领事，疑为"森岛"之误。
② 译者按："联合的岩村"，原文如此，"联合"意义不详，疑为国际联盟或某报社名称，如：联合社。

9. 斋藤外务大臣致驻沈阳森岛代理总领事的函电
（1932 年 6 月 2 日）

昭和七年六月二日下午发　一一〇八四　暗

关于国际联盟调查团报告书作成地之件

第三一二号

关于往电第三一〇号①

致吉田大使第二四号

同往电一样，据极确切情报，顾维钧的电报里称"调查团尚未选定报告书撰写之地，因日本方面强烈反对在北戴河，推测选择威海卫，现大体已在该地秘密准备使用的房舍"。

资料来源：JACAR(アジア歴史資料センター)Ref. B02030447400(第 17 画像目から)、満洲事変(支那兵ノ満鉄柳条溝爆破ニ因ル日、支軍衝突関係)/善後措置関係/国際連盟支那調査員関係　第四卷(外務省外交史料館)

10. 斋藤外务大臣致驻沈阳森岛代理总领事的函电
（1932 年 6 月 1 日）

关于国际联盟调查团一行来日本之件

昭和七年六月一日

暗第三一六号

致吉田大使第二七号

据屡次贵电，调查团一行预定于六月下旬经满洲和朝鲜，前来日本，为妥善做好接待准备，一行在日滞留日程定否，需要迅速决定。不仅关联警备等项，时机等当特别留意。贵官应同调查团一行联络决定如下事项：

---

① 编者按："往电"指代先前的来往函电，发送方和接收方需要通过查看"往电"的具体内容才能确定。下同。

1. 一行到达下关时日及滞留日本的天数。

2. 一行对公私方面接待之希望。

3. 来日本人员(包括支那方面)姓名(一行全部人员姓名、席次、略历及其他参考事项,提前邮报)。

资料来源:JACAR(アジア歴史資料センター)Ref. B02030447400(第 18 画像目から)、満洲事変(支那兵ノ満鉄柳条溝爆破ニ因ル日、支軍衝突関係)/善後措置関係/国際連盟支那調査員関係　第四卷(外務省外交史料館)

11. 斋藤外务大臣致驻芝罘内田领事的函电
（1932 年 6 月 2 日）

昭和七年六月二日　一一一二〇　暗

关于国际联盟调查团报告书作成地之件

第七号

国际联盟调查团将于七、八月在威海卫起草报告书,支那方面为此进行准备。若已决定,我方参与员(一行预定约十数名),支那方面的房舍及电信,是否有妨碍通信之虞,贵官□□①该地旅行之经验颇少,该地旅馆情况、通信状况等当予以注意。特电。

转发:支那、北平、奉天、青岛、日内瓦,由奉天转报吉田大使。

资料来源:JACAR(アジア歴史資料センター)Ref. B02030447400(第 19 画像目から)、満洲事変(支那兵ノ満鉄柳条溝爆破ニ因ル日、支軍衝突関係)/善後措置関係/国際連盟支那調査員関係　第四卷(外務省外交史料館)

12. 斋藤外务大臣致驻上海重光公使等处的函电
（1932 年 6 月 2 日）

发送方:斋藤外务大臣

接收方:驻华重光公使

---

① 编者按:原文如此。

驻北平矢野参事官
驻沈阳森岛代理总领事
驻日内瓦泽田局长

枢密院关于国际联盟支那调查团的质问

应答（松田局长口述，昭和七年6月2日）

一九三二年六月一日下午二时，在枢密院例行正式会议中，没有异议地通过了日俄普通邮包和改正裁判所构成法两点，陛下随后离席，正式会议结束。应江木顾问官的请求，议长及其他顾问官，还有斋藤总理与各大臣们留下，回答以下质问。

一、江木顾问官质问要旨。

值此之际，本官认为这是得以质问政府当局的最好时机，主要请外相辩明外交方面的几点问题，有关事情的经过也请其他责任人予以说明。

前些时日，国际联盟派遣的调查团去了满洲各地，与各方面人士接触。根据报刊的报道来看，调查团好像对满洲"新国家"有相当的意见。政府当局是否毫无遗憾地、充分地让调查团了解此次事态的真相，对于满蒙将来的统治又是如何考虑的，请对这一点予以说明。

二、关于上述情况，松田局长说明如下。

去年十二月，为解决日支间的纷争，保持两国间的和平，国际联盟理事会决议组成国联调查团，担负调查任务，但并未赋予调查团其他任何决定权，只限于调查团可以从事调查。他们的调查以上海为基点，去了南京和北平，重点调查满洲。调查团在日本期间，当局及民间向他们提供了各种材料，在访问地也是力所能及地提供材料。

调查团从支那方面也获得各种材料，与日本的材料参照对比。我方已努力阐述我们的主张和理由。六月中旬，调查团将再来我国，与我当局接触，然后在支那的某个地方起草报告书。

当局采取种种办法探询调查团对"满洲国"如何认识。多少了解了一些个人的意见，即或者委任统治，或者维持表面上支那主权，但实际政治则由日本实行。还有宗主权说，如考虑实行瑞士联邦行政区（Canton）那样的制度，等等。最终结果是要在报告书里归纳调查团的意见。政府当局对此予以极大的关注。

三、江木顾问官接下来质问的要旨。

大体了解了情况,以及调查团的意见、目前的状态等。下一个问题是排日问题,排日问题并非是昨天或今天才出现的事情,而是根深蒂固且范围广泛的。调查团从上海视察支那各地时,排日的传单等被揭下来,装作没发生一样地平静。因此颇为担心调查团只是做表面上的视察,没有对排日问题做根本的研究。日本针对支那的排日行为,不得不采取出兵自卫手段。在日内瓦必须辩明之,让国际联盟充分了解事态的真相,不能单方面地非难日本出兵,置日本于主客颠倒的被告地位。日本留在国际联盟已得不到任何利益,所以我的意见是日本应该退出联盟。本来国际联盟的规约从一开始就缺乏适应当今远东事态的条款。大正九年(一九〇二年),我在贵族院……(以下文字不清),今天,我说过的事情已经成为现实。当局必须尽力从根本上向调查团说明排日的事态。如果采取了其他什么办法,请予以说明。

四、对以上质问,松田条约局长说明如下。

支那的排日行为不仅是抵制日货的性质,其手段是多样的,而且在国民党及国民政府的指导下,秘密保持联络,有计划地进行,其对排日排货行为的统制越发刻薄。这种刻薄的、有组织的行动在全世界都未曾见。排日行为发展到今天如此状况,深层次的原因是排日教育和排日教科书。必须让调查团坚决相信这种情况,决不能忽视。重要的是,支那方面戴着和平的假面具以取代诉诸兵力。实际上这是类似战斗的行为,以排日行为对抗我方军事行动。排日行为不绝灭,日支间的亲交则不能恢复。而且,今天以这样的行为对付日本,明天就要面向英国、美国及其他各国,故决不能放任这种行为。关于这一点,日本政府在致国际联盟的回答书、宣言书或声明书中,屡次指出这种行为如同战斗行为,是国际交往中的不当行为。实际上,这种行为也是此次纷争的主要原因之一。此前,调查团在经由美国来日本的船上,日本政府以间接的方法向调查团发送了关于排日问题的调查书。调查团在日本期间,外务省国际联盟支那调查团准备委员会曾广泛地准备了各种参考书,由我方参与员交付给调查团。在这些资料中,以英法两国文字详细地说明了排日原因、现状及其他。而且,调查团在视察支那各地现状时,偶然发现被揭下来的排日传单,因此他们不会误解事态的真相,这是确信无疑的。如同前面讲过的一样,预想调查团在报告书中对排日问题会予以充分研究,提出意见。

江木顾问官对上述事情大体了解,质问回答结束。

资料来源:JACAR(アジア歴史資料センター)Ref. B02030447400(第20

画像目から)、満洲事変(支那兵ノ満鉄柳条溝爆破ニ因ル日、支軍衝突関係)/善後措置関係/国際連盟支那調査員関係　第四巻(外務省外交史料館)

13. 驻沈阳森岛代理总领事致斋藤外务大臣的函电
（1932年6月3日）

昭和七年　一三〇二〇　奉天　　　　　　　　　六月三日上午发
　　　　　　　　　　　外务省　　　　　　　　六月三日上午收

第八九四号

本官发至长春电报第九一号

来自吉田

关于奉天发给本官电报第？八八号①

利用奉山线赴北平的支那参与员一行名单，二日由国际联盟通过本使传达给长春政府。

除以往人员李鸿轼、游弥坚、陈宜春外，另增加一名服务人员，予以承诺，特通报交通部同时查知。

转发：外务大臣、支那、北平。

资料来源：JACAR(アジア歴史資料センター)Ref. B02030447400(第26画像目から)、満洲事変(支那兵ノ満鉄柳条溝爆破ニ因ル日、支軍衝突関係)/善後措置関係/国際連盟支那調査員関係　第四巻(外務省外交史料館)

14. 驻沈阳森岛代理总领事致斋藤外务大臣的函电
（1932年6月3日）

昭和七年　一三〇二二　暗　奉天　　　　　　　三日上午发
　　　　　　　　　　　　　外务省　　　　　　六月三日上午收

第八九七号

来自吉田

第一八七号

---

① 译者按：问号为原文。

六月二日，调查团访问臧省长，听取省长关于奉天省施政方针、债务整理方法等说明。此前，李顿一行滞留奉天期间，一名支那人为会见委员，进入大和旅馆，被"满洲国"巡警逮捕，已过一个月，今已释放，请求尽快调查被拘留者情况。

转发：支那、北平、长春、哈尔滨。

资料来源：JACAR(アジア歴史資料センター)Ref. B02030447400(第27画像目から)、満洲事変(支那兵ノ満鉄柳条溝爆破ニ因ル日、支軍衝突関係)/善後措置関係/国際連盟支那調査員関係　第四巻(外務省外交史料館)

15. 驻沈阳森岛代理总领事致斋藤外务大臣的函电
（1932年6月3日）

昭和七年　一三〇二四　暗　　奉天　　　　　　　　三日上午发
　　　　　　　　　　　　　　外务省　　　　　　　六月三日上午收

第八九八号

来自吉田

第一八九号

按照贵电第二十号训令，六月二日通知李顿，日本并不阻止调查团与马占山会面，但提示没有必要会面。

转发：支那、北平、长春、哈尔滨、国际联盟理事会秘书长。

资料来源：JACAR(アジア歴史資料センター)Ref. B02030447400(第27画像目から)、満洲事変(支那兵ノ満鉄柳条溝爆破ニ因ル日、支軍衝突関係)/善後措置関係/国際連盟支那調査員関係　第四巻(外務省外交史料館)

16. 驻沈阳森岛代理总领事致斋藤外务大臣的函电
（1932年6月3日）

昭和七年　一三〇二七　暗　　奉天　　　　　　　　三日上午发
　　　　　　　　　　　　　　外务省　　　　　　　六月三日上午收

第八九九号

来自吉田

第一九〇号

关于满洲问题的解决办法，本使对李顿所讲如下：

1. 本庄司令官所讲（参照往电第一八六号）"Based on many illusion"，必须反驳南京政府类似的言论。必须向东京日本政府讲明此乃将军个人的言论。

2. 如果有两国都能接受的方案那是最好的。没有的话，就报告各自能接受的方案。因为我们没法做决定，只能交由国联讨论。

3. 苏联与满洲接壤，日支间或者其他协定如果影响苏联在支那的权利，其协定需经由苏联承认。

转发如往电第一八九号。

资料来源：JACAR（アジア歴史資料センター）Ref. B02030447400（第28画像目から）、満洲事変（支那兵ノ満鉄柳条溝爆破ニ因ル日、支軍衝突関係）/善後措置関係/国際連盟支那調査員関係　第四巻（外務省外交史料館）

17. 驻沈阳森岛代理总领事致斋藤外务大臣的函电
（1932年6月3日）

昭和七年　一三〇二五　暗　奉天　　　　　　　　三日上午发
　　　　　　　　　　　　　　外务省　　　　　　六月三日下午收

第九〇〇号

来自吉田

第一九一号

关于往电第一八一号

二日，贵电第十九号已转达李顿，并明言并非是以本人个人名义，而是以政府名义发布的训令。另将不能公开说明的理由传达给委员各位，使其了解情况。其他会谈情况如下：

李顿：调查团在北平除协商外不做其他。

本使：如我政府前述，为何在北平查阅各公使馆的文书？

李顿：需要获得有价值的情报。

本使：是了解事件沿革的情报吗？

李顿：是的。

本使：但是，与解决满洲问题的方法无关。

李顿：不，有很大关系。

本使：打算去青岛吗？

李顿：不。

本使：书函里 intend（意欲）①北戴河以及 hope（希望）②青岛。

李顿：没有别意，想听听双方的见解。

本使：阁下所言当报告政府，我方仍存有疑惑。

转发部门：如往电第一八九号。

资料来源：JACAR（アジア歴史資料センター）Ref. B02030447400（第29画像目から）、満洲事変（支那兵ノ満鉄柳条溝爆破ニ因ル日、支軍衝突関係）/善後措置関係/国際連盟支那調査員関係　第四卷（外務省外交史料館）

18. 驻沈阳森岛代理总领事致斋藤外务大臣的函电（一）（1932年6月3日）

昭和七年　一三〇五〇　暗　奉天　　　　　　三日下午发
　　　　　　　　　　　　　　外务省　　　　六月三日下午收

第九〇一号之一

来自吉田

第一八六号

二日上午，本庄司令官在司令部会见调查团一行，表示此次会见纯属私人会见，不一定符合（日本）中央的意向，特别是军事以外的事情不过是本庄个人的表述，大体要旨如下：

一、满洲对于日本来说是绝对的生命线，保全防护满洲是国防上的主要条件。

1. 满洲在经济方面的生存，必须在日本完全保障的治安维持之下进行（日满经济关系较华盛顿会议时已有显著变化，如今两者处于不可分之关系，就此予以说明）。

2. 满洲包括在我国国防线内，对于外来的侵略必须完全防卫（国防第一

---

① 译者按：intend 为原文，意思是表达调查团意欲前往北戴河，"（意欲）"为译者所加。

② 译者按：hope 为原文，意思是表达调查团希望前往青岛，"（希望）"为译者所加。

线的黑龙江及兴安岭区域,平时必须配备四个师团的兵力,如今约有三万兵力。一旦"满洲国"军的力量可以信赖,可以配置少数兵力,但必须以少数兵力确保重要交通线)。

3. 面对共产国际的赤化政策,日本必须在满洲构建防卫前哨线,这不仅是为了日本,也是为了其他文明国家。

资料来源:JACAR(アジア歴史資料センター)Ref. B02030447400(第30画像目から)、満洲事変(支那兵ノ満鉄柳条溝爆破ニ因ル日、支軍衝突関係)/善後措置関係/国際連盟支那調査員関係 第四巻(外務省外交史料館)

19. 驻沈阳森岛代理总领事致斋藤外务大臣的函电(二)
(1932年6月3日)

昭和七年 一三〇四九 暗 奉天 　　　　　　三日下午发
　　　　　　　　　　　　　外务省　　　　　　六月三日下午收

第九〇一号之二

二、"满洲国"的成立对于我国国防是件好事情,它的出现并没有什么不自然。

1. "满洲国"正确理解我国的立场,正向密切提携的关系迈进,支持发展"满洲国"对于我国的生存及国防是理所当然的(说明"新国家"以王道主义和民族共和为理想,我国予以支持理所当然)。

2. 满洲从支那本部脱离独立并非不自然(历史上的证明,"新国家"出现是张家恶政的必然归结)。

3. 满洲在将来会有自立的努力("满洲国"已经具备独立国家的诸要素,只是武力不够充分完备,急速增加大量军队有危险性,其治安维持由日本军队承担)。

4. 至于满洲的"匪贼"何时能够平定是难以预测的,大集团的残兵及"匪贼"在本年内可以瓦解,歼灭小集团及职业"匪贼"需要五到十年的时间(待续)。

资料来源:JACAR(アジア歴史資料センター)Ref. B02030447400(第32画像目から)、満洲事変(支那兵ノ満鉄柳条溝爆破ニ因ル日、支軍衝突関係)/善後措置関係/国際連盟支那調査員関係 第四巻(外務省外交史料館)

20. 驻沈阳森岛代理总领事致斋藤外务大臣的函电(三) (1932年6月3日)

昭和七年　一三〇六七　暗　　奉天　　　　　　　　三日下午发
　　　　　　　　　　　　　　外务省　　　　　　六月三日下午收

第九〇一号之三
三、关于解决满洲问题的个人意见

对于满洲的事态，确认现实是必要的，变更现状或者实施任何对策都不会是解决的捷径(如果承认支那在满洲的主权，就会失去"满洲国"，日本将面临事变前的危险状态。依据条约，支那应该承认保障我国的要求。日本撤军由支那保护满洲之说不值一提。名义上承认支那的宗主权，将对"满洲国"实现理想产生恶劣的影响，中央政府派代表更不会被采纳。

外蒙、西藏与满洲，在经济价值上完全有别。毋宁说"满洲和平乡"的实现，刺激了支那本部进行反省。

重要的是，确认满洲的既成事实是最和平的解决手段，"满洲国"继承以往的国际义务，约定今后实施门户开放、机会均等，在各国的积极援助下，我们可以静观今后数年间的自然发展。因此，顺应现实，采取适当的对策才是正途。

以上谈话绝对秘密。

转发：公使、北平、长春、国际联盟，并由国际联盟转发英、美、法、意、德、俄。

资料来源：JACAR(アジア歴史資料センター)Ref. B02030447400(第33画像目から)、満洲事変(支那兵ノ満鉄柳条溝爆破ニ因ル日、支軍衝突関係)/善後措置関係/国際連盟支那調査員関係　第四巻(外務省外交史料館)

21. 驻哈尔滨长冈代理总领事致斋藤外务大臣的函电 (1932年6月3日)

昭和七年　一三〇六八　暗　　哈尔滨　　　　　　三日下午发
　　　　　　　　　　　　　　外务省　　　　　　六月三日下午收

第五九八号

本官发往瑞士电报

第一号

贵信来示,瑞士新闻记者林德(A. R. Lindt,リント)于五月二十七日离开本市,利用了军部及本领事馆给予的种种方便,从中东铁路西部线第三或第四车站出发,骑马北行视察战况(是否单独或者有同伴及支那人向导不详),随之断绝了消息。鉴于内地的不安状态,担心其安全与否,拜托了当地特务机关,并已转达松井中将。

转电外务大臣。

资料来源:JACAR(アジア歴史資料センター)Ref. B02030447400(第34画像目から)、満洲事変(支那兵ノ満鉄柳条溝爆破ニ因ル日、支軍衝突関係)/善後措置関係/国際連盟支那調査員関係　第四卷(外務省外交史料館)

22. 驻长春田中领事代理致斋藤外务大臣的函电
(1932年6月3日)

昭和七年　一三〇五七　暗　　长春　　　　　　　　三日下午发
　　　　　　　　　　　　　　外务省　　　　　　　六月三日下午收

第二七三号

本官发往奉天电报第三二号

致吉田大使

贵电第九一号已随即转达谢外交总长[①],总长没有任何异议。眼下,大桥司长到贵地公出,万事委托大桥裁量。

转发:外务大臣、支那、北平。

资料来源:JACAR(アジア歴史資料センター)Ref. B02030447400(第35画像目から)、満洲事変(支那兵ノ満鉄柳条溝爆破ニ因ル日、支軍衝突関係)/善後措置関係/国際連盟支那調査員関係　第四卷(外務省外交史料館)

---

① 译者按:即伪满洲国外交总长谢介石。

23. 高裁案(1932年6月1日)

外务省内为处理接待国际联盟调查团一行事务而成立委员会之件

　　　　　　　　　　　　　昭和七年六月一日起草
　　　　　　　　　　　　　昭和七年六月三日裁决

　国际联盟支那调查团一行在满洲调查结束，近日前往北平，预定六月下旬来日本。为接待之事，外务省设置下述委员会，担当处理各项事务，同时与各方面联络。

记

接待国际联盟支那调查团外务省内部委员会
一、组织
　1. 委员长　　　有田外务次官
　2. 副委员长　　永井大使
　3. 委员　　　　松田条约局长
　　　　　　　　松岛欧美局长
　　　　　　　　武富通商局长
　　　　　　　　坪上文化事业部长
　　　　　　　　谷亚洲局长
　　　　　　　　白鸟情报部长
　4. 顾问　　　　吉田大使
　　　　　　　　斋藤博士
　　　　　　　　伊藤参事官
　5. 干事　　　　岸秘书官
　　　　　　　　三谷人事课长
　　　　　　　　吉泽书记官
　　　　　　　　守岛亚洲局第一课长
　　　　　　　　冈本欧美局第二课长
　　　　　　　　(主任)佐藤条约局第三课长
　　　　　　　　筒井情报部第二课长

6. 接待员　若干名

（以上，委员长从外务省事务官中指名）

二、审议事项

1. 关于指导调查团方针

2. 关于接待调查团方针

3. 关于接待调查团各方面的联络

4. 接待费用预算

资料来源：JACAR（アジア歴史資料センター）Ref. B02030447400（第36画像目から）、満洲事変（支那兵ノ満鉄柳条溝爆破ニ因ル日、支軍衝突関係）/善後措置関係/国際連盟支那調査員関係　第四巻（外務省外交史料館）

24. 关东军参谋长致陆军次官的函电（1932年6月2日）

参同文　密　昭和七年　　　　　　　六月二日下午九时〇〇分发

六月三日上午〇时三十六分收

关参四九五

一、六月二日上午十时，关东军司令官会见国际联盟调查团一行，约两小时。

作为个人意见，司令官陈述了五月三十日关参四三九号通报事项，使对方获得某种程度的理解。李顿要求提供多种书籍，预定翻译后交付。

完成事项后，随即送交中央。

二、下午三时，调查团会见奉天臧省长，约谈一个半小时，臧省长谈：

1. 尊重民意乃王道主义和东洋道德。

2. 关于奉天行政事项。

3. 圆满地说明关系到外国人债务偿还的事项。

三、明天（六月三日），预定由铃木少将介绍日俄战争中奉天会战情况，后预定参观北大营。

资料来源：JACAR（アジア歴史資料センター）Ref. B02030447500（第45画像目から）、満洲事変（支那兵ノ満鉄柳条溝爆破ニ因ル日、支軍衝突関係）/善後措置関係/国際連盟支那調査員関係　第四巻（外務省外交史料館）

25. 斋藤外务大臣致驻沈阳森岛代理总领事的函电
（1932年6月3日）

关于国际联盟调查团报告书作成地之件

第三一八号

致吉田大使

关于此前致芝罘的第七号电

其后又获确切情报，报告书起草地由北戴河变更为青岛，眼下正在青岛物色宿舍。

转发：支那、北平、青岛，由支那转南京。

资料来源：JACAR(アジア歴史資料センター) Ref. B02030447500(第46画像から)、満洲事変(支那兵ノ満鉄柳条溝爆破ニ因ル日、支軍衝突関係)/善後措置関係/国際連盟支那調査員関係　第四卷(外務省外交史料館)

26. 斋藤外务大臣致驻沈阳森岛代理总领事的函电
（1932年6月3日）

关于国际联盟调查团报告书作成地之件

第三二〇号

致吉田大使

关于贵电第一八一号

我方反对在北戴河或者北平两地起草报告书，两地在张学良管控之下，深受张学良个人浓厚势力的影响（北戴河在通讯方面比起北平对我方更为不利）。在此等地方起草报告书，自然有不公平结果之虞，已屡次申明（据日本报刊载，风传支那方面策动调查团秘书处一些人，这对我方不利。选择张学良管控之地起草报告书，给予我国民极为不良之印象。此风传是否确实，我方抱有疑惑）。作为调查团方面来说，最重要之处是态度公平，不偏不倚。我方对此点①存有疑虑。起草地还是应选定青岛。

另外，李顿来函利用公使馆记录，调查团的秘密资料需要在公使馆保存。关于满洲问题及其他日支关系的重要资料，外国公使馆里存有日支的所有记录。如需要外国公使馆的记录，届时由青岛派员即可达到目的（在此点上青岛与北戴河大同小异）。另外，关于保存秘密文书，在青岛可以利用英、美、德的领事馆。

以上宗旨望与委员一方恳谈。

转发：支那、北平、青岛、日内瓦，由支那转电美、南京，由日内瓦转电英、法、意。

资料来源：JACAR(アジア歴史資料センター)Ref. B02030447500(第47画像目から)、満洲事変(支那兵ノ満鉄柳条溝爆破ニ因ル日、支軍衝突関係)/善後措置関係/国際連盟支那調査員関係　第四卷(外務省外交史料館)

27. 驻沈阳森岛代理总领事致斋藤外务大臣的函电
（1932年6月4日）

昭和七年　一三一三六　暗　　奉天　　　　　　　　四日下午发
　　　　　　　　　　　　　　外务省　　　　　　　　六月四日下午收

第九〇四号

来自吉田

第一九二号

关于贵电第二五号

眼下正在写作报告书，尚未提出，国际联盟方面为了解满洲的现状，希望火速收到此种材料。如何处置，火速回电。

资料来源：JACAR(アジア歴史資料センター)Ref. B02030447500(第51画像目から)、満洲事変(支那兵ノ満鉄柳条溝爆破ニ因ル日、支軍衝突関係)/善後措置関係/国際連盟支那調査員関係　第四卷(外務省外交史料館)

---

①　编者按：此点指报告书起草地选择一事。

28. 驻沈阳森岛代理总领事致斋藤外务大臣的函电
（1932年6月4日）

昭和七年　一三一二一　暗　奉天　　　　　　　四日上午发
　　　　　　　　　　　　　　外务省　　　　　　六月四日下午收

第九〇五号

来自吉田

第一九三号

六月三日上午，克劳德及麦考益两位代表倾听铃木少将关于日俄战争中奉天会战的说明。下午，各代表赴柳条沟①及北大营，听取岛本中佐等人关于当时爆破铁路的情况，以及占领北大营的战况说明。

另外，有两名随员于六月二日夜从当地乘列车赴大连，调查经济方面的情况，然后去北平与调查团一行会合。

转发：支那、北平、长春。

资料来源：JACAR(アジア歴史資料センター)Ref. B02030447500(第51画像目から)、満洲事変(支那兵ノ満鉄柳条溝爆破ニ因ル日、支軍衝突関係)/善後措置関係/国際連盟支那調査員関係　第四卷(外務省外交史料館)

29. 驻沈阳森岛代理总领事致斋藤外务大臣的函电
（1932年6月4日）

昭和七年　一三一二九　暗　奉天　　　　　　　四日上午发
　　　　　　　　　　　　　　外务省　　　　　　六月四日下午收

第九〇八号

来自吉田

第一九六号

关于阁下发至北平的第九〇号电报

哈斯曾对本使称发给停留在满洲的顾维钧的电报，会一同发给本使，并由

---

① 译者按：即柳条湖。

本使发给北平,本使也希望可以同样办理。本使不拒绝该建议。万考芝发送的电报估计是为顾维钧而发。特转呈。

转发:支。

资料来源:JACAR(アジア歴史資料センター)Ref. B02030447500(第53画像目から)、満洲事変(支那兵ノ満鉄柳条溝爆破ニ因ル日、支軍衝突関係)/善後措置関係/国際連盟支那調査員関係　第四巻(外務省外交史料館)

30. 驻沈阳森岛代理总领事致斋藤外务大臣的函电
(1932年6月4日)

昭和七年　一三一二八　暗　　奉天　　　　　　四日上午发
　　　　　　　　　　　　　　外务省　　　　　六月四日下午收

第九〇九号

来自吉田

第一九七号

关于奉天发至长春的第九一号电报

六月三日下午,奉山铁路当局应国际联盟方面所需,同意有问题之支那随员乘车。国际联盟方面接到"满洲国"交通部的训令后,与交通部进行斡旋,恳望允许三人乘车。当日夜,国际联盟方面与从奉天赶来的大桥会面,结果告知答应国际联盟方面的请求。当日夜,支那方面已让随员乘夜车前往大连。

转发:支那、北平、长春。

资料来源:JACAR(アジア歴史資料センター)Ref. B02030447500(第53画像目から)、満洲事変(支那兵ノ満鉄柳条溝爆破ニ因ル日、支軍衝突関係)/善後措置関係/国際連盟支那調査員関係　第四巻(外務省外交史料館)

31. 驻沈阳森岛代理总领事致斋藤外务大臣的函电
(1932年6月4日)

昭和七年　一三一二七　暗　　奉天　　　　　　四日上午发
　　　　　　　　　　　　　　外务省　　　　　六月四日下午收

第九一〇号

来自吉田

第一九八号

关于往电第一九一号

六月三日夜,万考芝对盐崎表示,对于日本政府反对在北戴河①之事,李顿团长认为这样会导致难以利用北平公使馆的材料。万考芝自己认为若以青岛为报告书起草地,可以利用飞机往返同北平联系,并以此向李顿团长进言。李顿团长到达北平后要考察青岛,万考芝则考虑和研究在北平利用飞机联络的可能性。

另外,盐崎询问除北戴河、青岛外的候选地问题。万考芝称威海卫需要经由青岛前往北平,此段交通不便。据闻,调查团眼下正在商议中。

资料来源:JACAR(アジア歴史資料センター)Ref. B02030447500(第54画像目から)、満洲事変(支那兵ノ満鉄柳条溝爆破ニ因ル日、支軍衝突関係)/善後措置関係/国際連盟支那調査員関係　第四卷(外務省外交史料館)

32. 驻沈阳森岛代理总领事致斋藤外务大臣的函电
(1932年6月4日)

昭和七年　一三一一七　暗　　奉天　　　　　　四日下午发
　　　　　　　　　　　　　　外务省　　　　　　六月四日下午收

第九一一号

来自吉田

第一九九号

为视察朝鲜人的情况,渥尔脱·杨格欲前往间岛,如有异议请电北平。

转发:间岛。

资料来源:JACAR(アジア歴史資料センター)Ref. B02030447500(第55画像目から)、満洲事変(支那兵ノ満鉄柳条溝爆破ニ因ル日、支軍衝突関係)/善後措置関係/国際連盟支那調査員関係　第四卷(外務省外交史料館)

---

① 译者按:即在北戴河起草报告书一事。

33. 驻沈阳森岛代理总领事致斋藤外务大臣的函电
（1932年6月4日）

昭和七年　一三一三三　暗　奉天　　　　　　　　四日下午发
　　　　　　　　　　　　外务省　　　　　　六月四日下午收

第九一二号

本官发往天津、北平之电报

合第五三五号

来自吉田

六月四日早,调查团一行从当地出发,利用奉山铁路,途中视察锦州,傍晚到达山海关,换乘北宁铁路,当夜宿车内。六月五日早途经北戴河小停,预计傍晚到达北平。

转发：外务大臣、支那、长春。

资料来源：JACAR(アジア歴史資料センター)Ref. B02030447500(第56画像目から)、満洲事変(支那兵ノ満鉄柳条溝爆破ニ因ル日、支軍衝突関係)/善後措置関係/国際連盟支那調査員関係　第四巻(外務省外交史料館)

34. 驻南京上村代理总领事致斋藤外务大臣的函电
（1932年6月4日）

昭和七年　略　南京
　　　　　　　外务省　　　　　　　　　　　六月四日下午收

第四二六号

六月四日,各报纸发表罗文干的讲话,大致如下：

一、上海日军陆战队并未服从停战协定,撤至一月二十八日上午的位置。支那陆军已在协定时间之前撤出,日本陆战队理应遵从协定精神撤走,免生其他枝节问题。

二、日支纠纷之症结是东北问题。九月,将依据国际联盟调查团的报告讨论解决方法。国民充分了解过去国际联盟所显示出的干预日支问题的能力,以及日本服从国际联盟决议的程度。此次国际联盟能否圆满解决日支纠纷是重大问题。本人获知,调查团对支那的印象颇为良好,对支那予以同情,但能否圆满解决则是另外的问题,仅有同情尚不足已。

三、传闻英、法、意各国同意日本召集圆桌会议之说,此完全是日本的单方宣传。支那原则上反对为解决日支纠纷召集国际会议,仅就上海安全问题召集会议讨论,其他也绝对难以同意。

四、俄支恢复邦交并非不可能,只要俄国方面具有解决一切悬案的诚意,不过问题极其复杂,不能简单处置,支那政府方面正慎重探讨中。

转发:支那、北平、奉天、长春。

资料来源:JACAR(アジア歴史資料センター)Ref. B02030447500(第57画像目から)、満洲事変(支那兵ノ満鉄柳条溝爆破ニ因ル日、支軍衝突関係)/善後措置関係/国際連盟支那調査員関係　第四卷(外務省外交史料館)

35. 驻芝罘内田领事致斋藤外务大臣的函电(一)
（1932年6月4日）

昭和七年　一三一六三　暗　　芝罘　　　　　　　四日下午发
　　　　　　　　　　　　　　外务省　　　　　　六月五日下午收

第三七号之一(极密)

关于贵电第七号

威海卫远离闹市,别有洞天,是静思默考的绝好之地。英国租借刘公岛时,在威海卫建有为海军提供慰劳的设施,不过没有外观漂亮的设施,旅馆及通信设施也不足。

一、威海卫市街山手海岸有两处英国人经营的旅馆,即国王酒店(Kings Hotel)及东崖酒店(east cliff Hotel)[1],外观壮丽,前者六十个床位,后者四十五个床位,适合充当调查团一行的宿舍。这些是避暑游客住的旅馆,室内设施陈旧,厕所、浴盆、洗脸池、床铺等设备较普通,需加以修整。另外,刘公岛还有一家国王酒店[2]的分馆,客室有二十余间,但交通不便,平素仅有英国海军军官使用。另外,在威海卫市街有家木屋式的旅馆,客室有十六间。以上就是

---

[1] 译者按:两个宾馆为英文原文。

[2] 编者按:キングス译回英文应是"Kings",疑此处即为上文的"国王酒店"。

几家旅馆的大致情况,在避暑旺季时,很多游客入住,吵闹拥挤。望早日决定并预约(续)。

资料来源:JACAR(アジア歴史資料センター)Ref. B02030447500(第58画像目から)、満洲事変(支那兵ノ満鉄柳条溝爆破ニ因ル日、支軍衝突関係)/善後措置関係/国際連盟支那調査員関係　第四巻(外務省外交史料館)

36. 驻芝罘内田领事致斋藤外务大臣的函电(二)
(1932年6月4日)

昭和七年　一三一五九　暗　　芝罘　　　　　　　　四日下午发
　　　　　　　　　　　　　　外务省　　　　　　　　六月四日下午收

第三七号之二(极密)

二、关于通讯,没有海底电缆,只有陆路线通芝罘,从芝罘则有陆路线可以接通南京及支那各地,以及海底线接通大连、青岛、天津、上海。威海卫与芝罘间只有莫尔斯(モールス,译音)单式陆路线,通信力极弱。支那方面正加以改造。芝罘与大连间的日本局和支那局大体每隔三十分交互使用,为自动二重式设备,通信能力强。威海卫与芝罘间通信力弱,如通信延迟之事发生,日本停泊在威海卫的军舰配备有通信员,可直接与外务省联络,此最为便利。若仍有障碍,本领事馆每日有外交传信使,可以从当地日本局收发电文。两地间陆路为六十里,汽车每天往返两趟。另外,我方委员多配备专用车辆,时时保持联络。万一有必要之时,威海卫还有客船开往芝罘,每两三日一个往返,芝罘与大连间则每天都有客船往返。

三、以日本的立场来看,威海卫远不及大连、青岛,但比北戴河优越。迄今,当地支那方面对我方态度还比较好,尚无强硬妨碍日本委员之事。

而且,我方的设施一旦出现故障,当日可以恢复,望早日指示。

转发:公使、北平、青岛、奉天。

资料来源:JACAR(アジア歴史資料センター)Ref. B02030447500(第59画像目から)、満洲事変(支那兵ノ満鉄柳条溝爆破ニ因ル日、支軍衝突関係)/善後措置関係/国際連盟支那調査員関係　第四巻(外務省外交史料館)

37. 驻新民府土屋主任致斋藤外务大臣的函电
（1932年6月4日）

昭和七年　一三一一三　暗　　新民府　　　　　　　　四日上午发
　　　　　　　　　　　　　　外务省　　　　　　　　六月四日下午收

第五十号

本官发给奉天之电报

第四八号

国际联盟调查团一行，原本预定不在本地停车而直接通过，但机车出现故障，在本站延迟了一段时间，大约十分钟，上午八时五十分发车，一行无事。

车站警备由支那方面的警察担当，日本军队没有动作，宪兵在站外身着便服警戒。

转发：外务大臣、支那、北平。

资料来源：JACAR（アジア歴史資料センター）Ref. B02030447500（第60画像目から）、満洲事変（支那兵ノ満鉄柳条溝爆破ニ因ル日、支軍衝突関係）/善後措置関係/国際連盟支那調査員関係　第四卷（外務省外交史料館）

38. 驻长春田中领事代理致斋藤外务大臣的函电
（1932年6月4日）

昭和七年　一三一一〇　暗　　长春　　　　　　　　四日上午发
　　　　　　　　　　　　　　外务省　　　　　　　　六月四日下午收

第二七五号

谢介石为拜访日本机关，六月四日早从长春出发前往旅大①访问，在奉天留宿一夜，六月九日返回。

另，六月二日赴奉天的大桥，在锦州送别国际联盟调查团一行，预定六月七日返回。

转发：支那、北平、奉天。

---

① 编者按：旅大为旅顺、大连。

资料来源：JACAR(アジア歴史資料センター)Ref. B02030447500(第60画像目から)、満洲事変(支那兵ノ満鉄柳条溝爆破ニ因ル日、支軍衝突関係)/善後措置関係/国際連盟支那調査員関係　第四巻(外務省外交史料館)

39. 驻长春田中领事代理致斋藤外务大臣的函电
(1932年6月4日)

昭和七年　一三一一四　暗　　长春　　　　　　　　四日上午发
　　　　　　　　　　　　　　外务省　　　　　　　六月四日上午收

第二七六号

六月二日，谢外交总长派遣大桥赴奉天，向李顿面呈谢的送别书函(汉文)，大意如下：

贵调查团在"本国"[①]逗留期间，有不周到或不自由之处，尤其是来贵团处访问还发生了一二纠纷之事，深感遗憾。所幸未发生特别出格的事情。经贵团努力而实现了来访目的，实堪祝贺。今后，"新国家"[①]当局决意致力奠基"国"之基础，实现独立宣言及对外通告中所述之理想，解救人民之痛苦，贡献东亚和平。希望贵团基于视察，不偏差地向世界介绍"我国"[①]实况，同时声援吾人努力实现将来之理想。

转发：支那、北平、南京、奉天。

资料来源：JACAR(アジア歴史資料センター)Ref. B02030447500(第61画像目から)、満洲事変(支那兵ノ満鉄柳条溝爆破ニ因ル日、支軍衝突関係)/善後措置関係/国際連盟支那調査員関係　第四巻(外務省外交史料館)

---

①　译者按：本条所述"本国""新国家""我国"皆是指伪满洲国。

40. 斋藤外务大臣致驻北平中山书记官的函电
（1932 年 6 月 4 日）

关于顾维钧渡日之件

第九三号

致吉田大使

第二九号

关于贵电第一八八号

我方就顾维钧一行……①同调查团一行来日本……②李顿与日本政府交涉。我方当然不反对调查团来日本听取帝国政府的意见，而且非常欢迎。但调查区域包括日本的见解有违以往之经纬。调查团的调查范围仅限于支那与满洲。回顾一九三一年十二月十日理事会决议案之经纬便可明确，该决议之五"on the spots"最初为"in Manchuria"，后修改为"in Manchuri and other parts of China"。我方无意与委员讨论该决议，希望委员方面不要误解。

关于修改之事只是提醒李顿予以注意。

转发：支那、奉天、长春、国际联盟。

资料来源：JACAR（アジア歴史資料センター）Ref. B02030447500（第63画像目から）、満洲事変（支那兵ノ満鉄柳条溝爆破ニ因ル日、支軍衝突関係）/善後措置関係/国際連盟支那調査員関係　第四巻（外務省外交史料館）

41. 关东军参谋长致参谋次长的函电（1932 年 6 月 4 日）

陆同文

昭和七年　　　　　　　　　六月四日　下午○时四十分发

　　　　　　　　　　　　　　　　　　　四时四十分收

关参第五二一号

---

① 译者按：原文有涂改字样，辨认不清。

② 译者按：原文有涂改字样，辨认不清。

昨天,即六月三日上午,国际联盟调查团听取了铃木少将关于日俄战争中奉天会战的概要介绍,约两小时。下午,由岛本中佐和河本中尉作为向导,带领调查团代表们视察了北大营附近的现场。

关东军司令官举办招待晚餐之盛会,代表们、支那参与官(顾维钧因事缺席)及日本方面约五十人参加。六月四日早晨,调查团一行离开奉天,途中与第八师团长会面,观察了锦州附近状况。晚上在山海关就宿,再赴北戴河视察。预计六月五日傍晚到达北平。

资料来源:JACAR(アジア歴史資料センター)Ref. B02030447500(第65画像目から)、満洲事変(支那兵ノ満鉄柳条溝爆破ニ因ル日、支軍衝突関係)/善後措置関係/国際連盟支那調査員関係　第四巻(外務省外交史料館)

42. 驻北平中山书记官致斋藤外务大臣的函电
(1932年6月6日)

昭和七年　一三二一一　平　　北平　　　　　　　　六日上午发
　　　　　　　　　　　　　　外务省　　　　　　　　六月六日上午收

第二五三号

来自吉田

第二十号

六月五日,国际联盟调查团一行到达北平。

转发:公使、奉天、南京、长春。

资料来源:JACAR(アジア歴史資料センター)Ref. B02030447500(第66画像目から)、満洲事変(支那兵ノ満鉄柳条溝爆破ニ因ル日、支軍衝突関係)/善後措置関係/国際連盟支那調査員関係　第四巻(外務省外交史料館)

43. 驻北平中山书记官致斋藤外务大臣的函电
(1932年6月6日)

昭和七年　一三二一三　暗　　北平　　　　　　　　六日上午发
　　　　　　　　　　　　　　外务省　　　　　　　　六月六日上午收

第二五四号

本官发给青岛之电报
来自吉田

选定贵地为最后报告书起草地，需要利用飞机迅速将北平公使馆资料送达，飞机着陆是否方便，另外，为实地考察别墅、旅馆租用事宜，调查团李顿团长或代理将于数日内与本使同去贵地，调查了解大体情况，请火速回电。

转发：外务大臣、驻支公使、奉天、济南、天津、南京、芝罘。

资料来源：JACAR(アジア歴史資料センター)Ref. B02030447500(第66画像目から)、満洲事変(支那兵ノ満鉄柳条溝爆破ニ因ル日、支軍衝突関係)/善後措置関係/国際連盟支那調査員関係　第四卷(外務省外交史料館)

44. 驻北平中山书记官致斋藤外务大臣的函电(一)
(1932年6月6日)

昭和七年　一三二五九　暗　北平　　　　　　　六日下午发
　　　　　　　　　　　　外务省　　　　　　　六月六日下午收

第二五五号
来自吉田
第二〇一号

六月四日早上，调查团一行从奉天出发，途中在锦州下车，听取司令部西田副长?① 说明关于附近"兵匪"状况、最近山海关张学良军队的态度，以及去年轰炸(锦州)轻微受害的情况(未去被轰炸场所)，并视察了最近被"匪贼"袭击的高岭车站。七时到山海关，换乘北宁列车到北戴河海滨站，在列车内宿一夜。五日上午由支那方面作为向导，巡游北戴河避暑地，中午从该站出发去北平。

转发：在支公使、奉天、天津、青岛。

资料来源：JACAR(アジア歴史資料センター)Ref. B02030447500(第67画像目から)、満洲事変(支那兵ノ満鉄柳条溝爆破ニ因ル日、支軍衝突関係)/善後措置関係/国際連盟支那調査員関係　第四卷(外務省外交史料館)

---

① 编者按：原文为问号。

45. 驻北平中山书记官致斋藤外务大臣的函电(二)
(1932年6月6日)

昭和七年　一三二五八　暗　　北平　　　　　　　　六日下午发
　　　　　　　　　　　　　　外务省　　　　　　　　六月六日下午收

第二五六号

来自吉田

第二〇二号

续前电第二〇一号

调查团成员们在北戴河实地考察了提供给委员们使用的数处别墅,之前已通报。调查团成员们大体内定在该地起草报告书。我方坚持反对设在此处。东京帝国政府亦表示强烈反对,继续在报刊上发表我方态度作为反对的举措,这对实现我方目的是有效的。

以上供参考。

转发:公使、天津、青岛、奉天。

资料来源:JACAR(アジア歴史資料センター)Ref. B02030447500(第68画像目から)、満洲事変(支那兵ノ満鉄柳条溝爆破ニ因ル日、支軍衝突関係)/善後措置関係/国際連盟支那調査員関係　第四巻(外務省外交史料館)

46. 驻北平中山书记官致斋藤外务大臣的函电
(1932年6月6日)

昭和七年　一三二五四　暗　　北平　　　　　　　　六日下午发
　　　　　　　　　　　　　　外务省　　　　　　　　六月六日下午收

第二五七号

本官发给青岛之电报

第七号(火速)

来自吉田

关于北平发给贵官的第六号电报

李顿团长、意、德两国代表及卡尔利预定于六月八日下午四时三十分从本地出发,前往贵地实地考察,望着手筹措。我方由本使、林出及贵布根同行。

转发:外务大臣、公使、奉天、济南、天津、南京、芝罘。

资料来源:JACAR(アジア歴史資料センター)Ref. B02030447500(第69画像目から)、満洲事変(支那兵ノ満鉄柳条溝爆破ニ因ル日、支軍衝突関係)/善後措置関係/国際連盟支那調査員関係　第四巻(外務省外交史料館)

47. 驻沈阳森岛代理总领事致斋藤外务大臣的函电(一)
(1932年6月6日)

昭和七年　一三二六三　暗　奉天　　　　　　六日下午发
　　　　　　　　　　　　　外务省　　　　六月六日下午收

第九一九号之一

来自大桥司长

六月四日,送调查团一行到山海关,六月五日返回,在车上应勃来克斯雷(Blakeslee,ブレイクスリー)要求,与麦考益会谈,内容要领如下:

大桥:日本如像合并朝鲜那样合并满洲,比照朝鲜的事例需要大量的经费,不仅经济上不利,限制工人迁移,调整满洲产品对日本产品的挤压等也是不可能的。而且,支那人处在被征服者的地位,日本如何才能实施善政,获得民心。即使国际政局方面有可能,也不可能采取合并的办法。

麦考益:我曾了解到日俄战争之际,作为罗斯福侍从武官的金子子爵的一些看法,他认为当时日本并没有合并朝鲜的意思,日本当时真是这样认真地思考过。但其后事态发生了变化,结局是导致了合并。鉴于此,今天的日本即使没有这种意思,将来如何发展亦难以预测。

大桥:现在处理其他民族的问题,已经不能用过去那种未开化野蛮时代的方法了。如今的时代,合并本地民族占多数的领土(待续)

资料来源:JACAR(アジア歴史資料センター)Ref. B02030447500(第69画像目から)、満洲事変(支那兵ノ満鉄柳条溝爆破ニ因ル日、支軍衝突関係)/善後措置関係/国際連盟支那調査員関係　第四巻(外務省外交史料館)

48. 驻沈阳森岛代理总领事致斋藤外务大臣的函电(二)
(1932年6月6日)

昭和七年　一三二六六　暗　　奉天　　　　　　　　　六日下午发
　　　　　　　　　　　　　　外务省　　　　　　　　六月六日下午收

第九一九号之二

(接上)会导致经济上受牵累,在政治上也不是上策。英国对印度的统治受阻,贵国在菲律宾问题上的尖锐化都是明鉴。只要日本存在具有常识的政治家,就不会做出这样的愚蠢之举。日本在任何时候都依靠满洲人,支持为了满洲人的"满洲国",在"满洲国"工作的日本人不过是基于其独立宣言和对外通告而援助长春政府①的发展罢了。社会上有称长春政府是昙花一现,非也。日本民众是按照自己的意向进入"满洲国",清楚地知晓并非是日本政府方面的意思。顾维钧问题发生之时,无论日本政府及关东军如何强烈压迫,"满洲国政府"都敢断然行动。日本政府不会做出以实力恫吓长春政府的暴举。

　　麦考益:假设日本政治家确实是这样考虑的,可是(待续)

　　资料来源:JACAR(アジア歴史資料センター)Ref. B02030447500(第70画像目から)、満洲事変(支那兵ノ満鉄柳条溝爆破ニ因ル日、支軍衝突関係)/善後措置関係/国際連盟支那調査員関係　第四巻(外務省外交史料館)

49. 驻沈阳森岛代理总领事致斋藤外务大臣的函电(三)
(1932年6月6日)

昭和七年　一三二六四　暗　　奉天　　　　　　　　　六日下午发
　　　　　　　　　　　　　　外务省　　　　　　　　六月六日下午收

第九一九号之三

(接上)军人的心理与此不同,我刚刚会见过驻锦州的日本师团长,他频频表现出要挑战关内支那的态度,如果有机会越过山海关,日军肯定会无限地延伸到天津、北平,其结果令人疑虑。军人尤其会有进行战争的念头,作为军人

---

① 译者按:长春政府指代以长春为"首都"的伪满洲国。

的我能够了解到这一点。

大桥：日本武士道只允许基于正义行使武力。在世界历史上，行使不当武力的国家一律遭遇悲惨的命运，日本军人是知晓的。以无理的借口行使武力，这样的行为在爱国心强烈的日本军人中不应存在。

麦考益：我担心的是将来"满洲国"与支那的关系，如此这样下去，支那人基于深深的怨恨而策划紊乱治安或者对抗"满洲国"的谋略，将使远东的祸乱永远持续下去（待续）。

资料来源：JACAR（アジア歴史資料センター）Ref. B02030447500（第71画像目から）、満洲事変（支那兵ノ満鉄柳条溝爆破ニ因ル日、支軍衝突関係）/善後措置関係/国際連盟支那調査員関係　第四卷（外務省外交史料館）

50. 驻沈阳森岛代理总领事致斋藤外务大臣的函电（四）
（1932年6月6日）

昭和七年　一三二六八　暗　　奉天　　　　　　　　　六日下午发
　　　　　　　　　　　　　　　外务省　　　　　　　　六月六日下午收

第九一九号之四

大桥：支那人是极其歇斯底里及情绪化的民族。一时的公愤随着事态的变化，一瞬间就忘却了，两年前蒋介石与汪精卫不共戴天般地相互仇视，今天却握手言和。"满洲国政府"内的支那人也一样。我推测，支那方面的亢奋一两年后会冷却下来。最近，与从北平来长春的某支那朋友进行会谈，得知平津地区的一些支那人对北支那绝望，那里到"新国家"去工作的气氛很浓厚。调查团在平津会见的许多支那人是普通民众的敌人，是官僚军阀的同伙，倾听他们的言论，很难了解普通民众的意向。请留意这一点。

另外，重要的是，满洲问题的解决是承认"满洲国"的独立，从外部声援，并实现独立宣言及对外通告中的理想，除此没有其他方法。国际联盟及第三者采取其他方案干涉之，断不能保障远东之和平。

麦考益：实在感谢能够听到您的高见。阁下不能同行去北平，甚憾。

转发：支那、长春、国际联盟。

资料来源：JACAR（アジア歴史資料センター）Ref. B02030447500（第72画像目から）、満洲事変（支那兵ノ満鉄柳条溝爆破ニ因ル日、支軍衝突関係）/

善後措置関係/国際連盟支那調査員関係　第四巻(外務省外交史料館)

51. 驻天津桑岛总领事致斋藤外务大臣的函电
（1932年6月6日）

昭和七年　一三二六五　暗　　天津　　　　　　　　　　六日下午发
　　　　　　　　　　　　　　外务省　　　　　　　六月六日下午收

第二三二号

六月五日，随员顾维钧对《大公报》记者谈了感想，内容要领如下：

在满洲，日本及叛逆分子对我等支那参与员一行予以严密的监视、威胁及阻碍，不允许地方人士与我们会面。若有敢于面谈者，即视其为支那军方，逮捕拘押。调查团也目击到这一切。我们了解到各地青年学生悲愤慷慨、热诚求救，付出多少牺牲也要解救东北亡国的惨苦。现东北伪满洲国名义上存在，实际统治实权全部掌握在日本人手中，伪满洲国官吏只有拱手听命。在经济方面，自事变以来，商店大半休业，各地同胞纷纷投入义勇军，一切工商业没有经营者，损失巨大，而此间得意者是日本浪人。

转发：支那、北平、奉天、南京、长春。

资料来源：JACAR(アジア歴史資料センター)Ref. B02030447500(第73画像目から)、満洲事変(支那兵ノ満鉄柳条溝爆破ニ因ル日、支軍衝突関係)/善後措置関係/国際連盟支那調査員関係　第四巻(外務省外交史料館)

52. 支那驻屯军参谋长致陆军次官的函电
（1932年6月6日）

参同文
密　昭和七年　　　　　　　　　　　六月六日上午二时十分发
　　　　　　　　　　　　　　　　　　　　　　四时十分收

天电一一三

国际联盟调查团一行于下午五时四十分到达天津，大约停车二十分钟后前往北平。

在山海关，麦考益将军就收到有关当地局势危急的情报而提出质问，当地守备队长说明,此乃支那方面的恐怖宣传,已采取了各种措置,并以实例说明支那方面的宣传并无事实根据。

另外,关于调查团最终报告书起草地,张学良提供北戴河自家别墅附近的别墅,大约四十间房间。调查团选定该地的内在原因,是张学良负责提供别墅,出于节省经费的考虑。

转发:关(东军)、北(平)、济(南)、上(海)、南(京)。

资料来源:JACAR(アジア歴史資料センター)Ref. B02030447500(第79画像目から)、満洲事変(支那兵ノ満鉄柳条溝爆破ニ因ル日、支軍衝突関係)/善後措置関係/国際連盟支那調査員関係　第四卷(外務省外交史料館)

53. 支那驻屯军参谋长致陆军次官的函电
（1932年6月6日）

参同文

密　昭和七年　　　　　　　　　　　　　　　　　　六月六日

六月四日下午七时三十分发

十一时五十八分收

天电一〇九

绥靖公署、各省、市政府及各省、市党部接受汪精卫的通告,内容如下:

国联调查团调查结束,在九月召开的国联大会上提出解决日支问题的方法。

日苏形势恶化,引起欧美各国的极大焦虑,同时盛传"美苏复交说"。苏联在东洋的位置越发重要,九月国联大会准备让苏联代表参加,苏方也有此企图。

日本的宣传政策极其狡猾,如委任统治东北即是其中一例。如今,日本正在政争之中,一旦内阁安定,将再谋对支策略。

九月一日的国联大会很快来临,在短短的三个月期间内,实乃我国国交成败之关键。国际关系一定会掀起大波澜,中央为此正在准备之中,其方法如下:

其一是借国联之力解决关系和平核心之日支纠纷。

其二是期望和平,不以武力与日本交战,但要做一旦和平破裂的准备。

其三是日支纷争的原因复杂,归结为铁路、商租、鲜人居住三点,中央正于诸事准备中,各党部应遵从中央意图善处之。

资料来源:JACAR(アジア歴史資料センター)Ref. B02030447500(第81画像目から)、満洲事変(支那兵ノ満鉄柳条溝爆破ニ因ル日、支軍衝突関係)/善後措置関係/国際連盟支那調査員関係 第四巻(外務省外交史料館)

54. 驻天津桑岛总领事致斋藤外务大臣的函电
(1932年6月7日)

昭和七年 一三四〇七 略 天津 七日下午发
外务省 六月七日下午收

第二三六号

关于往电第二三二号

六月七日,支那各报纸发表了顾维钧的谈话,原版报纸一并邮送。

转发:支那、北平、奉天、南京、长春。

资料来源:JACAR(アジア歴史資料センター)Ref. B02030447500(第83画像目から)、満洲事変(支那兵ノ満鉄柳条溝爆破ニ因ル日、支軍衝突関係)/善後措置関係/国際連盟支那調査員関係 第四巻(外務省外交史料館)

55. 驻国际联盟泽田局长致斋藤外务大臣的函电
(1932年6月7日)

昭和七年 一三三六三 暗 日内瓦 七日下午发
外务省 六月八日上午收

第四九五号

关于往电第四九二号

对于同杉村次长多次恳谈的结果,不敢怠慢,并由该次长询问德拉蒙德的意向。昨天(六日)下午,杉村有机会与德拉蒙德会谈,大概内容由杉村转达如下:

决定延长时间问题,考虑有以下两种办法:

一、国联秘书长及伊曼斯(イーマンス,译音)与十九国委员会的主要委员

协议,关于延长时间以正式书面(绝对需要书面)文字送交日支两国代表,如获同意,总会……①。

二、预想日支双方没有异议(包括弃权)而表示同意之时,召开总会,倾听各国代表之自由意见。

日本方面至今反对适用第十五条,因此,表示决议之际不会弃权,但也不会表明赞成与否的意见。关于第十五条是否适用日支事件,多数主张征求海牙裁判所之意见。

延长时日预计大体为三个月。李顿表示,调查团最终完成报告大约在九月十五日,可以赶上九月中旬召开的国联一般大会。

目前,伊曼斯为出席裁军一般委员会,预定于十三日左右来日内瓦。德拉蒙德的议案,以及临时大会开会的时间,待伊曼斯来日内瓦之后再行商议。究竟做何决定待察。

转发:英、美、法,暗送在欧各大使。

资料来源:JACAR(アジア歴史資料センター)Ref. B02030447500(第83画像目から)、満洲事変(支那兵ノ満鉄柳条溝爆破ニ因ル日、支軍衝突関係)/善後措置関係/国際連盟支那調査員関係　第四卷(外務省外交史料館)

56. 驻北平中山书记官致斋藤外务大臣的函电
(1932年6月7日)

昭和七年　一三三一一　略　　北平　　　　　　　　七日上午发
　　　　　　　　　　　　　外务省　　　　　　　　六月七日下午收

第二五八号
来自吉田
第二〇三号

六月六日,当地支那报纸以大标题《顾维钧发表沉痛谈话》,或以《顾代表一字一泪的谈话》为题,发表了顾的谈话。顾维钧表示此次调查团来平,为整理调查材料,预定滞留两周。近日,李顿赴青岛、威海卫选择报告书起草地。原来定于北戴河,这里风景、气候适宜,但日本方面甚是反对,因而放弃了北戴

---

① 译者按:原文为英文,难以辨认。

河,但日本方面反对的理由不明。接着,顾陈述东北三十万民众的苦痛[①],一切政治权力在表面上归支那人,实权却由日本人掌握,这样下去东三省不仅会脱离支那,而且还会成为侵略关内的策源地。支那不仅会完全失去东北,而且西北、西南也面临危险,顾高调呼吁国内统一,国民觉醒乃是急务。

转发:支那、奉天、长春。

资料来源:JACAR(アジア歴史資料センター)Ref. B02030447600(第85画像目から)、満洲事変(支那兵ノ満鉄柳条溝爆破ニ因ル日、支軍衝突関係)/善後措置関係/国際連盟支那調査員関係 第四卷(外務省外交史料館)

57. 驻北平中山书记官致斋藤外务大臣的函电
(1932年6月7日)

昭和七年　一三二九七　暗　北平　　　　　　　　七日上午发
　　　　　　　　　　　　　　外务省　　　　　　　六月七日上午收

第二五九号

本官发给青岛之电报

第八号

来自吉田

关于北平发给贵官之第七号电报

为同支那方面协商并做其他方面之准备,林出、久保田海军大佐、金尼三人于六月七日下午五时从当地乘汽车出发,前往贵地。

转发:外务大臣、支那、天津、济南。

资料来源:JACAR(アジア歴史資料センター)Ref. B02030447600(第86画像目から)、満洲事変(支那兵ノ満鉄柳条溝爆破ニ因ル日、支軍衝突関係)/善後措置関係/国際連盟支那調査員関係 第四卷(外務省外交史料館)

---

① 译者按:这里的数字可能有误,应该是300万。

58. 驻北平中山书记官致斋藤外务大臣的函电
（1932 年 6 月 7 日）

昭和七年　一三三三三　暗　　北平　　　　　　　　　七日下午发
　　　　　　　　　　　　　　外务省　　　　　　　　　六月七日下午收

第二六一号（火速）

来自吉田

第二〇五号

关于阁下发给奉天之第三二〇号电报

六月六日，调查团讨论报告书起草地之际，内传麦考益痛批国际联盟调查团随员接受支那方面提供的北戴河别墅的丑态，选择该地方案遂破灭。在六月七日阁下致李顿的电报中也陈述了此事。李顿顾忌选择北戴河会遭到日本极力反对，对顾维钧表示拒绝支那方面准备的十一处别墅。顾维钧回答无妨，随即报告政府。

转发：驻支公使、奉天、青岛、日内瓦，由支那转南京，由日内瓦转英、法、德、意、美。

资料来源：JACAR（アジア歴史資料センター）Ref. B02030447600（第 86 画像目から）、満洲事変（支那兵ノ満鉄柳条溝爆破ニ因ル日、支軍衝突関係）/善後措置関係/国際連盟支那調査員関係　第四巻（外務省外交史料館）

59. 驻北平中山书记官致斋藤外务大臣的函电
（1932 年 6 月 7 日）

昭和七年　一三三四六　暗　　北平　　　　　　　　　七日下午发
　　　　　　　　　　　　　　外务省　　　　　　　　　六月八日上午收

第二六三号

来自吉田

第二〇七号

针对六月六日致哈斯的往电第一九〇号，哈斯的回复意见如下：

一、调查团如向日内瓦分别提出日本和支那的两个方案，对于日本来说是危险的。国际联盟知晓支那的事情,在法理方面做决议时有顾虑。但此事并非不可能解决,我被指示要依据事实思考采用什么样的方法。

二、最终报告书里当然要记述支那本部的事情。

转发:公使、奉天、长春、哈尔滨、国际联盟。

资料来源:JACAR(アジア歴史資料センター)Ref. B02030447600(第88画像目から)、満洲事変(支那兵ノ満鉄柳条溝爆破ニ因ル日、支軍衝突関係)/善後措置関係/国際連盟支那調査員関係 第四巻(外務省外交史料館)

60. 驻北平中山书记官致斋藤外务大臣的函电
(1932年6月7日)

昭和七年　一三三四三　暗　　北平　　　　　　　七日下午发
　　　　　　　　　　　　　　外务省　　　　　　六月七日下午收

第二八〇号

来自吉田

第二〇四号

六月四日,支那新闻记者对李顿提出七条书面咨询,李顿经长时间考虑后,于六月五日下午以书面形式做出回答,支那报纸予以刊载,大体如下:

一,来东三省后的感想;二,对伪组织的印象;三,未能会见马占山的经过;四,调查中受到多种束缚的感想;五,对东北民众想会见调查团一行而被逮捕之事有何意见;六,游览北戴河的印象,将来是否在此地起草报告书;七,对东北义勇军的感想。

对于上述问题,李顿回答:一,调查团从四月二十日到六月四日的六周时间里的工作是收集材料,包括去年九月十八日事变发生的经过以及现在的事态等,国际联盟获得这些材料就可以证明一切。调查团的意见将发表在给国际联盟的报告书中。眼下,调查团仍在收集材料及研究的过程中,尚不能发表意见。二,调查团来东北之际,得到日本政府及日本军事当局的尽力援助,受到地方当局的招待。在支那也大体相同。但是,在东北感受到一些困难,但并非是日本政府及日本军事当局所为,而是来自第三者。调查团忍耐应对,如今一切困难已经过去。三,未能会见马占山的原因,当时恰好正在激战中,要想会见马占山,没有东三省地方当局及俄国的援助是不可能的。四,北戴河风景宜人,将来的行动尚未决定,除北戴河以外,还要视察许多地方后,方能决定报告书的起草地。五,调查团第二阶段的工作是希望日支两国政府以诚意考虑解决方法。

转发:支那、奉天、长春、国际联盟。

转报北平。

资料来源:JACAR(アジア歴史資料センター)Ref. B02030447600(第89画像目から)、満洲事変(支那兵ノ満鉄柳条溝爆破ニ因ル日、支軍衝突関係)/善後措置関係/国際連盟支那調査員関係 第四巻(外務省外交史料館)

61. 驻间岛冈田总领事致斋藤外务大臣的函电
(1932年6月7日)

昭和七年　一三三〇二　暗　　间岛　　　　　　　　七日下午发
　　　　　　　　　　　　　　外务省　　　　　　　六月七日下午收

第三四二号

传闻国际联盟调查团一行中的杨格近日来间岛,朝鲜总督府及军部等正着手进行准备。为参考起见,日方在满洲各地向调查团提供的资料文件,以及太平洋会议之际外务省制定的间岛问题说明资料等,希望在整理的基础上火速发送。

资料来源:JACAR(アジア歴史資料センター)Ref. B02030447600(第90画像目から)、満洲事変(支那兵ノ満鉄柳条溝爆破ニ因ル日、支軍衝突関係)/善後措置関係/国際連盟支那調査員関係 第四巻(外務省外交史料館)

62. 驻青岛川越总领事致斋藤外务大臣的函电
(1932年6月8日)

昭和七年　一三三七六　暗　　青岛　　　　　　　　七日下午发
　　　　　　　　　　　　　　外务省　　　　　　　六月八日下午收

第九九号

本官发给北平之电报

第六号

致吉田大使

关于李顿一行来青岛之事，当地市政府告知，除日本人随员外，已准备了全员的宿舍，包括市长官舍（原提督楼）和支那人经营的国际疗养院，望知晓。另外，我方已准备了大型宾馆。

转发：外务大臣、支那、南京、天津、济南。

资料来源：JACAR(アジア歴史資料センター)Ref. B02030447600(第91画像目から)、満洲事変(支那兵ノ満鉄柳条溝爆破ニ因ル日、支軍衝突関係)/善後措置関係/国際連盟支那調査員関係　第四巻(外務省外交史料館)

63. 驻长春田中领事代理致斋藤外务大臣的函电
（1932年6月7日）

昭和七年　一三三二八　暗　　长春　　　　　　　　七日下午发
　　　　　　　　　　　　　　外务省　　　　　　　　六月七日下午收

第二八九号

本官发给天津之电报

第二号

关于致大臣的贵电第二三二号

受外交部大桥委托，将一份刊登顾维钧对《大公报》记者谈话的报纸火速送到。

转发：外务大臣。

资料来源：JACAR(アジア歴史資料センター)Ref. B02030447600(第92画像目から)、満洲事変(支那兵ノ満鉄柳条溝爆破ニ因ル日、支軍衝突関係)/善後措置関係/国際連盟支那調査員関係　第四巻(外務省外交史料館)

64. 斋藤外务大臣致驻北平中山书记官的函电
（1932 年 6 月 7 日）

杨格出差间岛的事情

第九七号

致吉田大使

关于贵电第一九九号

致吉田大使

杨格出差间岛的事情,我方没有异议,但须与陆军方面商议,言明当否。转发间岛。

资料来源:JACAR(アジア歴史資料センター)Ref. B02030447600(第 94 画像目から)、満洲事変(支那兵ノ満鉄柳条溝爆破ニ因ル日、支軍衝突関係)/善後措置関係/国際連盟支那調査員関係　第四巻(外務省外交史料館)

65. 条约第三课长佐藤致岸秘书官等处的函电
（1932 年 6 月 7 日）

发送方:条约第三课长佐藤

接收方:岸秘书官、三谷人事课长、吉泽书记官、守岛亚细亚局第一课长、冈本欧美局第二课长、筒井情报部第二课长、河原事务官（亚一）、喜多事务官（支那调查团室）

接待国际联盟支那调查团外务省委员会干事会开会之件

明天（六月八日）中午十二时半,在特别会议室召开干事会议,望准时参加。

另,当日准备便当。

六月七日

佐藤　条约第三课长

岸秘书官

三谷人事课长

吉泽书记官（支那调查）

守岛亚细亚局第一课长

冈本欧美局第二课长

筒井情报部第二课长

河原事务官（亚一）

喜多事务官（支那调查团室）

资料来源：JACAR（アジア歴史資料センター）Ref. B02030447600（第96画像目から）、満洲事変（支那兵ノ満鉄柳条溝爆破ニ因ル日、支軍衝突関係）/善後措置関係/国際連盟支那調査員関係　第四巻（外務省外交史料館）

66. 接待国际联盟调查团一行的计划（草案）
（1932年6月7日）

昭和七年六月

接待国际联盟支那调查团一行计划（草案）

（六月八日经干事会决定）

　　　　　　　　　　　国际联盟支那调查团外务省接待委员会

第一，调查团停留日本期间的日程（草案）。

甲、东京及日光

	上午	午餐	下午	晚餐	住宿
第一日	从下关到东京（上午八时三十分至下午四时五十五分）			宫殿下出席	帝国宾馆
第二日					同上
第三日			联盟协会茶会	前田侯爵自宅	同上
第四日			东京市市长茶会		同上
第五日	八时二十分上野车站出发，十时五十三分到达日光		参观日光庙		金谷宾馆

(续表)

	上午	午餐	下午	晚餐	住宿
第六日	游览中禅寺湖,钓鱼,网球				金谷宾馆
第七日	返回东京		三井男爵茶会	英、法、德等国(大使)接待各自本国代表	帝国宾馆
第八日				实业园(红叶馆)	帝国宾馆
第九日				德川贵族院议长出席(能乐)	帝国宾馆
第十日				外务大臣,场所未定	帝国宾馆

乙、箱根、岐阜、京都、奈良、山田游览

第十一日	箱根	上午十时东京站出发,十一时二十分到国府津	富士屋宾馆
第十二日	同上		同上
第十三日	同上		同上
第十四日	岐阜、京都	(内容字迹不清)	都宾馆
第十五日	京都		同上
第十六日	京都、奈良	下午四时九分京都站出发,五时六分到奈良	奈良宾馆
第十七日	山田、鸟羽	山田、鸟羽游览	同上
第十八日	奈良	休息、访问大阪	同上
第十九日	出发	赴报告起草地	

第二,关于接待调查团与各方面的联络。

一、下次次官会议,由外务次官将以上日程昭示各有关次官,以求了解。

1. 铁路次官(发给免费车票、联络特别车、派遣游览向导,协助观光局)。

2. 大藏次官(免税通关)。

3. 内务次官(警卫)。

二、外交界元老及前辈出席,由大臣说明一行指导方针,请求援助。另附名簿第一号。

三、由(外务)大臣或次官向有关次官、民间有力者、新闻社首脑、各有关协会代表介绍调查团一行的指导及接待方策，以求知晓。另附名簿第二号。

四、干事与有关省及民间团体的工作人员联系。

第三，接待费预算

一、接待费支出方针

1. 接待费从机密资金中支付。

2. 接待费支出的项目如下：

① 国际联盟调查团及随员宿费、饮食费

② 支那方面参与员的宿费、饮食费

③ 日本参与员在帝国宾馆的宿费及饮食费

④ 接待宴会费、游览费

3. 日本方面参与员及随员伴随调查团一行的旅费由外务省支付，从外务省一般经费支出，特别理由情况下由接待费补贴。

二、接待费预算

因一行的人数及停留日期未定，难以预算。假定：(1) 调查团代表五名，随员十名。(2) 支那参与员一名，随员五名。按照以上日程旅行，大体费用如下：

甲、住宿、饮食及游览费用

① 东京及日光	8 300 元
② 箱根	3 600 元
③ 奈良	3 000 元
④ 京都	3 500 元

乙、交通费

① 汽车	4 000 元
② 杂费	500 元

丙、宴会　　　　　　　5 000 元

丁、杂费及预备费　　　5 000 元

总计　　　　　　　　　32 900 元

名簿第一号

外交界元老及前辈名簿

石井菊次郎　　　　　子（爵）

林权助　　　　　　　男（爵）

松井庆四郎　　　　　男（爵）

栗野慎一郎　　　　　子（爵）

芳泽谦吉

牧野伸显　　　　　　伯（爵）

内田康哉　　　　　　伯（爵）

田中都吉大使

有吉明大使

名簿第二号
有关次官名簿

潮内务次官

久保田铁道次官

藤田海军次官

柴田内阁书记官长

松木警保局长

藤沼警视总监

中山运输局长

田原观光局长

名簿第三号
民间有力者名簿

御诚之助（经□[①]联粤会长）

木村久寿弥太（工业俱乐部理事长）

儿玉谦次（日华实业协会理事长）

土方久征（日银总裁）

安川雄之助（三井物产常务）

小冈切万寿之助（正金银行董事）

串田万藏（三菱银行会长）

池田成彬（三井银行常务）

---

① 编者按：原文如此。下页同上。

门望重九郎(大仓组副组长)

深井英五(日银副总裁)

森贤吾

渡边铁藏(国际商业会议所理事)

山川端夫

井上□四郎子

永田秀二郎(东京市市长)

名簿第四号
关系各国协会
日英、日美、日法、日意、日德各协会

名簿第五号
新闻通讯社关系

东朝①　绪方石虎

大朝②　町田梓楼

东日③　□崎鸿吉

大每④　高石真五郎

时事　　伊藤正德

报知　　寺田四郎

国民　　座□胜平

中外　　藤冈钦四郎

联合　　岩永裕吉

电通　　上冈硕之

读卖　　柴田盛卫

都　　　山木信□

---

① 译者按:东朝应为东京朝日新闻。下同。
② 译者按:大朝应为大阪朝日新闻。下同。
③ 译者按:东日应为东京日日新闻。下同。
④ 译者按:大每应为大阪每日新闻。下同。

日本时报　伊达源一郎
资料来源：JACAR（アジア歴史資料センター）Ref. B02030447600（第97画像目から）、満洲事変（支那兵ノ満鉄柳条溝爆破ニ因ル日、支軍衝突関係）/善後措置関係/国際連盟支那調査員関係　第四巻（外務省外交史料館）

67. 驻北平酒井辅佐官致次官、次长的函电
（1932年6月7日）

发送方：驻北平酒井辅佐官
接收方：次官、次长（马要、一二遣司令官、二遣佐镇参谋长、在支各地武官）
　密　昭和七年　六月七日　一七〇〇　　　　　　　　　北平发
　　　　　　　　　　　八日　一二五三　　　　　　　　收（七一四）
机密第三六号电
久保田报
本日，李顿团长向顾维钧表示取消目前在北戴河准备的别墅，最后起草地大概在青岛。

资料来源：JACAR（アジア歴史資料センター）Ref. B02030447600（第106画像目から）、満洲事変（支那兵ノ満鉄柳条溝爆破ニ因ル日、支軍衝突関係）/善後措置関係/国際連盟支那調査員関係　第四巻（外務省外交史料館）

68. 驻济南西田总领事致斋藤外务大臣的函电
（1932年6月8日）

　昭和七年　一三四〇九　略　　济南　　　　　　　　八日下午发
　　　　　　　　　　　　　　外务省　　　　　　　六月八日下午收
第一五一号
本官发给青岛之第二九号电报
关于国际联盟调查团一行的旅程，据松本送达胶济站的电报内称，一行人预定于六月八日下午六时乘特别列车从北平出发，六月九日上午九时半到达当地，十时十五分乘当地出发的列车，下午六时半到达贵地。

转发：外务大臣、支。

资料来源：JACAR（アジア歴史資料センター）Ref. B02030447700（第107画像目から）、満洲事変(支那兵ノ満鉄柳条溝爆破ニ因ル日、支軍衝突関係)/善後措置関係/国際連盟支那調査員関係　第四卷（外務省外交史料館）

69. 斋藤外务大臣致驻北平中山书记官的函电
（1932年6月8日）

国际联盟调查团随员杨格前往间岛之件

第九十八号

关于往电第九十七号

致吉田大使

派遣杨格前往间岛无碍，可通报调查团方面。

转发：间岛。

资料来源：JACAR（アジア歴史資料センター）Ref. B02030447700（第108画像目から）、満洲事変(支那兵ノ満鉄柳条溝爆破ニ因ル日、支軍衝突関係)/善後措置関係/国際連盟支那調査員関係　第四卷（外務省外交史料館）

70. 斋藤外务大臣致驻北平中山书记官的函电
（1932年6月8日）

顾维钧等来日之件

第九十九号（极密）

致吉田大使第三十二号

关于往电第二十九号

关于顾维钧来日本的事件，国内逐渐将其视为问题。本来，调查团没有来我邦调查之权限，欲来我邦需征求帝国政府之意见，如同往电开头指出的那样，调查团携带顾维钧不需要任何理由（鉴于我方的大使也同调查团参加与国民政府乃至张学良的会谈，我方与调查团交换意见，没有不让顾维钧参加的意向。此次调查团来日本之际,除与政府当局交换意见外,因长时间旅行,考虑要安排代表们休养,正在做诸多准备中)。然而,据贵电第二〇三号所示,顾维钧不谨慎之言行越发引起我国对其来日本的反感,决定中止顾一行来日本……①

本着以上意旨,可与哈斯身边之人恳谈,处理阻止调查团带顾维钧一起来日本之事。尽管大使付出了努力,但阻止顾维钧来日本仍存有困难。基于往电开头,大使得知哈斯对身边记者称"调查团日本之行是为征求日本政府之意见,当然不是在日本进行调查",务必明确此宗旨(尤其据六日北平发,哈斯对《联合报》称"根据十二月理事会决议,日本并非是调查范围,赴日本是为了征求意见,不为调查"。尽管有难度,但希望我方应再次发表明确的声明,以哈斯对《联合报》的谈话为根据,即在国内援引哈斯的谈话予以说明,使人了解。)。

另外,必要时可以与顾维钧本人恳谈,使其自发中止来日本之意向。

转发:支那、奉天、长春、国际联盟。

资料来源:JACAR(アジア歴史資料センター)Ref. B02030447700(第109画像目から)、満洲事変(支那兵ノ満鉄柳条溝爆破ニ因ル日、支軍衝突関係)/善後措置関係/国際連盟支那調査員関係 第四巻(外務省外交史料館)

71. 驻北平中山书记官致斋藤外务大臣的函电
（1932年6月9日）

昭和七年　一三四五〇　暗　北平　　　　　　　九日上午发
　　　　　　　　　　　　外务省　　　　　　六月九日下午收

第二六四号

来自盐崎

按照预定,李顿团长于八日下午奔赴青岛,顾维钧、刘崇杰等数人陪同。顾维钧返回时与调查团一行告别,估计为报告而赴南京。

转发:公使、南京、济南、奉天、青岛。

资料来源:JACAR(アジア歴史資料センター)Ref. B02030447700(第113画像目から)、満洲事変(支那兵ノ満鉄柳条溝爆破ニ因ル日、支軍衝突関

---

① 译者按:以下文字修改涂抹,字迹不清。

係)/善後措置関係/国際連盟支那調査員関係　第四巻(外務省外交史料館)

72. 驻北平中山书记官致斋藤外务大臣的函电
（1932年6月9日）

　　昭和七年　一三四六七　暗　　北平　　　　　　　　　九日下午发
　　　　　　　　　　　　　　　　外务省　　　　　　　　六月九日下午收

第二六五号（极密）

贵电第九八号及第九九号已转达青岛。

　　资料来源：JACAR（アジア歴史資料センター）Ref. B02030447700（第113画像目から）、満洲事変（支那兵ノ満鉄柳条溝爆破ニ因ル日、支軍衝突関係)/善後措置関係/国際連盟支那調査員関係　第四巻(外務省外交史料館)

73. 驻济南西田总领事致斋藤外务大臣的函电
（1932年6月9日）

　　昭和七年　一三四七八　略　　济南　　　　　　　　　九日下午发
　　　　　　　　　　　　　　　　外务省　　　　　　　　六月九日下午收

第二五三号

本官发给青岛之电报

第三〇号

关于往电第二九号

　调查团一行（我方只有吉田大使）按照预定到达济南，稍作休息后，一行乘坐在胶济站更换车头的胶济线特别列车，上午十时十五分发车，预定下午九时到达贵地。明天，调查团一行在贵地滞留一日后返平，途中登泰山。

　　转发：外务大臣、支那、北平、天津、南京。

　　资料来源：JACAR（アジア歴史資料センター）Ref. B02030447700（第114画像目から）、満洲事変（支那兵ノ満鉄柳条溝爆破ニ因ル日、支軍衝突関係)/善後措置関係/国際連盟支那調査員関係　第四巻(外務省外交史料館)

74. 驻坊子栗野主任致斋藤外务大臣的函电
（1932年6月9日）

昭和七年　一三四八五　略　　坊子　　　　　　　　九日下午发
　　　　　　　　　　　　　外务省　　　　　　　　六月九日下午收

第十九号

国际联盟调查团一行（吉田大使同车），本月九日下午四时二十一分乘特别列车通过当地前往青岛。

转发：支那、青岛、北平、济南、奉天。

资料来源：JACAR（アジア歴史資料センター）Ref. B02030447700（第114画像目から）、満洲事変（支那兵ノ満鉄柳条溝爆破ニ因ル日、支軍衝突関係）/善後措置関係/国際連盟支那調査員関係　第四巻（外務省外交史料館）

75. 有田外务次官致永井松三的函电（1932年6月9日）

发送方：有田外务次官
接收方：神奈川县久良崎郡金泽町富国一九七七永井松三

接待支那调查团外务省内部委员会开会之件

六月十一日零时三十分在外务省第一会议室召开接待委员会会议
一、列车派遣
1. 下关东京间
2. 东京日光间往返（归途东武电车）
3. 东京国府津
4. 沼津京都间
5. 京都奈良间
6. 奈良山田鸟羽间往返（电车？）①
7. 奈良大阪间（电车）

---

① 译者按：问号为原文。

备考:卧铺(委员一人一室,其他二人一室可)、食堂(特别伙食),长距离时增挂瞭望车。

二、日光游览

汽车 10 台

旅馆保留

参观日光庙向导

东武电车派遣特别电车

三、箱根

汽车 10 台

旅馆保留

游览安排

举办活动(舞会、宴会)

四、京都

汽车 10 台

旅馆(都旅馆)

游览安排

五、奈良

汽车 10 台

六、濑户内海周游船的准备

调查团日本停留日程(草案)

(两列车)

第一日　(两列车)上午八时三十分从下关出发前往东京,增加一等卧铺车厢两节(マイネ三七,一〇〇型)。

注:临时列车编组,卧铺车两节、食堂一节、展望车一节、行李车一节。

第二日　上午四时五十分到达东京(宿东京帝国旅馆)。

第三日　在前田侯爵私邸召开茶会(宿同上)。

第四日　东京市市长茶会(宿同上)。

第五日　(八〇一列车)上午八时二十分上野发车,十时五十三分到达日光站,增加一等车一节、展望车一节(宿日光金谷旅馆)。

下午参观日光庙。

第六日　游览中禅寺、钓鱼、兜风。

第七日　归东京。东武电车（利用临时贵宾车）；三井男爵茶会；英、美、法、德协会招待各自国家的委员（宿东京）。

第八日　实业团在红叶馆招待（宿东京）。

第九日　德川贵族院议长招待、能乐（宿东京）。

第十日　外务大臣招待（场所未定）（宿同上）。

第十一日　上午十时十五分东京站发车；十一时五十六分到达国府津；由国府津前往宫下（汽车）；十二时五十分午餐。增加省线一等车、展望车（宿箱根富士屋旅馆）。

第十二、十三日　停留箱根，准备汽车及船（宿同上）。

第十四日　下午一时从宫下出发前往沼津（汽车）；下午三时二十三分从沼津站出发；下午九时二十四分到达京都。增加省线一列车、二卧铺车（宿京都都旅馆）。

第十五日　停留京都（宿同上）。

第十六日　下午四时九分出发；下午五时六分到达奈良；增加展望车一节（木制）、一等车一节（宿奈良旅馆）。

第十七日　奈良出发到山田（包宽轨电车）；山田出发到鸟羽（汽车）；鸟羽出发到山田（汽车）；山田出发到奈良（包宽轨电车）（宿同上）。

第十八日　休息。从奈良出发到大阪（包电车）；从大阪出发到奈良（包电车）（宿同上）。

第十九日　从奈良出发到大阪（包电车）；从大阪出发游览濑户内海；到门司，从门司前往报告书起草地。

代表五名。

随员五—十名。

我国接待员（未定）。

备考：

卧铺车委员一人一室，随员二人一室。

下关至东京间不挂食堂车，因此就餐时间增加。

委托渡边做日光庙向导。

东武电车由外务省交涉。

周游行乐事宜：由山口同京都方面协商。

举办活动:舞会、宴会等由山口与京都的都旅馆协商。

濑户内海游览船,由外务省负责。

国际联盟支那调查团接待外务省内部委员会第二次会议召开之件

六月十一日(周六)下午十二时半在外务省第一会议室召开委员会议,恭候参加。

另,当日准备便当。

昭和七年六月九日
有田外务次官

永井大使

松田条约局长

松岛欧美局长

武富通商局长

坪上文化事业部长

白鸟情报部长

斋藤博士

伊藤参事官

岸秘书官

三谷人事课长

吉泽书记官

守岛亚细亚局第一课长

冈本欧美局第二课长

佐藤条约局第三课长

筒井情报部第二课长

河原事务官(亚一)

石川事务官(条三)

喜多事务官(支调)①

资料来源:JACAR(アジア歴史資料センター)Ref. B02030447700(第115画像目から)、満洲事変(支那兵ノ満鉄柳条溝爆破ニ因ル日、支軍衝突関

---

① 译者按:亚一应为亚洲局第一课,条三应为条约局第三课,支调应为支那调查课。

係)/善後措置関係/国際連盟支那調査員関係　第四卷(外務省外交史料館)

76. 关东厅警务局长致拓务次官、内阁书记官、外务次官的函电(1932年6月9日)

亚细亚局　关机高支第九一五二号之二
昭和七年六月九日

谢外长致李顿电文

六月三日，"满洲国"外交部谢介石总长发表以下事项：

六月二日下午四时三十分，国际联盟调查团一行离满之际，派遣大桥司长代表外交总长前往锦州送行，同时谢总长发给李顿团长的电文内容如下：

"满洲国"外交部总长谢介石　六月二日

国际联盟调查团李顿爵士：

贵调查团在"本国"停留期间，时值"建国"诸般事情，诸事不够自由，加之关联去日本之时还发生一二纠纷，甚是遗憾，幸而得以解决并未发生特别事情。在阁下的努力之下，实现了来"我邦"之目的，可堪庆贺。借此之机，我"国家"领导层表示此后当愈发培养"国基"，实现独立宣言及对外通告之理想，将三千万民众从水深火热中解救出来，为东亚的永久和平做出贡献。任何事情也不能动摇此意。吾等希望贵团之视察可以将"本国"实情无偏差地向世界介绍，同时对吾等为实现理想所付出的努力予以满腔声援。

贵团携为世界和平之崇高使命来满，贵团视察结束之际，谨祝前途万全。

资料来源：JACAR(アジア歴史資料センター) Ref. B02030447700(第122画像目から)、満洲事変(支那兵ノ満鉄柳条溝爆破ニ因ル日、支軍衝突関係)/善後措置関係/国際連盟支那調査員関係　第四卷(外務省外交史料館)

77. 驻北平中山书记官致斋藤外务大臣的函电
(1932年6月10日)

昭和七年　一三五二六　暗　北平　　　　　　　十日下午发
　　　　　　　　　　　　　外务省　　　　　　六月十日下午收

第二六六号
来自吉田
第二〇八号

六月七日,李顿告知本使,前几日来平途经锦州时,日本方面介绍了支那军队的活动情况。不过已进入山海关的何柱国对代表倾诉道:

一、日本军队具有侵略性,日本军队已经侵入河北省长城以东三里的地方。

二、日本军队不遵循协定,不经预报就夜间演习,进行实弹射击。

三、日本军队设定山海关为占领地区,移动界标,扩大其区域。

李顿团长询问上述事情的真相,若属事实,则两军关系紧张,何时爆发难以预计。国际联盟接受支那的申诉,命令调查团前来调查。代表们无意投入此旋涡之中,如有可能,切望日支两国陆军方面订立一个协定。

据此,本使回答道,如同本庄司令官指出的那样,支那方面对"土匪"封官加爵,指使其攻击日本军,怀疑何柱国所言不是事实,容进一步调查后再回复。

转发:公使、天津、奉天、长春、锦州。

资料来源:JACAR(アジア歴史資料センター)Ref. B02030447800(第123画像目から)、満洲事変(支那兵ノ満鉄柳条溝爆破ニ因ル日、支軍衝突関係)/善後措置関係/国際連盟支那調査員関係 第四卷(外務省外交史料館)

78. 驻天津桑岛总领事致斋藤外务大臣的函电
（1932年6月10日）

昭和七年　一三五〇二　暗　　天津　　　　　　　　十日上午发
　　　　　　　　　　　　　　外务省　　　　　　　　六月十日上午收

第二三八号

关于北平发给青岛之第七号电报

据极为确切之情报,张学良命令沈鸿烈返回青岛,同时指示青岛官员欢迎调查团,并以民意代表的名义,向调查团描述此前《民国日报》事件,以日本在青岛势力强为理由,渲染青岛作为报告书起草地不适当之印象。另,王正廷也与本事件有相当关系。

由北平转报吉田大使。

转发:支那、北平、南京、奉天、青岛。

资料来源：JACAR（アジア歴史資料センター）Ref．B02030447800（第125画像目から）、満洲事変（支那兵ノ満鉄柳条溝爆破ニ因ル日、支軍衝突関係）/善後措置関係/国際連盟支那調査員関係　第四卷（外務省外交史料館）

79．驻青岛川越总领事致斋藤外务大臣的函电
（1932年6月10日）

昭和七年　一三五一六　暗　　青岛　　　　　　　　　十日下午发
　　　　　　　　　　　　　　外务省　　　　　　　　六月十日下午收

第一〇一号

关于国际联盟调查团来青岛之事，六月十日各汉语报纸一齐发表社论，中心是"欢迎调查团""调查团报告与吾人致调查团的报告"等，希望能够公平地做出调查报告。作为调查团使命的一部分，青岛也包括在调查范围之内，所以特别延长了旅程。原则上没有涉及报告书起草地的选择问题。国民党党部系的《青岛民报》的报道在这些方面更为突出，其社论强调希望能特别注意被日本人烧毁的市党部本部及《民国日报》社的残迹。另外，当日《青岛时报》的英文社论列举了青岛的特点，认为：

一、最好的工作环境。

二、相对脱离复杂的内政关系。

三、外交礼仪方面没有隔阂障碍之虑。

所以，希望选择青岛作为报告书起草之地。

转发：支那、北平、天津、济南、奉天。

资料来源：JACAR（アジア歴史資料センター）Ref．B02030447800（第125画像目から）、満洲事変（支那兵ノ満鉄柳条溝爆破ニ因ル日、支軍衝突関係）/善後措置関係/国際連盟支那調査員関係　第四卷（外務省外交史料館）

80．驻青岛川越总领事致斋藤外务大臣的函电
（1932年6月10日）

昭和七年　一三五四五　暗　　青岛　　　　　　　　　十日下午发
　　　　　　　　　　　　　　外务省　　　　　　　　六月十日下午收

第一〇二号（火速）

关于往电第一〇一号

调查团一行（包括林出、久保田、金尼）于本月十日按照市政府制订的计划，乘下午六时十五分发的列车返回北平，途中一行游览了泰山，预定六月十二日上午到达北平。

上午九时，调查团一行非正式拜访了沈鸿烈市长，九时三十分至十一时五十分考察了别墅（不过是形式上巡查）。十二时三十分与市长午餐（本国与各国领事列席）。二时三十分开始，调查团与市长同行乘车前往崂山兜风（只有意大利代表参加）。在兜风时间里，吉田大使与李顿进行了特别交涉，卡尔利及秘书长陪同。古兰特（グランド，译音）及司道兰特（ストランド，译音）则考察了两家旅馆。

转发：支那、北平、南京、天津、济南、奉天。

资料来源：JACAR（アジア歴史資料センター）Ref. B02030447800（第126画像目から）、満洲事変（支那兵ノ満鉄柳条溝爆破ニ因ル日、支軍衝突関係）/善後措置関係/国際連盟支那調査員関係　第四巻（外務省外交史料館）

81. 驻青岛川越总领事致斋藤外务大臣的函电
（1932 年 6 月 10 日）

昭和七年　一三四八八　略　青岛　　　　　　十日上午发
　　　　　　　　　　　　　外务省　　　　　　六月十日上午收

第一二〇号

六月九日下午九时二〇分，调查团一行安全到达，三国电报及秘书处计五人宿在市长官舍，吉田大使及顾维钧宿国际疗养院。

另外，调查团一行预定于六月十日下午六时从当地出发返回北平。

转发：支那、北平、南京、天津、济南、奉天。

资料来源：JACAR（アジア歴史資料センター）Ref. B02030447800（第127画像目から）、満洲事変（支那兵ノ満鉄柳条溝爆破ニ因ル日、支軍衝突関係）/善後措置関係/国際連盟支那調査員関係　第四巻（外務省外交史料館）

82. 驻长春田中领事代理致斋藤外务大臣的函电
（1932年6月10日）

昭和七年　一三五四三	长春	十日下午发
	外务省	六月十日下午收

第二九七号

六月八日,"满洲国"政府以谢介石外交总长的名义给李顿发去质问电报,大要如下:

六月五日,提醒阁下注意《大公报》关于随员顾维钧辱骂"本国",以及最近顾维钧发表的诽谤声明的报道,这些就是我等不欢迎顾维钧"入国"的理由之一。他过去的言论对"本国"显示出不当之态度,作为其"入国"的前提条件是撤回这些不合适的言论。我等信赖和保障阁下及参与人员的名誉。特别是五月六日致阁下的书函中,其中以"相信顾博士能在适当的机会订正不恰当的声明"为接受条件。当交换公文时,阁下曾亲自落笔,然而贵团却未能阻止支那参与人员的此番行动言论,岂不怪哉。因此,上述言论不仅违反了交换公文的明文及精神,而且调查团对上述言论亦不加制止。特此提出质问。

转发:在支公使、北平、天津、奉天。

资料来源:JACAR(アジア歴史資料センター)Ref. B02030447800(第128画像目から)、満洲事変(支那兵ノ満鉄柳条溝爆破ニ因ル日、支軍衝突関係)/善後措置関係/国際連盟支那調査員関係　第四巻(外務省外交史料館)

83. 有田次官致驻朝鲜今井田政务总监的函电
（1932年6月10日）

国际联盟支那调查团来朝鲜之件

机密第九六号

关于本件,已于本年五月三十日附官秘第三十八号照会阁下,希望按以下内容处置:

一、把握机会向调查团一行进行各种说明,此前,贵总监来外务省时,节谷亚细亚局长已经予以说明，可参照当时交付的各种资料，进行相应处置（另，追加的资料待收集后再逐次送交）。

二、关于对调查团一行招待的规格，上次调查团一行来日本时，官方由总理大臣、外务大臣以及陆海军大臣设宴招待，在贵地考虑由总督及总监设置午餐或晚餐招待。

三、关于调查团一行停留朝鲜期间的费用，火车、汽车的乘车费用，行李搬运费用由贵总督府负担，另外宿费、食费等，考虑同支那方面均衡，可与同行的吉田大使协议决定。如果可能，一切可由贵总督府负担。如果调查团方面推辞，可适当由对方支付。调查团一行身边的警护充分……①。另外，接待以舒适为主，避免夸大繁杂及讨好调查团一行之嫌。

资料来源：JACAR（アジア歴史資料センター）Ref. B02030447800（第129画像目から）、満洲事変（支那兵ノ満鉄柳条溝爆破ニ因ル日、支軍衝突関係）/善後措置関係/国際連盟支那調査員関係　第四巻（外務省外交史料館）

84. 斋藤外务大臣致驻间岛冈田总领事的函电
（1932年6月10日）

送出有关国际调查团随员杨格赴间岛出差参考资料之件

机密第一九五号

关于本件，本月七日收贵电要求，送出下列目录之资料。另，五月三十一日，驻吉林石射总领事致吉田大使公函机密公领第十三号，即《对国际联盟调查团提出资料之件》，已由该总领事送交贵官。

甲、国际联盟支那调查团外务省准备委员会撰写英法文印刷资料，由帝国参与委员提交国际联盟支那调查团。

---

① 编者按：原文字迹不清。

序号	日文书名	英译名	法译名①
调查书A	关于搅乱国际和平与作为国际和平基础的对善良国际的了解之支那现状	Present Condition of China	
附属书A之一	支那的盗贼	Chinese Pirates	
附属书A之二	最近10年在支外国人被害表	Tables showing Outrages Committed by Chinese on Foreigners other than Japanese in China, during the Past Ten Years（1922—1931）	
附属书A之三	支那的共产运动	Communism in China	
附属书A之四	所谓的二十一条现状	Present Condition and Validity of the so-called Twenty-one Demands	
附属书A之五	支那的排外教育	Anti-Foreign Education in China	
附属书A之六	违反重要的支那国条约及日支两国间交涉概要	Leading Cases of Chinese infringement of Treaties, etc. with a Brief outline of Negoiations thereon between Japan and China	
附属书A之七	支那排外货运动	Anti-Foreign Boycotts in China	
调查书B	日本与满蒙	Relations of Japan with Manchuria and Mongolia	
附属书B之一	满蒙日本权益相关条约协定等规定集	Provisions of Treaties, Agreements, etc., concerning Rights and interests of Japan in Manchuria and Mongolia	

乙、驻满各公馆及帝国参与委员来信之抄写件。

一、昭和七年四月二十八日吉田大使来信,机密支调参与第三七号,关于奉天附近在住朝鲜人代表对国际联盟调查团陈情之件。

二、昭和七年四月二十九日吉田大使来信,机密支调参与第四三号,关于在满朝鲜人代表会见国际联盟调查团之件。

---

① 编者按:略(下同)。

三、昭和七年四月三十日奉天森岛代理总领事来信，机密第二八五号，国际联盟调查团会见录送交之件。昭和七年五月二十四日吉田大使来信，机密支调参与第九六号，关于森岛代理总领事会见调查团之件。

以上三种资料装订在一起。

一、昭和七年五月四日长春代理总领事田代来信，机密公第二二一号，送与国际联盟调查团会见录送交之件。

二、昭和七年五月十日吉林总领事石射来信，机密公第三八四号，吉林省政府代表与国际联盟调查团会谈要领报告之件。

三、昭和七年五月十日吉田大使来信，机密支调参与第六一号，关于朝鲜人代表在吉林与调查团专门委员会见之件。

四、昭和七年五月十一日奉天总领事森岛代理来信，机密第三二八号，关于军司令官等与国际联盟调查团会见状况之件，附：吉林总领事与国际联盟调查团会见状况。

五、昭和七年五月十八日哈尔滨总领事长冈代理来信，机密第三〇六号，与国际联盟调查团会见录要领送交之件。

丙、外务省撰写资料

一、在满朝鲜人问题。

二、间岛朝鲜人于条约上的地位。

以上各资料抄写送交。

资料来源：JACAR（アジア歴史資料センター）Ref. B02030447800（第132画像目から）、満洲事変（支那兵ノ満鉄柳条溝爆破ニ因ル日、支軍衝突関係）/善後措置関係/国際連盟支那調査員関係　第四巻（外務省外交史料館）

85. 驻哈尔滨长冈代理总领事致斋藤外务大臣的函电
（1932年6月11日）

昭和七年　一三五七八　暗　　哈尔滨　　　　　　　十一日上午发
　　　　　　　　　　　　　　　外务省　　　　　　　六月十一日下午收

第六〇七号

本官发给瑞士电报

第二号

关于贵电第一号

关于瑞士新闻记者林德的行踪，其后当地军部一直在搜查中。本日，据日本驻美国领事馆员泷川言，为了在哈尔滨与齐齐哈尔之间的某个车站会见马占山（怀疑是否受国际联盟调查团委托），该人同《纽约时报》通信员斯奇尔（スチール，Steel）一起，通过骑马或汽车等交通手段，从当地北行。眼下安全与否不明。

转发：外务大臣、北平、奉天、长春、齐齐哈尔、武市。

资料来源：JACAR（アジア歴史資料センター）Ref．B02030447800（第136 画像目から）、満洲事変（支那兵ノ満鉄柳条溝爆破ニ因ル日、支軍衝突関係）/善後措置関係/国際連盟支那調査員関係　第四巻（外務省外交史料館）

86. 驻青岛川越总领事致斋藤外务大臣的函电
（1932年6月11日）

昭和七年　一三五八二　略　　青岛　　　　　　　　十一日上午发
　　　　　　　　　　　　　　外务省　　　　　　　六月十一日下午收

第一〇三号

据汉文报纸报道，六月十日，顾维钧对到访的支那地方新闻记者团强调，外交问题尤其是关于东北问题，希望诸位以唤起各方注意为目标大力传播真相。"本人与调查团一行赴东北之时，日本以保护为借口，对我等予以严格监视，造成我等举手投足皆被束缚。本来，我的初衷是通过与亲爱的同胞们进行面谈而了解实况，但与我会面的同胞第二天就被逮捕，导致无法实现我的初衷。如今，3 000 万同胞被 5 万日本兵压迫，动辄则被追究，甚是苦恼。大部分同胞是山东人，请诸位速速设法去解放和救济他们。"另外，在同一日，以青岛大学校长杨震声为首的青岛各界 8 名代表访问李顿，面谈当地市党部事件，以及日本人秘密销售禁止药品等事实，要求在报告书中予以考虑。

转发：支那、北平、南京、天津、济南、奉天。

由支那转报上海。

资料来源：JACAR（アジア歴史資料センター）Ref．B02030447800（第137 画像目から）、満洲事変（支那兵ノ満鉄柳条溝爆破ニ因ル日、支軍衝突関係）/善後措置関係/国際連盟支那調査員関係　第四巻（外務省外交史料館）

87. 驻济南西田总领事致斋藤外务大臣的函电
（1932年6月11日）

昭和七年　一三六二五　略　　济南　　　　　　　　　十一日下午发
　　　　　　　　　　　　　　外务省　　　　　　　　六月十一日下午收

第一五九号

本月十一日上午四时半，调查团一行列车到达当地。过五时，列车前往泰安，张建设厅厅长作为主席代理接待同行。

转发：支那、北平、青岛、奉天、天津、南京。

资料来源：JACAR（アジア歴史資料センター）Ref. B02030447800（第138画像目から）、満洲事変（支那兵ノ満鉄柳条溝爆破ニ因ル日、支軍衝突関係）/善後措置関係/国際連盟支那調査員関係　第四卷（外務省外交史料館）

88. 驻济南西田总领事致斋藤外务大臣的函电
（1932年6月11日）

昭和七年　一三六二六　略　　济南　　　　　　　　　十一日下午发
　　　　　　　　　　　　　　外务省　　　　　　　　六月十一日下午收

第一六二号

关于调查团报告书撰写地点，当地中国[①]报纸揭载九日从北平发出的广播电报（参照机密第九九号拙信）称报告书起草地初定北戴河，但因日本方面极力反对，主张在旅顺、大连的海岸或者青岛。为此，调查团一行对青岛进行调查，青岛不及北戴河适当，这里店铺、工厂林立，不适合做报告书起草地。但经调查的结果，或许决定在青岛。如决定将青岛作为报告书起草地，支那方面能否赞成，正努力宣传中。

另，关于取消北戴河之事，仅供参考。

由支那转发上海。

转发：支那、北平、青岛、奉天、天津、南京。

---

①　译者按：此处中国为原文"中国"，而非支那。

资料来源：JACAR(アジア歴史資料センター)Ref. B02030447800(第139画像目から)、満洲事変(支那兵ノ満鉄柳条溝爆破ニ因ル日、支軍衝突関係)/善後措置関係/国際連盟支那調査員関係　第四巻(外務省外交史料館)

89. 驻济南西田总领事致斋藤外务大臣的函电
（1932年6月11日）

昭和七年　一三六五一　略　　济南　　　　　　　　十一日下午发
　　　　　　　　　　　　　外务省　　　　　　　六月十二日上午收

第一六三号

关于往电第一五九号

本月十一日下午八时四十分当地发车，调查团一行返回北平。

由支那转发上海。

转发：支那、北平、天津、青岛、奉天、南京。

资料来源：JACAR(アジア歴史資料センター)Ref. B02030447800(第140画像目から)、満洲事変(支那兵ノ満鉄柳条溝爆破ニ因ル日、支軍衝突関係)/善後措置関係/国際連盟支那調査員関係　第四巻(外務省外交史料館)

90. 驻长春田中领事代理致斋藤外务大臣的函电
（1932年6月11日）

昭和七年　一三六〇五　暗　　长春　　　　　　　　十一日下午发
　　　　　　　　　　　　　外务省　　　　　　　六月十一日下午收

第三〇三号

关于往电第二九七号

六月十一日，据大桥吐露，收到哈斯致谢介石的电报，因眼下李顿爵士前往青岛旅行，待归来时交付，特回电。

转发如同往电。

资料来源：JACAR(アジア歴史資料センター)Ref. B02030447800(第140画像目から)、満洲事変(支那兵ノ満鉄柳条溝爆破ニ因ル日、支軍衝突関係)/善後措置関係/国際連盟支那調査員関係　第四巻(外務省外交史料館)

91. 驻济南西田总领事致斋藤外务大臣的函电
（1932年6月11日）

昭和七年　一三六五二　略　济南　　　　　　　　十一日下午发
　　　　　　　　　　　　　　外务省　　　　六月十二日上午收

第一六四号
来自吉田
第二〇八号

顾维钧与刘崇杰一起同调查团分别，六月十二日乘飞机从济南赴南京和上海，三四天后再返回北平。

本使同日返回北平。

转发：支那、北平、南京。

资料来源：JACAR（アジア歴史資料センター）Ref. B02030447800（第141画像目から）、満洲事変（支那兵ノ満鉄柳条溝爆破ニ因ル日、支軍衝突関係）/善後措置関係/国際連盟支那調査員関係　第四巻（外務省外交史料館）

92. 国际联盟调查团一行的接待计划（1932年6月11日）

国际联盟支那调查团一行接待计划（六月十一日委员会决定）
　　　　　　　　　接待国际联盟支那调查团外务省委员会

第一，调查团停留日本期间日程（草案）。

甲、东京与日光

	上午	午餐	下午	晚餐	住宿
第一日	从下关到东京，上午八时三十分或下午四时五十五分				帝国旅馆
第二日				宫殿下共进晚餐（赤坂或霞关离宫）	同上
第三日				前田侯爵自宅	同上

(续表)

	上午	午餐	下午	晚餐	住宿
第四日			东京市市长茶会		同上
第五日	上午八时二〇分上野车站出发,十时五十三分到达日光车站		参观日光庙		金谷旅馆
第六日	游览中禅寺湖、钓鱼、兜风				同上
第七日	返回东京(东武电车)		三井男爵茶会	英、美、法、意、德各协会招待各自代表	帝国旅馆
第八日				实业团(红叶馆)	同上
第九日			能乐		同上
第十日				外务大臣(场所未定)	同上

乙、游览箱根、岐阜、京都、奈良、山田

	地点	活动	住宿
第十一日	箱根	上午十时东京站出发,十一时二十分到达国府津,然后乘汽车前往宫下	富士屋旅馆
第十二日	箱根	停留箱根	同上
第十三日	上同		同上
第十四日	岐阜、京都	下午一时宫下发车(汽车),下午三时二十三分沼津站发车,九时二十四分到达京都(时刻未定)	都旅馆
第十五日	京都	停留京都	同上
第十六日	京都、奈良	下午四时九分京都站出发,下午五时六分到达奈良	奈良旅馆
第十七日	山田、鸟羽	游览山田、鸟羽	同上
第十八日	奈良	休息、访问大阪	同上
第十九日	出发	大阪出发,经濑户内海到门司,然后前往报告书起草地	

第二,关于接待调查团各方面的联络。

一、下次次官会议上,由外务次官向有关次官介绍上述日程,以让各方了解。

1. 铁道次官(发给免费乘车券、安排特别列车、派遣游览向导、协助观光局)。

2. 大藏次官(免税通关)。

3. 内务次官(警备)。

二、招待外交界元老及前辈,由大臣说明一行指导方针,请各位支持(名簿另附第一号)。

三、招待有关次官、民间有力者、新闻社首脑及有关各国协会代表,由大臣或次官介绍一行的接待及指导,以求支持。(名簿另附第二号至第五号)

四、干事同有关省(部)及民间团体工作人员联络。

第三,接待费用预算。

一、接待费用支付方针

1. 接待费从机密费用中支出。

2. 接待费应该支出的项目如下:

① 国际联盟调查团及随员的住宿、饮食费用。

② 支那参与员及随员的住宿、饮食费用。

③ 日本参与员在东京旅馆的住宿、饮食费用。

④ 接待宴会、游览费用。

3. 日本参与员、随员及接待陪伴一行的外务省人员的旅费,由外务省一般经费支出,有特别理由时由接待费补给。

二、接待费用预算

因一行停留日数未定,难以确切预算。假定:(1) 调查团 5 名,随员 10 名。(2) 支那参与员 1 名,随员 5 名。停留日期如上表,大体费用如下:

甲、住宿、饮食及游览费用

1. 东京及日光　　8 300 元
2. 箱根　　　　　3 600 元
3. 奈良　　　　　3 000 元
4. 京都　　　　　3 500 元

乙、交通费

1. 汽车　　　　　4 000 元
2. 杂费　　　　　500 元

丙、宴会费用　　　　　5 000 元
丁、杂费及预算费　　　5 000 元
总计　　　　　　　　　32 900 元

名簿第一号
外交界长老及前辈名簿

石井菊次郎子爵

松井庆四郎男爵

芳泽谦吉

内田康哉伯爵

林权助男爵

牧野伸显伯爵

田中都吉大使

有吉明大使

名簿第二号
有关次官名簿

潮内务次官

久保田铁道次官

小矶陆军次官

藤田海军次官

柴田内阁书记官长

松本警保局长

藤沼警视总监

日浅运输局长

佐原观光局长

名簿第三号
民间有力者名簿

乡诚之助（经济联盟会长）

木村久寿弥太（工业俱乐部理事长）

儿玉谦夫（日华实业协会理事长）

土方久征（日银总裁）

安川雄之助（三井物产常务）

小田切万寿之助（正金银行董事）

串田万藏（三菱银行会长）

池田成彬（三井银行常务）

门野重九郎（大仓组副头取）①

深井英五（日银副总裁）

稻田胜太郎（大阪商工会议所会长）

森贤吾

渡边铁藏（国际商业会议所理事）

山川端夫

井上匡四郎子爵

永田秀次郎（东京市市长）

名簿第四号

有关各国协会（日英、日美、日法、日意、日德协会有关人员名簿，目前正在制作中）

名簿第五号

新闻通讯社关系

东朝	绪方竹虎	大朝	町田梓樱
东日	冈崎鸿吉	大每	高石真五郎
时事	伊藤正德	报知	寺田四郎
国民	座间胜平	中外	□田久次郎
联合	岩永裕吉	电通	上田硕三
读卖	柴田胜卫	都	山木信博
日本时报	伊达源一郎		

---

① 译者按：头取即头目，往往为银行行长、总经理、公司董事长以及舞台监督等。下同。

各协会有关人员名簿补充如下：

日美协会　　　副会长　伯桦山爱辅　伯爵　大崎袖崎 215 之六（高轮 6150）

　　　　　　　主事　武田圆治　帝国旅馆（银座 942）

日英协会　　　副会长　林权助　男爵　麻布霞町 23（青山 976）

　　　　　　　评议员（名誉书记）　松平庆民　子爵　麻布富士见町 8（高轮 543）

日法协会　　　理事长　曾我祐邦　子爵　西大久保 148（四谷 506）

　　　　　　　理事（名誉书记）　木岛孝藏　千驮谷町 872（四谷 4492）

日德协会　　　主事　友枝高彦　本乡驹込曙町 24（小石川 2235）

日德文化协会　森孝三　市外下落合 731（大塚 3884）

意学协会　　　干事长　大寺纯藏　麦町、永田町 2 之 60（银座 875）

　　　　　　　评议员　渡边直达　下谷茅町 1 之 9（下、456）

日意文化协会　上田天昭　麦町区富士见町国际文化会馆内

资料来源：JACAR（アジア歴史資料センター）Ref. B02030447800（第 142 画像目から）、満洲事変（支那兵ノ満鉄柳条溝爆破ニ因ル日、支軍衝突関係）/善後措置関係/国際連盟支那調査員関係　第四卷（外務省外交史料館）

93. 青岛藤原武官致次官、次长的函电（1932 年 6 月 11 日）

发送方：青岛藤原武官
接收方：次官、次长（佐镇长官、二遣司令官）

昭和七年六月十一日三时三十分发
八时二十二分收

机密第六四号（火速）

为视察报告书起草地，李顿一行来到青岛。久保田大佐等人提交了关于当地支那方对李顿一行态度的报告，即从管理及经费方面考虑，市政府方面对李顿一行不够积极，而且听闻张学良密令极力阻止该地作为报告书起草地。李顿一行在青岛的活动按照预定进行，特别是游览了市内，听取了青岛事件的被害报告等。李顿一行来青岛的主要目的是考察宿舍，适合的宿舍除市长官舍外，只有供给李顿等租用的疗养院（新建房屋，作为出租使用，此次充当吉田大使、顾维钧等的宿舍）。我日本人在青岛经营两处旅馆，有多数别墅空闲，且设备齐全，我方代表采用了适当手段，寻机引领李顿一行进行了考察，李顿一行面现满足感。但因李顿一行预定要爬泰山，遂于本月十日下午六时乘特别列车离开青岛。

资料来源：JACAR（アジア歴史資料センター）Ref. B02030447800（第163画像目から）、満洲事変（支那兵ノ満鉄柳条溝爆破ニ因ル日、支軍衝突関係）/善後措置関係/国際連盟支那調査員関係　第四卷（外務省外交史料館）

94. 北平辅佐官致陆军次官的函电（1932年6月6日）

参同文　密　昭和七年六月六日
北电七六六

八日，杨格准备向矢野参事官及渡大佐提出书面资料，事先给下官送来一封书信。内载：

据天津电，六月四日在奉天发行的大阪《每日新闻》号外，以及"日本电信服务"（ジャパンニィス・テレグラフ・サアビス）中作为日本通信的《北平电报》六月三日消息中都有如下刊载，即杨格接受张学良赠送的金花瓶以及别墅，这是毫无根据和毫无道德的报道，不仅损伤了他本人的名誉，而且也伤害了他妻子的名誉，更损害了国际联盟调查团的名誉。为此特向日本当局提出，不得刊载此类新闻。相信日本当局注意关乎日本国的名誉问题，对友人也应留意处理之。

或许，国际联盟调查团成员之间产生了何等误解也未必可知。杨格向调查团宣告经由朝鲜去日本，对此好像特别在意。以上供参考。

东京《朝日新闻》昭和七年六月十一日报道：

李顿爵士一行享受贵宾车待遇　观光局竭力欢迎

实地调查日支事变的国际联盟调查团李顿一行，肩负大任，近日决定再来我国。与前次不同，此次为慰劳其的辛苦付出，关于接待方法，经外务省与国际观光局协商，由观光局负责内地的一切向导。调查团一行预定内地停留十九日，据观光局制订的计划，停留东京的十天里要在日光宿一夜，然后去箱根、京都、奈良、宇治等代表性的观光地，再经濑户内海奔赴支那。在东京期间，首相、外相、东京市市长、德川家达公、三井男等各方出面欢迎，并准备介绍茶汤、雅乐等古典日本文化。另外，铁道省为贵宾准备了一等大巴，另加挂展望车、一等车等高级列车，力求充分考虑服务接待工作。

资料来源：JACAR（アジア歴史資料センター）Ref. B02030447900（第164画像目から）、満洲事変（支那兵ノ満鉄柳条溝爆破ニ因ル日、支軍衝突関係)/善後措置関係/国際連盟支那調査員関係　第四巻(外務省外交史料館)

95. 斋藤外务大臣致驻北平中山书记官的函电
（1932年6月11日）

丕平归国之件

第一〇二号

致吉田大使

外务省已完成丕平博士所需业务，预定先于调查团一行两周到达当地，丕平出发时日当予以通知。

资料来源：JACAR（アジア歴史資料センター）Ref. B02030447900（第166画像目から）、満洲事変（支那兵ノ満鉄柳条溝爆破ニ因ル日、支軍衝突関係)/善後措置関係/国際連盟支那調査員関係　第四巻(外務省外交史料館)

96. 斋藤外务大臣致中山书记官的函电
（1932年6月11日）

关于联盟委员调查地域之件

第一〇四号

致吉田大使

关于贵电第二〇六号末尾

关于李顿对调查地域问题的谈话，根据六月十日青岛地区《联合报》所载，该报记者对李顿进行采访时，李顿称一九三一年十二月十日的国联理事会决议"on the spot"包含日本在内(on the spot 指只限于支那，如同往电第二九号已经言明的那样，关于这一点，可以参见哈斯等关于理事会讨论的经纬，可以有充分了解）。李顿出现的轻率口误刺激了我国的舆论，实在没有好处。希望调查上述采访情况是否属实，如果属实，应当提醒李顿予以注意。

转发：公使、青岛、国际联盟。

资料来源：JACAR（アジア歴史資料センター）Ref. B02030447900（第168像目から）、満洲事変（支那兵ノ満鉄柳条溝爆破ニ因ル日、支軍衝突関係）/善後措置関係/国際連盟支那調査員関係　第四巻（外務省外交史料館）

97. 驻哈尔滨长冈代理总领事致斋藤外务大臣的函电
（1932年6月12日）

昭和七年　一三六七九　暗　哈尔滨　　　　　　　十二日下午发
　　　　　　　　　　　　　　外务省　　　　　　　六月十二日下午收

第六〇五号

关于本官发给瑞士的第一、二号电

林德及斯奇尔会见马占山后，昨日（十一日）返回哈尔滨。他们不断发送不利于我方及"满洲国"的电报，出于阻止的目的，特务机关对他们进行了控制。

关于他们同马占山会见的内容，以及是否同国联调查团有关联等情况，待本日晚由泷川会见林德后再汇报。

转发：瑞士、支那、北平、奉天、长春、齐齐哈尔、武市。

资料来源：JACAR（アジア歴史資料センター）Ref. B02030447900（第171画像目から）、満洲事変（支那兵ノ満鉄柳条溝爆破ニ因ル日、支軍衝突関係）/善後措置関係/国際連盟支那調査員関係　第四巻（外務省外交史料館）

98. 驻北平矢野参事致斋藤外务大臣的函电
（1932年6月12日）

昭和七年　一三六八一　暗　北平　　　　　　　　十二日下午发
　　　　　　　　　　　　　　外务省　　　　　　　六月十二日下午收

第二七二号

来自吉田

第二一〇号

李顿一行人等在十二日上午返回北平。

转发：支那、奉天。

资料来源：JACAR（アジア歴史資料センター）Ref. B02030447900（第172画像目から）、満洲事変（支那兵ノ満鉄柳条溝爆破ニ因ル日、支軍衝突関係）/善後措置関係/国際連盟支那調査員関係　第四巻（外務省外交史料館）

99. 驻北平矢野参事致斋藤外务大臣的函电
（1932年6月12日）

昭和七年　一三六八四　略　　北平　　　　　　　　十二日下午发
　　　　　　　　　　　　　　外务省　　　　　　　六月十三日上午收

第二七三号

来自吉田

第二一一号

济南发给本使往电第二〇八、二〇九号有误，望更正。

转发：支那、南京、济南、北平。

资料来源：JACAR（アジア歴史資料センター）Ref. B02030447900（第172画像目から）、満洲事変（支那兵ノ満鉄柳条溝爆破ニ因ル日、支軍衝突関係）/善後措置関係/国際連盟支那調査員関係　第四巻（外務省外交史料館）

100. 驻哈尔滨长冈代理总领事致斋藤外务大臣的函电
（1932年6月13日）

昭和七年　一三六九四　暗　　哈尔滨　　　　　　　十三日上午发
　　　　　　　　　　　　　　外务省　　　　　　　六月十三日下午收

第六〇九号

关于往电第六〇八号

昨夜，林德向泷川讲述道，他与斯奇尔沿途在反吉林军[①]的保护之下北

---

① 译者按：反吉林军是日伪当局对吉林抗日武装（李杜、丁超、冯占海等部队）的称谓。

行,在海伦西北方一个偏远的小村里见到了马占山。在3天时间里,他们收到了很多情报。如同以往的通电和声明那样,马占山除了宣传反日、反"满"外,认为支那在任何情况下不能脱离国际联盟。在国际联盟尚未能解决满洲问题之时,以及在支那对日宣战之前,马占山在满洲将继续进行抗日活动。另外,国际联盟调查团来哈尔滨前,马占山为向调查团报告曾派员去齐齐哈尔,但没有成功。关于同苏联的关系,马占山对此予以全然否认,他还诉说共产主义的毒害,并称苏联患了恐日症,担忧假如日本军进入海参崴,苏联当如何,等等。马占山憎恨苏联,唯有期待美国的援助,表示自己目前的兵力有3万余人(骑兵1万6千人,步兵1万5千人),另有民兵1万5千人。

另外,林德自称是出自新闻记者的好奇心而与同仁去会见马占山。但鉴于他们不顾当时的危险状况而毅然前行,尚有许多疑问。

转发如同往电。

资料来源:JACAR(アジア歴史資料センター)Ref. B02030447900(第173画像目から)、満洲事変(支那兵ノ満鉄柳条溝爆破ニ因ル日、支軍衝突関係)/善後措置関係/国際連盟支那調査員関係　第四卷(外務省外交史料館)

101. 驻天津桑岛总领事致斋藤外务大臣的函电
（1932年6月13日）

昭和七年　一三七三二　暗　天津　　　　　　　　十三日下午发
　　　　　　　　　　　　　　外务省　　　　　　六月十三日下午收

第二四八号

关于北平发给大臣之第二六六号电

关于何柱国向李顿的陈情:

1. 绝对没有此事。

2. 实情如往电第二三七号那样,(陈情)与事实相违。

3. 山海关守备队兵营与支那军队相邻,因担心发生误会,设置缓冲地带或限制区域,希望支那军不得入内,为此树立了标识,此乃事实。但并未阻碍内外人员的交通,也并非扩张占领区域,而且取得支那方面的谅解(该区域主要是从兵营到铁路一带,而占领地在对面的方块区域内)。

详细情况由驻屯军参谋赴北平向吉田大使说明一切。

转发：公使、奉天、长春、锦州、北平。

资料来源：JACAR（アジア歴史資料センター）Ref. B02030447900（第174画像目から）、満洲事変（支那兵ノ満鉄柳条溝爆破ニ因ル日、支軍衝突関係）/善後措置関係/国際連盟支那調査員関係　第四卷（外務省外交史料館）

102. 驻天津桑岛总领事致斋藤外务大臣的函电
（1932年6月13日）

昭和七年　一三七三四　暗　　天津　　　　　　　　十三日下午发
　　　　　　　　　　　　　　外务省　　　　　　　六月十三日下午收

第二四七号（极密）

顾维钧及随员从满洲归来后，在各地持续发表谈话，诽谤"新国家"及我方。作为基于公平立场的调查团的成员之一，顾维钧这样做是非常不谨慎的。日本反对舆论高涨。同吉田大使商量后，认为从侧面阻碍该人等前来日本是比较有利的。已经照会《朝日新闻》《每日新闻》《联合报》及电通特派员采取可行措施。

转发：支那、北平、南京。

资料来源：JACAR（アジア歴史資料センター）Ref. B02030447900（第175画像目から）、満洲事変（支那兵ノ満鉄柳条溝爆破ニ因ル日、支軍衝突関係）/善後措置関係/国際連盟支那調査員関係　第四卷（外務省外交史料館）

103. 驻济南西田总领事致斋藤外务大臣的函电
（1932年6月13日）

昭和七年　一三七三五　略　　济南　　　　　　　　十三日下午发
　　　　　　　　　　　　　　外务省　　　　　　　六月十三日下午收

第一六五号

关于往电第一六四号

顾维钧预订的飞机发生故障，于是又另订一架，于六月十二日上午十时三十分飞往南京。据十三日汉文报纸，调查团一行跟沈鸿烈一起在十一日夜访问韩主席，介绍东北情况及视察青岛、游览泰山的情况。调查团称如果国际联盟主持公道，但国内自身缺乏措施，其效力也是甚微的。单纯依赖他们终不能得救。对此，韩主席表示若要使外交方面的办法奏效，唯有以国内团结为当务之急，以人民安居乐业、国家安定为要旨。

支那转报上海。

转发支那、北平、青岛、南京、天津、奉天、汉口、广东、芝罘。

资料来源：JACAR（アジア歴史資料センター）Ref. B02030447900（第175画像目から），満洲事変（支那兵ノ満鉄柳条溝爆破ニ因ル日、支軍衝突関係）/善後措置関係/国際連盟支那調査員関係　第四巻（外務省外交史料館）

104. 驻北平矢野参事致斋藤外务大臣的函电
（1932年6月13日）

昭和七年　一三七四四　略　北平　　　　　　　十三日下午发
　　　　　　　　　　　外务省　　　　　　　　六月十四日上午收

第二七四号

关于往电第二五八号的顾维钧谈话，六月十三日当地《京报》逐条报道，再次电报：

1. 东北民众的痛苦是国内人民难以想象的，他们到处受到压迫，他们的爱国心决不次于国内。东北民众团体能否发挥能力，在于国家平时诱导民众进行合作之对策。

2. 东北青年学生意气沮丧，完全被日本学生压制，难以获得活跃的机会。日本军队亦占领了学校，按照他们的欲望变更科目，恶劣引导东北青年。

3. 在东北的马占山等军人，尽管处在全然孤立无援之境，仍组织与敌军对抗，但其衰落只是时间问题。东北民众没有行动自由，言论被封闭，无法援助。但吾人必须对他们予以绝大的援助。

4. 东北的政治机关，名义是支那人司掌，但是设置了日本顾问，大权全部掌握在日本人手中。

5. 日军不仅在军事上，而且在政治、财政等方面积极地侵入。不仅把东北从支那分离出去，而且有侵入内地的危险。如果东北完全丧失，西北、西南地区也面临着同样的危险。

6. 支那现处在危难之中，对内对外缺乏统一，完全处在不健全的状态。

国民必须不分朝野,崛起奔赴国难。

转发:公使、奉天、长春。

资料来源:JACAR(アジア歴史資料センター)Ref. B02030447900(第176画像目から)、満洲事変(支那兵ノ満鉄柳条溝爆破ニ因ル日、支軍衝突関係)/善後措置関係/国際連盟支那調査員関係 第四卷(外務省外交史料館)

105. 驻天津桑岛总领事致斋藤外务大臣的函电
(1932年6月13日)

昭和七年　一三七三〇　暗　　天津　　　　　　　　十三日下午发
　　　　　　　　　　　　　外务省　　　　　　六月十三日下午收

第二四九号

关于调查团视察青岛,李顿爵士没有表达任何意见,但意大利代表的感想发表在十三日的报纸上,他认为青岛夏季雾多,湿气较重,个人因为有风湿症而感觉不太适合。

另外,对日本方面指定的三菱洋行杉村氏的住宅等地,认为规模狭小。考察了由美国人现正在建设中的旅馆,恐怕在规定期内不能完成,对避暑的房屋尚未做具体决定。张学良已向南京报告了上述情况,同时先派遣宁向南赴北戴河做准备工作。

转发:支那、北平、奉天、青岛、南京。

资料来源:JACAR(アジア歴史資料センター)Ref. B02030447900(第178画像目から)、満洲事変(支那兵ノ満鉄柳条溝爆破ニ因ル日、支軍衝突関係)/善後措置関係/国際連盟支那調査員関係 第四卷(外務省外交史料館)

106. 驻南京上村代理总领事致斋藤外务大臣的函电
(1932年6月13日)

昭和七年　一三七〇三　略　　南京　　　　　　　　十三日下午发
　　　　　　　　　　　　　外务省　　　　　　六月十三日下午收

第四五七号

十二日,顾维钧与刘崇杰同乘飞机从济南返回南京,对新闻记者谈话大要如下：

1. 此次赴东北是前往作为支那土地的奉天，但作为支那人的吾等受到严格监视，几乎失去自由，甚是痛心。

2. 东北民众的苦痛在日本人的压迫下难以想象，关内与关外犹如天国与地狱之别。

3. 黑龙江军队没有后援，交通不便，面对掌握精锐武器的日本军队，其困难可想而知，但为了民族的生存和防卫，他们不断地努力。

4. 调查团报告起草地尚未决定是否定在青岛，报告起草地适合与否并非在于气候，关于是否选择其他地点，调查团肯定有其自己的意见。

5. 吾希望能与调查团共同赴日，但在东北期间于精神上感到非常痛苦，是否需要赴日听凭中央的指令。

6. 因调查团的工作繁忙，尚无空暇考虑到法国公使。

另，顾维钧赴北平停留约一周时间。

转发：支那、北平、奉天、天津。

资料来源：JACAR（アジア歴史資料センター）Ref. B02030447900（第179画像目から）、満洲事変（支那兵ノ満鉄柳条溝爆破ニ因ル日、支軍衝突関係）/善後措置関係/国際連盟支那調査員関係　第四卷（外務省外交史料館）

107. 驻南京上村代理总领事致斋藤外务大臣的函电
（1932年6月13日）

昭和七年　一三六九六　略　　南京　　　　　　　十三日下午发
　　　　　　　　　　　　　　外务省　　　　　　　六月十三日下午收

第四五八号

关于往电第四五七号

六月十三日的新闻，据跟顾维钧一起回京的游弥坚的谈话所示，支那成员一行在东北期间，每个人被三四名日本人便衣跟踪，完全被束缚了自由。溥仪身边也有七八名日本人监视，记录其言行，溥仪夫人有五名日本女人在身边，室内安放着"收音机"，在密室里可以听到其一言一行。因此溥仪也完全没有自由。

邮送剪裁下的新闻报道。

转发：如前。

资料来源：JACAR（アジア歴史資料センター）Ref. B02030447900（第181画像目から）、満洲事変（支那兵ノ満鉄柳条溝爆破ニ因ル日、支軍衝突関係）/善後措置関係/国際連盟支那調査員関係　第四巻（外務省外交史料館）

108. 北平吉田大使致斋藤外务大臣的函电报抄录
（1932年6月14日）

预定六月二十二日或二十三日，调查团从当地出发，为尽快到达东京，路线尚在研究中。第一种方案是利用奉山线，二十二日从当地出发，在奉天住一宿，转安奉线经朝鲜（安东通往京城需时二十三小时），二十七日早到达东京。第二种方案是二十四日从当地出发，从塘沽乘船，在大连换乘"乌拉尔丸"到神户登陆。第三种方案是二十二日从当地出发，从塘沽直接去神户，二十七日到达东京。另外，还有经由青岛及上海从海路赴日本的提案。本方建议经由朝鲜的第一种方案。

另外，调查团在日本预计滞留三周左右。

资料来源：JACAR（アジア歴史資料センター）Ref. B02030447900（第182画像目から）、満洲事変（支那兵ノ満鉄柳条溝爆破ニ因ル日、支軍衝突関係）/善後措置関係/国際連盟支那調査員関係　第四巻（外務省外交史料館）

109. 上海时报馆鲍振青致日本外务省文化事业部岩村成允的信函（1932年6月13日）

拜上，时下初夏，祝愿阁下安好。

前赐芳函，迅即将贵意传达国内，小生当致力于解决对贵国之不能充分谅解，根除排日运动，实现中日真正亲善邦交之意旨。

支那调查团近日赴日一事，中方委员也同行，望能以中华民国大新闻社特派员的资格随行，以向本国代表报告有利贵国之消息。望能协商同意作为调查团随行记者同行前往。恭候之。

上海时报社　鲍振青
中华民国二十一年六月十三日

资料来源：JACAR（アジア歴史資料センター）Ref. B02030447900（第183画像目から）、満洲事変（支那兵ノ満鉄柳条溝爆破ニ因ル日、支軍衝突関係)/善後措置関係/国際連盟支那調査員関係 第四巻（外務省外交史料館）

110. 斋藤外务大臣致驻北平矢野参事官的函电
（日期不详）

致吉田大使

关于贵电第二三二号

内田伯爵七月五日回东京。调查团按照预定从北平出发，二十六日到达日本，前十天游览关西及箱根，七月六日入东京（根据情况，游览时间可能缩短，在内田伯爵回东京的前两三天入东京）。

依上，可依照调查团方面的预定来日本，无碍。

名簿第三号　民间有力者名簿

乡诚之助（经济联盟会长）
木村久寿弥太（工业俱乐部理事长）
儿玉谦次（日华实业协会理事长）
土方久征（日银总裁）
安川雄之助（三井物产常务）
小田切万寿之助（正金银行董事）
串田万藏（三菱银行常务）
门野重九郎（大仓组副头取）
深井英五（日银副总裁）
稻田胜太郎（大阪商工会议所会长）
森贤吾
宫岛清次郎（日清纺织社长）
森广藏（安田银行副头取）
掘启次郎（大阪商船社长）
武藤山治
三宅川百太郎（三菱商事常务）

渡边铁藏（国际商业会议所理事）

阿部房次郎（东洋纺织社长）

井坂孝（横滨商业会议所会长）

大泽德太郎（京都商工会议所会长）

各务谦吉

仓知铁吉

矶村丰太郎（北海道炭坑社长）

山川端夫

井上匡四郎子爵

永田秀次郎（东京市市长）

资料来源：JACAR（アジア歴史資料センター）Ref. B02030447900（第187画像目から）、満洲事変（支那兵ノ満鉄柳条溝爆破ニ因ル日、支軍衝突関係）/善後措置関係/国際連盟支那調査員関係　第四巻（外務省外交史料館）

111. 驻北平矢野参事致斋藤外务大臣的函电
（1932年6月11日）

昭和七年　暗　　北平

　　　　　　外务省　　　　　　　　　　　六月十一日下午收

第二七〇号

来自盐崎

据内部消息，一两天前，支那方面准备向国际联盟调查团提出关于日本侵略、朝鲜人问题、"二十一条"及吉敦铁路问题等四种调查书。另外，眼下正在准备的还有其他多种资料。前些日子，哈斯提出，应该把日本的调查书与支那的调查书进行交换。我方版本的调查书现正在准备中，因接近报告书起草的日期，急需得到支那方面的调查书。如支那方面同意，双方予以交换。尊意如何，敬请回电。

资料来源：JACAR（アジア歴史資料センター）Ref. B02030447900（第191画像目から）、満洲事変（支那兵ノ満鉄柳条溝爆破ニ因ル日、支軍衝突関係）/善後措置関係/国際連盟支那調査員関係　第四巻（外務省外交史料館）

112. 驻南京上村代理总领事致斋藤外务大臣的函电
（1932 年 6 月 14 日）

昭和七年　一三七八三　略　　南京　　　　　　十四日上午发
　　　　　　　　　　　　　外务省　　　　　六月十四日下午收

第四五九号

关于往电第四五七号

　　林森及各部部长、中央委员等，于十三日在汪精卫官邸集会，听取了顾维钧的满洲视察报告。其后，好像进行了关于今后对策的长时间商议。十四日，顾维钧乘飞机赴庐山向蒋介石报告。

　　另，顾维钧对新闻记者表示，青岛作为报告书起草地不够适当，调查团应该选定附近其他的适当场所。顾维钧称，在东北已经感到精神上非常痛苦，也许不能前往日本。

　　转发：支那、北平、奉天、长春、九江。

资料来源：JACAR（アジア歴史資料センター）Ref. B02030447900（第196画像目から）、満洲事変（支那兵ノ満鉄柳条溝爆破ニ因ル日、支軍衝突関係）/善後措置関係/国際連盟支那調査員関係　第四巻（外務省外交史料館）

113. 驻南京上村代理总领事致斋藤外务大臣的函电
（1932 年 6 月 14 日）

昭和七年　一三七九○　略　　南京　　　　　　十四日下午发
　　　　　　　　　　　　　外务省　　　　　六月十四日下午收

第四六一号

关于往电第四五九号

　　十四日上午，顾维钧与汪精卫、李济深、李石曾、罗文干、黄绍雄①一同乘飞机前往九江，面会蒋介石，然后回京。

　　转发：支那、北平、奉天、天津、青岛、济南、汉口、广东、长春、九江。

---

①　编者按：原文为黄绍雄，应该是指黄绍竑。

资料来源：JACAR（アジア歴史資料センター）Ref. B02030447900（第197画像目から）、満洲事変（支那兵ノ満鉄柳条溝爆破ニ因ル日、支軍衝突関係）/善後措置関係/国際連盟支那調査員関係　第四巻（外務省外交史料館）

114. 驻北平矢野参事致斋藤外务大臣的函电
（1932年6月14日）

昭和七年　一三七六四　暗　　北平　　　　　　　十四日上午发
　　　　　　　　　　　　　　外务省　　　　　　六月十四日下午收

第二五九号

来自吉田

第二一六号

根据内部消息，十三日早的会议上，希尼赞成选择青岛，李顿与马柯迪倾向北戴河。调查团反对青岛的表面理由是，该地与北戴河相比，不便利用北平的资料。另，推测也有顾虑支那方面对青岛的反对。

转发：支那、奉天、国际联盟。

资料来源：JACAR（アジア歴史資料センター）Ref. B02030447900（第197画像目から）、満洲事変（支那兵ノ満鉄柳条溝爆破ニ因ル日、支軍衝突関係）/善後措置関係/国際連盟支那調査員関係　第四巻（外務省外交史料館）

115. 驻北平矢野参事致斋藤外务大臣的函电
（1932年6月14日）

昭和七年　一三七六五　暗　　北平　　　　　　　十四日上午发
　　　　　　　　　　　　　　外务省　　　　　　六月十四日下午收

第二七五号

来自吉田

第二一二号

十三日上午调查团举行会议，协商最终报告书的起草地问题，结果提出反对青岛。同日下午，李顿团长通告本使，内容如别电第二一三号，特电。

与别电①同时转发：支那、奉天、天津、青岛、长春、哈尔滨、南京、国际联盟。由国际联盟转发英、法、德、意及美。

资料来源：JACAR(アジア歴史資料センター)Ref. B02030447900(第198画像目から)、満洲事変(支那兵ノ満鉄柳条溝爆破ニ因ル日、支軍衝突関係)/善後措置関係/国際連盟支那調査員関係　第四卷(外務省外交史料館)

116. 驻北平矢野参事致斋藤外务大臣的函电
（1932年6月14日）

昭和七年　一三七六七　暗　　北平　　　　　　十四日上午发
　　　　　　　　　　　　　外务省　　　　　　六月十四日下午收

第二八〇号
来自吉田
第二一七号

二十二日、二十三日，调查团预定从当地出发，以尽快到达东京为目的而研究了线路。第一案是二十二日从当地利用奉山线，在奉天住一宿，经安奉线和朝鲜(从安东到京城需二十三小时)，二十七日早到达东京。第二案是从当地出发，到塘沽乘船到大连，然后换乘乌拉尔号船在神户登陆。第三案是从当地出发，在塘沽乘船直接去神户，二十七日到达东京。另外的方案还有经由青岛或上海，以海路前往日本。本方认为，经由朝鲜为第一选择方案。

另，预定在日本大约滞留三周。

转发：公使、奉天、安东、长春、青岛、天津、南京、关东厅、朝鲜总督府。

资料来源：JACAR(アジア歴史資料センター)Ref. B02030447900(第200画像目から)、満洲事変(支那兵ノ満鉄柳条溝爆破ニ因ル日、支軍衝突関係)/善後措置関係/国際連盟支那調査員関係　第四卷(外務省外交史料館)

---

① 译者按：别电附在该电文后，原文英文，从略。

117. 驻九江西田代理事务致斋藤外务大臣的函电
（1932年6月14日）

昭和七年　一三八〇七　暗　九江　　　　　　　　十四日下午发
　　　　　　　　　　　　　外务省　　　　　　　　六月十四日下午收

第七三号

关于南京发给阁下的第四五九号电

本日下午,汪精卫及顾维钧二人乘军用飞机从当地直飞庐山。

转发:公使、北平、汉口、南京。由公使转报上海。

资料来源:JACAR(アジア歴史資料センター) Ref. B02030447900(第201画像目から)、満洲事変(支那兵ノ満鉄柳条溝爆破ニ因ル日、支軍衝突関係)/善後措置関係/国際連盟支那調査員関係　第四卷(外務省外交史料館)

118. 驻北平矢野参事致斋藤外务大臣的函电
（1932年6月14日）

昭和七年　一三七六六　暗　北平　　　　　　　　十四日上午发
　　　　　　　　　　　　　外务省　　　　　　　　六月十四日下午收

第二七七号[①]

来自吉田

第二一四号

关于北平致大臣的第一〇四号电

十三日下午,本使要求会见李顿,质询以下事实。李顿回答时词句记忆不清,或不了解联合电报所说之事。本使向李顿出示了国联理事会议决案中的芳泽理事声明书,即国联理事会承诺,决议是以调查满洲及支那本部为前提条件的。如同在大阪与实业家会晤,以及与在欧洲研究的场合一样,相当于决议中"on the spot"。李顿称支那方面在这一点上有异议,还呈交了议事录,并展

[①] 译者按:该电文所议内容没有详述,故无法知晓吉田大使与李顿争论之具体内容,可参见下电,或其他史料。

示了其中内容。李顿表示，依照本使的提议而前往汉口，但支那方面对汉口之行有抱怨。本使表示，该地当然属于支那本部。李顿质问本使是否想要争吵，本使反驳只是为了唤起阁下的注意。李顿表示，希望能够调查日本内政方面的微妙关系。本使回答，如有调查日本的意思，必须与日本政府方面协商。

李顿很是正直任性，理屈时火气颇盛。当前往电第一六三号议论的结果是李顿表示自己得病了。

转发：支那、奉天、国际联盟。

资料来源：JACAR（アジア歴史資料センター）Ref. B02030447900（第201画像目から）、満洲事変（支那兵ノ満鉄柳条溝爆破ニ因ル日、支軍衝突関係）/善後措置関係/国際連盟支那調査員関係 第四巻（外務省外交史料館）

119. 驻北平矢野参事致斋藤外务大臣的函电
（1932年6月14日）

昭和七年　一三七六九　暗　　北平　　　　　　　十四日上午发
　　　　　　　　　　　　　　外务省　　　　　　六月十四日下午收

第二七八号

来自吉田

第二一五号

关于往电第二〇八号

十三日，本使与日本驻屯军三浦参谋一同会见了李顿。

1. 我方陈述，山海关境界问题是支"满"两"国"间的问题，并非是日本军队干预之事（李顿称，"满洲国"方面主张以长城以东三里为"满洲国"与支那的境界），而且，日本军队并未进入有问题的地域。李顿称，"满洲国"警察队中有日本人。本使回答，本人不知晓"满洲国"的事情。

2. 本使进一步陈述，条约上没有关于演习预告的义务，另外，没有发射实弹，何柱国的书面材料对此已有证实。

3. 为演习树立目标，以及移动界标，扩张占领区域之事纯属乌有。对其他国做了什么，应该听取有关公使馆的态度。李顿称英国、意大利了解到扩张区域的事情。

其后，参谋说明了我军一直静观支那方面对日本军队的策划宣传，以及对我军的反面宣传。李顿表示,希望两个月内要相安无事。

　　转发:公使、奉天、天津、长春、锦州。

　　资料来源:JACAR(アジア歴史資料センター)Ref. B02030447900(第203画像目から)、満洲事変(支那兵ノ満鉄柳条溝爆破ニ因ル日、支軍衝突関係)/善後措置関係/国際連盟支那調査員関係　第四巻(外務省外交史料館)

120. 驻长春田中领事代理致斋藤外务大臣的函电
（1932年6月14日）

　　昭和七年　一三七九一　暗　　长春　　　　　　　　十四日下午发
　　　　　　　　　　　　　　　　外务省　　　　　　　六月十四日下午收

第三一三号

本官发给北平之电报

第二号

致吉田大使

关于致外务大臣之第二一七号电

"满洲国"方面对顾维钧及其随员在平津、上海、南京等地的不当言论非常愤慨,为此,"满洲国"表示了强硬态度。当调查团依据第一案而通过"满洲国"时,若顾维钧等一行随行,拒绝顾维钧等人入境。

　　转发:外务大臣、支那、南京、奉天。

　　资料来源:JACAR(アジア歴史資料センター)Ref. B02030447900(第204画像目から)、満洲事変(支那兵ノ満鉄柳条溝爆破ニ因ル日、支軍衝突関係)/善後措置関係/国際連盟支那調査員関係　第四巻(外務省外交史料館)

121. 驻北平矢野参事致斋藤外务大臣的函电
（1932年6月14日）

　　昭和七年　一三八一〇　暗　　北平　　　　　　　　十四日下午发
　　　　　　　　　　　　　　　　外务省　　　　　　　六月十五日上午收

第二八一号

来自吉田

第二一八号

关于贵电第三二号

据说,顾维钧可能不赴日,由驻意大利公使王广圻代理。顾维钧为与蒋介石面谈而先赴汉口,返回北平的时间将延迟。调查团考虑,在日本起草最后报告书的重要部分,即结论,李顿团长主张,两国的参与员必须随行(当然,委员与日本当局会见时,支那方面不予列席)。自然,他们滞留日本期间由我方安排,我政府已经确定有关方案。支那参与员或者代理者同行,调查团可以听取支那方面的意见。依据支那参与员与南京方面的往来电报,我方不仅可以了解支那方面的真意,而且可以确定调查团访问日本后是否赴南京。支那在表面上主张同意日本参与员赴南京访问,如果同贵电指示的那样,帝国政府绝对拒绝顾维钧等人,那么支那政府也会拒绝我方委员。另外,与哈斯商谈的结果是希望由他人代理顾维钧。以上如何考虑? 另,关于在何种场合予以随员方便,请训知。

转发:支那、奉天、长春、国际联盟理事会秘书长。

资料来源:JACAR(アジア歴史資料センター)Ref. B02030447900(第205画像目から)、満洲事変(支那兵ノ満鉄柳条溝爆破ニ因ル日、支軍衝突関係)/善後措置関係/国際連盟支那調査員関係 第四巻(外務省外交史料館)

122. 驻北平矢野参事致斋藤外务大臣的函电
(1932年6月15日)

昭和七年　一三八二六　暗　　北平　　　　　　　十五日上午发
　　　　　　　　　　　　　　　外务省　　　　　六月十五日上午收

第二八三号

来自吉田

第二二〇号

关于贵大臣致北平的第一〇二号电

丕平应允,调查团先去贵地,眼下他们在当地的工作重要,非到万不得已,不得妨碍,望谅解。

资料来源:JACAR(アジア歴史資料センター)Ref. B02030447900(第206画像目から)、満洲事変(支那兵ノ満鉄柳条溝爆破ニ因ル日、支軍衝突関

係)/善後措置関係/国際連盟支那調査員関係　第四卷(外務省外交史料館)

123. 驻北平矢野参事致斋藤外务大臣的函电
(1932年6月15日)

昭和七年　一三八五九　暗　　北平　　　　　　　　十五日下午发
　　　　　　　　　　　　　　　外务省　　　　　　六月十五日下午收

第二八四号

来自吉田

第二一九号

关于吉长铁路长春站至宽城子之间的联络线(relations of Japan with Manchuria and Mongolia, 参照第一一四号), 以及沈海城根的两线联络, 由希爱慕向满铁的山口提出抗议文书。山口表示此乃条约问题, 应由日本参与员回答。经我方调查当地公使馆记录, 只见一两份口头警告, 此外未见适当资料。火速回电对上述如何回答。

转发: 支那、奉天、长春。

资料来源: JACAR(アジア歴史資料センター)Ref. B02030447900(第207画像目から)、満洲事変(支那兵ノ満鉄柳条溝爆破ニ因ル日、支軍衝突関係)/善後措置関係/国際連盟支那調査員関係　第四卷(外務省外交史料館)

124. 驻哈尔滨长冈代理总领事致斋藤外务大臣的函电
(1932年6月15日)

昭和七年　一三八五五　暗　　哈尔滨　　　　　　　十五日下午发
　　　　　　　　　　　　　　　外务省　　　　　　六月十五日下午收

第六一二号

关于往电第六〇九号

军方在奉天进行(无线电)监听, 截获十日马占山致万福麟电报, "调查团已派来林德、斯奇尔, 附交必要之材料, 协商面交, 详述一切"。由此可以知晓两位记者与调查团的关系。

转发: 同往电。

资料来源：JACAR(アジア歴史資料センター)Ref. B02030448000(第208画像目から)、満洲事変(支那兵ノ満鉄柳条溝爆破ニ因ル日、支軍衝突関係)/善後措置関係/国際連盟支那調査員関係　第四巻(外務省外交史料館)

125. 驻南京上村代理总领事致斋藤外务大臣的函电
（1932年6月15日）

昭和七年　一三八七四　略　　南京　　　　　　　十五日下午发
　　　　　　　　　　　　　外务省　　　　　　六月十五日下午收

第四六三号

关于往电第四六一号

据十五日新闻，汪精卫与顾维钧向九江出发，行前之际谈话如下：

一、汪精卫的谈话

此次赴庐山与蒋介石商谈外交、财政及"剿匪"等问题。东北问题参考顾维钧的报告，在慎重熟议的基础上展开新的布局，以期早日解决之。另外，本年度财政困难已达到极点，各机关行政费用及军费缩减了五成至七成，但即使缩减后仍难以维持。值此之际需要研究新的办法。还有关于"剿匪"问题，上海事件发生之时，除19路军及第5军抵抗外，中央命令第九师蒋鼎文军于二月二十五日上午向浏河移动。"匪军"闻之后企图扰乱后方，被该部队击退。三月四日，该部向当地移动，当时浏河已被日军占领，中央所派援军陷于苦境。因此，不肃清"共匪"乃国防上的重大障碍，此际当树立根本计划。

二、顾维钧的谈话

此次去东北遭受非常之压迫和侮辱，以支那代表顾问名义前去的两名外国人顾问也遭受同样侮辱。日本没有把支那当作国家，也未把支那人当作人。我国一盘散沙，没有任何实力。所以，日本揶揄支那对占领东三省的抗议，声称若不服气就拿实力来夺。日本在东三省竭力对青少年洗脑，如此下去，则他们十五年后将完全忘记自己是个支那人。对于东三省，一年夺不回来，三年、五年、即使十年、百年后也必须夺回来。本使认为如此高调实在是浅薄。顾维钧称因李顿爵士的电报催促，在庐山和上海之间进行往返，本周内返回北平。

转发：支那、北平、奉天、长春、天津、青岛、济南、汉口、广东、福州、九江。

资料来源：JACAR(アジア歴史資料センター)Ref. B02030448000(第

二、国际联盟中国调查团关系档案　第四卷　343

208画像目から)、満洲事変(支那兵ノ満鉄柳条溝爆破ニ因ル日、支軍衝突関係)/善後措置関係/国際連盟支那調査員関係　第四卷(外務省外交史料館)

126. 驻南京上村代理总领事致斋藤外务大臣的函电
（1932年6月15日）

昭和七年　一三八八三　略　　南京　　　　　　　十五日下午发
　　　　　　　　　　　　　　外务省　　　　　　　六月十五日下午收

第四六五号

关于往电第四六三号

十五日下午,顾维钧及罗文干二人乘飞机返回南京。顾维钧立即前往上海。汪精卫等人因有外交关系以外之问题需要同蒋介石商谈,十六日才返回南京。

转发：如同往电。

资料来源：JACAR(アジア歴史資料センター)Ref. B02030448000(第210画像目から)、満洲事変(支那兵ノ満鉄柳条溝爆破ニ因ル日、支軍衝突関係)/善後措置関係/国際連盟支那調査員関係　第四卷(外務省外交史料館)

127. 驻长春田中领事代理致斋藤外务大臣的函电
（1932年6月15日）

昭和七年　一三八六九　暗　　长春　　　　　　　十五日下午发
　　　　　　　　　　　　　　外务省　　　　　　　六月十五日下午收

第三一五号

关于往电第二九七号

十四日傍晚,蒋介石收到李顿爵士电报,内容是"接到九日贵电,遵贵意迅即与团员商议,没有理由相信顾维钧博士作为参与员的行动是不够慎重的。没有顾维钧的抱负、个人意见以及访问满洲前后的报告、声明等,就不能说调查团是负责任的"。"满洲国"方面声明今后绝对拒绝支那参与员及其随员进入"满洲国",对于这样不适当的言论表示极其愤慨。

转发：支那、北平、奉天、天津。

资料来源：JACAR（アジア歴史資料センター）Ref. B02030448000（第211画像目から）、満洲事変（支那兵ノ満鉄柳条溝爆破ニ因ル日、支軍衝突関係）/善後措置関係/国際連盟支那調査員関係　第四巻（外務省外交史料館）

128. 驻北平矢野参事致斋藤外务大臣的函电
（1932年6月15日）

昭和七年　一三八九九　暗　北平　　　　　　　十五日下午发
　　　　　　　　　　　　　外务省　　　　六月十六日上午收

第二八五号（极密）

来自吉田

第二二一号

丕平提出的意见如下：

一、南京政府的两名阁员及顾维钧本周末前来北平，向调查团陈述国民政府的意见（有些代表尚不知晓此事），我方首先要了解其内容。调查团到达东京前，日本政府的方针尚未发表，待到达后可知。

二、我方关于最后报告起草地之第二一一号往电，因调查团决议未通过，现今尚不能言。

1. 在北平已完成报告书中的日支纠纷沿革部分（日支两国委员获得秘书处的协助，最重要的部分将在日本讨论，对于我方实际上是有利的。但鉴于同支那的关系，调查团难以向我方公然提出，其中尚需要代表之间协商）。

2. 最终报告如对日本不利时，外务省当阻止其决议，我方参与员当拒绝前往支那。

三、鉴于调查团现正在密议之中，日本不便立即承认"满洲国"，国会如劝告政府承认之，应该决议选择适当之时机。代表们的困惑不会为我带来有利之结果。

四、调查团已电报日内瓦，报告日本将立即承认"满洲国"。

资料来源：JACAR（アジア歴史資料センター）Ref. B02030448000（第212画像目から）、満洲事変（支那兵ノ満鉄柳条溝爆破ニ因ル日、支軍衝突関係）/善後措置関係/国際連盟支那調査員関係　第四巻（外務省外交史料館）

129. 斋藤外务大臣致驻北平矢野参事官的函电
（1932年6月15日）

丕平归国之件

第一一二号

致吉田大使

关于贵电第二二〇号

六月一日，丕平在致我方的意见书中认为，关东军提出的资料，对调查团预备报告的形成或许产生影响（参照意见书四、二）。该调查团再赴东京时，本大臣在应酬同时当阐明我方之立场，并提交档案资料。为此，切望该人火速归国。阁下若对丕平有特别事情，可以不拘我方之考虑，若没有特别事情请火速来日本。

资料来源：JACAR（アジア歴史資料センター）Ref. B02030448000（第214画像目から）、満洲事変（支那兵ノ満鉄柳条溝爆破ニ因ル日、支軍衝突関係）/善後措置関係/国際連盟支那調査員関係　第四巻（外務省外交史料館）

130. 斋藤外务大臣致驻北平矢野参事官的函电
（1932年6月15日）

顾维钧来日之件

第一一三号

致吉田大使

关于贵电第二一八号

一、调查团来日本并非是为了调查，而是为了听取政府之意见。为了不使调查团误解，对支那参与员随行应该没有异议。但是考虑到顾维钧不谨慎的言论，不欢迎其来日本（特别考虑的是该人的人身安全，如前电已述的那样）。顾维钧的言行刺激了我方舆论，希望能有稳健之人代替其前来。不过如对顾维钧来日没有异议，只要其言行以谨慎为要，则不会阻碍其前来日本（迄今，支那随员的言行在本国未出现特别问题,随着来日本的日期接近,越发应在言行上谨慎)。

二、或者顾维钧之后继续对新闻记者发表不谨慎之谈话,则无论该人是否来日,鉴于其参与员之身份,这肯定是不合适的。若调查团对此采取放任态度,则关系到调查团自身的信用,因此应该制止顾维钧的放肆言行。需要唤起代表们注意此事。

转发:如贵电。

资料来源:JACAR(アジア歴史資料センター)Ref. B02030448000(第215画像目から)、満洲事変(支那兵ノ満鉄柳条溝爆破ニ因ル日、支軍衝突関係)/善後措置関係/国際連盟支那調査員関係 第四巻(外務省外交史料館)

131. 驻哈尔滨长冈代理总领事致斋藤外务大臣的函电
（1932年6月16日）

昭和七年　一三九九三　暗　哈尔滨　　　　十六日下午发
　　　　　　　　　　　　　　外务省　　　　六月十六日下午收

第六一六号

关于往电第六一二号

六月十五日傍晚,"满洲国"特别区警察管理署向法国领事(当地瑞士领事驻地)发出照会,要求传唤林德到管理署,并调查至深夜。林德表示,其与国际联盟没有任何关系,从马(占山)收到的中文报告书现存放在美国总领事馆,正在翻译成英文。因报告书属于同斯奇尔共有,故需获得斯奇尔的同意方能提供。在调查取证的同时,搜查了林德居住的宾馆房间,发现有瑞士公使致张学良的介绍信,以及其他两三件特别重要之物证。

另外,昨天夜半时分,当地交涉员向美国领事馆提出调查斯奇尔的要求,总领事汉森迟迟疑疑以"不在"回答。初步确认,斯奇尔当前躲避在美国总领事馆内。交涉员在致"中央"①民政部的文件中请示今后的处置办法。

还有,马占山交付两名记者的材料,肯定会通过各种办法交到调查团的手中。这种针对"满洲国"的反叛行动,第三国人可能习以为常,但对"新国家"秩

---

① 译者按:指伪满洲国中央。

序维持方面会带来重大祸根。对于本事件,"满洲国"必须采取相当彻底之措施。对于在支那的治外法权,外国历来都是采取有利于己方的广泛解释。将来,"满洲国"需要制定严格的有限度的解释,以形成惯例。

转发:如同往电。

资料来源:JACAR(アジア歴史資料センター)Ref. B02030448000(第219画像目から)、満洲事変(支那兵ノ満鉄柳条溝爆破ニ因ル日、支軍衝突関係)/善後措置関係/国際連盟支那調査員関係 第四巻(外務省外交史料館)

132. 驻间岛冈田总领事致斋藤外务大臣的函电
（1932年6月16日）

昭和七年　一三九一五　暗　　间岛　　　　　　　十六日上午发
　　　　　　　　　　　　　　外务省　　　　　　六月十六日上午收

第三六〇号(火速)

本官发给北平之电报

第一号

关于大臣发给本官的第九八号电,杨格一行到间岛视察之事已经确定,当地治安状况如同本官发给大臣的第三五九号电。此外,当地贫困,只有日本人经营的旅馆内设有床铺、浴池等,不知另外需要什么设施。表面上是由满铁与关东军负责准备,但全部工作几乎由本领事馆承担。另外,来本地的外国人人数、日期以及需要何种仪式等,望回电告知。

转发:外务大臣、支那、奉天、吉林。

资料来源:JACAR(アジア歴史資料センター)Ref. B02030448000(第221画像目から)、満洲事変(支那兵ノ満鉄柳条溝爆破ニ因ル日、支軍衝突関係)/善後措置関係/国際連盟支那調査員関係 第四巻(外務省外交史料館)

133. 驻新加坡伊藤代理总领事致斋藤外务大臣的函电
（1932年6月16日）

昭和七年　一三九七〇　略　　新加坡　　　　　十六日下午发
　　　　　　　　　　　　　　外务省　　　　　　六月十六日下午收

第六三号

六月十五日，当地《时报》社论大要如下：

日本现在如同处在面临经济困难和国民不安的火山口上，支那也濒临财政方面的危机。此际，支那凭借自己的力量企图夺回满洲，或者寄希望俄罗斯与日本一战，战争的结局都会得不偿失。国际联盟调查团可能怂恿将满洲置于日、英、美、法的委任统治之下，支那肯定会提出反对建议。但是，如此一来满洲就不至于被日本合并。支那应迅即策划上海的将来，与各国友善地解决，确保国际贸易以及与欧美各国的协调关系。

资料来源：JACAR（アジア歴史資料センター）Ref. B02030448000（第222画像目から）、満洲事変（支那兵ノ満鉄柳条溝爆破ニ因ル日、支軍衝突関係）/善後措置関係/国際連盟支那調査員関係　第四巻（外務省外交史料館）

134. 驻北平矢野参事致斋藤外务大臣的函电
（1932年6月16日）

昭和七年　一三九九七　暗　北平　　　　　十六日下午发
　　　　　　　　　　　　　　外务省　　　　六月十六日下午收

第二八九号

来自吉田

第二二四号

六月十六日，哈斯的谈话如下：

一、顾维钧及南京阁僚一二人来北平，代表们访日后由支那政府招待，之所以没有去南京，是因为代表们想尽量避讳。

二、代表们认为，恢复到"满洲国"成立之前的状态不太可能，但也不能承认"满洲国"。听说日本要对"满洲国"予以承认，希望在最终报告书提出之前，日本不要做这件事情。

会谈期间，针对前些日子何柱国向李顿倾诉的日本在山海关的问题，本使表示纯属虚构。如果调查团不要求日本对此予以说明，而全盘接受支那方面的诬告，并将此问题列入报告书内，日本方面将不得不加以驳斥，势必会削弱报告书的价值，希望唤起注意。哈斯表示同意。

资料来源：JACAR（アジア歴史資料センター）Ref. B02030448000（第

223画像目から)、満洲事変(支那兵ノ満鉄柳条溝爆破ニ因ル日、支軍衝突関係)/善後措置関係/国際連盟支那調査員関係　第四巻(外務省外交史料館)

135. 驻北平矢野参事致斋藤外务大臣的函电
（1932年6月16日）

昭和七年　一三九九八　暗　　北平　　　　　　　　　十六日下午发
　　　　　　　　　　　　　　　外务省　　　　　　　　六月十七日上午收

第五六号（致锦州？）①
来自吉田大使
十八日早四时二十分，丕平乘山海关出发的列车前往贵地，同日下午十时五十五分，再乘奉天出发的安奉线直接去东京，望事先安排好并通知奉山线预留公共汽车的座席，以提供方便。另外，希望贵处预先准备好奉天以东的车票（满铁之外，还要给予前往朝鲜铁路的公交汽车座席车票，以供便利）。

订正：

据北平报，六月十七日北平来电第五六号（致锦州？），为致奉天之误，望订正。

资料来源：JACAR（アジア歴史資料センター）Ref. B02030448000（第224画像目から）、満洲事変(支那兵ノ満鉄柳条溝爆破ニ因ル日、支軍衝突関係)/善後措置関係/国際連盟支那調査員関係　第四巻(外務省外交史料館)

136. 驻北平矢野参事致斋藤外务大臣的函电
（1932年6月16日）

昭和七年　一四〇〇七　略　　北平　　　　　　　　　十六日下午发
　　　　　　　　　　　　　　　外务省　　　　　　　　六月十七日上午收

第二九〇号
来自吉田
第二二五号

---

①　译者按：问号为原文。根据本条最后的"订正"，可知应该是"致奉天"。

十七日,丕平经由满鲜直赴东京,已安排就绪。

资料来源:JACAR(アジア歴史資料センター)Ref. B02030448000(第225画像目から)、満洲事変(支那兵ノ満鉄柳条溝爆破ニ因ル日、支軍衝突関係)/善後措置関係/国際連盟支那調査員関係 第四巻(外務省外交史料館)

137. 驻北平矢野参事致斋藤外务大臣的函电
(1932年6月16日)

昭和七年　一三九六九　暗　北平　　　　　　　　十六日下午发
　　　　　　　　　　　　　　外务省　　　　　　六月十六日下午收

第二八八号

来自吉田

第二二三号

调查团上次来北平之际,与王以哲会见,十五日又再次会见此人,听取有关九一八事件之情况。

转发:支那、奉天、长春。

资料来源:JACAR(アジア歴史資料センター)Ref. B02030448000(第225画像目から)、満洲事変(支那兵ノ満鉄柳条溝爆破ニ因ル日、支軍衝突関係)/善後措置関係/国際連盟支那調査員関係 第四巻(外務省外交史料館)

138. 驻北平矢野参事致斋藤外务大臣的函电
(1932年6月16日)

昭和七年　一三九九五　　北平　　　　　　　　　十六日下午发
　　　　　　　　　　　　外务省　　　　　　　　六月十六日下午收

第二九一号

来自吉田

第(脱)号①

关于六月三日附机密第一一三号的拙信

---

① 译者按:原文如此。

七月上旬,希爱慕乘上海出发的船只按预定回国,其承担的事务已完成。前已信函禀报,请火速回电。

资料来源:JACAR(アジア歴史資料センター)Ref. B02030448000(第226画像目から)、満洲事変(支那兵ノ満鉄柳条溝爆破ニ因ル日、支軍衝突関係)/善後措置関係/国際連盟支那調査員関係　第四巻(外務省外交史料館)

139. 驻北平矢野参事致斋藤外务大臣的函电
（1932年6月16日）

昭和七年　一三九九六　暗　　北平　　　　　　　　十六日下午发
　　　　　　　　　　　　　　　外务省　　　　　　　六月十七日上午收

第二九二号(部外极密处理)

六月十日北平发,"日本电信服务"(四日奉天大阪《每日新闻》登载)报道,张学良在北戴河别墅赠送杨格夫人金制花瓶。八日,杨格给本官信函(信函已复制并邮寄)中称纯属谣传,因不仅涉及自己妻子的声誉,而且诋毁自己所在的国际联盟调查团,要求通信社必须撤销报道并道歉。通信社遂征询本官对于此事应该采取的措施。杨格还向驻北平国际联盟随员渡大佐及本馆永津辅佐官发去同样的信函。其后,杨格向渡大佐询问为何对他的信函置之不理,不采取任何措施。

关于开头的消息并非出自当地,而是军方在奉天从杨格夫人给丈夫的信件中检查得知(称已取得影印版),望中央了解此情。同时考虑杨格将于近日前往间岛之情况。

转发:公使、奉天、天津、间岛。

资料来源:JACAR(アジア歴史資料センター)Ref. B02030448000(第226画像目から)、満洲事変(支那兵ノ満鉄柳条溝爆破ニ因ル日、支軍衝突関係)/善後措置関係/国際連盟支那調査員関係　第四巻(外務省外交史料館)

140. 驻上海村井总领事致斋藤外务大臣的函电
（1932年6月16日）

昭和七年　一三九四九　略　　上海　　　　　　　　　十六日下午发
　　　　　　　　　　　　　　外务省　　　　　　　　　六月十六日下午收

第七八四号

　　十五日下午五时半，顾维钧与张学良顾问端纳及刘崇杰等乘坐张学良的专机，从南京来沪。当日夜九时许，在私宅向新闻记者团讲述了庐山会谈概要及东北实地调查情况。对于是否随同国际联盟调查团前往日本的询问，顾维钧表示决定赴日。同时拜访了在沪的国民政府主席林森，报告满洲视察情况（林森当日夜返回南京）。另，今日（十六日）下午1时，顾维钧参加银行俱乐部的国际问题研究会，并出席慰劳宴。晚上前往支那青年会，出席由吴铁城主持的演讲会。十七日早预定北上。

　　转发：支那、北平、奉天、天津、南京。

　　资料来源：JACAR（アジア歴史資料センター）Ref. B02030448000（第227画像目から）、満洲事変（支那兵ノ満鉄柳条溝爆破ニ因ル日、支軍衝突関係）/善後措置関係/国際連盟支那調査員関係　第四卷（外務省外交史料館）

141. 国际联盟调查团一行来日本之件（1932年6月16日）

一、一行到达东京预定日期：六月二十七日

二、东京停留天数：约两周

三、东京停留之预定：

　　外务大臣晚餐会

　　国际联盟协会茶会（涩谷邸）

　　前田侯爵主持晚餐会（家宝展览）七日

　　三井男爵主持午餐会（同上）

　　实业团体联合举办晚餐（红叶馆）

　　宝生馆能乐（十日）

　　东京市市长主持茶会

英、美、意、德各协会招待本国代表

四、离京后之预定：

日光中禅寺游览（2天）

箱根（2天）

京都（2天）

山田鸟羽（1天）

大阪（半天）

宫岛（1宿）

从门司登船前往支那

资料来源：JACAR（アジア歴史資料センター）Ref. B02030448000（第228画像目から）、满洲事变（支那兵ノ満鉄柳条溝爆破ニ因ル日、支軍衝突関係）/善後措置関係/国際連盟支那調査員関係　第四卷（外務省外交史料館）

142. 斋藤外务大臣致驻北平矢野参事官的函电
（1932年6月16日）

关于调查团一行渡日日期之件

暗　第一一四号　极密火速

致吉田大使第三四号

关于往电第三三号

一、内定内田伯爵任外相（关于这一点涉及任免大权，任职前如果泄露外部，当有发生重大问题之虞，对调查团方面需严格保密）。二十一日，内田伯爵从当地出发去满洲，七月十二日返京。外务大臣在该日下午接见调查团。

二、贵电第二一七号第一案或第三案，如果二十六日、二十七日左右调查团到达我国，与往电开头提出的计划相反，最初十天游览关西地区及箱根，后十天在东京停留。代表们进入东京尽量在七月六日、七日左右，即新外务大臣就任之日期，可以方便接见调查团，这个日期可以相差五天到一周左右。

三、如果调查团一行来到东京是在七月十二日以后，那么到达日本应在七月二日左右，前十天在关西地区及箱根游览（如代表们无异议，在关西等地逗留时间尚可以延长数日），对此，代表们是否方便，火速回电。

资料来源：JACAR（アジア歴史資料センター）Ref. B02030448000（第

143. 驻北平矢野参事致斋藤外务大臣的函电（一）
（1932年6月17日）

昭和七年　一三九八五　暗　　北平　　　　　　　　十七日上午发
　　　　　　　　　　　　　　外务省　　　　　　　六月十七日上午收

第二九三号之一（火速）

来自吉田

第二二七号

关于贵电第二七号及第三三号

哈斯对盐崎谈话如下：

一、调查团从当地出发日期和在日本停留时间等，不太容易决定。一两天前，调查团倾向从陆路前往东京。其后考虑到尽可能尽快地抵达日本，从青岛走海路前往神户，即上海二十二日发的 *Rajputana* 号，或二十四日发的"柯立芝总统"号往返日本，可否，正在研究中，尚未确定。调查团希望绕道青岛（盐崎询问是否考虑顾维钧的问题，哈斯对顾维钧的日本之行未做应答，但据报载，如果顾同行，走陆路与"满洲国"会有产生问题之虞）。日本方面希望选择陆路，能够看到朝鲜和安奉沿线的情况，或者返回北平之时选择此路线。

如上，调查团考虑尽可能早日抵达日本，如果推迟调查团出发时日，代表团也可以听从日本政府的安排，故询问日本政府之意见（盐崎推测，对方可能考虑外务大臣就任之事，关于此事如何回答，请火速回电）。

（待续）

资料来源：JACAR（アジア歴史資料センター）Ref. B02030448000（第233画像目から）、満洲事変（支那兵ノ満鉄柳条溝爆破ニ因ル日、支軍衝突関係）/善後措置関係/国際連盟支那調査員関係　第四巻（外務省外交史料館）

144. 驻北平矢野参事致斋藤外务大臣的函电（二）
（1932年6月17日）

昭和七年　一三九八四　暗　北平　　　　　　　　十七日上午发
　　　　　　　　　　　　　　外务省　　　　　　六月十七日上午收

第二九三号之二（火速）

二、赴东京者除五名代表外，还有哈斯夫妇、勃来克斯雷、爱斯托、助佛兰、皮特尔、派斯塔柯夫（该人迟一周左右）、派尔脱、台纳雷、彭道夫门（后三人在东京结束访问后，派尔脱可能赴满洲听取"长春政府"当局有关财政问题的意见，彭道夫门赴上海研究抵制问题，台纳雷直接返回北平）、杨格（东京访问结束后，归途中可能经过朝鲜，如"满洲国"方面没有异议，将赴间岛视察）、卡尔利以及其他速记员等一二名。

三、调查团在东京的任务是，就相当于报告书结论的政治问题，听取日本政府当局，即首相、外相、陆相等人意见，尤其是拜访当局以外的政治有力者，如会见西园寺公爵是否得当，要按照日本政府的指示。停留东京的时间未确定，要根据日本政府的需要确定停留时间。另外，调查团在停留东京期间相当忙碌，尽可能避免宴会等社交活动（对此，依据贵电第三三号已向其说明，外相及其他二三次招待无碍，外相的宴会从政治上考虑可以接受）。

另外，关于在日本的游览，依据贵电，在东京停留十日左右不够充分，请贵电明确提出在日本及东京停留期间的计划。哈斯表示待到达东京后再做决定，但必须同调查团商量，还表示尽可能听凭日本政府关于日程的安排。

转发：支那、奉天、长春。

资料来源：JACAR（アジア歴史資料センター）Ref. B02030448000（第234画像目から）、満洲事変（支那兵ノ満鉄柳条溝爆破ニ因ル日、支軍衝突関係）/善後措置関係/国際連盟支那調査員関係　第四巻（外務省外交史料館）

145. 驻北平矢野参事致斋藤外务大臣的函电
（1932年6月16日）

昭和七年　一四〇〇〇　暗　　北平　　　　　　　十六日下午发
　　　　　　　　　　　　　　外务省　　　　　　六月十七日上午收

第二九四号
来自吉田
第二二八号
关于往电第一九二号
哈斯提出，紧急需要有关"满洲国"组织的资料，调查团需要认识"满洲国"。本件火速，请回电。

资料来源：JACAR（アジア歴史資料センター）Ref. B02030448000（第236画像目から）、満洲事変（支那兵ノ満鉄柳条溝爆破ニ因ル日、支軍衝突関係）/善後措置関係/国際連盟支那調査員関係　第四巻（外務省外交史料館）

146. 驻北平矢野参事致斋藤外务大臣的函电
（1932年6月16日）

昭和七年　一四〇〇一　暗　　北平　　　　　　　十六日下午发
　　　　　　　　　　　　　　外务省　　　　　　六月十七日上午收

第二九五号
来自吉田
第二二九号
关于致北平的贵电第一〇六号
哈斯提出调查书交换方法，支那方面待顾维钧返回北平后听取其意向。十六日，派斯塔柯夫收到国际联盟寄来的一部分秘密资料，由丕平携带回日本。

资料来源：JACAR（アジア歴史資料センター）Ref. B02030448000（第236画像目から）、満洲事変（支那兵ノ満鉄柳条溝爆破ニ因ル日、支軍衝突関係）/善後措置関係/国際連盟支那調査員関係　第四巻（外務省外交史料館）

147. 驻北平矢野参事致斋藤外务大臣的函电
（1932年6月17日）

昭和七年　一三九八六　暗　　北平　　　　　　　　十七日上午发
　　　　　　　　　　　　　　外务省　　　　　　　　六月十七日上午收

第二九六号

来自吉田

第二三〇号

关于哈尔滨发给贵大臣的第六〇九号电报

关于斯奇尔及林德之件，已由盐崎质问哈斯。哈斯表示调查团绝没有委托二人会见马占山，马占山对外发表之电报，是完全没有根据的宣传。

转发：支那、哈尔滨、瑞士、奉天、长春、齐齐哈尔、布拉戈埃申斯克。

资料来源：JACAR（アジア歴史資料センター）Ref. B02030448000（第237画像目から）、満洲事変（支那兵ノ満鉄柳条溝爆破ニ因ル日、支軍衝突関係）/善後措置関係/国際連盟支那調査員関係　第四卷（外務省外交史料館）

148. 驻北平矢野参事致斋藤外务大臣的函电
（1932年6月17日）

昭和七年　一四〇八二　暗　　北平　　　　　　　　十七日下午发
　　　　　　　　　　　　　　外务省　　　　　　　　六月十八日上午收

第二九八号（十万火急）

来自吉田

第二三二号

关于往电第二二七号及贵电第三四号

调查团希望尽可能早日完成报告。在考虑日本政府方便的前提下，尽可能早一天到达东京，会见政府当局。前往日本后在关西游览耗费十四天，调查团对此不能同意（前些时日李顿还对本使言，如经由朝鲜去参观金刚山耗费数日，不妥）。因此，按照贵电提出的意见，代表们另有事务。下月十二日左右直接前往东京可能变更为从当地直接出发。另外，顾维钧与汪精卫等文官明天

(十八日)来北平,委员们预定的出发日期可能延迟。这样一来,支那方面与调查团交流的机会增多,开展阴谋活动的机会也增多,应该考虑尽量避免之。上述往电是关于哈斯的问答。哈斯称,日本政府须从便利调查团的出行来考虑,而不对其来日本添加妨碍。代表们到东京后与总理、陆相等官员会见,期间为了休养,可以引导去箱根等。如果还有富余时间,当考量以上事情。以上,望非常火速回电。

资料来源:JACAR(アジア歴史資料センター)Ref. B02030448000(第238画像目から)、満洲事変(支那兵ノ満鉄柳条溝爆破ニ因ル日、支軍衝突関係)/善後措置関係/国際連盟支那調査員関係　第四巻(外務省外交史料館)

149. 驻长春田中领事代理致斋藤外务大臣的函电
(1932年6月17日)

昭和七年　一四〇六七　暗　　长春　　　　　　　　十七日下午发
　　　　　　　　　　　　　外务省　　　　　　　　六月十七日下午收

第三二三号

关于哈尔滨发给大臣的第六〇九号电报

驻哈尔滨美国总领事在给"满洲国"外交部的书函中称,林德会见马占山不过是为了新闻报道做出的行动,与国际联盟调查团没有关系,望勿误解。特通报有关方面。

转发:公使、北平、奉天、哈尔滨,密送齐齐哈尔、布拉戈维申斯克。

资料来源:JACAR(アジア歴史資料センター)Ref. B02030448000(第239画像目から)、満洲事変(支那兵ノ満鉄柳条溝爆破ニ因ル日、支軍衝突関係)/善後措置関係/国際連盟支那調査員関係　第四巻(外務省外交史料館)

150. 召开接待国际联盟调查团外务省委员会干事会议之件(日期不详)

六月十七日(周五)下午零时半在特别会议室召开初次干事会议,望参会。另,当日准备便当。

佐藤条约三课长

永井大使
岸秘书官
吉泽书记官
守岛亚细亚第一课长（河原事务官代理出席）
冈本欧美第二课长
筒井情报部第二课长
喜多事务官
石川事务官

资料来源：JACAR（アジア歴史資料センター）Ref. B02030448000（第240画像目から）、満洲事変（支那兵ノ満鉄柳条溝爆破ニ因ル日、支軍衝突関係）/善後措置関係/国際連盟支那調査員関係　第四卷（外務省外交史料館）

151. 支那驻屯军参谋长致陆军次官的函电
（1932年6月17日）

参同文

密　昭和七年　六月十七日下午　　　　　　　　三时〇〇分发
　　　　　　　　　　　　　　　　　　　　　　五时五十分收

天电一八九号

从北宁铁路局获得情报，保护国联调查团的警察队于六月十五日受命返回当地，由北平警察队接替任务，理由是调查团暂时尚无离开北平的消息。

资料来源：JACAR（アジア歴史資料センター）Ref. B02030448000（第242画像目から）、満洲事変（支那兵ノ満鉄柳条溝爆破ニ因ル日、支軍衝突関係）/善後措置関係/国際連盟支那調査員関係　第四卷（外務省外交史料館）

152. 驻北平矢野参事致斋藤外务大臣的函电(一)
（1932年6月18日）

昭和七年　一四一四六　暗　　北平　　　　　　　　　　十八日下午发
　　　　　　　　　　　　　外务省　　　　　　　　　六月十八日下午收

第三〇〇号之一(火速、极密)

来自吉田

第二三二号

关于致北平的贵电第一一三号

十七日,对哈斯下达训令。十八日,哈斯奉李顿团长之命来访。

关于贵电(一)哈斯与李顿没有商量此事。尽管本使的要求属于私人性质,但顾维钧应该自己取消日本之行,日本已经公开发表了此要求。本件没有任何问题。另,考虑政府与哈斯恳谈之事(贵电第三二号),本使认为这并非正式之要求,因此回答将此事电报政府。

对本使的询问,哈斯回答,如果顾维钧不去日本,支那方面将有数名随员同行前往,现今尚未考虑。

（待续）

资料来源：JACAR（アジア歴史資料センター）Ref. B02030448000（第243画像目から）、満洲事変(支那兵ノ満鉄柳条溝爆破ニ因ル日、支軍衝突関係)/善後措置関係/国際連盟支那調査員関係　第四卷(外務省外交史料館)

153. 驻北平矢野参事致斋藤外务大臣的函电(二)
（1932年6月18日）

昭和七年　一四一四七　暗　　北平　　　　　　　　　　十八日下午发
　　　　　　　　　　　　　外务省　　　　　　　　　六月十八日下午收

第三〇〇号之二(火速,极密)

关于贵电(二)哈斯表示,有关顾维钧问题的交涉,如果日本政府有正式要求之意,李顿团长想了解日本政府有什么意见或障碍。日本的要求如果是非正式的,或者属于私人性质的,应明确说明。本使指出,意见有很多,鉴于日本政府的不便以及意见,必须询问东京,请李顿团长谅解。日本政府持何种意见尚未得到通知。作为我方并非让顾维钧撤回发言,也不清楚日本政府反对的意见。希望李顿团长将来要提醒顾维钧予以注意。哈斯对以上予以承诺,并表示报告李顿团长。

关于本电之内容请考虑万勿外泄。

转发:支那、奉天、长春、国际联盟。

资料来源:JACAR(アジア歴史資料センター)Ref. B02030448100(第244画像目から)、満洲事変(支那兵ノ満鉄柳条溝爆破ニ因ル日、支軍衝突関係)/善後措置関係/国際連盟支那調査員関係　第四巻(外務省外交史料館)

154. 驻北平矢野参事致斋藤外务大臣的函电
(1932年6月18日)

昭和七年　暗　北平　　　　　　　　　十八日下午发
　　　　　　外务省　　　　　　　　　六月十九日上午收

第三〇四号

本月十八日,汪兆铭、宋子文、罗文干、顾维钧、曾仲鸣、刘崇杰、王树翰等人乘飞机来平。据可靠消息,罗文干的要务是与张学良商议,关于俄支恢复国交之事。当日,顾维钧对新闻记者的讲话如下:

一、顾维钧决定,与调查团一同赴日。关于外交问题,庐山会议已拿出办法。蒋介石为指挥"剿匪"之事,近日赴汉口。

二、曾仲鸣、汪院长来平,因张学良缺席庐山会议,向其传达报告之事。宋子文是为了财政问题。关于东北外交,政府已经有确定之计划。

转发:支那、南京、汉口、广东、青岛、济南、奉天、长春、哈尔滨、天津。

资料来源:JACAR(アジア歴史資料センター)Ref. B02030448100(第245画像目から)、満洲事変(支那兵ノ満鉄柳条溝爆破ニ因ル日、支軍衝突関係)/善後措置関係/国際連盟支那調査員関係　第四巻(外務省外交史料館)

155. 驻南京上村代理总领事致斋藤外务大臣的函电
（1932年6月18日）

昭和七年　一四一二七　略　　南京　　　　　　　　　十八日下午发
　　　　　　　　　　　　　　外务省　　　　　　　　六月十八日下午收

第四七九号

十八日上午，顾维钧离开上海回京，直接乘飞机北上。

转发：公使、北平、奉天、天津、青岛、长春。

资料来源：JACAR（アジア歴史資料センター）Ref. B02030448100（第247画像目から）、満洲事変（支那兵ノ満鉄柳条溝爆破ニ因ル日、支軍衝突関係）/善後措置関係/国際連盟支那調査員関係　第四巻（外務省外交史料館）

156. 驻哈尔滨长冈代理总领事致斋藤外务大臣的函电
（1932年6月18日）

昭和七年　一四一二二　暗　　哈尔滨　　　　　　　　十八日下午发
　　　　　　　　　　　　　　外务省　　　　　　　　六月十八日下午收

第六二〇号

关于往电第六一六号

据在哈尔滨充当内勤的外务省杉原的秘密报告，他与哈尔滨特警管理署联络，并于七日早访问美国总领事。往电第六一二号中的马占山致万福麟电报列举之事实，即斯奇尔与林德访问马占山与国际联盟调查团没有关系，完全可以证实。至于"满洲国"采取何种手段无法推测。斯奇尔二人亦不知会如何证实以上内容。总领事声明二人与调查团没有关系，或者致电国际联盟调查团询问。杉原称，斯、林二人从马占山处获取的资料，即与马占山会谈录、马占山致国际调查团陈情书以及没有署名的马占山的陈情书共三种。十六日夜，斯奇尔、林德二人将上述资料提交给特警署八木顾问处。关于将资料翻译成英文，美国领事馆称不方便，没有接受。总领事也以事务繁忙为由拒绝委托翻译。

转发同往电。

资料来源：JACAR（アジア歴史資料センター）Ref. B02030448100（第247画像目から）、満洲事変（支那兵ノ満鉄柳条溝爆破ニ因ル日、支軍衝突関係）/善後措置関係/国際連盟支那調査員関係　第四巻（外務省外交史料館）

157. 驻上海守屋书记官致斋藤外务大臣的函电
（1932年6月18日）

昭和七年　一四一四五　暗　　上海　　　　　　　　十八日下午发
　　　　　　　　　　　　　外务省　　　　　　　　六月十八日下午收

第九七〇号

本官发给哈尔滨之电报

第三号

关于发给大臣之第六〇五号电报

本月十八日，阿本德（アーベンド，Hallett Abend）来访本官，情绪激昂，称《纽约时报》特派员斯奇尔完全是为了新闻报道，冒着生命危险去会见马占山，传递马占山军队的实况，以及调查马占山与俄国军队是否有联系或关系等。"满洲国"官员不仅在秘密文书中将斯奇尔视为马占山的间谍，而且在完全没有证实的情况下，检查了斯奇尔收集的新闻资料。阿本德曾向本庄司令官、大桥次长介绍过该人，是对日本没有任何恶意之人，"满洲国"应该信赖斯奇尔，对其采取缓和的态度。

对于以上情况，本官表示这是"满洲国"内部的事情，与本使馆没有关系（态度上这样说）。当然，本官首先会向"满洲国"方面了解情况。同嫌疑人会面，并携带支那文的记录等，是其招致怀疑的原因，如果斯奇尔在这些方面行动谨慎，就不会出问题。

转发：齐齐哈尔、武市。

转发：外务大臣、国际联盟、北平、奉天。

本电及贵电转发美、纽约，转报上海。

资料来源：JACAR（アジア歴史資料センター）Ref. B02030448100（第248画像目から）、満洲事変（支那兵ノ満鉄柳条溝爆破ニ因ル日、支軍衝突関係）/善後措置関係/国際連盟支那調査員関係　第四巻（外務省外交史料館）

158. 驻上海守屋书记官致斋藤外务大臣的函电
（1932年6月18日）

昭和七年　一四一四三　暗　　上海　　　　　　　　十八日下午发
　　　　　　　　　　　　　　外务省　　　　　　　六月十八日下午收

第九七一号

本官发给哈尔滨之电报

第四号

关于往电第三号

阿本德想再次来访本官，但被拒绝。据发来的电报显示，这是因为斯奇尔的事态似乎更加恶化。"满洲国"方面应该将已经检查过的新闻资料归还给斯奇尔，但却已经全部没收。另外，据哈市的日本报纸刊载报道，"满洲国"指责美国领事馆庇护斯奇尔，斯奇尔收集反"满洲国"的新闻记事，有间谍之嫌疑，应将其驱逐出境。

受上述新闻报道的刺激，阿本德担心日本人或许加害斯奇尔，前来请求本官帮助。如果有日本人加害斯奇尔，无论如何要依仗本官处理。又，日本报纸的报道已在纽约的报刊刊载，引起大的轰动。

转发、转报如往电。

资料来源：JACAR（アジア歴史資料センター）Ref. B02030448100（第250画像目から）、満洲事変（支那兵ノ満鉄柳条溝爆破ニ因ル日、支軍衝突関係）/善後措置関係/国際連盟支那調査員関係　第四巻（外務省外交史料館）

159. 驻上海村井总领事致斋藤外务大臣的函电
（1932年6月18日）

昭和七年　一四一二五　略　　上海　　　　　　　　十八日下午发
　　　　　　　　　　　　　　外务省　　　　　　　六月十八日下午收

第七九〇号

关于往电第七八四号

顾维钧出发日延迟一天，出席上海银行公会等界的慰劳宴。十八日早乘飞机前往南京、北平方向,罗文干同行。顾维钧在当地滞留期间的言论讲话,以及有关公开演说的新闻报道,与其在北平及天津时大同小异。

转报:支。

转发:北平、天津、南京。

资料来源:JACAR(アジア歴史資料センター)Ref. B02030448100(第251画像目から)、満洲事変(支那兵ノ満鉄柳条溝爆破ニ因ル日、支軍衝突関係)/善後措置関係/国際連盟支那調査員関係 第四巻(外務省外交史料館)

160. 驻长春田中领事代理致斋藤外务大臣的函电
（1932年6月18日）

昭和七年　一四一四二　暗　　长春　　　　　　　　　十八日下午发
　　　　　　　　　　　　　　外务省　　　　　　六月十八日下午收

第三二八号

关于哈尔滨发给阁下的第六一六号电报

据大桥的内部消息,"满洲国"表示绝不能忽视林德将从马占山处获得的资料进行公开报道,或者交付给国际联盟调查团,所有资料必须全部提交给"满洲国"。大桥已向哈尔滨美国总领事提出严肃交涉。考虑本件需要火速解决,此供参考。

转发:奉天、哈尔滨。

资料来源:JACAR(アジア歴史資料センター)Ref. B02030448100(第251画像目から)、満洲事変(支那兵ノ満鉄柳条溝爆破ニ因ル日、支軍衝突関係)/善後措置関係/国際連盟支那調査員関係 第四巻(外務省外交史料館)

161. 驻国际联盟泽田局长致斋藤外务大臣的函电
（1932年6月18日）

昭和七年　一四一五九　平　　巴黎　　　　　　　　　十八日下午发
　　　　　　　　　　　　　　外务省　　　　　　六月十九日上午收

第四五号

十五日,国联理事会秘书长将李顿调查团十四日电报通报给理事会及国际联盟各会员国,其内容如别电第四六号,同时转发驻欧美各大使。

资料来源:JACAR(アジア歴史資料センター)Ref. B02030448100(第252画像目から)、満洲事変(支那兵ノ満鉄柳条溝爆破ニ因ル日、支軍衝突関係)/善後措置関係/国際連盟支那調査員関係　第四巻(外務省外交史料館)

162. 军缩会议全权代表致斋藤外务大臣的函电
(1932年6月18日)

昭和七年　一四一六二　平　日内瓦　　　　　　十八日下午发
　　　　　　　　　　　外务省　　　　　　　六月十九日上午收

军第一二六号

十八日,日内瓦收到署名林德的十七日来电,主要内容如下:

十六日下午,日本官员以本人与马占山、张学良以及李顿调查团有关系为由,在没有任何通报的情况下,将我逮捕,并被讯问长达六小时之久,直到深夜二时才被释放。另外,本人不在居室之际,也未照会驻支那的法国领事,日本就搜查了本人的居室。日本官员称我会见马占山构成了对"满洲国"的侮辱。

转发:哈尔滨。

资料来源:JACAR(アジア歴史資料センター)Ref. B02030448100(第254画像目から)、満洲事変(支那兵ノ満鉄柳条溝爆破ニ因ル日、支軍衝突関係)/善後措置関係/国際連盟支那調査員関係　第四巻(外務省外交史料館)

163. 斋藤外务大臣致驻北平矢野参事官的函电
(1932年6月18日)

顾维钧来日问题

第一二一号(火速)

议会正在进行关于"满洲国"承认问题的决议,在调查团停留日本期间,计划召开促进承认"满洲国"国民大会(此种场合,顾维钧身边有危惧之虞),致北平之往电第一一三号,顾维钧来日问题其后成行,回电。

资料来源:JACAR(アジア歴史資料センター)Ref. B02030448100(第

255画像目から)、満洲事変(支那兵ノ満鉄柳条溝爆破ニ因ル日、支軍衝突関係)/善後措置関係/国際連盟支那調査員関係　第四巻(外務省外交史料館)

164. 斋藤外务大臣致驻北平矢野参事官的函电
（1932年6月18日）

国际联盟调查团再来日本之件

第一二二号

致吉田大使

第三八号

关于贵电第二三二号

内田伯爵七月五日回京，调查团按照预定从北平出发，26日到达日本，前十天游览关西及箱根，七月六日左右入东京（如内田伯爵提前两三天回东京，根据情况可以缩短游览时间）。调查团东京停留十天左右，可回答哈斯……①

资料来源：JACAR（アジア歴史資料センター）Ref. B02030448100（第256画像目から)、満洲事変(支那兵ノ満鉄柳条溝爆破ニ因ル日、支軍衝突関係)/善後措置関係/国際連盟支那調査員関係　第四巻(外務省外交史料館)

165. 支那驻屯军参谋长致陆军次官的函电
（1932年6月17日）

参同文

密　昭和七年　六月十七日下午　　　　　　　三时三十分发

　　　　　　　　　　　　　　　　　　　　　九时四十七分收

天电第一九六号

本日零时，在通过天津的列车上，有因北戴河新设公安局而从北宁铁路各警务课选拔的四十名铁路巡警，他们从北平前往北戴河。另，上午六时四十九分通过天津的军用列车上，有从北平前往北戴河的炮兵第7旅一连（连长以下160人，马

---

① 译者按：以下字迹涂抹不清。

75匹,山炮4门)。以上,被认为是支那方面非难日本做出的扩充措施。

资料来源:JACAR(アジア歴史資料センター)Ref. B02030448100(第257画像目から)、満洲事変(支那兵ノ満鉄柳条溝爆破ニ因ル日、支軍衝突関係)/善後措置関係/国際連盟支那調査員関係　第四巻(外務省外交史料館)

166. 外事课长致政务总监的函电
（1932年6月18日）

昭和七年六月十八日　朝鲜总督府秘书官　矢野义男

本日,接矢野参事官如下通知:

国际联盟调查团一行,二十二日从当地出发,由陆路经朝鲜直接前往东京……。①其后,为尽快到达日本,考虑从青岛乘船赴神户之案。日本方面希望其视察朝鲜,也许经由贵地……。② 杨格与调查团同行前往东京,待东京事情完结后再赴朝鲜京城,"满洲国"方面对其视察间岛没有异议。另,当地意见,为详细视察朝鲜,停留一二日时间略短……③

请外务省定夺。

资料来源:JACAR(アジア歴史資料センター)Ref. B02030448100(第259画像目から)、満洲事変(支那兵ノ満鉄柳条溝爆破ニ因ル日、支軍衝突関係)/善後措置関係/国際連盟支那調査員関係　第四巻(外務省外交史料館)

167. 驻北平矢野参事致斋藤外务大臣的函电
（1932年6月18日）

机密第三一四号

关于杨格之件

关于此次国际联盟调查团随从专家杨格的新闻通信记事,将六月四日奉

---

① 译者按:字迹不清。
② 译者按:字迹不清。
③ 译者按:字迹不清。

天发行的《大阪每日新闻》号外英译版(附件乙号)①,六月三日北京发行的 T、J、T、S 通信(附件丙号)②,以及六月八日送交本官的书函(附件甲号)③呈上。

另送交:公使、奉天、天津。

资料来源:JACAR(アジア歴史資料センター)Ref. B02030448100(第 260 画像目から)、満洲事変(支那兵ノ満鉄柳条溝爆破ニ因ル日、支軍衝突関係)/善後措置関係/国際連盟支那調査員関係　第四巻(外務省外交史料館)

168. 斋藤外务大臣致驻间岛冈田总领事的函电
（1932 年 6 月 20 日）

有关国际联盟支那调查团随员杨格出差前往间岛参考资料之件

机密第二〇七号

关于本件,六月十日往信以亚一机密第一九五号送交,其后追送以下资料:

一、昭和七年六月六日,长春代理领事田中来信,机密第三四四号。

二、昭和七年六月六日,齐齐哈尔清水领事来信,机密第一八八号。

(两封信通过附件送交)④

资料来源:JACAR(アジア歴史資料センター)Ref. B02030448100(第 265 画像目から)、満洲事変(支那兵ノ満鉄柳条溝爆破ニ因ル日、支軍衝突関係)/善後措置関係/国際連盟支那調査員関係　第四巻(外務省外交史料館)

169. 驻北平矢野参事致斋藤外务大臣的函电
（1932 年 6 月 19 日）

昭和七年　一四一七六　暗　北平　　　　　　　十九日上午发
　　　　　　　　　　　　　　外务省　　　　　六月十九日下午收

---

① 译者按:附件为英文,从略。
② 译者按:附件为英文,从略。
③ 译者按:附件为英文,从略。
④ 译者按:查无原文。

第三〇一号

来自吉田

第二三五号

关于往电第二三二号

十八日，汪精卫、李济深等文官与顾维钧一同到平，并于当日访问了国际联盟调查团。

转发：支那、奉天、长春。

资料来源：JACAR（アジア歴史資料センター）Ref. B02030448100（第266画像目から）、満洲事変（支那兵ノ満鉄柳条溝爆破ニ因ル日、支軍衝突関係）/善後措置関係/国際連盟支那調査員関係　第四巻（外務省外交史料館）

170. 驻北平矢野参事致斋藤外务大臣的函电
（1932年6月19日）

昭和七年　一四一八四　暗　北平　　　　　　　　十九日下午发
　　　　　　　　　　　　　　外务省　　　　　　　六月十九日下午收

第三〇二号

来自吉田

第二三六号

满洲在历史上、政治上历来独立于支那本部，其佐证资料已提交给调查团。丕平出发前起草调查书，尚未完了。外务省思考尚有适当资料在归纳整理中，由该顾问到东京时面交。

资料来源：JACAR（アジア歴史資料センター）Ref. B02030448100（第266画像目から）、満洲事変（支那兵ノ満鉄柳条溝爆破ニ因ル日、支軍衝突関係）/善後措置関係/国際連盟支那調査員関係　第四巻（外務省外交史料館）

171. 驻北平矢野参事致斋藤外务大臣的函电
（1932年6月19日）

昭和七年　一四一八八　暗　北平　　　　　　　　十九日下午发
　　　　　　　　　　　　　　外务省　　　　　　　六月十九日下午收

第三〇三号
来自吉田
第二三七号
往电第二三五号,李济深为宋子文之误。
转发:公使、奉天、长春。
资料来源:JACAR(アジア歴史資料センター)Ref. B02030448100(第267画像目から)、満洲事変(支那兵ノ満鉄柳条溝爆破ニ因ル日、支軍衝突関係)/善後措置関係/国際連盟支那調査員関係　第四卷(外務省外交史料館)

172. 驻北平矢野参事致斋藤外务大臣的函电
(1932年6月20日)

昭和七年　一四二四〇　暗　　北平　　　　　　　　二十日下午发
　　　　　　　　　　　　　　外务省　　　　　　　六月二十一日下午收

第三〇五号(极密)
来自吉田
第二三八号
关于贵电第三八号

十九日下午,哈斯推测,日本政府之所以考虑调查团于七月六日(或提前二三天)入东京比较合适,可能是考量到新外相就任之事[贵电第三四号(一),由于国际联盟调查团有多名日本随员,有关内田伯爵内定为外相之议,难以完全保证不被外泄,请了解]。另,贵电第三八号提出进入东京前游览旅行之事,哈斯称,如日本政府方便,可经由青岛直接赴日,入东京前花费十天左右时间用于游览,颇费时日。或者经由满洲和朝鲜也可。以上是哈斯同李顿团长商讨后的回复。盐崎提出,若经由满洲和朝鲜,顾维钧问题如何解决,哈斯回答称尚未确定,但个人印象是顾维钧必须同行。"满洲国"方面对顾维钧及支那随员王广圻等数人旅行有特殊异议。待旅程确定后电报之。

另,往电第二二七号(一)拉吉布他那号船(ラジブタナ,译音)返航青岛之消息,十九日电告国际联盟方面取消。

资料来源:JACAR(アジア歴史資料センター)Ref. B02030448100(第267画像目から)、満洲事変(支那兵ノ満鉄柳条溝爆破ニ因ル日、支軍衝突関

係)/善後措置関係/国際連盟支那調査員関係　第四卷(外務省外交史料館)

173. 驻北平矢野参事致斋藤外务大臣的函电
（1932年6月20日）

昭和七年　一四一九六　暗　北平　　　　　　二十日上午发
　　　　　　　　　　　　　　外务省　　　　六月二十日下午收

第三〇六号

来自吉田

第二三九号

十九日上午，调查团在原外交部与汪精卫、罗文干、顾维钧会面，听取支那方面关于满洲问题的意见。

转发；公使、奉天、长春。

资料来源：JACAR（アジア歴史資料センター）Ref. B02030448100（第269画像目から）、満洲事変(支那兵ノ満鉄柳条溝爆破ニ因ル日、支軍衝突関係)/善後措置関係/国際連盟支那調査員関係　第四卷(外務省外交史料館)

174. 驻北平矢野参事致斋藤外务大臣的函电
（1932年6月20日）

昭和七年　一四二五〇　暗　北平　　　　　　二十日上午发
　　　　　　　　　　　　　　外务省　　　　六月二十日下午收

第三〇九号

关于往电第三〇四号

关于汪精卫、罗文干、宋子文等人来北平的动向，20日，原田报告包括林文龙在内的内部消息：

一、此次汪精卫来北平的工作是会见国际联盟调查团，同时，就庐山会议上决定的所谓全盘外交办法，征求张学良的同意。十八、十九两日，汪精卫等人会见调查团及张学良。关于外交办法，张学良表示了同意。

二、上述外交办法包括与俄国结交抵挡日本，即迅速与俄国恢复国交，同时缔结攻守同盟，任其扰乱北满地区，另一方面组织十万义勇军，扰乱南满，其方法是破坏铁路，袭击日本人集聚地，使日本军队疲于奔命，其间采取诸如动用兵力以压迫日本之对策。

三、与俄国恢复国交的结果，必然要求在支那容忍共产党的活动，自然带来国民政府与共产党军关系的变化，也有招致重大局面转换之危，东亚将陷入危难，但当今的支那也是不得已而为之。

另外，二十日罗文干与本官对谈时，罗文干称与俄国恢复国交，不等于与俄国共产党握手。对俄问题应该是罗文干北上的重要使命。

转发：支那、南京、奉天、天津、长春、哈尔滨。

资料来源：JACAR（アジア歴史資料センター）Ref. B02030448100（第269画像目から）、満洲事変(支那兵ノ満鉄柳条溝爆破ニ因ル日、支軍衝突関係)/善後措置関係/国際連盟支那調査員関係　第四巻(外務省外交史料館)

175. 驻北平矢野参事致斋藤外务大臣的函电
（1932年6月20日）

昭和七年　一四二五七　略　　北平　　　　　　　二十日下午发
　　　　　　　　　　　外务省　　　　　　　　　　六月二十一日上午收

第三一〇号
来自吉田
第二四〇号

二十日，《北平新报》揭载，前几天日本政府表示，如顾维钧随同调查团赴日，日本政府对能否保护顾维钧的生命安全存有不确定性。从支那立场来看，即使日本政府没有保护外国人生命安全的能力，顾维钧也有前往日本的必要性。

转发：支那、奉天、长春。

资料来源：JACAR（アジア歴史資料センター）Ref. B02030448100（第271画像目から）、満洲事変(支那兵ノ満鉄柳条溝爆破ニ因ル日、支軍衝突関係)/善後措置関係/国際連盟支那調査員関係　第四巻(外務省外交史料館)

176. 驻北平矢野参事致斋藤外务大臣的函电
（1932年6月20日）

昭和七年　一四二六〇　暗　北平　　　　　　二十日下午发
　　　　　　　　　　　　外务省　　　　　　六月二十一日上午收

第三一二号

来自吉田

第二四二号

二十日，调查团与汪兆铭、罗文干、宋子文第二次会见。

转发：支那、奉天、长春。

资料来源：JACAR（アジア歴史資料センター）Ref. B02030448100（第271画像目から）、満洲事変（支那兵ノ満鉄柳条溝爆破ニ因ル日、支軍衝突関係）/善後措置関係/国際連盟支那調査員関係　第四巻（外務省外交史料館）

177. 驻北平矢野参事致斋藤外务大臣的函电
（1932年6月20日）

昭和七年　一四二四九　暗　北平　　　　　　二十日下午发
　　　　　　　　　　　　外务省　　　　　　六月二十日下午收

第三一三号

来自吉田

第二四三号

顾维钧不赴日本，或者改派其他代表赴日，情报是否属实未查证。

转发：支那、奉天、长春。

资料来源：JACAR（アジア歴史資料センター）Ref. B02030448100（第272画像目から）、満洲事変（支那兵ノ満鉄柳条溝爆破ニ因ル日、支軍衝突関係）/善後措置関係/国際連盟支那調査員関係　第四巻（外務省外交史料館）

178. 驻哈尔滨长冈代理总领事致斋藤外务大臣的函电
（1932年6月20日）

昭和七年　一四二四七　暗　　哈尔滨　　　　　　　　二十日下午发
　　　　　　　　　　　　　　外务省　　　　　　　　六月二十日下午收

第六二四号

关于往电第六二〇号

十七日，美国总领事汉森致函交涉署长施履本，涉及对国联调查团及斯奇尔怀疑的事情。

一、斯奇尔仅仅是为了新闻调查才与马占山会面，与调查团没有任何关系。自己也以电报形式向调查团通告两者之间没有任何关系。

二、以内容绝对不能发表为理由，"满洲国"方面没收了往电第六一六号有关支那的资料。二十日上午，施履本前往访问美国和法国领事，催促美国领事尽早予以承诺，法国领事表示应该予以二十四小时的缓冲。

三、关于裁军全权代表发给阁下的往电第一二六号，十六日，特务机关长百武中佐称，当前传闻"满洲国"方面正在研究对林德采取严厉手段。百武根据各方面的消息，得知对林德提供各种方便……①不过是好意的忠告。关于本件，本领事馆当然要和军部有表面上的接触。

外务省转发在美大使、纽约。

由瑞士转发国际联盟。

转发：支那、北平、奉天、长春、齐齐哈尔、瑞士。

资料来源：JACAR（アジア歴史資料センター）Ref. B02030448100（第272画像目から）、満洲事変（支那兵ノ満鉄柳条溝爆破ニ因ル日、支軍衝突関係）/善後措置関係/国際連盟支那調査員関係　第四巻（外務省外交史料館）

---

① 译者按：原文不清。

179. 驻哈尔滨长冈代理总领事致斋藤外务大臣的函电
（1932年6月20日）

昭和七年　一四二四六　暗　　哈尔滨　　　　　　二十日下午发
　　　　　　　　　　　　　　外务省　　　　　　　六月二十日下午收

第六二六号

十八日东京电通揭载，居住于当地的美国传教士[①]受斯奇尔委托，为了将从马占山处获得的资料传递给国际联盟调查团，已经从当地出发。大约一周前，传教士匆匆经由大连奔赴芝罘，而车票在身处山东的该人妻子手中。因此，本馆要求出示无车票旅行证明。国际联盟调查团在当地滞留期间，麦考益曾在该人宅邸与马占山的代表会面，此情报相当可信。（汉森今天对泷川表示，该传教士与马占山有相识关系，与支那人会面招来了误解，但事实的确存在）因此，对本馆的要求予以拒绝。其后，美国领事馆出具公文提出了证明书。另外，在该传教士旅行途中，"满洲国"官员与军方协商，对其进行了调查。该传教士出发的前一天，发生对林德的调查事件，看上去这与传教士出发的时日吻合。

转发：支那、北平、奉天、长春。

资料来源：JACAR（アジア歴史資料センター）Ref. B02030448100（第274画像目から）、満洲事変（支那兵ノ満鉄柳条溝爆破ニ因ル日、支軍衝突関係）/善後措置関係/国際連盟支那調査員関係　第四巻（外務省外交史料館）

180. 驻上海守屋书记官致斋藤外务大臣的函电
（1932年6月20日）

昭和七年　一四二五一　暗　　上海　　　　　　　二十日下午发
　　　　　　　　　　　　　　外务省　　　　　　　六月二十日下午收

第九八一号

---

① 编者按：据原文所示，该传教士没有具体的名字，但下文中有日文"レ"指代传教士。

本官发给哈尔滨之电报

第七号

关于往电第六号

本月十五日，阿本德向本官提出书面材料，十九日又对本官提交《纽约时报》的正式抗议，对"满洲国"官员的抗议已转达大桥次长。美国对本官提出的是，美国以日本军队在满洲的不当措置而不承认"满洲国"，日本因此而不尊重美国人的治外法权。这一点刺激了阿本德多疑的性格，或许还会有愚蠢的宣传。阿本德的申诉已通报哈尔滨，事情的详细报告会传来。为了应答对方，正式的抗议应该履行外交上的手续。傍晚时分，阿本德又用电话发出声明书，但没有使用在北平的李顿、斯奇尔的名字。声明书的前文称，关于斯奇尔是调查团帮手的说法纯属日本方面的捏造。上述内容以私信的形式发来。

转发往电。

资料来源：JACAR（アジア歴史資料センター）Ref. B02030448100（第275画像目から）、満洲事変（支那兵ノ満鉄柳条溝爆破ニ因ル日、支軍衝突関係）/善後措置関係/国際連盟支那調査員関係　第四卷（外務省外交史料館）

181. 驻上海守屋书记官致斋藤外务大臣的函电
（1932 年 6 月 20 日）

昭和七年　一四二五三　暗　　上海　　　　　　二十日下午发
　　　　　　　　　　　　　　外务省　　六月二十一日上午收

第九八二号

关于致哈尔滨的往电第七号

二十日傍晚，瑞士总领事来访本官（可能是与阿本德协议的结果），表示并未向本国政府请示任何训令，即没有以外交手段迅速解决本件的意向（因其没有携带任何资料，故说明之）。其人来访表示前面提及的林德是瑞士知名记者，林德的新闻报道在本国深受欢迎，该人深入危险境地遭遇马贼抢掠，仅仅是为了完成新闻记者的任务而已，没有其他。现在林德却突然被传唤及讯问，毫不理睬其本人的申辩，甚至搜查其居室，没收其新闻资料，对处于法国领事治外法权保护下的瑞士人行使不当之权力。对此，特提出抗议。尤其甚为遗憾的是，不仅"满洲国"警察官，而且日本总领事馆的警察也参与了此事。要求迅速归还林德的新闻资料,并赶快与哈尔滨日本官员谈判。

对于以上,本官表示了十九日对阿本德讲述的同样态度(致哈尔滨往电第三号)。而且在涉及本事件中,对方对哈尔滨的日"满"官员相当不满,本官应答称难以相信日本官员参与其中,传唤及讯问并非没有履行正式手续,也并非为了了解情况就随意召唤其出面。最后表示,将向哈尔滨方面通报(瑞士总领事)来访,并询问情况(总领事表示,在六月二十二日十九人委员会开会之前,本事件若得不到解决,将使日内瓦的氛围恶化,并暗示会就此事而对日本表示遗憾之意。本官表示,对于本事件当审慎调查,明确是非曲直,不仅仅是只听从对方的意见而采取行动)。

转发:国际联盟、美、纽约、哈尔滨、长春、奉天、北平。

资料来源:JACAR(アジア歴史資料センター)Ref. B02030448100(第276画像目から)、満洲事変(支那兵ノ満鉄柳条溝爆破ニ因ル日、支軍衝突関係)/善後措置関係/国際連盟支那調査員関係 第四巻(外務省外交史料館)

182. 福冈县知事中山佐之助致内务大臣山本达雄等处的函电(1932年6月20日)

特外鲜秘第一一八二号
昭和七年六月二十日
发送方:福冈县知事中山佐之助
接收方:内务大臣山本达雄
　　　　外务大臣斋藤实
　　　　大阪、京都、爱知、神奈川、兵库、山口、长崎县警视厅,各厅、府、县长官

关于青岛市民对国际联盟调查团的阴谋活动

六月十七日,从青岛归来的本县检索员带来情报如下:
一、青岛支那新闻记者及其他的阴谋活动
国际联盟支那调查团一行到达青岛后,支那新闻记者及公会教育会、市商会、总工会等四家团体联合提出如下方案:
1. 对国际联盟调查团表示欢迎之意。

2. 希望调查团调查根本事实,公平公正地向国际联盟报告。

3. 青岛事变(市党部、《民国日报》的日华纷争事件)之真相。

4. 青岛市民一致团结,拥护政府,尊重国际政策,希望国联以光明正大的态度处理日华纷争事件。同时,日本无视国联关于日军迅速撤出非法占据东三省之决议,适合《国联盟约》第16条。

二、新闻记者团提出如下质问:

1. 满洲发展及民族自决是否一如日本的宣传,贵调查团如何鉴别。

2. 九月十八日的柳条沟是日本捏造的地点,本庄繁司令官亲自视察,如何鉴别。

3. 贵团一行赴日的目的何在。

4. 贵团如何看待日华纷争。

5. 报告书起草地是否决定在青岛。

6. 侨居东北的欧美人如何看待满洲事变。

三、反对将青岛作为报告书撰写地的运动

支那方面认为将报告书最后撰写地设在青岛,必然置本国于不利之立场,应变更撰写地点,当选择在北戴河。青岛夏季浓雾弥漫,多有流行病发生,不适合事务性工作。而且,青岛的日本不良分子甚多,并罗列了许多危险事项,反对青岛作为报告书撰写地。

将"左倾"分子潜入青岛市内外,以及日本人经营的其他各工厂,青岛的骚动一触即发,现在正积极策划之中。

资料来源:JACAR(アジア歴史資料センター)Ref. B02030448100(第279画像目から)、満洲事変(支那兵ノ満鉄柳条溝爆破ニ因ル日、支軍衝突関係)/善後措置関係/国際連盟支那調査員関係　第四卷(外務省外交史料館)

183. 驻哈尔滨长冈代理总领事致斋藤外务大臣的函电
(1932年6月21日)

昭和七年　一四三五〇　暗　　哈尔滨　　　　　　二十一日下午发
　　　　　　　　　　　　　　外务省　　　　　　六月二十一日下午收

第六三二号

关于在支代理公使发给贵大臣之第九八四号电报

"满洲国"对林德及斯奇尔的处置,是为了防止将来在"满洲国"的外国人策动反对"满洲国"之行动。即使二人与国际联盟调查团没有关系(代理公使发给本官第七号电报,调查团之声明,本官发给贵大臣之第六二四号电报第一项,基于当地美国总领事的请求,可以断定两者没有关系),而且二人对调查团表示,没有反对"满洲国"之意思,但敢于会见马占山(鉴于当时内地的危险状态,以及途中之安全问题,怀疑其事先与马占山取得了联系),并携带给调查团陈情书以及署名的险恶资料而返回,扰乱了"满洲国"的治安,这是非常不谨慎之行动。为此,"满洲国"采取适当之手段是理所当然的。对斯奇尔并未采取任何措置,并堂堂正正向美国总领事申述(参照致阁下的第六二〇号电及第六二四号电)。另外,有关传讯林德(传讯后因林德的态度不逊而中途改为逮捕),以及搜查其家宅的紧急措施,不能称为是"满洲国"的不法行为。而且,美国总领事也认为林德的行动不谨慎,本官致阁下的第六二〇号电,总领事对杉原的申明也表示了妥协态度。

鉴于阿本德历来的亲日态度,以及林德一直向欧洲提供情报,对于欧洲人正确认识满洲有所贡献。参见有关本问题之往电第六二〇号,以杉原向美、法领事提出的条件为基础,实现尽快解决为妥,包括向"满洲国"道歉等寒暄之类也无必要,相反会为将来埋下祸根。

转发:支那、北平、奉天、长春、国际联盟、美。由国际联盟转电瑞士、纽约。

资料来源:JACAR(アジア歴史資料センター)Ref. B02030448100(第282画像目から)、満洲事変(支那兵ノ満鉄柳条溝爆破ニ因ル日、支軍衝突関係)/善後措置関係/国際連盟支那調査員関係 第四卷(外務省外交史料館)

184. 驻上海守屋书记官致斋藤外务大臣的函电
(1932年6月20日)

昭和七年 一四二五二 暗 上海 二十日下午发
外务省 六月二十日下午收

第九八三号

本官发给哈尔滨之电报

第八号

关于往电第七号及致大臣的往电第 982 号

为应对《纽约时报》及瑞士总领事之需要，对于林德及斯奇尔传唤询问以及搜查住宅的实情，与法国领事协议的始末（以往电报有不明了之处）、对本事件之后（包括是否返还林德等搜集的新闻资料，以及观察等）的行动，以上事项望火速回电指示。

转发如往电。

资料来源：JACAR（アジア歴史資料センター）Ref. B02030448100（第283画像目から）、満洲事変（支那兵ノ満鉄柳条溝爆破ニ因ル日、支軍衝突関係）/善後措置関係/国際連盟支那調査員関係　第四卷（外務省外交史料館）

185. 驻上海守屋书记官致斋藤外务大臣的函电
（1932年6月20日）

昭和七年　一四二五四　暗　　上海　　　　　　　　二十日下午发
　　　　　　　　　　　　　　外务省　　六月二十一日上午收

第九八四号

关于往电第九八二号

关于斯特尔（スティール，译音）①，阿本德屡次申诉，考虑斯特尔向国内汇报通信是历来的工作方法，推测其并非是为了造成社会轰动。另外，林德给日内瓦的通信不一定是想象中的那样造成当地的氛围恶化。

李顿爵士已经明确声明林德、斯特尔与调查团之间没有任何关系，将他们搜集的新闻资料予以返还的同时，由"满洲国"方面略微向驻哈尔滨的美国、法国各领事予以说明，关于本事件进行如此考虑和处理是明智的。另，对瑞士方面也予以适当之应答。望火速回电指示。

转发如往电。

资料来源：JACAR（アジア歴史資料センター）Ref. B02030448200（第284画像目から）、満洲事変（支那兵ノ満鉄柳条溝爆破ニ因ル日、支軍衝突関係）/善後措置関係/国際連盟支那調査員関係　第四卷（外務省外交史料館）

---

① 译者按：斯特尔（スティール）与前文中的斯奇尔（スチール）似为同一人，原电文的日文对英文（Steel）翻译有别。下同。

186. 驻上海守屋书记官致斋藤外务大臣的函电
（1932年6月20日）

昭和七年　一四二一六　略　　上海　　　　　　　　二十日下午发
　　　　　　　　　　　　　　　外务省　　　　　　　六月二十日下午收

第九七九号

本官发给奉天之电报

第六号

六月二十日，当地报纸刊登了哈尔滨的斯特尔、林德事件的大概（认为确实是阿本德提供的消息），报刊后面还附有阿本德于六月十九日提交本官的抗议。对于在"满洲国"发生的事件，阿本德向我方提出抗议是没有道理的。本官在昨天的会谈中纯以友人的身份交换了意见，特传达知悉。

转发如往电。

资料来源：JACAR（アジア歴史資料センター）Ref. B02030448200（第285画像目から）、満洲事変（支那兵ノ満鉄柳条溝爆破ニ因ル日、支軍衝突関係）/善後措置関係/国際連盟支那調査員関係　第四巻（外務省外交史料館）

187. 驻北平矢野参事致斋藤外务大臣的函电（一）
（1932年6月21日）

昭和七年　一四二七九　暗　　北平　　　　　　　　二十一日上午发
　　　　　　　　　　　　　　　外务省　　　　　　　六月二十一日上午收

第三一一号之一（极密）

来自吉田

第二四一号

六月二〇日，克劳德将军谈话如下：

十九日，南京政府的阁僚与我们会见，南京方面强调上海的日军正向满洲移动，造成了事态恶化，被认为是向满洲增兵。南京方面在会谈中将书面资料提交给李顿。李顿对此是拒绝，还是否认，当以书面回复。

本使表示，日本军队是从本国派出，还是从上海派出，全凭本国的意志，支那方面没有置喙资格。

克劳德认为,此不单是支那方面的借口,也是一般"土匪"及其他军队的借口。

他们明白,日本从上海向满洲派兵,南京政府也未能积极制止国民的抵制运动,尽管以有些地区没有排日的事实为依据,但不能说没有抵制运动,暗示天津、山东发生的事情。他们也显露出困惑之模样。

本使在上海向调查团提供了交通部的排日命令书。克劳德称,调查团将此资料提供给了南京政府。

本使还向调查团提交了中央政府向奉天下达的排日运动密令(张景惠获得的文件)。

(待续)

资料来源:JACAR(アジア歴史資料センター) Ref. B02030448200(第286画像目から)、満洲事変(支那兵ノ満鉄柳条溝爆破ニ因ル日、支軍衝突関係)/善後措置関係/国際連盟支那調査員関係 第四巻(外務省外交史料館)

188. 驻北平矢野参事致斋藤外务大臣的函电(二)
(1932年6月21日)

昭和七年 　一四二七八　暗　　北平　　　　　　　　二十一日上午发
　　　　　　　　　　　　　　　外务省　　　　　　　六月二十一日上午收

第三一一号之二(极密)

据闻,调查团及秘书处在满洲接受个人或团体的书面材料,进行统计和比较,了解人民对"满洲国"赞成与否的情况。

克劳德:李顿团长认为满洲人不喜欢日本人势力渗入的"满洲国",也不希望军阀返回,对南京政府没有好感,讨厌国民党。考虑到这些,日本人帮助"新国家"是当然的。

本使:允许"满洲国"的成立,如巴拿马等其他国家的例子一样,当然需要外国的援助。

克劳德:法国也遇到同样的问题,需要有远虑,讲究万全之策。先是在满洲实行自治,然后逐渐从支那的主权中脱离。

本使:"满洲国"的成立与我政府没有任何关系,日本迟早要承认"满洲国"。

克劳德：支那对前述日本派兵及帝国议会讨论承认"满洲国"很是愤怒，无论如何，对于主权问题是最热心的。

在南京，他们的态度比较温和，但在北平却很强硬，这是支那的常用套路。

转发：支那、奉天、长春、南京。

资料来源：JACAR（アジア歴史資料センター）Ref. B02030448200（第288画像目から）、満洲事変（支那兵ノ満鉄柳条溝爆破ニ因ル日、支軍衝突関係）/善後措置関係/国際連盟支那調査員関係 第四巻（外務省外交史料館）

189. 驻北平矢野参事致斋藤外务大臣的函电
（1932年6月21日）

昭和七年　一四三〇二　暗　北平　　　　　　　　二十一日下午发
　　　　　　　　　　　　　外务省　　　　　　　　六月二十一日下午收

第三一四号

来自吉田

第二四四号

六月二十一日的调查团会议，要求本使出席

一、关于调查团入日本东京之件，李顿团长希望延迟调查团入东京的日期。有关询问日本政府的问题，已在往电第二三八号予以了粗略说明。入东京途中的观光事宜耗费时日，而且没有闲暇，或者可以在当地直接着手起草报告书，为此需要变更事务。

1. 了解日本政府一直希望在下月六日左右入东京之意。

2. 比预定日期提前数日到东京，提前询问日本政府关于诸如调查团与总理大臣等官员进行会谈的意见。

关于"2"，请火速回电。关于"1"，因为含有内田担任外相的极密内容。以上两点请做安排。

二、关于顾维钧来日之件。李顿团长称，尽管日本反对顾维钧赴日，但如果没有可以接受的理由，顾维钧应当赴日。李顿团长想了解日本政府反对顾维钧赴日的理由是什么。致北平第一一三号贵电前段已说明了理由。

资料来源：JACAR（アジア歴史資料センター）Ref. B02030448200（第

289画像目から）、満洲事変(支那兵ノ満鉄柳条溝爆破ニ因ル日、支軍衝突関係)/善後措置関係/国際連盟支那調査員関係　第四巻(外務省外交史料館)

190．驻国际联盟泽田局长致斋藤外务大臣的函电
（1932年6月21日）

昭和七年　一四三六五　暗　巴黎　　　　　　　　二十一日下午发
　　　　　　　　　　　　　　外务省　　　　　　六月二十二日上午收

第五十一号

关于日内瓦致大臣之第五〇五号电

据国联秘书处内部消息，十九人委员会在二十四日根据支那方面的回复情况，以及同洛桑会议的关系，决定于二十八日召开国联大会。

转发：日内瓦国际联盟、驻欧美各大使。

资料来源：JACAR(アジア歴史資料センター)Ref. B02030448200(第290画像目から)、満洲事変(支那兵ノ満鉄柳条溝爆破ニ因ル日、支軍衝突関係)/善後措置関係/国際連盟支那調査員関係　第四巻(外務省外交史料館)

191．驻北平矢野参事致斋藤外务大臣的函电
（1932年6月21日）

昭和七年　一四三四九　暗　北平　　　　　　　　二十一日下午发
　　　　　　　　　　　　　　外务省　　　　　　六月二十一日下午收

第三二〇号

从铁道部副部长曾仲鸣处听闻，耿坚白二十一日带回以下情报：

汪精卫、罗文干、宋子文等与调查团会面，希望报告书能够重视支那的尊严而公平制成。另外，提出支那加入共同管理满洲的提案。

宋子文来北平的主要任务是根据庐山会议中决定的事项，特与张学良商量解决财政困境的对策，即实行鸦片全国公卖，一年可获数千万元。

转发：支那、奉天、天津、南京、长春。

资料来源：JACAR(アジア歴史資料センター)Ref. B02030448200(第290画像目から)、満洲事変(支那兵ノ満鉄柳条溝爆破ニ因ル日、支軍衝突関

係)/善後措置関係/国際連盟支那調査員関係　第四卷(外務省外交史料館)

192. 驻长春田中领事代理致斋藤外务大臣的函电
（1932年6月21日）

昭和七年　一四三二四　暗　　长春　　　　　　　二十一日下午发
　　　　　　　　　　　　　　外务省　　　　　　六月二十一日下午收

第三四一号

本官发给支的第四号电

关于致哈尔滨的贵电第八号

二十一日，据大桥吐露，关于对林德及斯奇尔的处置，"满洲国"政府向美国及法国驻哈尔滨领事提出要求，将两人搜集的资料全部提供给"满洲国"，并保证今后不再进行此事件的报道。如果获得承诺，决定对两人采取离境等举措。二十日，特派员施履本向两国领事提出以上要求，美国总领事爽快承诺，法国领事表示容许24小时进行考虑。预测本事件可以得到圆满解决。二十一日，施履本发来报告。

转发：外务大臣、北平、奉天、哈尔滨。

资料来源：JACAR(アジア歴史資料センター) Ref. B02030448200(第291画像目から)、満洲事変(支那兵ノ満鉄柳条溝爆破ニ因ル日、支軍衝突関係)/善後措置関係/国際連盟支那調査員関係　第四卷(外務省外交史料館)

193. 驻哈尔滨长冈代理总领事致斋藤外务大臣的函电
（1932年6月21日）

昭和七年　一四二九三　暗　　哈尔滨　　　　　　二十一日下午发
　　　　　　　　　　　　　　外务省　　　　　　六月二十一日下午收

第六二八号

代理公使向驻美大使及纽约转发往电第六一六号。或者已由外务省转发完毕，若未转发部分予以转发。

转发如往电。

资料来源：JACAR(アジア歴史資料センター) Ref. B02030448200(第

292画像目から）、滿洲事変(支那兵ノ滿鉄柳条溝爆破ニ因ル日、支軍衝突関係)/善後措置関係/国際連盟支那調査員関係　第四巻(外務省外交史料館)

194. 驻长春田中领事代理致斋藤外务大臣的函电
（1932年6月22日）

昭和七年　一四四〇八　暗　　长春　　　　　　　二十二日下午发
　　　　　　　　　　　　　　外务省　　　　　　六月二十二日下午收

第三四三号

关于往电第三二八号及致驻支那公使的电报第四号

二十二日，据大桥秘密报告，法国领事也回复承诺"满洲国"方面的要求，宣告本事件圆满解决。

转发：支那、北平、奉天、哈尔滨。

资料来源：JACAR（アジア歴史資料センター）Ref. B02030448200（第292画像目から）、滿洲事変(支那兵ノ滿鉄柳条溝爆破ニ因ル日、支軍衝突関係)/善後措置関係/国際連盟支那調査員関係　第四巻(外務省外交史料館)

195. 驻哈尔滨长冈代理总领事致斋藤外务大臣的函电
（1932年6月21日）

昭和七年　一四三五三　暗　　哈尔滨　　　　　二十一日下午发
　　　　　　　　　　　　　　外务省　　　　　六月二十一日下午收

第六三三号

本官发给支那的电报

第三四九号

关于贵官发给大臣的第九二八号电及发给本官的第七号电

瑞士总领事及阿本德对于本事件①向我方表示抗议，如此甚不合道理。本馆及当地军方并未参与此事件。当地美、法领事向本馆提出任何申诉都缺乏实据（根据美国总领事汉森致泷川的私信，鉴于阿本德的历来态度，其下属

---

① 编者按：即林德和斯奇尔事件。

斯奇尔或许有反"满"或反日之态度,特区警察顾问八木和杉原对其发出传讯)。阿本德称驻满日本军队有不当举措,瑞士总领事指责本馆警察官干预本案,这是全然无凭无据地污蔑我方(外国方面因为我方与"满洲国"的历来关系,以及处理本案是以"满洲国"日本人员充任的官吏为主,而这些外国出于并未承认"满洲国"的关系,特意避免与"满洲国"方面直接交涉。所以在本事件上与我方有所牵连,如此解释并非无理,为此需好意斡旋。总之,对以上问题缺乏正当认识)。

另外,据瑞士公使向本官介绍,以及裁军全权代表松井中将向当地特务机关的介绍,军方及各界向林德提供了许多便利。在"满洲国"调查该人之前,百武中佐曾好意忠告林德要陈述事实,如果发生误解,"满洲国"方面当尽可能地斡旋。林德误解日本军方是"满洲国"处理本案的指导者。关于这一点,特向瑞士总领事说明。

转发:外务大臣、北平、奉天、长春、国际联盟、美。

由国际联盟转发瑞士,由美转发纽约。

资料来源:JACAR(アジア歴史資料センター)Ref. B02030448200(第293画像目から)、満洲事変(支那兵ノ満鉄柳条溝爆破ニ因ル日、支軍衝突関係)/善後措置関係/国際連盟支那調査員関係 第四巻(外務省外交史料館)

196. 驻哈尔滨长冈代理总领事致斋藤外务大臣的函电
(1932年6月21日)

昭和七年　一四三五五　暗　哈尔滨　　　　　　二十一日下午发
　　　　　　　　　　　　　　外务省　　　　　　六月二十一日下午收

第六三四号

本官发给支那的电报第三五〇号

关于贵电第八号

一、六月十五日下午八时,特区警察向林德出示随时听从传唤的传票。二十二时左右,法国领事欲过问本案,并以职责在身而态度不逊,表示传唤林德也应在晚饭之后。过二十二时,警察方面变更为逮捕的形式,对林德进行调查取证。林德所述内容,即与马占山的会见录,如同本官致大臣的第六〇九号电之内容,并正委托美国总领事馆进行翻译中,经斯奇尔同意,可以在明日提出。

取证调查于十六日凌晨二时结束。十六日晚十一时左右,警察传唤林德、斯奇尔,除会见录外,将往电第六二〇号中的支那资料(这些资料是林德在取证过程中的自述)提交给八木顾问,八木阅后返还二人。

二、在以上取证过程中因有湮灭证据之虞,作为紧急措置,警察派遣三名俄籍警官到旅馆,会见旅馆主人后进行了三四十分钟的居室搜查,没收部分通信资料。

三、对斯奇尔,警察方面未采取任何讯问等直接手段。

四、与法国领事协议的情况别电报告。

转发如往电。

由国际联盟转发瑞士,由美转发纽约。

资料来源:JACAR(アジア歴史資料センター)Ref. B02030448200(第294画像目から)、満洲事変(支那兵ノ満鉄柳条溝爆破ニ因ル日、支軍衝突関係)/善後措置関係/国際連盟支那調査員関係 第四卷(外務省外交史料館)

197. 驻哈尔滨长冈代理总领事致斋藤外务大臣的函电
（1932年6月21日）

昭和七年　一四三五四　暗　哈尔滨　　　　　　二十一日下午发
　　　　　　　　　　　　　　外务省　　　　　　六月二十二日上午收

第六三五号

关于致代理公使往电第三五〇号之四

致大臣之拙电第六二四号,提及法国领事要求24个小时的考虑时间,二十一日上午,法国领事到访交涉署,对本事件提出如下条件:

一、资料提供给"满洲国"方面使用两个星期。

二、两周后将资料返还给两位记者。二人表示绝不提供给其他任何政府,但必要时可以将其内容发表。

三、返还搜查居室时没收的物品。

四、"满洲国"方面向林德道歉。

五、本事件解决后,两名记者发表声明,澄清与调查团之间有关系之嫌疑。

交涉署方面认为其要求有些过分,本着中央训令,可以做最小限度地让步,且美国总领事也承诺了以上要求。在指出法国没有理由固执自说的基础上，日本坚持强硬态度。法国领事大体回答了一些同林德及美国总领事商议的情况，然后告辞。随后，"满洲国"方面应允其要求，资料需于明日（二十二日）向"满洲国"当局提交，并以电话沟通。

另外，作为解决条件的被没收的物品，"满洲国"方面已经使用完毕而不再需要，明日予以返还。确证二人与调查团没有关系。经美、法领事的友谊斡旋，承认按照日本要求的方针进行解决，并召开记者会，由警察当局发表。

转发如往电第六三二号。

由国际联盟转发瑞士，由美转发纽约。

资料来源：JACAR（アジア歴史資料センター）Ref. B02030448200（第296画像目から）、満洲事変（支那兵ノ満鉄柳条溝爆破ニ因ル日、支軍衝突関係）/善後措置関係/国際連盟支那調査員関係　第四巻（外務省外交史料館）

198. 驻美出渊大使致斋藤外务大臣的函电
（1932年6月21日）

昭和七年　一四三七〇　平　华盛顿　　　　　　二十一日下午发
　　　　　　　　　　　　外务省　　　　　六月二十二日上午收

第三五九号

二十日，上海发行的《纽约时报》载，据阿本德之通信，经由国际联盟调查团之斡旋，南京政府在日本承认"满洲国"之前，出于决定"满洲国"地位的目的，开始与日本进行两国间的直接谈判。为此，汪精卫、顾维钧、罗文干等政府主要人物，佯称前往南京，实际乘飞机从上海出发前往北平。支那方面提出：

一、取代溥仪政府，建立悬挂支那国旗的"满洲自治国"，获得东京、南京两政府承认，任用支那人官吏。

二、支那方面承认、保障日本通过包括"二十一条"在内的各种条约获得的权利。支那方面提出这些条件之动机，似乎是国际联盟调查团的报告书对支那方面不太有利。南京政府为改善内政而倾注全力，首先必须解决满洲问题。通过对南京要员之观测，上述通信引起高度重视。

资料来源：JACAR（アジア歴史資料センター）Ref. B02030448200（第297画像目から）、満洲事変（支那兵ノ満鉄柳条溝爆破ニ因ル日、支軍衝突関係）/善後措置関係/国際連盟支那調査員関係　第四巻（外務省外交史料館）

199. 大阪工商总会会长稻畑胜太郎致若松商务书记官的函电（1932年6月21日）

拜启，祝贵书记官时下愈发康泰。关于国际联盟支那调查团李顿一行，预定何时再来日本，一行若来日本，大阪已经准备恭候，并有便利条件，但需要耗费些工夫，恳请回复为盼。

资料来源：JACAR（アジア歴史資料センター）Ref. B02030448200（第299画像目から）、満洲事変（支那兵ノ満鉄柳条溝爆破ニ因ル日、支軍衝突関係）/善後措置関係/国際連盟支那調査員関係 第四巻（外務省外交史料館）

200. 日程案（日期不详）

（按照预定，调查团一行于六月二十六日到达下关，在七月十日赴东京之前，游览其他地方，设定日程如下）：

六月二十六日（周日）　　到达下关。上午九时从下关出发，下午一时十四分到达宫岛（宿宫岛宾馆）。

六月二十七日（周一）　　停留宫岛。

六月二十八日（周二）　　下午一时十四分从宫岛出发，下午九时三十九分到达京都（宿都宾馆）。

六月二十九日—七月一日（周三至周五），停留京都。

七月二日（周六）　　京都出发前往奈良（宿奈良宾馆）。

七月三日（周日）　　停留奈良。

七月四日（周一）　　游览山田、鸟羽后返回奈良。

七月五日（周二）　　停留奈良（访问大阪）。

七月六日（周三）　　从奈良出发前往宫下（宿富士屋宾馆）。

七月七日—七月九日（周四至周六）　停留宫下。

七月十日（周日）　　从宫下出发前往东京。

资料来源：JACAR（アジア歴史資料センター）Ref. B02030448200（第300画像目から）、満洲事変（支那兵ノ満鉄柳条溝爆破ニ因ル日、支軍衝突関係）/善後措置関係/国際連盟支那調査員関係 第四巻（外務省外交史料館）

201. 驻上海守屋书记官致斋藤外务大臣的函电
（1932年6月22日）

昭和七年　一四四一七　暗　上海　　　　　二十二日下午发
　　　　　　　　　　　　　外务省　　　　六月二十二日下午收

第九九一号
本官致哈尔滨之电报
第九号
关于贵电第三五一号
六月二十二日早晨，瑞士总领事来电话，告知驻哈尔滨法国领事送来关于林德事件顺利解决的电报。想必双方①均满意。在收到详细报告之前，基于贵电第三四九号的主旨，本官向其说明日本警察并未参与逮捕林德等事件。而且，日本官员自始至终考虑予以（林德）特殊之方便。总领事对此表示感谢之意，并称即刻将详细事情报告本国。

转发如往电。

资料来源：JACAR（アジア歴史資料センター）Ref. B02030448200（第301画像目から）、満洲事変（支那兵ノ満鉄柳条溝爆破ニ因ル日、支軍衝突関係）/善後措置関係/国際連盟支那調査員関係　第四巻（外務省外交史料館）

202. 驻北平矢野参事致斋藤外务大臣的函电（一）
（1932年6月22日）

昭和七年　一四四三四　暗　北平　　　　　二十三日下午发
　　　　　　　　　　　　　外务省　　　　六月二十三日上午收

第三二二号之一
来自吉田
第二四五号
六月二十二日，麦考益来访，谈话内容如下：

---

① 编者按：指瑞士和法国。

一、调查团讨论关于日本承认"满洲国"问题,认为日本政府在政策方面的决定是不容调查团置喙的问题,我等从东京政府当局听闻此事,即日本政府想在调查团向日内瓦提出报告书前承认"满洲国"。本人[①]认为日本是非常注重礼仪的国家,断不会做出这种事情。我的看法曾告诉吉田,获得李顿团长的承认。我们并非是就这一情况向日本表达希望,而是在以良好心情起草报告书之际,调查团不得不直面日本承认"满洲国"的既成事实,实在是尴尬、困惑。

二、如果支那在满洲再建立其政权机构,"满洲国"该采取何种措施,或者满洲发生了新的事态,"满洲国"该如何对待,调查团从南京阁僚那里听取了明确的意见。

(待续)

资料来源:JACAR(アジア歴史資料センター)Ref. B02030448200(第302画像目から)、満洲事変(支那兵ノ満鉄柳条溝爆破ニ因ル日、支軍衝突関係)/善後措置関係/国際連盟支那調査員関係 第四巻(外務省外交史料館)

203. 驻北平矢野参事致斋藤外务大臣的函电(二)
(1932年6月22日)

昭和七年　一四四三五　暗　　北平　　　　　　二十二日下午发
　　　　　　　　　　　　　　　外务省　　　　　六月二十二日下午收

第三二二号之二

〔据麦考益以上谈话,本使讲述了汪精卫、沈亚洲局长在南京对本人的谈话要点,并回答称,在"新国家"成立之前,高级调查团员(High Commissioner)方案或许有考虑之余地,但在今日是不可能的,麦考益对此未表示批评意见〕

三、本人[②]早年曾陪伴菲律宾总督伍特(ウッド,译音)与已故的田中大将面谈,涉及关岛要塞问题以及台湾的防卫。田中大将称,不惧怕日美两国有理性的冲突。转而谈到满洲问题,田中大将说明该地对日本人的利害关系,美国人对此有误解,从国防到其他层面,日本迟早要采取直接行动,希望不至于刺

---

① 编者按:本人即麦考益。
② 编者按:本人即麦考益,下同。

激美国云云。本庄司令官在最后的会见时也倾诉了意见,奇妙的是,几乎是(与田中大将)相同的观点,本人很有兴致听到这些。

转发:支那、奉天、长春、国际联盟。

资料来源:JACAR(アジア歴史資料センター)Ref. B02030448200(第303画像目から)、満洲事変(支那兵ノ満鉄柳条溝爆破ニ因ル日、支軍衝突関係)/善後措置関係/国際連盟支那調査員関係 第四卷(外務省外交史料館)

204. 驻汉口坂根总领事致斋藤外务大臣的函电
（1932年6月22日）

昭和七年　一四四三二　暗　汉口　　　　　二十二日下午发
　　　　　　　　　　　　　外务省　　　　六月二十二日下午收

第四四五号

本月二十二日,汉口当地汉文报纸大肆报道我方拒绝顾维钧入日的问题,并附有昨日支那方面的通信。《新民报》以"日本不能保护外国人生命安全"为题发表社论,指责日本拒绝顾维钧入日,甚至对国际联盟调查团报告书起草地横加干预等。日本作为国际联盟成员之一,并未与支那断绝国交,支那参与员与国际联盟派遣员有着不可分之关系,日本方面拒绝支那参与员入境,甚是失当。日本持如此态度,其结果不只是失去世界的同情。日本从一开始就派吉田参与员进入支那,却为何拒绝顾维钧入日。顾维钧已告知李顿,即使生命安全得不到保障,也敢于前往日本。通过此事不能不怀疑日本方面的诚意,在列举支那独特理由的同时攻击支那。

转发:支那、北平、南京、奉天、天津。

资料来源:JACAR(アジア歴史資料センター)Ref. B02030448200(第304画像目から)、満洲事変(支那兵ノ満鉄柳条溝爆破ニ因ル日、支軍衝突関係)/善後措置関係/国際連盟支那調査員関係 第四卷(外務省外交史料館)

205. 斋藤外务大臣致驻北平矢野参事官的函电
（1932年6月）

昭和七年　六月□日发①

关于国际联盟支那调查团一行在东京之计划

致吉田大使

据贵电第二二七号及丕平归来的谈话，表达了调查团一行不接受一切官方宴会的意向，为此我方内定计划：1. 秩父（高松）②两殿下的招待宴（钦内定赤坂离宫）。2. 外相。3. 前田侯爵。4. 三井男爵。5. 实业团体（红叶馆）。6. 各国协会招待各国委员。其中第3、第4委托前田及三井两家准备充分的膳食，以展览家宝为目的。各国协会及实业团体并非是官方宴会……③望将我方准备情况向李顿爵士说明，承诺与否，火速回电。

资料来源：JACAR（アジア歴史資料センター）Ref. B02030448300（第306画像目から）、満洲事変（支那兵ノ満鉄柳条溝爆破ニ因ル日、支軍衝突関係）/善後措置関係/国際連盟支那調査員関係　第四巻（外務省外交史料館）

206. 斋藤外务大臣致驻北平矢野参事官的函电
（1932年6月22日）

关于国际联盟调查团再来日本之件

第一二八号

关于贵电第二四四号之一之（二）

内田伯爵尽可能迅速回京，可能于七月五日上午到京，以外相专职身份同调查团会见之前，先由首相等与调查团开始进行会谈。因此，七月六日上午来

---

① 译者按：发电日期字迹不清。
② 编者按：高松有被划掉的痕迹。
③ 译者按：以下字迹不清。

东京没有问题……。①

资料来源：JACAR（アジア歴史資料センター）Ref. B02030448300（第310画像目から）、満洲事変（支那兵ノ満鉄柳条溝爆破ニ因ル日、支軍衝突関係）/善後措置関係/国際連盟支那調査員関係　第四巻（外務省外交史料館）

207. 驻国际联盟松平大使致斋藤外务大臣的函电
（1932年6月23日）

昭和七年　一四五二八　暗　　日内瓦　　　　二十三日下午发
　　　　　　　　　　　　　　外务省　　　　六月二十四日上午收

第2号

关于往电第一二六号

来自矢田

六月二十三日，寺崎前往拜访瑞士代表戈尔杰（ゴルジェ，Gorge，译音），获悉林德前来满洲完全是非正式的，曾事先向驻伯尔尼（ベルン）日本公使馆申请前往满洲视察，希望提供方便。矢田公使予以应允，并向在满各公使通报，还委托松井全权通告军方，传达了同样的内容。林德到满洲后感谢我方之好意，听说在林德通信中，直到今天未发现对我方不利之信息，矢田公使感到十分欣慰。然而其后林德行踪不明，接着媒体报道该人被捕的消息。当询问本公馆时，答复因为林德与马占山会面，而未能联系上。其后考虑到此事属于"满洲国"内部事务，难知其详。据说近期经美法两国领事斡旋，应当能解决。以上密报乃奉矢田公使之命。听闻林德曾向戈尔杰谈及在日本的事情，经求证日本公使馆，并无什么事情。直到最近的日内瓦报道，方充分了解阁下的好意，并直接通报驻伯尔尼公使馆。

依本人卑见，本件之要点是林德与马占山会见，李顿调查团是否支付了资金（他们与马占山会面，李顿调查团是否了解，或者借用其口吻套取马占山的内情，这是新闻记者的惯用手段）。林德如何向欧美报道对我有利的满洲实况，在这一点上甚是重要，如果在这一点上成功，比起我方煞费苦心操纵新闻媒体，能获事半功倍之结果。"满洲国"方面采取强硬手段是出于不得已，可以

---

①　译者按：以下手写字迹不清。

体谅。一旦林德去了国外，没收情报资料乃至封口令是收取不到实效的。鉴于此，不如显示宽大的态度，使林德将来不成为让日本讨厌的新闻记者，避此不利，乃是大局上的良策。

由外务省转发，秘送瑞士。

资料来源：JACAR（アジア歴史資料センター）Ref. B02030448300（第312画像目から）、満洲事変（支那兵ノ満鉄柳条溝爆破ニ因ル日、支軍衝突関係）/善後措置関係/国際連盟支那調査員関係　第四巻（外務省外交史料館）

208. 驻上海守屋书记官致斋藤外务大臣的函电
（1932年6月23日）

昭和七年　一四五〇一　暗　　上海　　　　　　　　　二十三日下午发
　　　　　　　　　　　　　　外务省　　　　　　　　六月二十三日下午收

第九九八号

关于汪精卫一行的北平之行，据李思浩、有野的密报，此行任务是与国际联盟调查团会见，商议东三省问题对策，以及对俄复交问题。另外，庐山会议上决定讨伐"共匪"费用，每月600万元，由四个月以来平津地区鸦片收入的一部分负担，宋子文特为此事与张学良商量。顾孟余的任务是专为正太铁路借款，与法国及有关方面交涉，筹借2000万乃至3000万的借款（参照北平致外务大臣之第三一八号电报），此项事情未向外界发表。

转发：北平、天津、南京、青岛、济南、汉口。

资料来源：JACAR（アジア歴史資料センター）Ref. B02030448300（第314画像目から）、満洲事変（支那兵ノ満鉄柳条溝爆破ニ因ル日、支軍衝突関係）/善後措置関係/国際連盟支那調査員関係　第四巻（外務省外交史料館）

209. 驻南京上村代理总领事致斋藤外务大臣的函电
（1932年6月23日）

昭和七年　一四五一五　暗　　南京　　　　　　　　　二十三日下午发
　　　　　　　　　　　　　　外务省　　　　　　　　六月二十四日上午收

第四八三号

汪精卫与罗文干一同于二十三日下午返回南京。

转发：支那、北平、奉天、长春、青岛、济南、天津、汉口、广东。

资料来源：JACAR（アジア歴史資料センター）Ref. B02030448300（第315画像目から）、満洲事変（支那兵ノ満鉄柳条溝爆破ニ因ル日、支軍衝突関係）/善後措置関係/国際連盟支那調査員関係　第四巻（外務省外交史料館）

210. 驻北平矢野参事官斋藤外务大臣的函电
（1932年6月23日）

昭和七年　一四四九四　略　北平　　　　　　二十三日下午发
　　　　　　　　　　　　外务省　　　　　　六月二十三日下午收

第三二三号

来自吉田

第二四六号

汪精卫、罗文干离开北平前，就顾维钧问题发表共同声明，其要旨在当地二十三日报刊登载：

此次调查团赴日，是为了依据最近调查获得的材料与日本政府交换意见，以资完成报告书。这与其在过去的四个月时间里奔赴支那内地及东三省行使调查的使命有别。而且，支那政府在与调查团交换意见时，没有日本代表参与。此次调查团赴日与其政府交换意见之际，支那代表其实没有必要参加，顾维钧为了国家而不计赴日之劳，值得称赞。但近来日本方面散布不欢迎支那代表，甚至不能承担保护之责等言论，实属非友谊之表示，支那方面难以容忍。故训令顾维钧不必赴日。

转发：支那、奉天、长春、南京、国际联盟。

资料来源：JACAR（アジア歴史資料センター）Ref. B02030448300（第316画像目から）、満洲事変（支那兵ノ満鉄柳条溝爆破ニ因ル日、支軍衝突関係）/善後措置関係/国際連盟支那調査員関係　第四巻（外務省外交史料館）

211. 驻北平矢野参事致斋藤外务大臣的函电
（1932年6月23日）

昭和七年　一四五〇四　暗　　北平　　　　　　　二十三日下午发
　　　　　　　　　　　　　　外务省　　　　　　六月二十三日下午收

第三二四号

来自吉田

第二四七号

丕平从北平出发前，已经将其携带归京的满洲条约议定书，以致李顿信函的形式发出。在听取该顾问意见之时，若有订正之处，望火速回电。

资料来源：JACAR（アジア歴史資料センター）Ref. B02030448300（第317画像目から）、満洲事変(支那兵ノ満鉄柳条溝爆破ニ因ル日、支軍衝突関係)/善後措置関係/国際連盟支那調査員関係　第四卷(外務省外交史料館)

212. 驻北平矢野参事致斋藤外务大臣的函电
（1932年6月23日）

昭和七年　一四五〇六　暗　　北平　　　　　　　二十三日下午发
　　　　　　　　　　　　　　外务省　　　　　　六月二十四日上午收

第三二五号

来自吉田

第二四八号

贵电第四三号已呈交李顿，李顿对在上海发表调查团一行在日本滞留期间的宴会日程表而表示困惑，似乎让人感到是一名英国人去日本游玩，所以谢绝一切应酬。到日本后再按照商定，免去招待宴会的繁文缛节，并希望能够事先公开发表，二十四日调查团内部协商后应当正式回复。李顿表示本人得以参加秩父宫殿下及外务大臣的宴会，感到非常荣幸，但只限此两次。实业家及其他名士的宴会就没有必要参加了，只需要有个交谈机会。

资料来源：JACAR（アジア歴史資料センター）Ref. B02030448300（第317画像目から）、満洲事変(支那兵ノ満鉄柳条溝爆破ニ因ル日、支軍衝突関

係)/善後措置関係/国際連盟支那調査員関係　第四巻(外務省外交史料館)

213. 驻北平矢野参事致斋藤外务大臣的函电
(1932年6月23日)

昭和七年　一四五〇五　暗　北平　　　　　　　　廿三日下午发
　　　　　　　　　　　　　　外务省　　　　　六月廿四日上午收

第三二九号(极密)

来自吉田

第二四九号

按照贵电第四二号之内容,二十三日已经传达给李顿(并告之内田伯爵与调查团委员同行,虽已有新闻报道,但还未听说调查团方面有此意向),以下为谈话要旨:

李顿:调查团与日本政府当局会见,是赴日本之目的,对此目的没有争议,希望能够研究如何实现此目的。但是,鉴于日本政府承认"满洲国",支那进行抵制活动,两国间实现和平没有希望,我等期待的是持久的实际和平。

本使:议会中的决议是认可全体国民的要求(详细予以说明之)。

李顿:赞成贵公使所言。作为一个政府,能否负起国际上的责任义务,以及符合世界之舆论,确实十分必要。调查团作为国际联盟的代表前来,对此非常重视。

本使:不能说日本承认"满洲国"就是违反国际义务吧。

李顿:我认为这是违背现行条约。

本使:我政府并非这样考虑。

李顿:当然,如果日本政府没有承认的意图,我们在日本可以与政府当局讨论,不知能否接受。

本使:您认为何时解决此事件?

李顿:最好是随着时间的推移来考虑为宜,否则不可。

本使:南京国民政府内阁官员有关于满洲问题的提案吗?

李顿:没有其他具体的提案,但对民事行政管理的计划,支那方面要求必须满足两点:一是不丧失主权;二是关税等问题由南京国民政府直接统辖。

本使:(在说明与南京国民政府要员的私下交谈后)支那的提议是"是的,

委员长阁下"。

李顿：无论如何，如果是适当的提案，我认为调查团使支那做出承诺是没有问题的。此次内阁获得政、民两党的支持，政府如果同意，可与两党党首等人面谈。此外，不准备会见其他人。

转发：支那、南京、汉口、奉天、长春、哈尔滨、国际联盟。

资料来源：JACAR（アジア歴史資料センター）Ref. B02030448300（第318画像目から）、満洲事変（支那兵ノ満鉄柳条溝爆破ニ因ル日、支軍衝突関係）/善後措置関係/国際連盟支那調査員関係　第四卷（外務省外交史料館）

214. 驻哈尔滨长冈代理总领事致斋藤外务大臣的函电
（1932年6月23日）

昭和七年　一四四九六　暗　　哈尔滨　　　　　　二十三日下午发
　　　　　　　　　　　　　　　外务省　　　　　六月二十三日下午收

第六四四号

昨天（六月二十二日）上午，法国领事陪同林德、斯奇尔来交涉署，携带四份支那文书：1. 致国际联盟调查团之陈情书；2. 宣传文书（马占山提供的公开信，没有收信人姓名，前已呈报）；3. 会见问答速记录；4. 会见记录（未见实物，可能是马占山方面关于会见的记录）。施署长首先主动将没收物品交给他们，然后希望他们能将上述文书交给他。法国领事回答：1与2可以提供，3与4可以提供复写件，并指出应返还的物品未全部返还，要求将还未返还的部分全部返还。另外，关于无理搜查林德家宅之事，希望日方能够采取行动，挽回林德的面子。施署长指责法国领事不遵守诺言（该领事曾在电话中承诺，会带来备忘录），双方交谈了三个小时没有结果，法国领事等人告辞离开。

以上，本官认为，施署长和杉原处理本件基本问题的技巧大体上得当，对于法国领事不履行诺言，"满洲国"方面相当重视所造成的影响，并说明了必要的看法。

请国际联盟转发瑞士，美转发纽约。

其他转发如往电。

资料来源：JACAR（アジア歴史資料センター）Ref. B02030448300（第321画像目から）、満洲事変（支那兵ノ満鉄柳条溝爆破ニ因ル日、支軍衝突関

係)/善後措置関係/国際連盟支那調査員関係　第四巻(外務省外交史料館)

215. 大阪市知事斋藤宗宜致内务大臣男爵山本达雄等处的函电(1932年6月23日)

发送方：大阪市知事斋藤宗宜
接收方：内务大臣男爵山本达雄
　　　　外务大臣子爵斋藤实
　　　　拓务大臣永井柳太郎
　　　　北海道、警视厅、神奈川、爱知、京都、兵库、山口、福冈、长崎各厅府县长官
　　　　关东厅警务局长

亚细亚局

外秘第八五九号

昭和七年六月二十三日

关于大阪对支经济联盟对国联调查团决议的态度之件

本月二十日下午二时，大阪对支经济联盟在位于大阪工商总会的联盟秘书处召开对支问题特别委员会会议。同兴纺社长饭尾一二等9名委员出席。在协议的基础上，借国际联盟调查团再次来访日本的机会，针对中华民国之现状，对支联盟将己方态度编制成决议文，并准备呈交国联调查团。本月二十七日，将再次召开全体委员会议，编制决议文。其内容在"附件"中发送，或许有些许修改。

大阪对支经济联盟特别委员会(大阪工商总会议员)

同兴纺	饭尾一二
栗本铁工所	栗本勇之助
卖药化妆品制造	森本兵卫
三井物产	田岛繁二
化妆品制造	中山太一
运送业	川上胤三

(续表)

贸易商	善积武太郎
支那贸易商	藤井满彦
贸易商	汤川忠三郎 安宅弥吉

附 件

阁下一行肩负国际和平之崇高使命,上次来访我国之时,给予我们良好的机会,让我们畅谈日支纠纷的原因,表达对善后之策的态度。其后,阁下一行奔赴上海、满洲各地,亲临现场调查。吾等对(阁下一行)劳苦及对国际和平之贡献表示深厚的敬意和感谢。

随着世界经济的不景气,全世界人心不安。之前,阁下一行经由大阪前往上海,今日视角转换,作为解决之途径,如战债赔偿金问题、关税壁垒低下问题,以及缩减军备等问题,无疑是非常重要之诸问题。但确保东亚和平,恢复并增进各国间的相互贸易,其重要性不亚于以上诸问题,相信贤明的阁下诸位能够了解。

以前,我们在此地迎接阁下一行,又在此地送别阁下前往支那。当时对阁下一行肩负铲除东亚和平之祸根,树立永久和平的重大使命抱有极大之期待。今日与往昔……[①]。今日,阁下一行来日本的近因,日支两国因上海事变而起的战火已经弭平,但问题的解决不过是暂时的。如今,国内、国外局势越发严峻,我等深知阁下一行的使命也越发重要。阁下一行的职责是向国际联盟呈交报告,并就国际联盟今后如何引导日支问题提供建议。此举将成为迅速恢复东亚和平的有力指南车。而且如果手段得当,也将对人类的和平与正义做出贡献。反之,不仅恢复东洋和平无望,甚至会成为世界战争的诱因。吾人相信,贤明的阁下在注意避免上述后果的同时,为探索和平且公正的解决之路而昼夜思虑。毫不过分地说,如今世界和平的命运压在阁下一行每个人的双肩上。我等对阁下的苦心也深表敬意。此问题涉及日支两国,阁下一行对满洲现场进行了种种调查,在对繁杂资料进行选择与取舍的基础上,策划解决日支

---

① 译者按:以下字迹不清。

纠纷的对策。吾人不疑阁下之睿智,谨提出以下几点注意事项烦请阁下慎重三思:

一、支那的现状,依然不存在统治全部领土与人民的中央政府。

二、现在的政权(多个)、军权(多个)及掌权者(多个),各自希望维持自己的权力,其奢望无止境、无限制,十分危险。

三、因此,在考虑如何正确解决日支纠纷,确保东亚永久和平对策之时,如果将现在的支那,视为军、政掌权者稳定不变的国家,是极其危险的。

〔参考一九三二年三月十五日,上海国际商业会议第八十四次总会,会长马库密金(マクミキン,译音)的演说〕:"过去的一年里,支那的中央政权仅存在于形式上,而且更进一步持续分裂。当局者不能约束不稳定的破坏分子,也不能抑制排货委员会的不法活动,这两点是诱发日支间纷扰的主因。以今日事态观之,支那要求撤销治外法权,则是更激进的策略。如此一来,应考虑如何保护外国人的生命财产自不待言,保证稳定贸易方面的诸条件亦需考虑。

四、《国联盟约》对不履行义务的国家没有设置若干限制条款,针对这一问题国联无法发挥作用,这是(《国联盟约》的)一大欠缺。另外,《九国公约》也只是各有关国家对支那的义务相互约定,并没有充分考虑支那违反其义务时的制裁措施,也是当前日支两国间悲剧现状的诱因之一。

五、因而,日支问题不能以《国联盟约》及《九国公约》作为判断的标准。在此,我等并非指责各方考虑得不够充分,以致国际联盟观念及条约上的不完备,而是为了不重蹈过去的失误,以免不能根除东亚和平的祸根。

支那的现状,对内不具备国家形态,对外欠缺充分肯定国家权力的义务的观念。

以前,吾人在此地迎接阁下一行之时,向阁下力陈,如要拯救支那,除列国协调、机会均等之途径以外,别无他策。如今,将再次迎接阁下一行之际,重申上述之言,披沥吾人之信念,相信已经在支那亲身完成调查的阁下一行,能够与吾人所言产生共鸣。

资料来源:JACAR(アジア歴史資料センター)Ref. B02030448300(第322画像目から)、満洲事変(支那兵ノ満鉄柳条溝爆破ニ因ル日、支軍衝突関係)/善後措置関係/国際連盟支那調査員関係　第四巻(外務省外交史料館)

216. 驻北平矢野参事致斋藤外务大臣的函电
（1932 年 6 月 24 日）

昭和七年　一四五六四　略　北平　　　　　　　　廿四日下午发
　　　　　　　　　　　　外务省　　　　　　　六月廿四日下午收

第三二八号（火速）

来自吉田

第二五〇号

六月二十四日，调查团决定前往日本的行程如下：

六月二十八日傍晚从北平出发，六月二十九日晨到达山海关，当日傍晚到达奉天（夜宿），六月三十日早从奉天出发，七月二日早到达汉城（夜宿），七月二日早从汉城出发，七月三日到达下关，七月四日到达东京。

转发：锦州、奉天、安东、天津、长春。

资料来源：JACAR（アジア歴史資料センター）Ref. B02030448300（第328 画像目から）、満洲事変（支那兵ノ満鉄柳条溝爆破ニ因ル日、支軍衝突関係）/善後措置関係/国際連盟支那調査員関係　第四卷（外務省外交史料館）

217. 驻北平矢野参事致斋藤外务大臣的函电
（1932 年 6 月 24 日）

昭和七年　一四五八〇　暗　北平　　　　　　　　廿四日下午发
　　　　　　　　　　　　外务省　　　　　　　六月廿四日下午收

第三二九号（火速）

来自吉田

第二五一号

关于往电第二四八号

调查团提出，除接受秩父宫及外务大臣招待外，其他一律拒绝。

资料来源：JACAR（アジア歴史資料センター）Ref. B02030448300（第328 画像目から）、満洲事変（支那兵ノ満鉄柳条溝爆破ニ因ル日、支軍衝突関係）/善後措置関係/国際連盟支那調査員関係　第四卷（外務省外交史料館）

218. 驻北平矢野参事致斋藤外务大臣的函电
（1932年6月24日）

昭和七年　一四五八七　暗　　北平　　　　　　　　廿四日下午发
　　　　　　　　　　　　　　外务省　　　　　　　　六月廿四日下午收

第三三二号（极密）

来自吉田

第（脱）号①

六月二十四日，巴（パ）②氏的谈话如下：

一、调查团同南京阁僚会谈了三次。第一次：在满洲实行行政管理；第二次：在满洲签订停战协定；第三次：顾维钧赴日问题。在谈话过程中，宋子文时有发言，但以汪精卫为主，罗文干、顾维钧皆一言未发。

关于第一次会谈，满洲各省启用地方官员，满洲的中央政府由南京派员组织。是否意味着满洲自身也可任用其他官员，调查团认为这几种方式兼而有之，他们尚无确定的方案。

关于第二次会谈，意味着终止日军与"土匪"等之间的敌对行为，关于顾维钧的提案，调查团认为不可能实行。

二、关于日本承认"满洲国"问题。代表们的意见不甚明了，在数次会谈过程中，代表们有积极发言的，也有保持沉默的。巴（パ）氏认为，上述行为（承认"满洲国"）并不违反条约：1. 在支那，禁止民族自决权（*self demermination*③），才能算侵犯支那主权。2. 可以说条约尊重（*respect*）主权，而不能说保证（*guarantee*）主权。所以，国际联盟必须站在不违反条约的立场上讨论本案。

三、李顿报告书不到九月初不能完成。

四、报告书中涉及"满洲国"成立之事，当然不会言及承认之事。

---

①　译者按：原文如此。

②　译者按：巴氏，应是调查团成员，全名未署。推测应该是派斯塔柯夫（Pastuhov，パスチュホフ）。下同。

③　译者按：原文似将"determination"错写为"demermination"。

五、(本使询问，南京要人高唱国际联盟不可依赖，要自力更生的论调，国际联盟是否向他们予以了一些暗示)。回答无。

资料来源：JACAR(アジア歴史資料センター)Ref. B02030448300(第329画像目から)、満洲事変(支那兵ノ満鉄柳条溝爆破ニ因ル日、支軍衝突関係)/善後措置関係/国際連盟支那調査員関係　第四巻(外務省外交史料館)

219. 驻北平矢野参事致斋藤外务大臣的函电
（1932年6月24日）

昭和七年　一四六〇九　平　北平　　　　　廿四日下午发
　　　　　　　　　　　外务省　　　　　　六月廿五日上午收

第三三三号

来自吉田

第二五二号

来日本的名单如下：

国际联盟方面：李顿、马柯迪（Aldrovandi，アルドロブアンデイ）、克劳德（Claudel，クローデル）、麦考益（McCoy，マッコイ）及夫人、希尼（Schnee，シュネー）、哈斯（Haas，ハース）及夫人、卡尔利（Charrère，シャレール）、皮特尔（Biddle，ビデイル）、助佛兰（Jouvelet，ジュヴレー）、勃来克斯雷（Blakeslee，ブレイクスリー）、爱斯托（Astor，アスター）、台纳雷（Dennery，デネリ）、杨格（Young，ヤング）及夫人、打字员（タイピスト）男女各一名（以上18人）。另外，支那人2名（麦考益及哈斯随从）。

日本方面：吉田、盐崎、森、森山、贵布根、中泽、木村、陈、木岛、早崎（以上2人为女打字员）、渡大佐、澄田中佐、洼田大佐、金井（满铁）、岩村（联合记者）、布伦绍里、金尼（以上17人）。

另外，林出领事及满铁三口、角田同行到奉天。

转发：奉天、安东、长春、天津、公使、关东厅、朝鲜总督。

资料来源：JACAR(アジア歴史資料センター)Ref. B02030448300(第330画像目から)、満洲事変(支那兵ノ満鉄柳条溝爆破ニ因ル日、支軍衝突関係)/善後措置関係/国際連盟支那調査員関係　第四巻(外務省外交史料館)

220. 驻南京上村代理总领事致斋藤外务大臣的函电
（1932年6月24日）

昭和七年　一四五五二　略　　南京　　　　　　　廿四日上午发
　　　　　　　　　　　　　　外务省　　　　　　六月廿四日下午收

第四八六号

关于往电第四五九号

据六月二十四日的新闻报道，汪精卫到京后对新闻记者的谈话大要如下：

此次调查团赴日为的是与日本政府交换意见，顾维钧本来没有参加之必要，吉田大使来京之际正是调查团在与我方会谈之时，但吉田没有参加。不过吉田大使来京，我方尽以友谊和礼仪相待。然而日本这一次却对顾维钧表示不予接待。而且，顾维钧此次赴日，与赴东北不同，东北乃我国之领土，傀儡政府已被我方无视，即使设置种种障碍，顾维钧也必须前往。为此，我政府始终支持顾维钧前行，顾维钧也毅然前往，毫不推辞。作为一个国家，日本既然表示对顾维钧不予接待，那么顾维钧就不必去了。

转发：支那、北平、奉天、长春。

资料来源：JACAR（アジア歴史資料センター）Ref. B02030448300（第331画像目から）、満洲事変（支那兵ノ満鉄柳条溝爆破ニ因ル日、支軍衝突関係）/善後措置関係/国際連盟支那調査員関係　第四卷（外務省外交史料館）

221. 驻芝罘内田领事致斋藤外务大臣的函电
（1932年6月24日）

昭和七年　一四五七七　暗　　芝罘　　　　　　　廿四日下午发
　　　　　　　　　　　　　　外务省　　　　　　六月廿五日上午收

第四四号

相传有防范马占山秘密书信之传闻。本月二十一日早上，哈尔滨美国宣教士雷奥纳德（レオナード，译音）从大连到达当地，经秘密侦查，该人有领取自哈尔滨日本总领事签发的经大连前往芝罘的正式签证，出席当地召开的教会会议。本月二十八日预订前往青岛，世间传说完全不是事实。

转发：支那、北平、奉天、哈尔滨。
暗送：济南、青岛、关东厅长官。

资料来源：JACAR（アジア歴史資料センター）Ref. B02030448300（第332画像目から）、満洲事変（支那兵ノ満鉄柳条溝爆破ニ因ル日、支軍衝突関係）/善後措置関係/国際連盟支那調査員関係　第四巻（外務省外交史料館）

222. 德国大使馆武官致参谋次长的函电
（1932年6月23日）

昭和七年　　　　　　　　　六月二十三日下午五时○○分发
　　　　　　　　　　　　　二十四日上午四时十三分收

第四一号

关于裁军问题中的胡佛（フーバー）方案，美国在自我宣传其一流选举的同时，因洛桑会议德国不支付赔偿的原因，导致英法也不对美支付，由此为裁军会议出了难题，也无疑牵制着洛桑会议。小官确信，破坏自我本位主义，提出的空想无益的方案，我国也不能应允。如今，趁调查团赴满洲的机会，致力于处理关系，或对上述方案形成牵制，希望能够断然排斥此方案。另外，根据德国的舆论，通过此方案若能获得德方主张的平等权利，那也没有任何关系。无论如何都要表示欢迎，并继续向美国暗送秋波。

资料来源：JACAR（アジア歴史資料センター）Ref. B02030448300（第333画像目から）、満洲事変（支那兵ノ満鉄柳条溝爆破ニ因ル日、支軍衝突関係）/善後措置関係/国際連盟支那調査員関係　第四巻（外務省外交史料館）

223. 有田次官的官邸午餐（1932年6月24日）

六月二十四日（周五）下午十二时三十分次官官邸午餐
　　　　　　　　　主人　有田次官

东朝　　绪方竹虎（缺席）
东日　　冈崎鸿吉（出席）
时事　　伊藤正德（出席）
国民　　座间胜平（出席）

联合　岩永裕吉（缺席）
读卖　柴田胜卫（出席）
日本时报　伊达源一郎（出席）
大朝　町田梓楼（出席）
大每　高石真五郎（出席）
报知　寺田四郎（出席）
中外　筑田次郎（出席）
电通　上田硕三（出席）
都　　山本信博（缺席）
　　　永井大使（出席）
　　　斋藤博士（出席）
　　　松田局长（出席）
　　　松岛局长（出席）
　　　伊藤参事官（出席）
　　　谷局长（缺席）
　　　白鸟部长（出席）
　　　吉泽书记官（出席）
　　　天城课长（出席）
　　　佐藤课长（出席）
　　　筒井课长（出席）
　　　岸秘书官（出席）

资料来源：JACAR（アジア歴史資料センター）Ref. B02030448300（第333画像目から）、満洲事変（支那兵ノ満鉄柳条溝爆破ニ因ル日、支軍衝突関係）/善後措置関係/国際連盟支那調査員関係　第四巻（外務省外交史料館）

224. 驻上海守屋书记官致斋藤外务大臣的函电
（1932年6月25日）

昭和七年　一四六五一　暗　　上海　　　　　　廿五日下午发
　　　　　　　　　　　　　　外务省　　　　六月廿五日下午收

第一〇〇四号

根据最近从北平归来的汪精卫一行或者宋子文及其身边之人处听闻,以及六月二十四日许卓然对有野的谈话,汪精卫一行此次在北平是就东三省问题解决案展开商讨。因日本的动向是近期准备承认"满洲国",可以预料其结果是日"满"两"国"之间,围绕日本权益签订种种条约。对于此,支那方面会采取反对及否认之态度,同时向调查团或国际联盟提出仲裁方案,原则是:(一)日本须取消"满洲国"的独立,承认支那之主权;(二)支那愿意全部承认和继承日"满"两"国"签订的条约。支那除承认以上两项原则外,没有其他妥协之余地,并将其态度向调查团表示。顾维钧所提之原案如同上述解决案。从支那方面观之,最有可能性的是,最近有颇具实力的少数地方实业家、政客等倡议,并向政府方面进言。所以,许卓然的上述谈话想必具有相当的根据。

另外,据许所言,即关于往电第九一八号中的张学良下野问题,由于各地"共匪"猖獗,蒋介石北上困难,加之对日问题紧张,所以暂时延期处理。但张学良下野只不过是时间问题,其方针并无变更。

(本电内容不对外发表)

前段转发国际联盟。

转发:北平、长春、奉天、天津、青岛、济南、南京、汉口、广东。

转报上海。

资料来源:JACAR(アジア歴史資料センター)Ref. B02030448300(第335画像目から)、満洲事変(支那兵ノ満鉄柳条溝爆破ニ因ル日、支軍衝突関係)/善後措置関係/国際連盟支那調査員関係 第四巻(外務省外交史料館)

225. 驻北平矢野参事致斋藤外务大臣的函电
(1932年6月25日)

昭和七年　一四六五四　暗　北平　　　　　　　　　　廿五日下午发
　　　　　　　　　　　　　外务省　　　　　　　　　　六月廿五日下午收

第二二四号(极密)

来自吉田

第二五四号

往电第二五三号(电信课注,北平发第三三二号):1. 在"有……"之后落了一句话:"而且,对于张学良来说,其认识到恢复统治满洲的政权已无可能"

（拙信机密第十号）。

与第二五三号电同时转发：公使、奉天、长春、国际联盟。

资料来源：JACAR（アジア歴史資料センター）Ref. B02030448300（第336画像目から）、満洲事変（支那兵ノ満鉄柳条溝爆破ニ因ル日、支軍衝突関係）/善後措置関係/国際連盟支那調査員関係　第四巻（外務省外交史料館）

226. 驻北平矢野参事致斋藤外务大臣的函电
（1932年6月25日）

昭和七年　一四六五二　暗　　北平　　　　　　　廿五日下午发
　　　　　　　　　　　　　　外务省　　　　　　六月廿五日下午收

第三三五号

来自吉田

第二五五号

关于贵电第四〇号

以本件回答资料为基础，其后草拟了关东军的回答案，并由军方在奉天面呈丕平（该人未通知本领事馆）。出于丕平接收之需要，若有订正之处，望见机处理。另外，该回答书请在东京送交哈斯。

资料来源：JACAR（アジア歴史資料センター）Ref. B02030448300（第337画像目から）、満洲事変（支那兵ノ満鉄柳条溝爆破ニ因ル日、支軍衝突関係）/善後措置関係/国際連盟支那調査員関係　第四巻（外務省外交史料館）

227. 驻北平矢野参事致斋藤外务大臣的函电
（1932年6月25日）

昭和七年　一四六五〇　暗　　北平　　　　　　　廿五日下午发
　　　　　　　　　　　　　　外务省　　　　　　六月廿五日下午收

第三三六号

来自吉田

第二五六号

对于支那方面是否派遣顾维钧之外的代理者或者随员，是无法判明的问题。六月二十四日,询问了哈斯,经同支那方面协商,得到的回答是没有随调查团去日本的支那同行者。

转发:支那、南京、奉天、长春。

资料来源:JACAR(アジア歴史資料センター)Ref. B02030448300(第337画像目から)、満洲事変(支那兵ノ満鉄柳条溝爆破ニ因ル日、支軍衝突関係)/善後措置関係/国際連盟支那調査員関係　第四巻(外務省外交史料館)

228. 驻广东须磨代理总领事致斋藤外务大臣的函电
（1932年6月25日）

昭和七年　一四六八〇　暗　　广东　　　　　廿五日下午发
　　　　　　　　　　　　　外务省　　　　　六月廿五日下午收

第四五六号

六月二十五日,法国参事官拉卡尔德(ラガルド,译音)前来访问本官,会谈内容如下:

1. 预计不会召开圆桌会议。各国碍难对第19路军进行共同防御。"除非日支之间进行直接交涉,否则上海问题不会得以解决。列强没有进行干预的理由",列强的这种态度十分坚定。

2. 此次南下途中,在青岛与国际联盟调查团进行了会面,本人的印象是:"关于满洲问题,德、法两国代表对日本有相当同情之见解",也看到了顾维钧等人表现出"调查团向日本表示同情之态度甚是遗憾"的态度,这是非常愚钝的。

由支转报上海。

转发:支那、北平、奉天、青岛、汉口、南京。

秘密发香港。

由青岛转报济南。

资料来源:JACAR(アジア歴史資料センター)Ref. B02030448300(第338画像目から)、満洲事変(支那兵ノ満鉄柳条溝爆破ニ因ル日、支軍衝突関係)/善後措置関係/国際連盟支那調査員関係　第四巻(外務省外交史料館)

229. 有田次官官邸午餐(1932年6月25日)

六月二十五日(周六)下午十二时三十分于次官官邸进行午餐

主人　　有田次官

经济联盟会长	乡诚之助(出席)
工业俱乐部理事长	木村久寿弥太(出席)
日华实业协会理事长	儿玉谦次(缺席)
日银总裁	土方久征(出席)
三井物产常务	安川雄之助(出席)
正金董事	小田切万寿之助(出席)
三菱银行会长	串田万藏(出席)
三井银行常务	池田成彬(出席)
大仓组副组长	门野重九郎(出席)
日银副总裁	深井英五(出席)
大阪商工会议所会长	稻畑胜太郎(缺席)　栗本勇之助(出席)
	森贤吾(出席)
日清纺织社长	宫岛清次郎(缺席)
安田银行副行长	森广藏(出席)
大阪商船社长	堀启次郎(缺席)　渥美宥郎(出席)
	武藤山治(缺席)
三菱商事商务	三宅川百太郎(缺席)
国际商业会议所理事	渡边铁藏(出席)
东洋纺织社长	阿部房次郎(缺席)
横滨商业会议所会长	井坂孝(出席)
京都商工会议所会长	大泽德太郎(出席)　各务铁吉(缺席)
	仓知铁吉(缺席)
东京市市长	永田秀次郎(出席)
日美协会副会长	伯爵桦山爱辅(出席)
日美协会副主事	武田圆治(出席)
日英协会副会长	林权助(缺席,饭后一个半小时出席)

日英协会评议员	松平庆民（缺席）
日法协会理事长	子爵曾我祐邦（出席）
日法协会理事	木岛孝藏（出席）
日德协会主事	友枝高彦
日德文化协会	森孝三（出席）
意学协会干事	男爵大寺纯藏（出席）
意学协会评议员	渡边直达（出席）
日意文化协会	上田天昭（出席）

永井大使（出席）

斋藤博士（出席）

松田局长（缺席）

松岛局长（出席）

伊藤参事官（出席）

武富局长（出席）

坪上部长（出席）

谷局长（缺席）

白鸟部长（出席）

冈本课长（出席）

守岛课长（出席）

佐藤课长（出席）

岸秘书官（出席）

资料来源：JACAR（アジア歴史資料センター）Ref. B02030448300（第340画像目から）、満洲事変（支那兵ノ満鉄柳条溝爆破ニ因ル日、支軍衝突関係）/善後措置関係/国際連盟支那調査員関係 第四巻（外務省外交史料館）

230. 关于召开国际联盟调查团外务省内接待委员会干事会会议之件（1932年6月25日）

关于召开国际联盟支那调查团外务省内接待委员会干事会会议之件

本二十五日（周六）下午二时三十分在特别会议室，召开国际联盟支那调查团外务省内接待委员会干事会，望参加为盼。

六月二十五日

条约第三课长　佐藤

永井大使

岸秘书官

三谷人事课长

吉泽书记官

河原事务局局长（代理亚细亚局第一课长）

冈本欧美局第二课长

筒井情报部第二课长

喜多事务官（支那调查团会室）

资料来源：JACAR（アジア歴史資料センター）Ref. B02030448300（第343画像目から）、満洲事変（支那兵ノ満鉄柳条溝爆破ニ因ル日、支軍衝突関係）/善後措置関係/国際連盟支那調査員関係　第四巻（外務省外交史料館）

231. 驻北平矢野参事致斋藤外务大臣的函电（一）（1932年6月27日）

昭和七年　一四八〇二　暗　　北平　　　　　　　　廿七日下午发

　　　　　　　　　　　　　　外务省　　　　六月廿八日上午收

第三四一号之一（极密）

来自吉田

第二五七号

六月二十七日，与克劳德的谈话如下：

本使：各代表对日本承认"满洲国"的态度如何？

克劳德：麦考益最惧怕日本承认"满洲国"。美国因千万人失业之事，内政方面非常困难。麦考益认为日本此举会使美国颜面尽失。麦考益在调查团称，要向日方进行交涉（往电第245号）。李顿则从法律学家的观点表示慎重考虑。意大利代表只注意本国之事，德国代表也只考虑本国的商业发展问题。本人未接到任何训令，只是依据良知判断，怀尔登（ウイルデン，译音）也未接到命令。

本使：英国对于东京有自己的方针对策，而美国没有，前者是否要依靠于后者？

克劳德：在日内瓦，英美之间也经常出现这样的事情。

本使：埃里奥（エリオー，译音）先生曾对长冈大使吐露，如有需要，（法国）可对满洲问题施加援助（驻法大使致外务大臣之电报第五二〇号）。

克劳德：这真是太有意思了。

本使：调查团就承认"满洲国"问题有决议吗？

克劳德：多次商议但没有决定，只是为了在东京进行讨论而做准备。美国不像意大利、法国代表那样沉默，而是积极发言，但也没有明确的主张见解。

本使：讨论的要点是什么？

克劳德：谈到一些具体条款，比如《九国公约》第7条。

本使：该条款仅约定坦诚地相互交涉，并非是负有何等义务。承认"满洲国"违反该公约的哪一条？

克劳德：该公约第一条有尊重主权这一点。

本使：承认支那一部分之独立，并非违反公约。该公约所称的是尊重，不能称之为保障。

（待续）

资料来源：JACAR（アジア歴史資料センター）Ref. B02030448300（第344画像目から）、満洲事変（支那兵ノ満鉄柳条溝爆破ニ因ル日、支軍衝突関係）/善後措置関係/国際連盟支那調査員関係　第四巻（外務省外交史料館）

232. 驻北平矢野参事致斋藤外务大臣的函电（二）
（1932年6月27日）

昭和七年　一四八〇五　暗　　北平　　　　　　　　廿七日下午发
　　　　　　　　　　　　　　　外务省　　　　　　六月廿八日上午收

第三四一号之二（极密）

克劳德：要点在于主权。满洲主权与支那本土密切相连，如果寻求适当的时机将其切断的话，九一八事变和"满洲国"独立二者皆是很好的机会，需考虑采用其中之一。还有第二种说法是，日本为了使满洲与支那分离，发动了九一八事变。该事变后的一九三二年三月"满洲国"独立，与事变本身完全是两件事。

本使：事变是从遭受支那攻击开始的。

克劳德：也有不是那么认为的。

本使：日本在调查团来访日本前，或者在日本停留期间，承认了（"满洲国"），调查团会发怒吗？

克劳德：这是政府间的问题，调查团不能干预，我们只是做调查研究。我通常先考虑现实，然后再表示赞成与否，不能颠倒。

本使：预计日本承认"满洲国"会在报告书出台之后，如果报告书的内容与日本承认"满洲国"二者之间不能相容的话，日本会因此而很困扰的。

克劳德：改善"满洲国"，使其成为卓越的国家，并逐渐满足列国的要求的话，或许可以使"满洲国"被列国承认。

本使：苏联方面可能首先承认，也未必可知。

克劳德：苏联方面有其利益所在吧。

本使：因为中东铁路等问题，在铁路问题方面之前就存在《俄支协定》。但是奉天方面[①]对此表示反对，于是与俄国重新签订了内容一模一样的《俄奉协定》。《哈巴罗夫斯克协定》也是奉天方面和俄国间签订的协定。

本使：前些时日，王以哲向调查团表示准备率领奉天事变后的一万余兵力，分乘九列车奔赴吉林，然后迂回到奉天北部15公里，其南方兵力则分乘八

[①] 编者注：指张作霖当局。

趟列车向锦州移动,不知此事是否真实?

克劳德:在谈到这个话题时,我已经离席,以后才听说,代表们对此事印象不好。

另外,有消息传丕平准备来神户。

资料来源:JACAR(アジア歴史資料センター)Ref. B02030448300(第345画像目から)、満洲事変(支那兵ノ満鉄柳条溝爆破ニ因ル日、支軍衝突関係)/善後措置関係/国際連盟支那調査員関係　第四卷(外務省外交史料館)

233. 高裁案(1932年6月27日)

昭和七年六月十七日起草
昭和七年六月十七日决议

为接待国际联盟支那调查团指名外务接待员之件

为接待国际联盟支那调查团一行,外务省高等官及判任官指名下列人员交替执行接待之事务:

外务事务官	鹤见宪(情二)
大使馆三等书记官	真木薰(欧二)
外务事务官	马濑金太郎(欧二)
外务事务官	吉冈范五(情一)
外务事务官	早间恒雄(通一)
外务事务官	石川实(条三)
外务大臣秘书官	友田二郎
外交官辅	井上孝治郎(欧二)
外务属	八辻旭(电)
外务属	中泽泰助(支调)

资料来源:JACAR(アジア歴史資料センター)Ref. B02030448300(第349画像目から)、満洲事変(支那兵ノ満鉄柳条溝爆破ニ因ル日、支軍衝突関係)/善後措置関係/国際連盟支那調査員関係　第四卷(外務省外交史料館)

234. 高裁案（1932年6月27日）

昭和七年六月二十七日起草

关于接待国际联盟支那调查团经费支出之件

国际联盟派遣之支那调查团一行，预定7月4日到达东京，调查团在东京之际（预计3周），其接待费用合计36551日元（见下表）。

另，调查团离开东京后在各地游览的经费待日期确定后，由高等法院再行支付。

国际联盟支那调查团接待费用预算表（停留东京之费用，含游览日光）

金 额（元）	费 用	内 容
12 636	帝国宾馆住宿（约3周）	宿费合计10 836元 上等室（含套间、卫生间）6间（间/日36元） 中等室（卫生间）15间（间/日20元） 宾馆小费1 800元
5 733	帝国宾馆饮食费用（约3周）	早餐3元，午晚餐5元，21人，总计早餐441次，午晚餐882次
1 882	日光游览（2日）	金谷宾馆食宿费用1 032元 上等室6间（套间、卫生间），36元/间 中等室（卫生间）15间，20元/间 宾馆小费100元 游览车10台，25元/台，3日750元
6 300	停留东京期间汽车费用	10台，30元/台（3周）
5 000	宴会	
5 000	杂费及预备费	
合计 36 551		

资料来源：JACAR（アジア歴史資料センター）Ref. B02030448400（第354画像目から）、満洲事変（支那兵ノ満鉄柳条溝爆破ニ因ル日、支軍衝突関係）/善後措置関係/国際連盟支那調査員関係 第四巻（外務省外交史料館）

235. 驻国际联盟泽田局长致斋藤外务大臣的函电
（1932年6月28日）

昭和七年　一四九〇八　平　　日内瓦　　　　　　　廿八日下午发
　　　　　　　　　　　　　　外务省　　　　　　　六月廿九日上午收

第五二一号

六月二十八日，日内瓦以令人叹息的延迟为题，感慨历经漫长时间的调查终于结束了。李顿调查团起草报告书尚需要数月时间，在规约规定的期间内完成是不可能的。现今国联大会承认上述延迟，实在只能表示感叹。关于以上议事之公开，不过是走形式。另外，日本议会要求承认"满洲国"的决议，违反国际法及国联大会决议，承认之事何时能够实现亦未可知。而且，事态正在进一步复杂化。国际联盟受此一大侮辱，英法两国历来持旁观主义，但法国新内阁并非如此。与此同时又发生瑞士记者林德在满洲遭受日本军官处理的事件，此等不幸事件发生后，可想而知导致"满洲国"政权处于何等不利状态。林德仅仅是新闻记者，执行新闻记者之任务，便被控以同李顿调查团有关联之罪名，遂遭受逮捕搜查之厄运。基于事实，调查团的报告书里若将"满洲国"视为出色（政权），则只能是笑谈了。

资料来源：JACAR（アジア歴史資料センター）Ref. B02030448400（第355画像目から）、満洲事変（支那兵ノ満鉄柳条溝爆破ニ因ル日、支軍衝突関係）/善後措置関係/国際連盟支那調査員関係　第四卷（外務省外交史料館）

236. 驻北平矢野参事致斋藤外务大臣的函电
（1932年6月28日）

昭和七年　一四八〇四　暗　　北平　　　　　　　廿八日上午发
　　　　　　　　　　　　　　外务省　　　　　　　六月廿八日上午收

第三四〇号

本官致上海之电报

第六号

来自吉田

专家顾问彭道夫门为调查抵货运动对经济方面之影响,于六月三十日,预定到达贵地(地址是在美国商务官方所在地),调查团方面希望其本人能够与日本实业家代表接触,望予以斡旋安排为盼。

转发:外务大臣。

转报:支那。

资料来源:JACAR(アジア歴史資料センター)Ref. B02030448400(第356画像目から)、満洲事変(支那兵ノ満鉄柳条溝爆破ニ因ル日、支軍衝突関係)/善後措置関係/国際連盟支那調査員関係　第四巻(外務省外交史料館)

237. 驻北平矢野参事致斋藤外务大臣的函电
（1932年6月28日）

昭和七年　一四八九五　平　　北平　　　　　　　　廿八日下午发
　　　　　　　　　　　　　　外务省　　　　　　　　六月廿九日上午收

第三四四号

国联调查团一行于六月二十八日出发。

转发:公使、奉天、安东、长春、关东厅、朝鲜总督。

资料来源:JACAR(アジア歴史資料センター)Ref. B02030448400(第357画像目から)、満洲事変(支那兵ノ満鉄柳条溝爆破ニ因ル日、支軍衝突関係)/善後措置関係/国際連盟支那調査員関係　第四巻(外務省外交史料館)

238. 驻北平矢野参事致斋藤外务大臣的函电
（1932年6月28日）

昭和七年　一四八七一　暗　　北平　　　　　　　　六月廿八日下午发
　　　　　　　　　　　　　　外务省　　　　　　　　六月廿八日下午收

第三四五号

来自吉田

第二五八号

关于往电第三〇号

调查团方面督促提交 1905 年满洲条约会议议事录的英文译本,此事紧急,望进行整理,并于调查团在东京时向其提出。

资料来源:JACAR(アジア歴史資料センター)Ref. B02030448400(第358画像目から)、満洲事変(支那兵ノ満鉄柳条溝爆破ニ因ル日、支軍衝突関係)/善後措置関係/国際連盟支那調査員関係　第四巻(外務省外交史料館)

239. 驻北平矢野参事致斋藤外务大臣的函电
(1932年6月28日)

昭和七年　一四八七〇　暗　　北平　　　　　　　　廿八日下午发
　　　　　　　　　　　　　　外务省　　　　　　　六月廿八日下午收

第三四六号
来自吉田
第二五九号
关于接待调查团一行已做安排,为慎重起见,重申以下几点:
1. 联络轮船座席以及下关至东京之间的列车安排。
2. 在东京准备汽车,5名代表及哈斯各1辆,其他随员每两人1辆。
3. 帝国宾馆准备供国际联盟调查团使用的会议室1间、事务室2间、打字室1间、日本参与人员事务室1间。

资料来源:JACAR(アジア歴史資料センター)Ref. B02030448400(第358画像目から)、満洲事変(支那兵ノ満鉄柳条溝爆破ニ因ル日、支軍衝突関係)/善後措置関係/国際連盟支那調査員関係　第四巻(外務省外交史料館)

240. 驻北平矢野参事致斋藤外务大臣的函电
(1932年6月28日)

昭和七年　一四八七二　暗　　北平　　　　　　　　廿八日下午发
　　　　　　　　　　　　　　外务省　　　　　　　六月廿八日下午收

第三四七号(极密)
来自吉田
第二六〇号
六月二十八日,李顿来访本使,交谈内容大要如下:

李顿：据派尔脱吐露，刚刚接到联合通讯社的极密电报，内田伯爵就任外务大臣后，决定立即承认"满洲国"。

本使：本人对这一消息毫不知情。数日前，您曾言日本承认"满洲国"违反条约，不知有何根据？

李顿：《九国公约》的缔约国有尊重支那的统一及领土行政之完整，而且不参与分裂支那之义务。依据该公约的第七条，日本承认"满洲国"，必须与有关缔约国交涉，英国政府也持同样的见解。现在，针对支那的关税问题，美国正在与他国进行协商，英国政府也采纳相同的方式。而日本却与这些见解不同，在未经与他国交换意见之前就对"满洲国"予以承认，并对调查团置之不理。

本使：交换意见是同有关国家政府进行交换的意思吗？

李顿：不是，是调查团（在这一点上，李顿曲解了第七条）。此次，调查团在东京与日本政府交换意见后，日本政府决定承认"满洲国"，我们对此不表示什么，但如果我们在东京的时候出现这样的结果①实乃困惑。

转发：支那、奉天、长春。

资料来源：JACAR（アジア歴史資料センター）Ref. B02030448400（第359画像目から）、満洲事変（支那兵ノ満鉄柳条溝爆破ニ因ル日、支軍衝突関係）/善後措置関係/国際連盟支那調査員関係　第四巻（外務省外交史料館）

241. 驻沈阳森岛代理总领事致斋藤外务大臣的函电
（1932年6月29日）

昭和七年　一四九九一　平　　　奉天　　　　　　　廿九日下午发
　　　　　　　　　　　　　　　外务省　　　　　　六月三十日上午收

第一〇一八号

国际联盟调查团一行于六月二十九日到达，预定次日（三十日）上午十一时发车前往京城。

转发：安东、朝鲜总督。

资料来源：JACAR（アジア歴史資料センター）Ref. B02030448400（第364画像目から）、満洲事変（支那兵ノ満鉄柳条溝爆破ニ因ル日、支軍衝突関

---

① 译者按：指日本承认"满洲国"。

係)/善後措置関係/国際連盟支那調査員関係　第四巻(外務省外交史料館)

242. 驻天津桑岛总领事致斋藤外务大臣的函电
（1932年6月29日）

昭和七年　一四九〇九　暗　　天津　　　　　　　廿九日上午发
　　　　　　　　　　　　　外务省　　　　　六月廿九日上午收

第二六四号
本官致长春之电报第一号
来自吉田
关于致北平之贵电第三号
派尔脱与坂谷充分会谈了一两个小时，又赴哈尔滨，希望获得中东铁路方面的资料。该人负责经济、财政方面的调查，不专门研究政治方面的阴谋活动，而且尽可能为国际联盟调查团提供资料，我认为对我方有利，望对该人提供方便。有麻烦"满洲国"之处望考虑其好意，获得希望之结果。
火速致奉天，期待回电。
转发：外务大臣、奉天。
资料来源：JACAR（アジア歴史資料センター）Ref. B02030448400（第364画像目から）、満洲事変(支那兵ノ満鉄柳条溝爆破ニ因ル日、支軍衝突関係)/善後措置関係/国際連盟支那調査員関係　第四巻(外務省外交史料館)

243. 式部长官男爵林权助致外务大臣子爵斋藤实的函电
（1932年6月29日）

昭和七年六月廿九日
式部第一〇五八号
国际联盟支那调查团到达，七月七日，雍仁亲王夫妇在赤坂离宫主持晚宴，望通知致候。
资料来源：JACAR（アジア歴史資料センター）Ref. B02030448400（第366画像目から）、満洲事変(支那兵ノ満鉄柳条溝爆破ニ因ル日、支軍衝突関係)/善後措置関係/国際連盟支那調査員関係　第四巻(外務省外交史料館)

244. 斋藤外务大臣致驻沈阳森岛代理总领事的函电
（1932年6月29日）

昭和七年六月二十九日上午发　第一二七九〇号　暗

关于国际联盟调查团之件

第三六四号

致吉田大使

第四五号

与铁道省商议，特别安排关釜联络船，以及下关至东京之列车（二日下午十时釜山出发，三日上午七时三十分到达下关，当天上午八时四十五分从下关出发，四日上午八时到达东京）。

上述日程，根据贵电第二五〇号安排，万一日程有变，望火速电告。

资料来源：JACAR（アジア歴史資料センター）Ref. B02030448400（第367画像目から）、満洲事変（支那兵ノ満鉄柳条溝爆破ニ因ル日、支軍衝突関係）/善後措置関係/国際連盟支那調査員関係　第四巻（外務省外交史料館）

245. 铁道次官久保田敬致外务次官有田八郎的函电
（1932年6月29日）

官文第一三一五号

昭和七年六月二十九日

根据六月二十七日条三机密第一〇〇号，及六月二十八日条三机密第一〇二号[①]，关于发放国际联盟调查团免费乘车券之件，特发放特别券，望查收。

记名：代表、随员及其他　　一等　　15张

　　　　随从2人　　　　　二等

区间：省线、联络船有效

期间：自七月二日至八月二十日

---

① 译者按："条三"应为外务省条约局第三课。

以上

铁道省

资料来源：JACAR（アジア歴史資料センター）Ref. B02030448400（第369画像目から）、満洲事変（支那兵ノ満鉄柳条溝爆破ニ因ル日、支軍衝突関係）/善後措置関係/国際連盟支那調査員関係　第四巻（外務省外交史料館）

246. 有田外务次官致久保田铁道次官的函电
（1932年6月29日）

拜托为国际联盟调查团随员希爱慕发放免费乘车券之件

条三机密第一〇七号

七月四日，国际联盟调查团随员希爱慕乘坐上海出发的……①号船来日本，预定七月……②日到达神户，在本邦停留期间（预计约一个半月），请发放该人免费乘车券。

资料来源：JACAR（アジア歴史資料センター）Ref. B02030448400（第370画像目から）、満洲事変（支那兵ノ満鉄柳条溝爆破ニ因ル日、支軍衝突関係）/善後措置関係/国際連盟支那調査員関係　第四巻（外務省外交史料館）

247. 有田外务次官致久保田铁道次官的函电
（1932年6月29日）

拜托对国际联盟支那调查团提供方便之件

拜启

国际联盟派遣的支那调查团一行，于六月二十八日从北平出发，七月三日早到达下关，七月四日上午预定到达东京。经与贵省有关当局协议，为调查团一行准备一等卧车三辆、餐车、瞭望车、行李车各一辆，编成临时列车组，运行

---

① 译者按：字迹不清。

② 译者按：字迹不清。

下关至东京之间。调查团一行肩负关联帝国重大利害关系之任务前来,因此,帝国决定对调查团一行给予国宾待遇,有关临时列车编组运行之件,拜托予以谅察及周全部署,所需经费等项,特请贵省负担。

敬具。

资料来源:JACAR(アジア歴史資料センター)Ref. B02030448400(第371画像目から)、満洲事変(支那兵ノ満鉄柳条溝爆破ニ因ル日、支軍衝突関係)/善後措置関係/国際連盟支那調査員関係 第四巻(外務省外交史料館)

248. 斋藤外务大臣致驻沈阳森岛代理总领事的函电
（1932年6月30日）

昭和七年六月三十日下午发 一二九〇一 暗

"满洲国"向国联调查团提供资料之件

第三六八号(火速)

伊藤参事官致谷局长

国际联盟调查团出发之际,委托"满洲国"向国际联盟调查团提供资料(关东军藤本少佐知道详情),望"满洲国"方面紧急将有关资料送呈调查团。

资料来源:JACAR(アジア歴史資料センター)Ref. B02030448400(第373画像目から)、満洲事変(支那兵ノ満鉄柳条溝爆破ニ因ル日、支軍衝突関係)/善後措置関係/国際連盟支那調査員関係 第四巻(外務省外交史料館)

249. 外务大臣致朝鲜京城朝鲜宾馆的吉田大使的函电
（1932年6月30日）

发电第一二九六七号(火速)

致盐崎

回京之前,望与古垣会面,与该人何时何地会面,望直接与该人电报联系。

资料来源:JACAR(アジア歴史資料センター)Ref. B02030448400(第375画像目から)、満洲事変(支那兵ノ満鉄柳条溝爆破ニ因ル日、支軍衝突関係)/善後措置関係/国際連盟支那調査員関係 第四巻(外務省外交史料館)

250. 有田外务次官致久保田铁道次官的函电
（1932 年 6 月 30 日）

条三机密第一〇八号

此次与国际联盟支那调查团同行（七月四日到达东京,乘同一特别列车）的还有如下两人,望发给铁道免费乘车券。

Bnonsion Rea　美国人

Henry Rinmy　美国人

资料来源：JACAR（アジア歴史資料センター）Ref. B02030448400（第 375 画像目から）、満洲事変（支那兵ノ満鉄柳条溝爆破ニ因ル日、支軍衝突関係）/善後措置関係/国際連盟支那調査員関係　第四巻（外務省外交史料館）

251. 铁道次官久保田敬致有田八郎外务次官的函电
（1932 年 6 月 30 日）

运第七九八号

拜复

本月二十九日,国际联盟支那调查团一行乘车的经费负担,拜读贵意。对外国人可以采取发放免费乘车券的形式表示优待,但运行临时列车经费由外务省全额负担颇有困难。遵贵意免费提供瞭望车,其他运费总额为 1595 元 10 钱。

望理解。

铁道省

资料来源：JACAR（アジア歴史資料センター）Ref. B02030448400（第 377 画像目から）、満洲事変（支那兵ノ満鉄柳条溝爆破ニ因ル日、支軍衝突関係）/善後措置関係/国際連盟支那調査員関係　第四巻（外務省外交史料館）

252. 驻沈阳森岛代理总领事致斋藤外务大臣的函电
（1932年6月30日）

昭和七年　一五〇二六　平　　奉天　　　　　　　　　廿三日下午发
　　　　　　　　　　　　　　　外务省　　　　　　　六月廿三日下午收

第一〇一九号

三十日上午十一时发车，国际联盟调查团一行经安东前往朝鲜京城，预定到达安东的时间为下午六时四十分，到达朝鲜京城的时间为七月一日上午八时。

转发：安东县、朝鲜总督。

资料来源：JACAR（アジア歴史資料センター）Ref. B02030448400（第378画像目から）、満洲事変（支那兵ノ満鉄柳条溝爆破ニ因ル日、支軍衝突関係）/善後措置関係/国際連盟支那調査員関係　第四巻（外務省外交史料館）

253. 关东厅长官山冈致斋藤外务大臣的函电
（1932年6月30日）

昭和七年　一五〇一八　暗　　星之浦　　　　　　　　三十日下午发
　　　　　　　　　　　　　　　外务省　　　　　　　六月三十日下午收

第五七号

关于往电第五六号

六月三十日早，除高级支那海关人员外，现场其他低级人员几乎全部回国。虽多少有些担心，但在执行业务方面可完全避免事故。

转发：支那、北平、奉天、长春、哈尔滨、安东、牛庄、间岛。

资料来源：JACAR（アジア歴史資料センター）Ref. B02030448400（第378画像目から）、満洲事変（支那兵ノ満鉄柳条溝爆破ニ因ル日、支軍衝突関係）/善後措置関係/国際連盟支那調査員関係　第四巻（外務省外交史料館）

254. 关东厅警务局长致斋藤外务大臣的函电
（1932年6月30日）

昭和七年　一五〇三〇　平　　关东厅　　　　　　三十日下午发
　　　　　　　　　　　　　　　外务省　　　　　　六月三十日下午收

第七〇六号（亲展同文电报）

昨日下午七时二〇分，国际联盟调查团一行到达奉天，除派尔脱外，其他人员预定于本日上午十一时乘安奉线东进。

资料来源：JACAR（アジア歴史資料センター）Ref. B02030448400（第379画像目から）、満洲事変（支那兵ノ満鉄柳条溝爆破ニ因ル日、支軍衝突関係）/善後措置関係/国際連盟支那調査員関係　第四卷（外務省外交史料館）

255. 驻安东米泽领事致斋藤外务大臣的函电
（1932年6月30日）

昭和七年　一五〇七〇　暗　　安东　　　　　　　六月卅日下午发
　　　　　　　　　　　　　　　外务省　　　　　　七月一日上午收

第一四四号

来自吉田

第二六一号

六月一七日，北平大学校长蒋梦麟来访时谈话大要：

一、支那不应仅仅诉诸国联，胡适向南京政府进言，建议与日本直接进行秘密交涉。余以为，南京政府不可能采用此意见，已经那样[1]做了，再施用此举[2]的话，就太失策了。

二、吾人最担心的是，将来"满洲国军"在日本人的帮助下强大起来，并挥师南下。支那虽有300万兵力，却与"土匪"没有区别，难以与"满洲国军"相匹敌。

---

[1]　编者按：指中国诉诸国联。
[2]　编者按：指中国与日本直接交涉。

转发：支那、北平、南京、奉天、长春。

资料来源：JACAR（アジア歴史資料センター）Ref. B02030448400（第379画像目から）、満洲事変（支那兵ノ満鉄柳条溝爆破ニ因ル日、支軍衝突関係）/善後措置関係/国際連盟支那調査員関係　第四巻（外務省外交史料館）

256. 驻安东米泽领事致斋藤外务大臣的函电
（1932年6月30日）

昭和七年　一五〇七六　平　　安东　　　　　　六月三十日下午发
　　　　　　　　　　　　　　外务省　　　　　七月一日上午收

第一四五号

三十日下午七时三十分，国际联盟调查团一行从安东出发前往朝鲜京城。

转发：朝鲜总督。

资料来源：JACAR（アジア歴史資料センター）Ref. B02030448400（第380画像目から）、満洲事変（支那兵ノ満鉄柳条溝爆破ニ因ル日、支軍衝突関係）/善後措置関係/国際連盟支那調査員関係　第四巻（外務省外交史料館）

257. 驻安东米泽领事致斋藤外务大臣的函电
（1932年6月3日）

昭和七年　一五〇五一　暗　　安东　　　　　　三十日下午发
　　　　　　　　　　　　　　外务省　　　　　六月三十日下午收

第一四二号

已向田中大使报告，李顿热切希望能在日本河川里钓鱼。

资料来源：JACAR（アジア歴史資料センター）Ref. B02030448400（第381画像目から）、満洲事変（支那兵ノ満鉄柳条溝爆破ニ因ル日、支軍衝突関係）/善後措置関係/国際連盟支那調査員関係　第四巻（外務省外交史料館）

258. 驻长春田中领事代理致斋藤外务大臣的函电
（1932年6月30日）

昭和七年　一五〇七三　暗　　长春　　　　　　六月卅日下午发
　　　　　　　　　　　　　　　外务省　　　　　七月一日上午收

第三七三号

谷局长致伊藤参事官

丕平传达以下内容：

一、问题文件及外交总长附言已由我方在北平的随员呈交对方。

二、关于再次招待调查团及专家之事，因"新国家"首脑繁忙，估计目前尚无说辞。

资料来源：JACAR（アジア歴史資料センター）Ref. B02030448400（第381画像目から）、満洲事変（支那兵ノ満鉄柳条溝爆破ニ因ル日、支軍衝突関係）/善後措置関係/国際連盟支那調査員関係　第四巻（外務省外交史料館）

259. 日本对顾维钧所提调查书的见解（日期不详）

我国认为无视"满洲国"的存在绝对是否认此问题之解决。在此，本人针对支那方面的备忘录等，一一撰写成反驳书。本人认为，过去事实无用论之说十分可笑，应台纳雷之要求，作为本人之私下意见以附件呈交该人，并保留不予转引之约定。

斋藤良卫①

对一九三二年六月十三日国际联盟调查团、中华民国参与员
顾维钧在北平提出的调查书第十条之见解

一、关于日本从东三省不过进口了少许原料的观点

---

① 译者按：斋藤良卫，日本外务省通商局官员，曾著有《外国人对支经济活动的法律依据》《最近支那国际关系》等，东京审判时曾作为被告方证人出庭为被告辩护。

调查书的观点之一,是日本从东三省进口的原料品,不过占日本原料品进口总额的 8.83%。如表 1① 所示:1. 东三省全部出口货物中的 40.62% 出口到日本;2. 价值百万海关两以上出口货物中的 40.25% 出口到了日本,日本是满洲产品的最大消费者。中华民国居于次要地位:1. 中华民国从东三省进口的货物,仅占东三省总出口额的 24.01%。2. 东三省所出口货物中价值百万海关两以上者,仅有 19.35% 出口到了中华民国。换句话说,通过表 1 和表 2② 的数据可知,中华民国对东三省生产品的需求量不过是日本对东三省生产品需求量的大约一半。由此观之,日本是东三省生产原料及生产品的最大需求者。但日本从东三省进口的原料产品不过占比 8.83%。1928 年,日本对朝鲜的进口额占其总额的 13%,从台湾进口额为 7.38%,对库页岛的进口额更少。

二、关于日本进口的重要原料及食品不属于从东三省进口的十六种商品的分析

顾维钧提出的第十号调查书中的第二表,列举了日本进口的 16 种重要原料品及食品,但指摘其并非是从东三省进口。如表 3③ 所揭示的那样,这些品种大体上不是产自东三省,也不是东三省工业发展过程中的产品。以这些并非从东三省进口的品种的事实,草率地得出了日本的原料品及食料品很少依赖东三省的结论。探讨日本从东三省进口重要生产品的状况,如表 2 所示,1930 年,日本从东三省进口上述重要生产品占其总额的 75.25%。

三、顾维钧的调查书里,以现今日本从满蒙进口原料及食料占总额比率之少为理由,指摘我国对满蒙经济上的主张,即依赖满蒙保持我经济生存之主张是毫无意义的。把并非产自满蒙,或者并非出自其工业发展过程中的产品都列举进入数据里是不恰当的。

一直以来,日本并不主张依托满蒙物资维持我经济之生存,即使将来也是如此。若非这样,就失去解决我国人口异常增加的途径,甚至会带来可怕的灭绝性后果。加之,之前我国依赖满蒙物资比较少,这的确是事实。因此,除满蒙地区无论如何也生产不出的物资之外,我方不是不想依赖满蒙的物资,而是

---

① 编者按:表格内容为英文,从略。下同。
② 编者按:表格内容为英文,从略。下同。
③ 编者按:表格内容为英文,从略。下同。

没法这么做,有各种特殊情况存在。如果这些障碍不存在的话,我国如今的经济生存恐怕已经要靠满蒙的物资维持了,这是毫无疑义的。

以下试论其主要障碍:

障碍之一,因我国之情势而存在。我国自明治维新开国以来,主要依赖欧美各国,我国开国进取的方针是以欧美各国为榜样。我国的海外贸易首先同这些国家进行,明治期间大约30年的时间里,主要开展以欧美为中心的贸易。随着殖民地及领地的扩张,直到近年,我国商社的注意力才涉及其他地区。在日俄战争之前,满蒙地区几乎没怎么开发。所以,满蒙经济的重要性对我国并没有充分发挥。日俄战争之后,我国为了利用当地的资源,投资了约20个亿,取得了相当的效果。除了大豆类外,从当地进口的产品多是日本资本所经营企业的生产品,相信这是一目了然的。但从现在的情势看,并没有满足我们的期待。

今日,满蒙产业除依靠日本资本经营外,并未全面开放,依然是自然发展。支那旧政权为了振兴产业付出了什么样的努力? 坦率地说,支那政权对满蒙产业并未进行任何指导或奖励,也不具备对外经济贸易的知识。经济建设依靠的是毫无知识的农民,他们只是为了获得自己的口粮而随意耕作而已。对外出口能力的增长只是近年来的事情。

在这种状态下发展起来的满蒙产业,能够生产出多少我国需要的生产品是显而易见的。当然,我国为了调节满蒙物资,使其适应我国之需要,付出了种种努力。这种努力主要是劝说支那政府进行产业改良,但支那政府官员们只考虑把每年收入的大部分用于军费,其他无所考虑。不过,我国热心地劝告还是取得了一些效果。根据1905年条约,地方政府采用日本顾问,从内部策划产业设施的改革。但因特殊的国际关系,我国在华府会议上不得不自动放弃了聘请顾问的权利。与此同时,采取日本人以及朝鲜人独立经营满蒙产业,以适应我国需要之方针,这一方针从1905年签订条约之前就已经着手进行。获得满铁经营权之后,依据条约获得矿山试采权,并规定在通商城市附近设定外国人居住区。其根据条约所采取的举措都半途而废,如取得满铁经营权,获得矿山试采权,在通商城市附近设立外国人居住地等。其目的[①]无法实现,束手无策。而且,1905年条约,规定了(日本拥有在满蒙的)土地商租权以及在

---

① 编者按:指上文调整满蒙物资适应日本需要的目的。

内蒙古东部的合办农业权,并签订了有关在吉林、奉天、黑龙江伐木的各种公私契约,这些举措就是为了贯彻上述目的。更进一步说,日本对满洲地区支那一方的铁路,投入了数千万元的资金,或直接或间接有助于上述目的的实现,其贡献不少,自不必说。

对此,支那一方却将日本的这种举措叫做经济侵略,无不处处妨碍,公然统统无视条约上的权利以及契约上的规定。我方的计划遂变为废纸。支那一方尤其是对于满铁各项事业,或直接或间接地加以妨害;以及攻击朝鲜人,并对其进行非人道的压迫;还有对拥有伐木权的日本人进行压迫,等等。因为这些措施,日本在满洲的经济活动一时间陷入瘫痪,并到了几乎不能继续进行的地步。

另一方面,日本为了满蒙支那居民的农业改良,通过满铁会社实行各种奖励。在过去的二十几年时间里,满铁投资大量资金设置了中央试验所、地质研究所、农事试验场、苗圃等,利用学术研究和实地试验的成果,向支那的生产业者进行推广。为此,满铁增加了许多多余的负担。比如,将改良谷种平价出售,甚至免费发放。对努力进行牲畜品种改良者予以一定的奖励,还有其他等等,不胜枚举。这些努力获得了相当的成果。比如,安奉铁路沿线的植树及烟草栽培,满铁沿线的果树栽培,都是众所周知的。然而近年来,由于支那极端的排日措施,这些努力或者归于无效,或者阻力甚大,以至形成当今之状况。改良满蒙产业,以调节该地所提供的物产以及日本所需物产,几乎没有发挥什么效果。

而且,支那方面禁止大米及谷类出口。依据1901年英支条约以及次年美支、日支间的条约,此种限制虽并不违反任何条约之规定,但满蒙地方与支那本部相比情况不同,满蒙住民以高粱、小米、小麦为主食,对大米的需求极少,水稻的耕作主要是依靠日本人中的朝鲜人,这种新产业对支那本身并不十分重要,也不被视作什么产业,禁止其出口是毫无道理的。日本政府屡次向满蒙当局交涉解禁,但我方之要求一直被拒绝。后来,我方付出极大的努力,终于使对方承认,但要求征收高额的出口税,事实上与禁止出口无异,对其他谷类也大体如此。

由此可见,我国利用日本资本把生产品的需求寄托于满蒙是不可能的,其理由是明了的。日本与满蒙的经济关系,单纯利用现在的数据得出结论是极不恰当的。另外,还必须考虑到的是,满蒙物资对我国之重要性,除了向我国出口外，还有一部分是通过我国的贸易公司向外国出口。现今，在满蒙的外国贸易公司、外国商人，几乎都是依靠三井、三菱等我国的大公司，如此说并不过分。换言之，日本人的这些经济活动业务，是研究满蒙物资对我国经济重要性的不可忽略的事实。

以上，我国在过去虽然多少从满蒙进口一些物资，但事实上，却是背离了我国对满蒙经济上的期待，我国的经济生命线从利用满蒙物资之始，就不是稳固的。正如《日本与满蒙》第三编记载的那样，这里不再赘述。但如今"满洲国"的建设完全改变了旧的事态，如同该"国"政府在"建国"宣言中宣布的那样，本着与一切外国亲善的原则，向全世界约定让该地成为世界各国人民安心居住之地，而且为了显示实行之诚意，对我国发展满蒙的经济表达了期待。今后，我国利用满蒙物资的程度会比以往更深。重要的是，满蒙物资与我国经济生存的关系不会再受制于障碍。有关日本社会经济状况，尤其是人口问题，以及对各国帝国主义经济的发展问题，不应再以现在的数字为基础，对上述问题以后的发展形势轻易下结论。

四、煤炭与铁的储藏量

顾维钧提出的调查书第十之三，列举了中华民国与日本人均煤炭储藏量，以及煤炭质量的优劣，还有日本水电发展的事实，以此说明中华民国比日本更迫切需要煤炭。如表1所示，1929年，日本从东三省的进口额为57.45%，中华民国33.51%。但对原料需要的程度是以经济的现实需要为基础，这样认识才合理。

关于铁矿，揭示了中华民国的储藏量，但质量劣等，制铁需要大量的经费，这也从侧面暗示日本没有理由依赖东三省供给铁矿。但是日本在东三省将铁矿提炼成铣铁取得了优秀的成绩。如表1所示，1929年，日本从东三省进口铁及铁制品额为89.49%，中华民国仅仅为10.23%。另据表2，1930年日本从东三省进口铣铁占进口总量的46.13%。应该承认，东三省的铁对于日本具有极大的重要性。

五、关于日本从东三省进口木材及铁制品

顾维钧提出的调查书第十中的第一表，指出1929年日本从东三省进口木材、竹子计3 132 492海关两，铁制品7 213 945海关两，间接暗示日本依赖东三省的木材及铁制品。日本从东三省进口的铁，如铣铁是原料品，日本供给该地的则是制品或半成品，木材及竹子也是这样，供给的性质及用途不同。恰恰是日本进口了大量的棉花,制成大量的棉丝、棉布制品供给海外,并出口大量的生丝、丝织品及染色的丝织品,以上均属于同一性质的问题。所以,对进口及出口必须仔细地比较分析,方能容易地认识其区别。①

资料来源:JACAR(アジア歴史資料センター)Ref. B02030448400(第382画像目から)、満洲事変(支那兵ノ満鉄柳条溝爆破ニ因ル日、支軍衝突関係)/善後措置関係/国際連盟支那調査員関係　第四巻(外務省外交史料館)

260. 丕平撰写应对调查团质疑时的回答方案(日期不详)

一、日支关系

(一)日本希望如何改善两国之间的关系?

(二)日本是否希望在支那建立长久稳固的政府?

日本采取何种方法有助于上述实现?

回答:(一)日本因历史及地理的原因,在满洲的政治、军事以及经济等方面有着极其重大之权益,但日本对满洲没有任何领土野心。日本在满洲的权益关系到我国之生存,因此必须极力维护之。然而,支那无视这些权益,甚至公然采取全面严密的策略,试图排除这些权益。这种事态的存在是日支两国关系恶化的重大原因。为了改善日支关系,首先必须从根本上排除这样的情况。

而且,如果支那的统治势力重新控制满洲,势必重走过去的模式(日本为了改善日支关系,过去曾做过许多让步,这样的事例不胜枚举,如归还山东就是最显著的事例之一。但支那不以为然,相反却越发排日)。我国国民确信,日支在满洲的冲突势必再现。

基于上述观点,日支关系的祸根是满洲问题,从日支关系中剔除满洲问题,是改善两国关系的先决要件。为了将满洲问题从日支关系中剔除,日本以及其他国家对"满洲国"予以承认,支那人应尽早认识到"满洲国"独立的事实

---

① 编者按:该文后附英文表格"Statistical Tables with Explanatory notes Showing how Japan Demands Manchurian Products","Japan's Chief Imports from Manchuria for 1930"等,从略。

(日本如承认"满洲国",有日支将永远不会和解之说。但综观支那人的性格,支那人有较强的宿命论,国民对于外交问题,在问题尚未解决搁置之时,会施展各种努力策动第三国,甚至歪曲问题,想方设法予以解决。但当看到没有效果时,政治方面的主张就比较容易被利害关系的算计所打消,结果以"没法子"而结局。普奥战争的结果,奥国被推出德意志统一的圈子外,却成为普奥持久亲善的基础,吾人体味到这一历史上的事实)。

(二)日本当然希望在支那建立持久安定的政府,支那如果按照上述的思路,对解决"满洲国"问题富有诚意,彻底放弃鼓动排斥日货和排日,日本将同各国以及国际联盟一起,协助支那进行清除"共匪"、撤销治外法权等其他建设事业。

二、日本同"满洲政权"之关系

(一)如何确保尊重日本在商租、铁路及其他方面权利的方法?

(二)如何确保国防需求的方法?

回答:(一)日本同满洲之间可签订适当的协定(比如订立条约,组建日"满"委员会,并制订各种保障手段的方法等)。

(二)日本同"满洲国"签订适当的协定(如日"满"防守同盟)。

三、同支那及满洲的关系

如何处理日本同满洲及支那的关系?

回答:"满洲国"的政治信条(从支那本土独立,确立王道政治)。如上所述,日本国民反对支那本部势力以任何形式重新控制满洲,鉴于此事实,考虑"满洲国"必须从支那独立。

资料来源:JACAR(アジア歴史資料センター)Ref. B02030448400(第397画像目から)、満洲事変(支那兵ノ満鉄柳条溝爆破ニ因ル日、支軍衝突関係)/善後措置関係/国際連盟支那調査員関係 第四巻(外務省外交史料館)

(以上内容,王希亮 译;陈海懿 校)

索　引

A

阿本德（Hallett Abend）　363,364,
　　377,378,380－382,387,388,
　　390
爱斯托（Astor）　166,168,177,198,
　　355,407

B

白里安（Aristide Briand）　118,
　　241,242
鲍观澄　71,113,120
鲍振青　331
北大营　37,47,50,51,264,267,276
北戴河　64,116,160,161,170,193,
　　194,203,211,252,259,265,
　　266,269,270,272,276－278,
　　283,285,287－289,297,314,
　　329,335,351,367,379
本庄繁（本庄）　21,29,31,37,46,
　　58,62,97,119,127,153,154,
　　179,192,220,231,258,259,
　　306,363,379,394
勃来克斯雷（Blakeslee）　279,355,
　　407
布拉戈维申斯克　83,84,135,148,
　　150,358

C

赤塔　135,146,148,168

D

大阪　58,115,215,293,296,301,
　　303,317,320,322,332,337,
　　351,353,369,378,391,402,
　　403,414
《大公报》　12,282,290,309
大陆报　30
大桥忠一（大桥）　15,17,45,54,57,
　　65,70,78,121,133,134,146,
　　148,151,159,210,220,262,
　　268,273,274,279,281,290,
　　305,315,363,365,377,386,387
岛本正一（岛本）　37,51,267,276
德拉蒙德（Eric Drummond）　75,
　　76,81,83,235,284,285
丁超　14,60,63,72,325
丁鉴修　82,91

东三省　97,104,142－144,172,183,184,206,213,224,236,245,246,286,288,342,379,397,398,411,433,434,437

渡久雄（渡大佐）　84,322,351,407

E

"二十一条"　333,390

F

冯庸大学　97

奉山线（奉山路、奉山铁路）　5,13,19,200,210,218,247,256,268,270,331,336,349

G

顾维钧　4,6,11,14,16,17,19,21,28,38,45,57,65,76,92,94,112,135,136,140,146,151,156,181,205,207,208,215,223－225,251,252,267,268,275,276,280,282,284,285,287,290,297－299,308,309,313,316,322,327－330,334,337,339,340,342－346,348,352,354,356,357,360－362,364－366,370－374,384,390,394,398,406,408,411－413,433,434,437

顾执中　112

关东军　6,7,10,11,13,15,17,19,21,27,29,35,49－51,57,58,66,67,77,80,83,84,87,97,100,101,111,116,123,133,137,140,154,177,186,191,264,275,276,280,345,347,412,428

关东厅　2－4,10,27,29,52,54,61,162,169,170,179,204,208,209,214,216,221,247,305,336,402,407,409,422,430,431

广濑寿助（广濑师团长）　39,113,114

郭松龄　88

《国联盟约》　379,404

H

哈斯（Robert Haas）　20,21,41,57,69,73,84,129,130,133－135,146,148,159,167,168,191,210,218,220,229,230,239,267,287,299,315,323,333,340,348,354－358,360,361,367,371,407,412,413,423

海兰泡　83,174

海伦　133－135,140,326

汉森（George C. Hanson）　26,346,375,376,387

何柱国　306,326,338,348

黑河　83,134,140,147,168,174

华盛顿会议（华府会议）　241,242,259,435

J

吉田伊三郎(吉田)　1,3,4,8,14-19,21,22,30-32,35-38,40,42-46,52-57,62,64,65,68-73,75-79,82-84,88-91,93,94,96,98,99,112-114,117,119-121,123,126,127,129-132,134-137,139,141,142,144-154,156,157,159-161,163,166-170,175,177-179,181,191-193,195,196,200,203-213,218-221,223-225,229-231,234,236-238,240,247-253,256-259,262,263,265-270,275-278,285-288,290,291,298,300,301,306,308,310-312,316,321,323-327,331,332,335-341,344,345,348-350,353,354,356,357,360,367,370-374,382,384,392-395,398-400,405-408,411,412,416,421-423,425,426,428,431

间岛　92,96,100,163,164,237,269,289,291,298,310,312,347,351,355,368,369,430

《间岛协议》　124,163,164

蒋介石　281,334,340,342,343,361,411

蒋梦麟　431

金尼(Henry Walsworth Kinney)　98,175,286,308,407

锦州间　7,11,40,60,63,67,82,173,179,225,233,270,273,276,277,280,305,306,327,339,349,405,419

《九国公约》　221,240,242,404,417,424

驹井德三(驹井)　74,82,88

K

开脱益葛林诺(Kat Angelino)　45,73,94,96,98,113,131,152,200,206,214

克劳德(Henri Claudel)　56,85,133,134,209,223,267,382-384,407,416-419

L

李杜　14,60,325

李济深　334,370,371

李绍庚　71,120,126

李维诺夫(Maxim Litvinov)　75,76,83

《联合报》　299,323,327

林德(August R. Lindt)　262,313,324-326,341,346,357,358,362,365,366,375-378,380-382,386-390,392,396,397,401,421

林鹤皋　106,110

铃木美通(铃木少将) 264,267,276
刘崇杰 65,299,316,329,352,361
柳条沟 267,379
罗脱(Elihu Root) 242
罗文干 236,270,334,343,361,365,372-374,385,390,398,406

M

马柯迪(Count Aldrovandi) 8,57,335,407
马西格利(René Massigli) 158
马占山 63,72,83,114,125,133-137,139,140,142,146-148,150,151,156,157,159,160,168,170,174-176,198,200,203,204,212,216,257,288,313,324,326,328,341,346,357,358,362,363,365,366,375,376,380,388,396,401,408
麦考益(Frank Ross McCoy) 8,54,57,67,71,72,85,86,114,133,134,136,145,175,209,223,267,279-282,287,376,392,393,407,417
《满蒙丛书》 190
《满蒙要览》 184,187,188
满铁 3-7,10,16,18,22,23,31,36,47,50,59,66,81,91,98,115,152,165,166,179,183,184,187,189,196,197,199,207,208,213,216,224,227,228,232,233,236,239,245,341,347,349,407,435,436
《满洲地志研究》 184,187
满洲事变(九一八事变) 79,97,110,154,241,245,379,418
美国 5,11,13,16,19,20,26,54,66,70,81,93,94,98,99,112,124,152,165,168,175,193,210,218,222-224,230,231,234,238,242,255,313,326,329,346,358,362,364,365,375-377,380,381,386-390,393,394,408,409,417,422,424,429
蒙古 73,82,102,183-189,242-244,246
莫斯(G. S. Moss) 29,40,75,81,83,168,174

N

内蒙古 124,171-174,182-186,188,189,244,436
内田康哉(内田伯爵、内田总裁) 81,115,154,226,295,319,332,353,367,371,395,400,424
《纽约时报》 313,363,377,381,390

P

派尔脱(Pelt) 73,94,98,169,355,424,425,431

派斯塔柯夫（Pastuhov） 38,73,
　　168,211,214,240,355,356,406

彭道夫门（Ben Dorfman） 68,69,
　　169,355,422

丕平（Eugène Pépin） 180,239,
　　323,340,344,345,349,350,
　　356,370,395,399,412,419,
　　433,438

普拉特（John Pratt） 40,248

溥小峰 93,99,112,122,151,156

溥仪（宣统皇帝） 71,74,76,80,87,
　　97,101,109,200,201,330,390

Q

乔治·布朗森·雷亚（George
　　Bronson Rea） 136

桥本虎之助（桥本） 40,77,78,83-
　　86,133

秦皇岛 6,11,13,19

青岛 13,64,116,159,170,193,
　　210,239,240,248,249,253,
　　259,265,266,269,272,277,
　　278,285-287,289,290,297,
　　299-301,306-308,313-315,
　　321-324,327-331,334-336,
　　342,354,361,362,368,371,
　　378,379,397,398,408,409,
　　411,413

R

日光 292,294,301-303,316-
　　318,322,353,420

日内瓦 46,56,68-70,75,81,135,
　　137,155-158,210,211,216,
　　217,230,231,233-235,238,
　　240,249,253-255,266,284,
　　285,287,344,366,378,381,
　　385,393,396,417,421

S

森岛守人（森岛） 8,15-17,20-
　　24,30-33,35-38,40-47,52-
　　56,61-63,81,82,101-103,
　　105,111,112,115,122-124,
　　133,140,150,153,154,157,
　　159,162-165,177-179,181,
　　182,192-197,199,200,203,
　　205,218-221,226,227,229-
　　234,247,249-252,254,256-
　　261,265-270,279-281,312,
　　424,426,428,430

山海关 5,8,13,19,59,60,82,214,
　　233,243,244,247,270,276,
　　277,279,280,282,306,326,
　　338,348,349,405

杉村阳太郎（杉村） 219,235,284,
　　329

沈鸿烈 64,306,308,327

沈瑞麟 141,201

斯奇尔（Archibald Trojan Steel）
　　313,324,325,341,346,357,
　　362-364,375-377,380,381,

386-389,401

宋子文　361,371,372,374,385,397,406,411

苏联(苏俄)　26,42,75-77,81,83-87,105,124,146,151,156,160,170,174,181,198,200,204,258,283,326,418

T

塔斯社　29,30,75,174

洮昂线　116,182

陶赖昭　39,188

田代重德(田代)　6,7,10,22,44,48,49,54,57,65,68-73,75-79,82,87,89-91,93-96,100,105,126,151,153,157,160,176,181,198,209,235,237,238,312,337

铁道部(中国)　126,208,385

铁道省(日本)　323,426,427,429

土肥原贤二(土肥原)　63,71,73,80,132

W

外蒙古　86,118,171,184-186,241,242

万宝山事件　23,24,45,72,108

万福麟　225,341,362

万考芝(von Kotze)　38,73,84,112,122,166,168,177,198,202,215,268,269

汪精卫(汪兆铭)　281,283,334,337,342,343,357,361,370,372,374,385,390,393,397,398,406,408,411

王承传　205

王广圻　340,371

王克敏　66

王正廷　64,248,306

威海卫　40,64,210,248,249,252,253,269,271,272,285

X

西藏　241,242

西蒙(John Allsebrook Simon)　10,11,20

希爱慕(T. A. Hiam)　73,91,94-96,130,141,152,166,177,180,182,197,198,211,218,239,341,351,427

希尼(Heinrich Schnee)　57,101,134,209,335,407

熙洽　79,87,138,245

小松原道太郎(小松原)　120,127,130,141,142

谢介石(外交总长)　10,15,41,42,48,50,57,65,70,73,76,78,176,262,273,274,305,309,315,433

熊希龄　226

Y

盐崎观三（盐崎） 41,84,96,98,135,166-169,175-177,180,182,197,198,210,211,238,239,269,299,333,354,357,371,407,428

阎传绂 42

阎泽溥 34

杨格（Walter Young） 73,96,100,117,118,131,160,199,206,214,221-223,269,289,291,298,310,322,347,351,355,368,369,407

伊藤述史（伊藤） 2,20,32,33,40-43,94,117,119,129,131,133,219,229,230,263,296,304,320,347,409,410,415,428,433

义勇军 14,34,54,60,61,82,232,233,282,288,372

英国 7,10,13,16,20,25,27,40,66,75,104,157,171,206,210,224,230,231,234,238,248,255,271,280,338,399,417,424

游弥坚 247,256,330

于冲汉 29,33,245

预备报告（预备报告书） 27,38,46,56,58,68,114,227,231,235,345

袁金铠 29,33,245

Z

曾仲鸣 361,385

斋藤良卫（斋藤博士） 32,39,119,263,304,410,415,433

《朝日新闻》 215,322,327

张光圻 150,157,158

张景惠 29,33,72,120,127,130,145,383

张魁恩 34

张学良 14,16,17,60,63,64,66,71,79,80,88,97,106-110,118,123,133,154,162,163,170,195,203,207,208,212,213,215,216,223,225,226,228,229,245,265,277,283,298,306,321,322,329,346,351,352,361,366,372,385,397,411

张燕卿 82,90,245

张作霖 17,97,109,195,199,206,212,213,228,245,418

郑孝胥 73,74,76,246

芝罘 40,64,210,248,249,253,265,271,272,277,279,328,376,408

中村事件（中村大尉） 17,23,24,31,197,198

中东铁路（中东线） 9,10,16,59,60,77,84,86,91,103,124,125,128,141,150,152,156,164,

165,183,201,262,418,425

中央社　29

助佛兰(P. Jouvelet)　56,84,355,

407

驻屯军　11－13,71,214,282,283,

　　　326,338,359,367

图书在版编目(CIP)数据

日本外务省藏档. 二 / 陈海懿,万秋阳编. — 南京：南京大学出版社,2019.12
(李顿调查团档案文献集/张生主编)
ISBN 978-7-305-08656-4

Ⅰ. ①日… Ⅱ. ①陈… ②万… Ⅲ. ①中日关系—国际关系史—档案资料—1932 Ⅳ. ①D829.313

中国版本图书馆 CIP 数据核字(2019)第 228258 号

项目统筹	杨金荣
装帧设计	清　早
印制监督	郭　欣

出版发行	南京大学出版社
社　　址	南京市汉口路 22 号　　邮　编　210093
出 版 人	金鑫荣
丛 书 名	李顿调查团档案文献集
丛书主编	张　生
书　　名	**日本外务省藏档(二)**
编　者	陈海懿　万秋阳
责任编辑	还　星
照　　排	南京南琳图文制作有限公司
印　　刷	南京爱德印刷有限公司
开　　本	718×1000　1/16　印张 31.5　字数 507 千
版　　次	2019 年 12 月第 1 版　2019 年 12 月第 1 次印刷
ISBN	978-7-305-08656-4
定　　价	150.00 元

网址：http://www.njupco.com
官方微博：http://weibo.com/njupco
官方微信号：njupress
销售咨询热线：(025) 83594756

* 版权所有,侵权必究
* 凡购买南大版图书,如有印装质量问题,请与所购
　图书销售部门联系调换